AUTORREGULAÇÃO DA APRENDIZAGEM

Dados Internacionais de Catalogação na Publicação (CIP)
(Câmara Brasileira do Livro, SP, Brasil)

Autorregulação da aprendizagem : cenários, desafios, perspectivas para o contexto educativo / Lourdes Maria Bragagnolo Frison, Evely Boruchovitch (organizadoras). – Petrópolis, RJ : Vozes, 2020.

Vários autores.
Bibliografia.
ISBN 978-85-326-6449-5

1. Aprendizagem 2. Educação básica 3. Educação – Finalidade e objetivos 4. Escrita 5. Leitura 6. Professores – Formação 7. Psicopedagogia educacional I. Boruchovitch, Evely. II. Frison, Lourdes Maria Bragagnolo.

20-33176　　　　　　　　　　　　　　　　　　　　　　　　　　CDD-370.1523

Índices para catálogo sistemático:
1. Aprendizagem : Psicologia educacional : Educação 370.1523

Maria Alice Ferreira – Bibliotecária – CRB-8/7964

Organizadoras
**Lourdes Maria Bragagnolo Frison
Evely Boruchovitch**

AUTORREGULAÇÃO DA APRENDIZAGEM
Cenários, desafios, perspectivas para o contexto educativo

Petrópolis

© 2020, Editora Vozes Ltda.
Rua Frei Luís, 100
25689-900 Petrópolis, RJ
www.vozes.com.br
Brasil

Todos os direitos reservados. Nenhuma parte desta obra poderá ser reproduzida ou transmitida por qualquer forma e/ou quaisquer meios (eletrônico ou mecânico, incluindo fotocópia e gravação) ou arquivada em qualquer sistema ou banco de dados sem permissão escrita da editora.

CONSELHO EDITORIAL

Diretor
Gilberto Gonçalves Garcia

Editores
Aline dos Santos Carneiro
Edrian Josué Pasini
Marilac Loraine Oleniki
Welder Lancieri Marchini

Conselheiros
Francisco Morás
Ludovico Garmus
Teobaldo Heidemann
Volney J. Berkenbrock

Secretário executivo
João Batista Kreuch

Editoração: Leonardo A.R.T. dos Santos
Diagramação: Sheilandre Desenv. Gráfico
Revisão gráfica: Nilton Braz da Rocha / Nivaldo S. Menezes
Capa: Idée Arte e Comunicação

ISBN 978-85-326-6449-5

Editado conforme o novo acordo ortográfico.

Este livro foi composto e impresso pela Editora Vozes Ltda.

Sumário

Apresentação, 7

Parte I – Autorregulação da aprendizagem – Fundamentos teóricos e fatores associados, 15

1 Autorregulação da aprendizagem – Modelos teóricos e reflexões para a prática pedagógica, 17
    Lourdes Maria Bragagnolo Frison e Evely Boruchovitch

2 Autorregulação da motivação e das emoções – Inter-relações, implicações e desafios, 31
    José Aloyseo Bzuneck e Evely Boruchovitch

3 Considerações sobre autorregulação e autoeficácia da escrita em alunos do Ensino Fundamental, 46
    Roberta Gurgel Azzi e Simone Alves Pedersen

4 Aprendizagem autorregulada – O papel das estratégias autoprejudiciais, 62
    Lúcia Cerqueira de Miranda e Leandro da Silva Almeida

Parte II – Autorregulação da aprendizagem – Como avaliá-la e promovê-la na educação básica?, 85

5 A promoção da aprendizagem autorregulada – O protagonismo de professores e alunos em perspectiva, 87
    Maria Aparecida Mezzalira Gomes e Evely Boruchovitch

6 Intervenções para promover a autorregulação da aprendizagem de professores do Ensino Médio – Resultados de pesquisas e aplicações para a sala de aula, 114
    Natália Moraes Góes e Evely Boruchovitch

7 Contraste Mental com Intenções de Implementação – Uma estratégia de autorregulação da aprendizagem, 131
    Alzira Matias, Ana Margarida Veiga Simão, Paula Paulino e
    Lourdes Maria Bragagnolo Frison

8 Entrevista com tarefas autênticas da Educação Infantil – Avaliação da aprendizagem autorregulada, 146

Janete Silva Moreira e Ana Margarida Veiga Simão

9 Resolução de problemas na Matemática e competências de autorregulação por meio do jogo digital *A Festarola*, 169

Ana Margarida Veiga Simão, Paula Paulino e Paula Costa Ferreira

10 Autorregulação no processo de construção de materiais didáticos para a educação básica, 192

Kátia Regina Xavier da Silva

Parte III – Autorregulação da aprendizagem em diferentes contextos e modalidades de ensino, 213

11 As dimensões da autorregulação da aprendizagem no contexto do Ensino Superior – Análise da produção dos estudantes em uma atividade on-line, 215

Soely Aparecida Jorge Polydoro e Adriane Martins Soares Pelissoni

12 Autorregulação da aprendizagem – Oficinas realizadas no Ensino Superior, 237

Célia Artemisa Gomes Rodrigues Miranda e Lourdes Maria Bragagnolo Frison

13 A autorregulação é condição imperativa para o sucesso da aprendizagem de estudantes no contexto de Educação a Distância?, 253

Paula Mariza Zedu Alliprandini e Sueli Édi Rufini

14 Contextos de ensino em escolas de educação integral em tempo integral e parcial – Um estudo sobre autorregulação e abordagem à aprendizagem, 274

Jussara Cristina Barboza Tortella e Carla Regina Gonçalves de Souza

Sobre as organizadoras, 295

Sobre os autores, 297

Apresentação

A autorregulação da aprendizagem tem sido um dos temas mais estudados, discutidos e divulgados nos últimos anos em congressos nacionais e internacionais. Resultados de pesquisas acerca da temática são promissores evidenciando sua forte relação com o fortalecimento da capacidade de aprender a aprender e com o sucesso escolar e acadêmico dos estudantes nos diversos segmentos da escolarização. É um construto teórico multidimensional, que exige consciência, controle, ação intencional planejada a ser realizada num tempo determinado, que muda de estudante para estudante.

O processo da autorregulação da aprendizagem requer o direcionamento de esforços para aprender observando ciclicamente as fases que a envolvem – antecipação, execução e autorreflexão. Alunos autorregulados estabelecem seus objetivos, traçam seu planejamento, mobilizam estratégias cognitivas e metacognitivas e ativam suas crenças motivacionais, sua autoeficácia, expectativa de resultados, motivação intrínseca e metas de realização, bem como suas estratégias de regulação da emoção e suas interações sociais a favor de uma melhor aprendizagem. Ao realizarem as atividades, alunos autorregulados analisam as tarefas, avaliam seus conhecimentos prévios sobre o tema e decidem o que precisam fazer, tomam decisões e passam a realizá-las. Ademais, monitoram se estão conseguindo realizar as tarefas propostas, se estão aprendendo, se superaram os obstáculos. Ao avaliarem o que e como fizeram, se necessário corrigem, redimensionam seu fazer, controlando e monitorando seu processo para aprender. Ao refletirem sobre a própria trajetória, esses alunos assumem uma postura mais crítica e regulam o seu aprender, fazendo ajustes que lhes permitem avançar.

Estudantes autorregulados são caracterizados como estratégicos, pois persistem em suas aprendizagens, avaliam seus progressos face aos objetivos delineados, monitorando o comportamento em função das múltiplas demandas e avaliações realizadas. A perspectiva da aprendizagem autorregulada tem contribuído para que os alunos sejam agentes de sua própria aprendizagem e desenvolvam estratégias autorregulatórias para aprender. No sentido mais amplo, a autorregulação da aprendizagem é considerada um processo pelo qual estudantes, professores, demais profissionais estimulam, ativam, monitoram e gerenciam seus pensamentos, motivações, ações e emoções para alcançar os objetivos de aprendizagem pretendidos.

Diferentes grupos de pesquisa, professores, investigadores que adentram ao estudo deste tema ressaltam a importância da integração dos fatores cognitivos, metacognitivos, afetivos, motivacionais e comportamentais envolvidos no ato de aprender. No entanto, percebe-se que o tema em tela ainda carece de maior aprofundamento teórico, para que os envolvidos possam utilizar de forma mais eficaz suas possibilidades e potencialidades. Entende-se que é preciso investir na análise e divulgação de modelos e estratégias que ancoram a autorregulação da aprendizagem. Além disso, é urgente o investimento em propostas de intervenção e na adequada escolha de instrumentos que permitam, além de mapear as principais dificuldades dos estudantes, se possa delinear propostas de intervenção que o estimulem a avançar em suas aprendizagens. Os eventos científicos realizados no Brasil e no exterior sobre a perspectiva da aprendizagem autorregulada revelam a crescente adesão de muitos pesquisadores que atuam com essa temática, ganhando, cada vez mais, destaque e relevância no mundo e em nosso meio. Há, pois, uma inegável necessidade do debate, do aprofundamento e da abertura de novas formas de trabalhar com e sobre esse assunto.

Constata-se que a temática da aprendizagem autorregulada tem múltiplas possibilidades para implementação no meio educacional, em várias modalidades de ensino, desde a Educação Infantil, em toda a educação básica, até o Ensino Superior, incluindo também a Educação a Distância. A importância do tema, as demandas dos vários grupos de pesquisa, a urgente necessidade revelada por estudantes, professores, pesquisadores, psicopedagogos, psicólogos, educadores, mestrandos, doutorandos, entre outros que se interessam pela temática motivaram a realização desta obra.

Acredita-se, pois, que esta obra possa contribuir para a reflexão sobre possibilidades de pesquisa, atuação e intervenção em aprendizagem autorregulada tanto de professores quanto de alunos. Ao se destacar "estudantes e professores", entende-se que a aprendizagem autorregulada tem essas duas dimensões – a do aluno e a do professor. Enquanto os alunos analisam os fatores que dependem dele, seu envolvimento, seus desejos, motivações, examinam a tarefa e verificam se o ambiente físico e social lhes é favorável ao aprender a aprender, considera-se aqui também a articulação dos professores ao examinarem suas motivações, estratégias e organização do ambiente, do contexto, intencionando obter êxito em suas propostas e atuação. Assim, fatores internos e externos estão implicados. Professores e alunos estão envolvidos nos processos de aprender e ensinar.

Os capítulos deste livro compartilham conhecimentos construídos por pesquisadores e profissionais sobre a temática, ao longo de suas sólidas trajetórias. Seu conteúdo visa prover os leitores com conhecimentos valiosos e atuais, tanto no que concerne aos aspectos teóricos quanto às possibilidades de ações e práticas no contexto educativo. Nesse sentido, a presente obra foi concebida em três partes que se complementam entre si e vão gradativamente expondo enfoques teórico-práticos que contribuem para o desenvolvimento de práticas escolares e acadêmicas que potencializam a atuação dos docentes e o envolvimento dos estudantes. Inclui também capítulos que discutem a autorregulação na formação de professores e que abordam questões de como avaliar e promover a autorregulação da aprendizagem na educação básica, por meio da resolução de problemas e da utilização de materiais didáticos múltiplos, entre outros caminhos. A obra contempla ainda a autorregulação em diferentes contextos e segmentos de escolarização, entre eles o Ensino Superior, ensino a distância e educação integral em tempo integral e parcial.

A parte I versa sobre a autorregulação da aprendizagem e fatores associados. Os leitores encontrarão no capítulo 1, intitulado "**Autorregulação da aprendizagem – Modelos teóricos e reflexões para a prática pedagógica**", de Lourdes Maria Bragagnolo Frison e Evely Boruchovitch, possibilidades de compreender, com mais profundidade, a perspectiva da aprendizagem autorregulada, especialmente no que diz respeito aos pressupostos teóricos do modelo de aprendizagem autorregulada de Barry Zimmerman, um dos modelos mais amplamente utilizados na pesquisa e em intervenções psicoeducacionais.

Ainda nesta parte, ênfase também é dada às variáveis que impactam a aprendizagem autorregulada, tanto positivamente como a regulação da motivação, das emoções e das crenças de autoeficácia quanto negativamente como o emprego das estratégias autoprejudiciais. No capítulo 2, "**Autorregulação da motivação e das emoções – Inter-relações, implicações e desafios**", de José Aloyseo Bzuneck e Evely Boruchovitch, são enfatizados aspectos teóricos e dados recentes de pesquisa acerca da interação entre autorregulação da motivação e das emoções, a partir do que a literatura tem acumulado acerca da autorregulação de cada um desses construtos, separadamente.

No capítulo 3, de Roberta Gurgel Azzi e Simone Alves Pedersen, intitulado "**Considerações sobre autorregulação e autoeficácia da escrita em alunos do**

Ensino Fundamental", as autoras apresentam e discutem a autorregulação e as crenças de autoeficácia para a escrita, a partir de uma visão sociocognitiva da psicologia, utilizando para essa análise os resultados da avaliação do Sistema de Avaliação da Educação Básica – SAE, e de avaliação de crenças de autoeficácia de alunos de cinco escolas de uma cidade do interior paulista.

"**Aprendizagem autorregulada – O papel das estratégias autoprejudiciais**" é o tema do capítulo 4, no qual Lúcia Cerqueira de Miranda e Leandro da Silva Almeida descrevem as variáveis que impactam a aprendizagem autorregulada. Pontuam os autores que os estudantes em maior ou menor profundidade utilizam mecanismos de autorregulação, que, em geral, se relacionam com um bom uso das estratégias de aprendizagem e manutenção da motivação para aprender. Entretanto, mencionam também que não é infrequente que os estudantes enfrentem situações antecipadas de dificuldade acadêmica recorrendo a estratégias autoprejudiciais.

A parte II é dedicada à autorregulação da aprendizagem e as formas de avaliá--la e promovê-la no contexto educativo. Mais especificamente, a ênfase aqui recai na educação básica. No capítulo 5, "**A promoção da aprendizagem autorregulada – O protagonismo de professores e alunos em perspectiva**", as autoras Maria Aparecida Mezzalira Gomes e Evely Boruchovitch destacam pesquisas que apontam a eficácia do ensino de estratégias cognitivas e metacognitivas nas diversas disciplinas da educação básica, nas quais os professores atuaram como promotores da autorregulação da aprendizagem de seus alunos. As autoras mencionam como o professor deve agir para promover a autorregulação dos estudantes, tendo como referencial o modelo da autorregulação da aprendizagem de Zimmerman. Partindo do pressuposto de que é por meio de várias ações formativas que os professores e futuros professores desenvolvem suas habilidades autorregulatórias, defendem a necessidade de se investir na formação de professores para que se tornem autorregulados e possam desenvolver os processos autorregulatórios entre os estudantes.

Natália Moraes Góes e Evely Boruchovitch apresentam no capítulo 6, "**Intervenções para promover a autorregulação da aprendizagem de professores do Ensino Médio – Resultados de pesquisas e aplicações para a sala de aula**", por meio dos trabalhos localizados na literatura, características das intervenções mais bem-sucedidas são sintetizadas e considerações tecidas sobre as possíveis contribuições dessas pesquisas para o ensino das habilidades autorregulatórias pelos professores de Ensino Médio aos seus alunos.

No capítulo 7, "**Contraste Mental com Intenções de Implementação – Uma estratégia de autorregulação da aprendizagem**", Alzira Matias, Ana Margarida

Veiga Simão, Paula Paulino e Lourdes Maria Bragagnolo Frison apresentam estudos sobre metas de aprendizagem que referem a importância do compromisso para alcançá-las. Enfatizam a estratégia de Contraste Mental com Intenções de Implementação que combina os benefícios de dois procedimentos metacognitivos: Contraste Mental (com o objetivo de confrontar mentalmente as metas vinculativas com os obstáculos reais) e Intenções de Implementação (no intuito de orientar comportamentos para metas). É considerada uma ferramenta que ajuda a resolver problemas na medida em que promove mudança seletiva de comportamento na persecução de metas pessoais. Pela prática e operacionalização dessa estratégia, os indivíduos podem assumir a responsabilidade pela gestão dos desafios da vida diária e pelo desenvolvimento pessoal.

Janete Silva Moreira e Ana Margarida Veiga Simão, no capítulo 8, "**Entrevista com tarefas autênticas da Educação Infantil – Avaliação da aprendizagem autorregulada**", apresentam a entrevista com tarefa como um instrumento para a avaliação da aprendizagem autorregulada de crianças da Educação Infantil, com registro das percepções e estratégias utilizadas por elas antes, durante e após a tarefa. As autoras discutem no decorrer do capítulo as potencialidades do questionamento autorregulatório para a consciencialização de processos psicológicos numa fase de desenvolvimento precoce e tecem considerações sobre abordagens psicoeducativas que podem promover oportunidades para as crianças autorregularem tarefas curriculares.

Considerando a relevância da resolução de problemas matemáticos na vida pessoal, social e acadêmica, as autoras Ana Margarida Veiga Simão, Paula Paulino e Paula Costa Ferreira trazem no capítulo 9 "**Resolução de problemas na Matemática e competências de autorregulação por meio do jogo digital *A Festarola***", as características dos contextos de aprendizagem promotores do desenvolvimento de competências de autorregulação da aprendizagem no domínio da Matemática e resolução de problemas que conduzem os alunos a um melhor desempenho escolar. *A Festarola* é um jogo digital que estimula o aluno a construir recursos apelativos que lhes permite o treino de competências cognitivas e sociais, os quais ultrapassam a resolução de problemas matemáticos, contribuindo para promover a autonomia dos alunos na sua aprendizagem em geral por meio da apresentação de diferentes cenários numa situação hipotética e lúdica que envolve construtos psicológicos e operações matemáticas.

No capítulo 10, intitulado "**Autorregulação no processo de construção de materiais didáticos para a educação básica**", Kátia Regina Xavier da Silva discorre sobre a importância de que se leve em conta os fundamentos teóricos da perspectiva da autorregulação da aprendizagem na construção de materiais didáticos para a Educação. Apresenta exemplos de materiais didáticos para a educação básica, desenvolvidos com base na adoção de estratégias autorregulatórias, favorecendo a aproximação entre teorias e práticas na formação continuada dos professores, fundamentada na perspectiva da autorregulação.

Na parte III, a autorregulação da aprendizagem em diferentes contextos, modalidades e ambientes de ensino é o eixo norteador. Seus capítulos apresentam e discutem propostas que estimulam o desenvolvimento de competências para estudar e aprender, no Ensino Superior, bem como em contextos de ensino a distância e em escolas de educação integral e parcial, demarcando aspectos importantes sobre autorregulação da aprendizagem em suas especificidades e contextos diferenciados.

No capítulo 11, Soely Aparecida Jorge Polydoro e Adriane Martins Soares Pelissoni apresentam **"As dimensões da autorregulação da aprendizagem no contexto do Ensino Superior – Análise da produção dos estudantes em uma atividade on-line"** e analisam os principais processos e estratégias utilizados pelos estudantes ao aprenderem ou realizarem uma tarefa, desenvolvida em uma disciplina eletiva de promoção da autorregulação da aprendizagem dirigida a todos os cursos de graduação de uma instituição pública de Ensino Superior. Para análise utilizaram a abordagem multidimensional da autorregulação da aprendizagem descrita na literatura da área com ênfase em seis questões referentes às dimensões da aprendizagem: Por quê? (motivação). Como? (método). Quando? (tempo). O quê? (realização). Onde? (ambiente). Com quem? (social). Defendem que para o estudante ser o centro do seu processo de formação, mudanças de natureza curricular, políticas e práticas institucionais, serviços e programas de apoio, assunção de estratégias são condições efetivamente promotoras de aprendizagem.

Em consonância, as autoras no capítulo 12, Célia Artemisa Gomes Rodrigues Miranda e Lourdes Maria Bragagnolo Frison, intitulado: **"Autorregulação da aprendizagem – Oficinas realizadas no Ensino Superior"**, nos estimulam a pensar sobre as dificuldades que os estudantes do Ensino Superior enfrentam durante sua adaptação no contexto universitário e apresentam uma proposta de intervenção inovadora realizada com professores em diferentes disciplinas, no contexto de sala de aula. Essa proposta faz parte do Circuito APRENDIZagem, desenvolvido pela segunda autora, na Universidade Federal de Pelotas, com base na autorregulação da aprendizagem, segundo modelo teórico de Barry Zimmerman. As autoras destacam os resultados promissores que revelam a percepção bastante positiva dos estudantes em relação à tomada de consciência para aprender, quando se apropriam e utilizam as estratégias de aprendizagem vivenciadas no programa.

Com base na literatura nacional e estrangeira na perspectiva proposta por Zimmerman, as autoras Paula Mariza Zedu Alliprandini e Sueli Édi Rufini, no capítulo 13, "**A autorregulação é condição imperativa para o sucesso da aprendizagem de estudantes no contexto de Educação a Distância?**", discorrem sobre algumas das dificuldades e desafios enfrentados por estudantes e professores na modalidade de ensino a distância ao analisá-los à luz do construto da autorregulação da aprendizagem. Para isso apresentam uma contextualização da Educação a Distância, os desafios para estudantes e professores que atuam nesse contexto e alguns estudos recentes acerca da autorregulação da aprendizagem no ambiente on-line.

No capítulo 14, "**Contextos de ensino em escolas de educação integral em tempo integral e parcial – Um estudo sobre autorregulação e abordagem à aprendizagem**", as autoras Jussara Cristina Barboza Tortella e Carla Regina Gonçalves de Souza compreendem que a escola de educação integral em tempo integral pode ser percebida como uma nova possibilidade de reorganização dos tempos e espaços para aprender, desmistificando o conceito de ampliação apenas do tempo. Nesse sentido, revelam resultados das observações referentes às abordagens de ensino dos professores de duas escolas públicas ancoradas em estudos fenomenográficos e da autorregulação da aprendizagem.

Por fim, as organizadoras desta obra ratificam e reconhecem a importância da aprendizagem autorregulada, destacando ser ela um marco na psicologia educacional na atualidade. Percebem no conteúdo desta obra muitas potencialidades e possibilidades não só para estudantes compreenderem e atuarem em suas práticas atuais e futuras com maior apropriação sobre o tema, mas também para pesquisadores, professores, psicólogos, realizarem intervenções, avaliações, diagnósticos, visando fortalecer os processos de ensinar e aprender em qualquer nível de escolarização, na educação formal e informal. Enfatizam ainda a relevância dos temas tratados para promover e potencializar projetos de vida. Assim, desejam fortemente que a leitura deste livro traga muitas contribuições, fundamentos e reflexões para aqueles que buscam compreender como essa temática pode ser promissora para melhorar e inovar práticas pedagógicas, bem como fomentar a pesquisa orientada à formação de estudantes e professores estrategicamente autorregulados.

Lourdes Maria Bragagnolo Frison
Evely Boruchovitch

Parte I

Autorregulação da aprendizagem

Fundamentos teóricos e fatores associados

1
Autorregulação da aprendizagem
Modelos teóricos e reflexões para a prática pedagógica

Lourdes Maria Bragagnolo Frison
Evely Boruchovitch

A necessidade de aprofundar conhecimentos acerca da aprendizagem autorregulada e os esforços para fomentá-la em estudantes se intensificou nas últimas décadas. Muitos pesquisadores destacam que tem sido necessário promover encontros, disciplinas, cursos, intervenções, oficinas para que os estudantes aprendam a utilizar estratégias de autorregulação, que os ajudem a potencializar suas aprendizagens e desenvolvam competências que os assegurem a continuidade formativa de seus projetos de vida.

Este capítulo tem o objetivo de conceituar brevemente aprendizagem autorregulada, prover o leitor de uma visão geral dos modelos de autorregulação da aprendizagem, destacando o modelo de Barry Zimmerman, referencial teórico que embasou o livro. Procurou-se ainda tecer considerações acerca da importância da motivação, das crenças de autoeficácia e do uso de estratégias de aprendizagem para a autorregulação da aprendizagem dos estudantes. A relevância de intervenções sistemáticas e preventivas que contribuam para que os estudantes se tornem mais estratégicos e autorregulados foi também apontada.

Desde meados da década de 1980, desencadearam-se fortes investimentos em pesquisas sobre autorregulação, especialmente as relacionadas ao contexto educacional, as quais enfatizam o quanto os estudantes podem monitorar seus processos para tornarem-se alunos mais autônomos, capazes de regular seu próprio processo de aprendizagem (PANADERO, 2017; PANADERO & ALONSO--TAPIA, 2014; ZIMMERMAN & SCHUNK, 2011; VEIGA SIMÃO & FRISON, 2013; BORUCHOVITCH, 2014; BZUNECK, 2009; VEIGA SIMÃO, 2004). Na atualidade, autores ancorados em diversas teorias psicológicas investigam a autorregulação e orientam inúmeros trabalhos de pesquisa na pós-graduação, os quais consideram a Teoria Social Cognitiva, representada por Bandura (1978; 1996) como marco teórico, que referencia a existência de uma relação recíproca entre os fatores pessoais, comportamentais e ambientais no funcionamento humano (GANDA & BORUCHOVITCH, 2018; WINNE & HADWIN, 2013; ZIMMERMAN, 2013; VEIGA SIMÃO, 2013; VEIGA SIMÃO & FRISON, 2013). Bandura, em 1978, apresentou um modelo para explicar a autorregulação do comportamento composto por três subprocessos de autogerenciamento: a auto-observação, o processo de julgamento e a autorreação (BANDURA, 1978; 1996; POLYDORO & AZZI, 2009; ZIMMERMAN & SCHUNK, 2011). Em 1986, o mesmo autor destacou um conceito-chave, a autoeficácia, ao considerar que o sujeito tem potencial para julgar a própria capacidade destinada a cumprir tarefas específicas. Assim as expectativas de resultado de uma pessoa dependem, sobretudo, dos seus julgamentos. O processo de julgamento se refere à avaliação que o estudante faz de seu desempenho, considerando suas crenças, valores pessoais, experiências prévias, contexto, normas sociais, monitorando como compreende e executa essas tarefas (GANDA & BORUCHOVITCH, 2015; 2018). Nesse sentido, entende-se que estudantes com alto potencial para a realização de tarefas acadêmicas apresentam elevadas crenças de autoeficácia que exercem forte influência na motivação e no comportamento para a aprendizagem (ZIMMERMAN & SCHUNK, 2011; GANDA & BORUCHOVITCH, 2018).

Com base no modelo de Bandura (1996), Zimmerman (1998) formulou um outro modelo com ênfase na autorregulação da aprendizagem do estudante, o que requer o direcionamento de esforços observando ciclicamente as fases que a envolvem – antecipação, execução e autorreflexão. Para isso os alunos estabelecem seus objetivos, traçam seu planejamento, mobilizam estratégias cognitivas e metacognitivas e ativam suas crenças motivacionais, sua autoeficácia, expectativa de resultados, motivação intrínseca e metas de realização, bem como suas estratégias de regulação da emoção e suas interações sociais a favor de uma melhor aprendizagem. Ao realizarem as atividades, analisam as tarefas, avaliam seus conhecimentos prévios sobre o tema e decidem o que precisam fazer, tomam decisões e passam a realizá-las. Ademais, monitoram se estão conseguindo realizar as tarefas propostas, se estão aprendendo, se superaram os obstáculos. Ao avaliarem o que e como fizeram, se necessário corrigem, redimensionam seu fazer, controlando e monitorando seu processo para aprender. Ao refletirem sobre a própria trajetória, esses estudantes assumem uma postura mais crítica e regulam o seu aprender, fazendo ajustes que lhes permitem avançar (SCHUNK & ZIMMERMAN, 2008; ZIMMERMAN, 1998; 2000; 2013).

Na realidade, existem diferentes modelos de autorregulação. Panadero (2017) em uma revisão de literatura apresenta seis modelos propostos por: Zimmerman (1989; 1986; 2000); Boekaerts (1988; 1991); Winne e Hadwin (1998); Pintrich (1989; 2000); Efklides (2011); e Hadwin, Järvelä e Miller (2011). Cada um dos modelos foi cuidadosamente explicado e analisado por Panadero que chegou a algumas conclusões principais. Primeiramente, os modelos de autorregulação formam uma estrutura integrativa e coerente a partir da qual se pode conduzir pesquisas, nas quais os estudantes podem ser ensinados a serem mais estratégicos e bem-sucedidos. Em segundo lugar, Panadero evidencia diferenças entre os modelos no que diz respeito aos estágios de desenvolvimento ou aos níveis educacionais dos estudantes. Destaca que é importante que acadêmicos e professores utilizem os modelos para melhorar a aprendizagem dos alunos. Constata ainda que todos os modelos reforçam o que Bandura defendia, tomando a autoeficácia dos estudantes como um fator crucial para autorregulação e, de igual forma, apresentam aspectos motivacionais e emocionais muito significativos principalmente para o desempenho escolar durante a educação formal. Ao se referir ao Ensino Superior destaca forte ênfase na metacognição (FLAVELL, 1979; DIGNATH; BÜTTNER & LANGFELDT, 2008), na motivação e emoção (BZUNECK, 2009; BORUCHOVITCH, 2014; BOEKAERTS; PINTRICH & ZEIDNER, 2000). No entanto, todos os modelos dos autores citados por Panadero, em linhas gerais, apresentam consenso que a autorregulação da aprendizagem envolve o controle dos processos cognitivos das emoções e do comportamento conforme proposto por Zimmerman e Schunk (2011); Schunk (2001); Zimmerman (2013). Panadero e Alonso-Tapia (2014) descrevem que há convergências nos modelos quanto à relevância das estratégias de aprendizagem cognitivas e metacognitivas e das variáveis afetivas e motivacionais para a aprendizagem autorregulada (PANADERO, 2017; BORUCHOVITCH, 2014; WEINSTEIN; ACEE & JUNG, 2011; ZIMMERMAN, 2013).

De modo semelhante, Ganda e Boruchovitch (2018) também publicaram um artigo destacando que na área da psicologia educacional, especialmente sob a Teoria Social Cognitiva, diversos modelos teóricos foram construídos no sentido de compreender conceitos básicos que subjazem a autorregulação. Nessa revisão, as autoras analisaram os principais modelos teóricos de autorregulação divulgados nas últimas décadas e os apresentaram em ordem cronológica de publicação dos trabalhos científicos, do mais antigo ao mais recente, intencionando elucidar o avanço das pesquisas sobre o tema no contexto educacional, pontuando algumas características distintas dos referidos modelos: Bandura (1978); Zimmerman

(1998; 2000); Winne e Hadwin (1998); Schunk (2001); Pintrich (2000; 2004). Ganda e Boruchovitch (2018) evidenciam que em todos os modelos é relevante o papel do estudante como agente principal de sua aprendizagem, ressaltando que a autorregulação pode ser desenvolvida em qualquer etapa do ensino, desde o básico até o superior. As autoras, ao operarem com a análise desses modelos tinham como expectativa que o conhecimento produzido na área pudesse contribuir para o avanço e aprofundamento teórico do tema, beneficiando não só pesquisadores interessados na temática, mas também professores, formadores e estudantes para que tenham embasamento efetivo para o exercício da docência.

A partir da análise de todos os autores citados anteriormente entende-se que os aspectos comuns à maioria dos modelos apresentados se referem a autorregulação como um processo intencional, no qual o indivíduo atua em função dos objetivos desejados, realizando-os de forma dinâmica por meio de diferentes fases. Essas fases apelam para a interação de diversos processos psicológicos, entre eles, cognitivos, metacognitivos, comportamentais e motivacionais, que conduzem à organização e apropriação da informação e sua aplicação, em adequação aos meios disponíveis e às situações do contexto, o que, no seu conjunto, permite ao estudante atribuir um significado estratégico à aprendizagem. Entende-se que os professores, ao criarem um ambiente de sala de aula propício para o desenvolvimento de objetivos de aprendizagem, precisam não só ter conhecimento teórico-metodológico e instruções explícitas em relação a autorregulação para ensinar, mas também necessitam entender como os estudantes podem maximizar suas aprendizagens (PANADERO, 2017; PANADERO & ALONSO-TAPIA, 2014; GANDA & BORUCHOVITCH, 2018).

Frente a isso, destaca-se que a capacidade para autorregular a aprendizagem precisa ser estimulada ao longo da escolarização formal, uma vez que ela promove o desenvolvimento de competências, estratégias que potencializam a aprendizagem (BANDURA, 1978; 1996; POLYDORO & AZZI, 2009; ZIMMERMAN & SCHUNK, 2011; GANDRA & BORUCHOVITCH, 2018; VEIGA SIMÃO & FRISON, 2013; PANADERO, 2017; FRISON, 2016). Nesse sentido, "é necessário ultrapassar o caráter remediativo dessas intervenções e caminhar em direção a um enfoque preventivo, que institua a autorregulação da aprendizagem, o aprender a aprender e o desenvolvimento metacognitivo como pontos fundamentais dos projetos psicopedagógicos das escolas" (BORUCHOVITCH, 2014, p. 402).

Os estudantes durante sua formação utilizam estratégias favoráveis, mas também desfavoráveis à aprendizagem sem se darem conta de avanços e/ou prejuízos que elas desencadeiam, pois ambas estão diretamente relacionadas à motivação e às crenças que eles têm acerca de sua capacidade para aprender, revelando fortemente a importância da dimensão motivacional da autorregulação (WEINER, 2010; WOLTERS & BENZON, 2013).

Em todos os modelos de autorregulação a motivação é uma das dimensões importantes. É imprescindível que os estudantes estejam motivados, pois é pelos processos motivacionais que as atividades são iniciadas e mantidas (ZIMMERMAN, 1998; 2000; 2013; SCHUNK; MEECE & PINTRICH, 2014). Entende-se motivação como algo que move o estudante a ter uma ação, sendo ela como um motor para iniciar e manter os esforços ao longo do aprendizado (RYAN & DECI, 1985; 2017; SCHUNK; MEECE & PINTRICH, 2014; PAULINO; SÁ & LOPES da SILVA, 2015; WOLTERS & BENZON, 2013). Mas o que motiva os alunos a aprenderem? Como se automotivam? O que fazer para ajudar os estudantes a regularem a sua motivação no contexto educativo? Deci e Ryan (1985; 2000) explicam que a motivação não é apenas intrínseca ou extrínseca. Os estudantes, em geral, realizam suas tarefas porque almejam alguma coisa. Na ausência de motivadores intrínsecos, considera-se que é melhor o estudante agir em função de motivadores extrínsecos do que ficar desmotivado. Pesquisadores destacam que os estudantes podem regular também sua motivação e afetos como regulam suas cognições e comportamentos (PINTRICH, 2004; PEKRUN, 2006; WOLTERS, 2003; ZIMMERMAN, 2013).

Alguns estudantes apresentam uma orientação motivacional mais intrínseca, com interesse pessoal e vontade espontânea para realizar um trabalho ou aprender um tema; no entanto, há também a motivação mais extrínseca, aquela em que o estudante ensina alguém, estuda um conteúdo ou faz uma tarefa com a intenção de ter recompensas externas. Isso ocorre sobretudo quando ele ou quer obter uma nota ou tem algum interesse específico ou espera um reconhecimento social (DECI & RYAN, 1985; SCHUNK; MEECE & PINTRICH, 2014).

Os estudantes universitários, por vezes, reclamam que as tarefas solicitadas pelos professores são desinteressantes, sem sentido e significado ou que são complexas demais ou fáceis demais. É possível compreender alguns motivos, ou o conteúdo é irrelevante, tedioso, difícil ou fácil demais, o que desmotiva, porque não gera nem desejo nem envolvimento para realizá-lo e, consequentemente, alguns estudantes chegam a abandonar a universidade ao se depararem com situações que lhes parecem insuperáveis (WOLTERS, 2003). Segundo Boekaerts (2011), os estudantes podem ativar metas não orientadas para a aprendizagem ao autorregularem metas de evitação, por exemplo, quando argumentam "fiquei doente no dia da prova" (ALONSO-TAPIA et al., 2014). Outra preocupação existente está relacionada ao ambiente que conduz as ações dos estudantes para a aprendizagem. Nesse sentido, o professor tem o papel de incentivar e dar suporte aos estudantes, por meio de proposição de tarefas adequadas, pelo apoio no estabelecimento de metas e objetivos e, fundamentalmente, na avaliação com relação ao desempenho. Essa postura estratégica do professor estabelece um ambiente favorável à autorregulação; porém, "para ser estratégico, o professor tem que ser primeiro um estudante autorregulado" (BORUCHOVITCH, 2014, p. 406). Assim o professor ensina o aluno que aprende por meio das fases cíclicas (antecipação, execução, autorreflexão), destacando que, para autorregular a aprendizagem, quatro multiníveis também precisam ser ativados: observação, emulação, autocontrole e autorregulação (ZIMMERMAN, 2000; 2013).

Entende-se que a observação pode ser algo inerte ou algo vivo ou imaginário, simbólico, como se estivesse olhando um documentário ou ouvindo uma descrição; mas, ao observar, o estudante adquire conhecimentos e competências básicas. A emulação refere-se àquilo que é ensinado, sustentado por um reforço direto ou social. O autocontrole é marcado pelo empenho, o controle que o estudante tem sobre o que faz. A autorregulação é quando o estudante faz por si mesmo, sem copiar o modelo, com domínio de estratégias que lhe conferem o desenvolvimento da competência de saber fazer, auxiliado por algo representativo, já construído em sua mente ou que tenha sido anteriormente internalizado.

No contexto educacional, pesquisadores afirmam que esse processo de autorregulação exige definição de metas e objetivos, valorização da tarefa, monitorização do desempenho e avaliação do progresso escolar ou acadêmico (ZIMMERMAN, 2013; PANADERO, 2017; FRISON & VEIGA SIMÃO, 2013; GRAHAM; HARRIS & MASON, 2005). Assim, a autorregulação é considerada um processo dinâmico que leva os estudantes a regular a sua aprendizagem estando envolvidos de forma ativa e intencional na construção de ações com as quais possam potencializar suas aprendizagens, o que inclui o uso intencional de estratégias cognitivas, metacognitivas, motivacionais, comportamentais (ZIMMERMAN & SCHUNK, 2001; ZIMMERMAN, 2013).

Mas como investir no uso de estratégias de aprendizagem ou autorregulatórias?

Nas últimas décadas, pesquisadores têm investido no delineamento de intervenções com base na autorregulação da aprendizagem ancorada em aspectos cognitivos, afetivos, motivacionais, comportamentais e contextuais os quais contribuem de forma expressiva para melhorar o desempenho dos estudantes (ZIMMERMAN, 2000; 2013; WEINSTEIN, 1978; WEINSTEIN; ACEE & JUNG, 2011; SCHUNK, 2001; SCHUNK & ZIMMERMAN, 2008; BORUCHOVITCH, 2007; 2010; 2014; POLYDORO & AZI, 2009; FRISON & MIRANDA, 2019; FRISON, 2016; VEIGA SIMÃO, 2004; 2006; 2013; VEIGA SIMÃO & FRISON, 2013).

É preciso destacar que, desde o início do capítulo, realça-se a importância do investimento em intervenções que potencializem a aprendizagem dos estudantes, e para isso é indiscutível a necessidade de se trabalhar com estratégias de aprendizagem, as quais fundamentalmente, segundo pesquisadores e profissionais, elas envolvem o uso de cognição, metacognição, motivação, afeto e comportamento, o que levará ao aumento da probabilidade de sucesso na aprendizagem, criando memórias significativas e recuperáveis, fortalecendo a capacidade de executar tarefas cognitivas de ordem superior, como resolução de problemas (POZO, 1996; 2002; POLYA, 1945; EINSTEIN, 1978; WEINSTEIN; ACEE & JUNG, 2011; DANSEREAU et al., 1979).

Entende-se que escolher estratégias de aprendizagem adequadas a cada situação contribui para potenciar e suscitar a realização de uma ação (BOEKAERTS; PINTRICH & ZEIDNER, 2000; PINTRICH, 2000; SCHUNK & ZIMMERMAN, 2008; WEINSTEIN & MAYER, 1986; ZIMMERMAN, 2000).

No contexto educacional, utiliza-se diferentes tipos de estratégias para o estudante conseguir mudar sua visão de aprendizagem. Deseja-se que ele ultrapasse a mera crença de receber tudo muito explicado, detalhado pelo professor, para se tornar um agente ativo e autodeterminado, planejando e autodirigindo suas tarefas e o seu autoapreender. No entanto, isso exige dos estudantes investimento em processos de elaboração e organização do material, de tal forma que as novas aprendizagens possam ser por eles processadas mais profundamente. Dessa forma, fica evidenciado que o professor, ao ensinar os estudantes a melhorar seu repertório de estratégias de aprendizagem, certamente contribuirá para mudar e melhorar o desempenho escolar e acadêmico de seus alunos.

Desde 1978 Weinstein demonstrou que as estratégias podem, de fato, ser modificadas e aprendidas por meio de instruções. Atualmente as intervenções se concentram em ajudar os acadêmicos a ter sucesso e a se destacar nos estudos. Por exemplo, estratégias afetivas e de apoio são usadas para eles focarem a atenção e manter a motivação. As estratégias cognitivas envolvem ensaio, elaboração e organização, mas sabe-se que elas não podem ocorrer isoladamente, pois o aprendizado autorregulado e estratégico envolve processos integrados e conectados a outros aspectos da autorregulação, como motivação e metacognição (PARIS & WINOGRAD, 1999; WEINSTEIN, 1978; WEINSTEIN; ACEE & JUNG, 2011; ZIMMERMAN & SCHUNK, 2011).

Pesquisadores e profissionais que se debruçam a estudar estratégias de aprendizagem geralmente concordam que elas envolvem o uso de cognição, metacognição, motivação, afeto e comportamento, o que aumenta a probabilidade de sucesso na aprendizagem (BOEKAERTS; PINTRICH & ZEIDNER, 2000; PINTRICH, 2000; SCHUNK & ZIMMERMAN, 2008; WEINSTEIN & MAYER, 1986; ZIMMERMAN, 1989; 2000; 2013; FRISON, 2016; VEIGA SIMÃO, 2013; BORUCHOVITCH, 1999; 2014). O uso de estratégias de aprendizagem instiga o aluno a assumir, com mais responsabilidade, sua própria aprendizagem.

Mesmo assim, nem todas as estratégias servem para tudo, umas são utilizadas em algumas situações e outras não, mas independentemente da escolha os alunos precisam desenvolver um repertório eficaz de estratégias de aprendizagem, estando ancoradas em três tipos de conhecimento: declarativo (saber), processual/ procedimental (saber como usá-lo), condicional (em quais condições podem ser mais ou menos úteis). Compreender sobre esses três tipos de conhecimento pode ajudar estudantes a escolherem e usarem estratégias de aprendizagem eficazes em diferentes situações. Uma boa base de conhecimento condicional pode ajudar na transferência de conhecimento e habilidades de estratégias para novas situações (GARNER, 1990; PARIS; LIPSON & WIXSON, 1983). Por outro lado, há o papel do professor que, muitas vezes, não sabe, com clareza, quais as expectativas do aluno em relação a sua aprendizagem. Há ainda professores que acabam tendo muitas dificuldades de encontrar alternativas para trabalhar com estratégias autorregulatórias para ensinar o conteúdo da disciplina que ministram, e se questionam sobre o que fazer para que consigam realizar atividades que envolvem mais os estudantes, principalmente quando percebem que os alunos estão desinteressados e não farão o que está sendo solicitado. Algumas vezes, os professores tentam relacionar o assunto da disciplina a fatos reais, exemplificando com situações já vivenciadas com a intenção de ir ao encontro dos interesses pessoais dos alunos, mas estes raramente reconhecem tais intenções.

Entende-se que além do investimento na formação teórica que prepare os professores para a profissão e para a docência, é preciso forte investimento em propostas educacionais que ajudem o estudante a refletir sobre o seu potencial e perfil acadêmico, fazendo escolhas sobre as estratégias que melhor contribuam para autorregular seu aprender (ANDRZEJEWSKI et al., 2016; BORUCHO-VITCH & GANDA, 2013; GANDA & BORUCHOVITCH, 2015; 2018; MOOS &

RINGDAL, 2012; WEINSTEIN, 2010; WEINSTEIN; ACEE & JUNG, 2011). Mesmo assim, estudantes considerados com risco de fracasso ou baixo desempenho acadêmico requerem mais prática e instrução. Orientar os estudantes que definam, analisem e utilizem metas de curto e longo prazos, projetando perspectivas de tempo futuro e definindo objetivos para gerar motivação é papel do professor, o que contribuirá para desenvolver crenças capacitadoras de uma mentalidade positiva em relação à aprendizagem.

Considerações finais

Buscou-se, ao longo deste capítulo inicial, conceituar aprendizagem autorregulada e retomar os modelos desenvolvidos por diversos autores sobre autorregulação para compreender a similaridade existente entre eles. Procurou-se ainda tecer considerações sobre a importância da motivação, das crenças de autoeficácia e do uso de estratégias de aprendizagem para a autorregulação da aprendizagem dos estudantes. Destacou-se a importância de realizar intervenções sistemáticas e preventivas que contribuam para que os estudantes se tornem mais estratégicos e autorregulados.

Nesse ínterim, discorreu-se sobre: Quais são os processos envolvidos no uso eficaz de estratégias de aprendizagem? Como trabalhar com essas estratégias de forma a potencializar a aprendizagem dos estudantes em diferentes idades? Como sensibilizar e ajudar os professores a implementarem atividades orientadas ao aprender a aprender nas salas de aula? Investiu-se também em informar o leitor acerca da natureza dos conhecimentos que é preciso ter para desenvolver competências específicas e conseguir transferir essas habilidades cognitivas para outras áreas do conhecimento.

Na sequência do livro, nos demais capítulos, os diferentes autores trazem múltiplas e valiosas possibilidades para o fortalecimento dos processos autorregulatórios de estudantes e de professores de forma a potencializar os processos de ensino e de aprendizagem. Essas possibilidades variam desde a criação de programas de intervenção, oficinas, encontros sistemáticos, ambientes de computador e de ensino a distância, educação integral. Com essas propostas será mais fácil criar uma cultura voltada para o envolvimento do estudante no processo de aprender a aprender.

Assim, espera-se que este primeiro capítulo instigue a leitura dos demais, considerando que cada um deles desvela caminhos de atuação e novas estratégias para que os estudantes atinjam resultados exitosos. Frente à natureza mutável da aprendizagem em ambientes de ensino em diferentes modalidades, considerando as implicações existentes, infere-se que a aprendizagem do estudante e do professor, ao apropriarem-se da perspectiva da autorregulação e ao utilizarem estratégias de aprendizagem, será marcada por grandes benefícios em sua qualidade. Como desafio, há que se desenvolver estratégias de enfrentamento para preparar estudantes para serem mais autônomos em relação às demandas de aprendizagem deste século.

Agradecimentos

As autoras agradecem o apoio do CNPq.

Referências

ANDRZEJEWSKI, C.E.; DAVIS, H.A.; BRUENING, P.S. & POIRER, R.R. (2016). Can a self-regulated strategy intervention close the achievement gap? Exploring a classroom-based intervention in 9th grade earth science. *Learning and Individual Differences*, 49, p. 85-99.

BANDURA, A. (1996). "Regulation of cognitive processes through perceived self-efficacy". In: JENNINGS, G.H. & BELANGER, D. (orgs.). *Passages beyond the gate*: A Jungian approach to understanding the nature of American psychology at the dawn of the Nova millennium. Needham Heights: Simon & Schuster, p. 96-107.

_____ (1978). The self system in reciprocal determinism. *American Psychologist*, p. 344-358.

BOEKAERTS, M. (2011). "Emotions, emotion regulation, and self-regulation of learning". In: ZIMMERMAN, B.J. & SCHUNK, D.H. (orgs.). *Handbook of Self-Regulation of Learning and Performance*. Nova York: Routledge, p. 408-425.

_____ (1991). Subjective competence, appraisals and self-assessment. *Learn. Instr.*, p. 1-17.

_____ (1988). Motivated learning: bias in appraisals. *Int. J. Educ. Res.*, 12, p. 267-280.

BOEKAERTS, M.; PINTRICH, P.R. & ZEIDNER, M. (2000). *Handbook of Self-Regulation*. San Diego: Academic Press.

BORUCHOVITCH, E. (2014). Autorregulação da aprendizagem: contribuições da psicologia educacional para a formação de professores. *Revista da Associação Brasileira de Psicologia Escolar e Educacional*, 18 (3), p. 401-409.

_____ (2010). "A autorregulação da aprendizagem e a escolarização inicial". In: BORU-CHOVITCH, E. & BZUNECK, J.A. (orgs.). *Aprendizagem*: processos psicológicos e o contexto social na escola. 2. ed. Petrópolis: Vozes, p. 55-88.

_____ (2007). Aprender a aprender: propostas de intervenção em estratégias de aprendizagem. *Educação Temática Digital* 8 (2), p. 156-167.

BORUCHOVITCH, E. & GANDA, D.R. (2013). Fostering self-regulated skills in an educational psychology course for Brazilian preservice teachers. *Journal of Cognitive Educatioan and Psychology*, 12 (2), p. 157-177.

BZUNECK, J.A. (2009). "A motivação do aluno: Aspectos introdutórios". In: BORUCHO-VITCH, E. & BZUNECK, J.A. (orgs.). *Motivação do aluno*: contribuições da psicologia contemporânea. 4. ed. Petrópolis: Vozes, p. 9-36.

DANSEREAU, D.F.; COLLINS, K.W.; MACDONALD, B.A.; HOLLEY, C.D.; GARLAND, J.C.; DIEKHOFF, G.M. & EVANS, S.H. (1979). Development and evaluation of an effective learning strategy. *Journal of Educational Psychology*, 79, p. 64-73.

DECI, E.L. & RYAN, R.M. (1985). *Intrinsic motivation and self-determination in human behavior*. Nova York: Plenum.

DIGNATH, C.; BÜTTNER, G. & LANGFELDT, H. (2008). How can primary school students learn self-regulated learning strategies most effectively? A meta-analysis on self-regulation training programmes. *Educ. Res. Rev.* 3, p. 101-129.

EFKLIDES, A. (2011). Interactions of metacognition with motivation and affect in self-regulated learning: the MASRL model. *Educ. Psychol.* 46, p. 6-25.

FLAVELL, J. (1979). Metacognition and cognitive monitoring: A new area of cognitive developmental enquiry. *American Psychologist*, 34, p. 906-911.

FRISON, L.M.B. (2016). Autorregulação da aprendizagem: abordagens e desafios para as práticas de ensino em contextos educativos. *Revista de Educação PUC-Campinas*, vol. 21, n. 1, p. 1-17.

FRISON, L.M.B. & MIRANDA, C.A. (2019). Circuito de autorregulação da aprendizagem: interlocuções com os universitários. *Educação em Análise*, vol. 4, p. 57-81.

GANDA, D.R. & BORUCHOVITCH, E. (2015). Self-handicapping strategies for learning of preservice teachers. *Revista Estudos de Psicologia*, 32 (2), p. 417-425.

GANDA, D.R. & BORUCHOVITCH, E. (2018). Promoting self-regulated learning of Brazilian Preservice student Teachers: results of an intervention Program. *Frontiers in Education*, 3 (5), p. 1-20.

GRAHAM, S.; HARRIS, K.R. & MASON, L. (2005). Improving the writing performance, knowledge, and self-efficacy of struggling young writers: The effects of self-regulated strategy development. *Contemporary Educational Psychology*, 30, p. 207-241.

HADWIN, A.F.; JÄRVELÄ, S. & MILLER, M. (2011). "Self-regulated learning, co-regulated and socially shared regulation of learning". In: ZIMMERMAN, B. & SCHUNK, D. (orgs.). *Handbook of Self-Regulation of Learning and Performance*. Nova York: Routledge, p. 65-84.

MOOS, D. & RINGDAL, A. (2012). Self-regulated learning in classroom: A literature review on the teacher's role. *Education Research International*, id. 423284, p. 1-12.

PANADERO, E. (2017). A review of self-regulated learning: Six models and four directions for research. *Frontiers in Psychology*, 8, p. 1-28.

PANADERO, E. & ALONSO-TAPIA, J. (2014). How do students self-regulate? Review of Zimmerman's cyclical model of self-regulated learning. *Anales de Psicologia*, 30, p. 450-462.

PARIS, S.G. & WINOGRAD, P. (1999). *The Role of Self-Regulated Learning in Contextual Teaching*: Principles and Practices for Teacher Preparation [Disponível em http://www.ciera.org/library/archive/2001-04/0104parwin.htm].

PARIS, S.G.; LIPSON, M.Y. & WIXSON, K.K. (1983). Becoming a strategic reader. *Contemporary Educational Psychology*, 8 (3), p. 293-316.

PAULINO, P.; SÁ, I. & LOPES da SILVA, A. (2015). Autorregulação da motivação: crenças e estratégias de alunos portugueses do 7º ao 9º ano de escolaridade. *Psicologia: Reflexão e Crítica*, vol. 28, n. 3, p. 574-582.

PEKRUN, R. (2006). The control-value theory of achievement emotions: Assumptions, corollaries, and implications for educational research and practice. *Educational Psychology Review*, vol. 18, n. 4, p. 315-341.

PINTRICH, P.R. (2004). A conceptual framework for assessing motivation and self-regulated learning in college students. *Educational Psychology Review*, 16 (4), p. 385-407.

_____ (2000). "The role of goal orientation in self-regulated learning". In: BOEKAERTS, M.; PINTRICH, P. & ZEIDNER, M. (orgs.). *Handbook of self-regulation*. San Diego: Academic Press, p. 451-502.

_____ (1989). *The dynamic interplay of student motivation and cognition in the classroom*. Advances in motivation and achievement: Motivation enhancing environments. Vol. 6. Greenwich: CI'JAI, p. 117-160.

POLYA, G. (1945). *How to solve it*: A new aspect of mathematical method. Princeton: Princeton University Press.

POLYDORO, S.A.J. & AZZI, R.G. (2009). Autorregulação da aprendizagem na perspectiva da teoria sociocognitiva: Introduzindo modelos de investigação e intervenção. *Psicologia da Educação*, 29, p. 75-94.

POZO, J.I. (2002). Aprendizes e mestres: a nova cultura da aprendizagem. Porto Alegre: Artmed.

_____ (1996). "Estratégias de aprendizagem". In: COLL, C.; PALÁCIOS, J. & MARCHESI, A. (orgs.). *Desenvolvimento psicológico da educação*. Porto Alegre, Artes Médicas, p. 176-197.

RYAN, R.M. & DECI, E.L. (2017). *Self-determination theory*: Basic psychological needs in motivation, development, and wellness. Nova York: Guilford.

_____ (2000). Self-determination theory and the facilitation of intrinsic motivation, social development, and well-being. *American Psychologist*, 55 (1), p. 68-78.

SCHUNK, D.H. (2001). *Self-regulation through goal setting* – Clearinghouse on Counseling and Student Service. University of North Carolina.

SCHUNK, D.H.; MEECE, J.L. & PINTRICH, P.R. (2014). *Motivation in Education:* Theory, Research, and Applications. 4. ed. Boston.

SCHUNK, D.H. & ZIMMERMAN, B.J. (2008). *Motivation and Self-Regulated Learning*: Theory, Research, and Applications. Lawrence Erlbaum.

VEIGA SIMÃO, A.M. (2013). "Ensinar para a aprendizagem escolar". In: VEIGA, F. (org.). *Psicologia da educação*: teoria, investigação e aplicação. Lisboa: Climepsi, p. 495-541.

_____ (2006). "Autorregulação da aprendizagem: um desafio para a formação de professores". In: BIZARRO, R. & BRAGA, F. (orgs.). *Formação de professores de línguas estrangeiras*: reflexões, estudos e experiências. Porto: Porto Editora, p. 192-206.

_____ (2004). "Integrar os princípios da aprendizagem estratégica no processo formativo dos professores". In: LOPES da SILVA, A.; DUARTE, A.M.; SÁ, I. & VEIGA SIMÃO, A.M. (orgs.). *Aprendizagem auto-regulada pelo estudante*: perspectivas psicológicas e educacionais. Porto: Porto Editora.

VEIGA SIMÃO, A.M. & FRISON, L.M.B. (2013). Autorregulação da aprendizagem: abordagens teóricas e desafios para as práticas em contextos educativos. *Cadernos de Educação*, n. 45, jul./ago., p. 2-20.

WEINER, B. (2010). The development of an attribution-based theory of motivation: A history of ideas. *Educational Psychologist*, 45 (1), p. 28-36.

WEINSTEIN, C.E. (1978). "Elaboration skills as a learning strategy". In: O'NEIL, Jr., H.G. (org.). *Learning strategies*. Nova York: Academic Press.

WEINSTEIN, C.E.; ACEE, T.W & JUNG, J. (2011). Self-regulation and learning strategies. *New Directions for Teaching and Learning*, 16, p. 45-53.

WEINSTEIN, C.E. & MAYER, R.E. (1986). "The teaching of learning strategies". In: WITTROCK, M.C. (org.). *Handbook of Research on Teaching*. 3. ed. Nova York: Macmillan, p. 315-327.

WINNE, P.H. & HADWIN, A.F. (2013). "Study: tracing and supporting self-regulated learning in the internet". In: AZEVEDO, R. & ALEVEN, V. (orgs.). *International Handbook of Metacognition and Learning Technologies*. Nova York: Springer, p. 293-308.

_____ (1998). "Studying as self-regulated learning". In: HACKER, D.J.; DUNLOSKY, J. & GRAESSER, A.C. (orgs.). *Metacognition in Educational Theoryand Practice*, p. 277-304.

WOLTERS, C.A. (2003). Regulation of motivation: Evaluating an underemphasized aspect of self-regulated learning. *Educational Psychologist*, 38 (4), p. 189-205.

WOLTERS, C. & BENZON, M. (2013). Assessing and predicting college students' use of strategies for the self-regulation of motivation. *Journal of Experimental Education*, 81 (2), p. 199-221.

ZIMMERMAN, B.J. (2013). From cognitive modeling to self-regulation: a social cognitive career path. *Educational Psychologist*, vol. 48, n. 3, p. 135-147.

_____ (2000). "Attaining self-regulation: A social-cognitive perspective". In: BOEKAERTS, M.; PINTRICH, P. & ZEIDNER, M. (orgs.). *Handbook of self-regulation*. Orlando: Academic Press, p. 13-39.

_____ (1998). "Developing Self-Fulfilling Cycles of Academic Regulation: An analysis of exemplary instructional models". In: SCHUNK, D.H. & ZIMMERMAN, B.J. (orgs.). *Self-regulated learning*: from teaching to self-reflective practice. Nova York: The Guilford, p. 1-19.

_____ (1989). "Models of self-regulated learning and academic achievement". In: ZIMMERMAN, B.J. & SCHUNK, D.H. (orgs.). *Self-regulated learning and academic achievement*: Theory, research and practice. Nova York: Springer, p. 1-25.

_____ (1986). Becoming a self-regulated learner: Which are the key subprocesses? *Contemporary Educational Psychology*, 1, p. 307-313.

ZIMMERMAN, B.J. & SCHUNK, D.H. (2011). *Handbook of Self-Regulation of Learning and Performance*. Nova York: Routledge.

2
Autorregulação da motivação e das emoções
Inter-relações, implicações e desafios

José Aloyseo Bzuneck
Evely Boruchovitch

Os teóricos da aprendizagem autorregulada (p. ex., BOEKAERTS, 2011; PIN-TRICH, 2004; ZIMMERMAN, 2013), expandindo as propostas seminais de Bandura (1997) sobre agência humana, argumentaram que todo aluno tem o potencial de monitorar, controlar e regular sua motivação, seus afetos, comportamentos, além do próprio ambiente. O objetivo principal deste capítulo é de apresentar aspectos teóricos e dados de pesquisa acerca da interação entre autorregulação da motivação e das emoções. Entretanto, para que o leitor possa mais facilmente situar-se nesse novo tema, será apresentado, inicialmente, o que a literatura mais recente tem acumulado acerca da autorregulação de cada um desses construtos, separadamente.

Autorregulação da motivação

A autorregulação da motivação refere-se "às ações mediante as quais os indivíduos, de forma intencional, se propõem iniciar, manter ou reforçar o seu nível de motivação, ou seja, a sua determinação por se envolver em uma tarefa ou por completá-la e alcançar um objetivo" (WOLTERS, 2003, p. 190). Em outras palavras, o procedimento consiste numa intervenção deliberada por parte do aluno na gestão dos próprios processos motivacionais, ou seja, pelo controle dos fatores e componentes psicológicos que respondem pelo esforço e persistência. Nesse sentido, como Pintrich (2004) destacou, a autorregulação da motivação é um aspecto crítico da autorregulação da aprendizagem, contemplado em todos os modelos atuais de aprendizagem autorregulada, como os de Zimmerman, Pintrich, Boekaerts, Efklides e Winne e Hadwin (PANADERO, 2017).

Nos contextos educativos, a autorregulação da motivação torna-se particularmente necessária em função das próprias condições desse contexto, em que tarefas obrigatórias, desafios, sucessos e possíveis fracassos, além de relações interpessoais diversas, formam o cotidiano de todo aluno. Por esse motivo, Wolters (2011) argumentou que a autorregulação da motivação seria até dispensável se, por hipótese, para todos os alunos as atividades de aprendizagem fossem sempre prazerosas, atraentes, bem como se fossem valorizadas por eles e passíveis de serem realizadas com sucesso garantido, juntamente com a confiança fomentada nas próprias capacidades. Como, porém, a realidade é outra, pelos episódios de desalento, tédio, alta ansiedade e pela dificuldade maior de certas tarefas e por um nível mais baixo de estruturação do ensino, resta que o próprio aluno assuma, frequentemente, o papel protagonista de comandante e agente dos seus processos motivacionais.

As estratégias à disposição dos alunos para regular sua motivação, quando necessário, derivam da natureza da motivação que, embora responsável pelo início e pela persistência no exercício de uma tarefa de aprendizagem (SCHUNK; MEECE & PINTRICH, 2014; WOLTERS & BENZON, 2013), não deve ser considerada como um construto simples e unitário, mas que engloba fatores diversos como crenças de autoeficácia, orientação a metas de realização, atribuições de causalidade, expectativa e valorização, motivação intrínseca e um leque de formas de motivação extrínseca (RYAN & DECI, 2017).

Na literatura, diversas estratégias destinadas à autorregulação bem-sucedida da motivação têm sido exploradas, associadas a um ou outro desses construtos específicos. Em síntese, como foi apresentado em diversas publicações (p. ex., BOEKAERTS, 2011; BZUNECK & BORUCHOVITCH, 2016; PINTRICH, 2004; SCHWINGER & OTTERPOHL, 2017), essas estratégias consistem em fomentar o interesse situacional, reavivar a valorização pelo valor instrumental relativamente a metas futuras, tornar presentes consequências positivas (prometer-se recompensas), recuperar a autoeficácia pela evocação de sucessos passados, estabelecer metas próximas, propor-se metas de realização tanto a de domínio como, eventualmente, a de *performance*-aproximação e, por fim, estruturação do ambiente físico ou social.

Pintrich (2004), em seu modelo de autorregulação, propôs que na fase 2 o aluno monitore seu estado motivacional, isto é, verifique qual é o problema que, eventualmente, compromete a aplicação de esforço. Miele e Scholer (2017) aprofundaram essa exigência, sugerindo que o aluno monitore os aspectos quantitativos e qualitativos da motivação. No primeiro caso, a autoavaliação consistirá em identificar por que está com motivação baixa: por exemplo, por redução da crença de autoeficácia? Por que não vê importância, valor, significado na tarefa da aprendizagem? No aspecto qualitativo, a autoanálise poderá concluir que sua motivação é de qualidade inferior, por exemplo, porque sua meta de realização é a de *performance*-evitação, ou a de evitação do trabalho (espera bons resultados, porém sem se esforçar). A autorregulação (fase 3 de Pintrich) será mais eficaz se incidir sobre o ponto fraco identificado anteriormente. Miele e Scholer (2017) apresentaram exemplos de estratégias promissoras de regulação da motivação, ligadas a cada componente desse construto, como autoeficácia e os diversos aspectos da valorização. Em estudos como o de Kim, Brady e Wolters (2018) e de Wolters e Benzon (2013), instrumentos de medida de diversas estratégias que podem ser usadas por estudantes para regular a motivação passaram por procedimentos de validação.

Autorregulação das emoções

As emoções fazem parte da dimensão afetiva que, juntamente com as cognições e o comportamento, respondem basicamente pelo funcionamento psicológico de todo ser humano. Nesse texto foi adotada a conceituação proposta nas teorias de avaliação (*Appraisal Theories* – MOORS et al., 2013), segundo as quais um episódio emocional envolve diversos componentes, como o de avaliação do ambiente e das interações pessoa-ambiente, uma tendência para a ação, respostas fisiológicas, componentes motóricos e de sentimento. Essa conceituação vale para todas as situações da vida. Contudo, aqui vamos restringir-nos às emoções acadêmicas, ou seja, àquelas que tipicamente surgem nos contextos de aprendizagem escolar (PEKRUN, 2006; 2018) e sobre as quais será explorada a autorregulação. Nesses contextos, os estudantes podem experimentar emoções positivas como satisfação, orgulho, esperança e, por outro lado, ser acometidos por emoções negativas como frustração, raiva, desesperança, ansiedade, tédio e vergonha. A principal justificativa para se promover autorregulação das emoções reside no fato de que ela favorece a autorregulação da aprendizagem e o próprio desempenho (PEKRUN, 2018; WOLTERS, 2011).

Na literatura (p. ex., PEKRUN, 2006; 2018) está amplamente documentado que emoções positivas favorecem, de alguma forma, a aprendizagem escolar. O estudo de Mega, Ronconi e De Beni (2013) representa uma boa amostra, em que, pelo modelo das equações estruturais, emoções positivas afetam positivamente a motivação e, por meio dela, o desempenho final. Já as emoções negativas, normalmente inevitáveis nos contextos de aprendizagem, tendem a ter efeito contrário, enquanto não forem controladas (p. ex., PEKRUN, 2006; VIERHAUS; LOHAUS & WILD, 2016).

Como recorte, neste capítulo, as análises terão como foco apenas emoções acadêmicas negativas, mais frequentemente examinadas em pesquisas educacionais, dados os seus efeitos nocivos à aprendizagem. Entre elas, a ansiedade alta, pelo seu componente de preocupação, associada à invasão de pensamentos espúrios, tem efeito debilitante sobre a atividade mental nas aprendizagens e nas provas, afetando a própria motivação pela tarefa ou disciplina em relação à qual ela tiver surgido (p. ex., RAMIREZ; SHAW & MALONEY, 2018; VOGELAAR et al., 2017; ZEIDNER, 2014). O tédio, outra emoção acadêmica negativa, frequentemente apontada por estudantes, equivale a desinteresse, tendo como origem uma ausência de valorização da tarefa ou disciplina. Pela própria configuração desse estado, aluno entediado torna-se inativo (p. ex., DASCHMANN; GOETZ & STUPNISKY, 2011; PEKRUN, 2006; VOGEL-WALCUTT et al., 2012). E, por último, a vergonha-humilhação e a desesperança, que assomam em episódios de fracasso atribuído a falta de capacidade, têm efeito de paralisação e retraimento (PEKRUN, 2018; TURNER; HUSMAN & SHALLERT, 2002; WEINER, 2000). Em suma, trata-se de um conjunto limitado de emoções negativas, porém frequente na vida escolar e comprovadamente prejudiciais à aprendizagem e ao desempenho.

Thompson (1994) destaca a importância da regulação das emoções e a define como um conjunto de processos intrínsecos e extrínsecos responsáveis por monitorar, avaliar e modificar as reações emocionais, em especial na sua intensidade e nos fatores temporais que auxiliam o ser humano a lidar com seus estados emocionais e a usar diferentes tipos de estratégias a fim de melhor atingir objetivos pessoais.

Já se identifica, na literatura, considerável quantidade de estudos em que foram propostas estratégias eficazes com as quais os alunos podem controlar as emoções negativas (cf. sínteses em BZUNECK, 2018; WEBB et al., 2012). Como amostra, Pekrun (2006) apresentou quatro tipos de estratégias, em termos de *coping* ou de autorregulação. O primeiro tipo consiste em atacar diretamente os componentes da emoção negativa, o que se faz focalizando-as conscientemente ou usando técnicas de relaxamento, além do uso de medicação. A segunda categoria de regulação consiste em alterar fatores antecedentes da emoção, num processo de reavaliação da situação, por exemplo, mudando as expectativas ou alterando as atribuições causais. Como terceiro procedimento, o estudante desviará a atenção para o aprender e para o desempenho, buscando estratégias de aprendizagem mais eficazes ainda não adotadas. Uma quarta e última categoria de autorregulação consiste numa tentativa de mudar o nível de exigência (pedindo abrandamento), o que acarretaria bons resultados e satisfação, ou até pela desistência do curso, que seria uma libertação final das emoções acadêmicas negativas, estratégia nada aconselhável, se se considerarem possíveis efeitos nefastos para o futuro.

Para ilustrar a segunda categoria de estratégia, que segue o modelo teórico de controle e valorização de Pekrun (2006), serve de exemplo o caso de um estudante que nutria a expectativa de ter um desempenho superior ao de seus colegas, o que não aconteceu, gerando frustração. Essa emoção negativa será atenuada com a mudança para uma expectativa de apenas ter sucesso ou melhora em relação a desempenhos anteriores, sem qualquer comparação social, uma vez que toda competição encerra um risco para o controle dos resultados. Nesse caso, terá mudado o foco da valorização (de superar os outros para ter sucesso autorreferenciado), o que possibilita o controle da situação.

Com pontos de coincidência com Pekrun (2006), Boekaerts (2011) também elencou e descreveu em detalhe diversas estratégias de regulação das emoções, dando exemplos práticos de cada uma. Como estratégias foram mencionadas a expressão e a supressão da emoção, a reavaliação da situação, a negação e a distração, evitação e desistência, seleção e manipulação da situação e, por último, busca de apoio social.

Como amostra, selecionada para este capítulo, Boekaerts (2011) descreveu como a reavaliação da situação foi adotada por uma aluna hipotética, muito ansiosa numa prova, já diante do primeiro problema de Matemática. A estratégia foi olhar para um colega próximo, reconhecido como bom aluno, e ter notado que ele também parecia intrigado com o tal problema. Aí ela concluiu que o problema era de fato muito difícil para todos, não somente para ela. Com isso, passou para a segunda questão, mais aliviada. O que a aluna fez foi deixar de considerar a tarefa da prova como ameaça pessoal, passando a considerar, de modo mais objetivo, que a tarefa era difícil para todos: por que se preocupar? Tenha-se presente que, na alta ansiedade diante das provas, o componente mais comprometedor dos processos cognitivos é a preocupação (TOBIAS, 1985; ZEIDNER, 2014), que a aluna controlou com êxito.

Em síntese, a literatura tem proporcionado descrições da eficácia de diversas estratégias, seja para o aluno regular a motivação, seja para regular emoções. Agora chegamos à questão crítica do presente capítulo: Qual a relação entre autorregulação da motivação e autorregulação das emoções? Nas pesquisas, inspiradas em modelos teóricos, essas duas formas têm sido tratadas de modo independente, ou houve tentativas de integração? Como ponto de partida, serão apresentadas as contribuições de alguns teóricos da autorregulação das aprendizagens, relevantes para os objetivos propostos.

Interações da autorregulação motivacional e emocional

Em alguns modelos de aprendizagem autorregulada (p. ex., BOEKAERTS, 2011; PINTRICH, 2004; ZIMMERMAN, 2013) foi considerada como fator crucial a autorregulação da motivação e das emoções acadêmicas, embora com certas diferenças entre esses autores (PANADERO, 2017). Todavia, somente os modelos de Boekaerts (2011) e de Zimmerman (2013) trazem uma contribuição maior para o tema específico das inter-relações. Para Boekaerts, as reações afetivas negativas são consideradas mais como ameaças ao *self* (uma instância que é a força orientadora de toda a aprendizagem autorregulada) e à manutenção do bem-estar do que um componente crítico do processamento cognitivo. Contudo, a autora insinua alguma forma de inter-relação ao propor que a motivação pode ser regulada pelo uso de estratégias como as que alterem fatores estressantes e reduzam emoções negativas e pelo uso de atribuições adaptadoras.

Zimmerman (2013), em seu modelo cíclico de autorregulação da aprendizagem, propôs que a autorregulação da motivação tem como fontes o reforçamento direto e o vicário, o autorreforçamento e as crenças de autoeficácia. Além disso, a motivação para novas tarefas será alimentada por emoções de satisfação e outros afetos positivos, que surgem pela verificação de êxito ao final de uma tarefa (na fase 3 de seu modelo), quando atribuída a fatores controláveis. Entretanto, quando ocorrerem erros ou fracassos, com a verificação de que os objetivos do início não foram atingidos, somente os estudantes proativos tendem a atribuir seus erros ou fracassos a causas controláveis, o que os torna satisfeitos e com outros afetos positivos, uma condição que sustentará novos esforços para aprender. Observe-se, contudo, que nesse modelo não há alusão explícita à regulação direta das emoções, que são apenas consideradas como consequências das atribuições causais, mas com efeitos significativos sobre a motivação subsequente.

Em suma, especificamente quanto à inter-relação da autorregulação da motivação e das emoções, os modelos de Boekaerts e de Zimmerman apontam para componentes da atribuição de causalidade, o que foi igualmente considerado por Pekrun (2006; 2018). Para se entender a inter-relação das autorregulações, sob esse prisma, a teoria de atribuição de causalidade de Weiner (2000), explicitamente destinada aos contextos educativos, traz complementações importantes, especialmente ao especificar as emoções derivadas das atribuições causais. Essa teoria interliga os aspectos cognitivos, afetivos, motivacionais e comportamentais. Atribuição causal é o que faz normalmente todo estudante após passar por uma experiência de sucesso ou de fracasso, especialmente quando inesperados. Em função de uma crença ou julgamento pessoal, ele tende a atribuir tais eventos a alguma causa, o que acarreta consequências para a motivação e para o desempenho subsequente. As emoções surgem em função de duas situações, em que a primeira consiste na própria experiência inicial que, se for de fracasso, vem acompanhada de emoções negativas como de infelicidade e frustração e, se for o caso de bons resultados, surgirão emoções positivas de satisfação, felicidade, alegria. Entretanto, num segundo momento, mais importante pelos seus efeitos motivacionais, emoções específicas surgirão em decorrência da causa a que se atribuir o sucesso ou o fracasso. Nos eventos de fracasso percebido, que mais nos importa para a autorregulação, o aluno sentirá vergonha, humilhação, desesperança ou resignação, quando for atribuído a falta de capacidade, um fator interno e estável, considerado incontrolável, especialmente se a inteligência for entendida como entidade fixa. Essas emoções negativas não assomarão se a atribuição pelo fracasso incidir sobre causas controláveis, como falta de esforço ou de boas estratégias.

Como, então, será conduzida a autorregulação das emoções de vergonha-humilhação e desesperança? Boekarts (2011), Pekrun (2006) e Zimmerman (2013) propuseram que o caminho passa pela autorregulação de um fator motivacional, que são as atribuições causais, passíveis de serem mudadas de desfavoráveis para adaptativas, com atribuições a fatores controláveis e instáveis. A literatura tem uma tradição de aplicação desses procedimentos em educação (HALL et al., 2007).

Um estudante será levado, por alguma forma de treinamento, com apoio de pessoas, a julgar que seus erros ou fracassos ocorreram não por falta de capacidade – uma crença que gerou as emoções negativas –, porém em função de algum outro fator, mesmo interno, porém controlável, como uso de estratégias inadequadas nas tarefas (p. ex., por má administração do tempo), ou por falta de esforço suficiente ou de persistência em tarefas mais custosas. Tal mudança cognitiva exercida sobre um fator motivacional, que são as atribuições causais, terá como consequência imediata a atenuação ou supressão da emoção negativa, substituída por autoestima positiva e esperança. Em outras palavras, nesses casos, serão estudantes proativos na vida acadêmica aqueles que tiverem desenvolvido a habilidade de detectar a emoção negativa associada a atribuições disfuncionais e de direcionar o esforço por alterar a percepção da causa de seu fracasso.

Outra emoção negativa é o tédio, frequentemente acusado por alunos em todos os níveis de escolaridade, que é uma emoção caracterizada por falta de interesse e desligamento da atenção sobre a aula ou tarefa, próximo à apatia. Tipicamente, portanto, o tédio equivale ao estado de desmotivação, causado por falta de valorização do que está à sua frente, com efeitos negativos sobre o esforço, o uso de estratégias eficazes e o desempenho acadêmico (p. ex., MIELE & SCHOLER, 2017; VOGEL-WALKUTT et al., 2012; TZE; DANIELS & KLASSEN, 2016). Por se tratar de um estado paralisante que afeta diretamente o engajamento, deve ser controlado, uma exigência que recai mais frequentemente sobre o próprio aluno.

Estudos revelam que a autorregulação do tédio, visando a sua remoção ou superação, supõe que seja ativado certo tipo de motivação, associada a construtos específicos, como reavivar o interesse situacional ou evocar objetivos de vida. Entre as estratégias, a transformação de tarefas maçantes em jogos tem o potencial de reavivar o interesse (PAULINO et al., 2015; WOLTERS, 2003), nem sempre muito empregada pelos estudantes (GÓES & BORUCHOVITCH, 2017). Nett, Goetz e Daniels (2010) sugeriram que é igualmente importante fomentar nos alunos a estratégia de evocar o valor de instrumentalidade da tarefa em vista de objetivos futuros já valorizados ou até de metas próximas como passar de ano.

Outros autores trouxeram novas especificações quanto à regulação da motivação em relação ao tédio. Alonso-Tapia, Panadero-Calderón e Ruiz (2014) inseriram em seu questionário de autorregulação de emoções como tédio alguns itens destinados a avaliar a frequência com que alunos faziam recurso a diversos possíveis motivadores. Como exemplo, foi proposto um diálogo interno em que o aluno reclama da tarefa tediosa ("Que tarefa mais chata!"). Uma reação proposta no instrumento seria: "vamos ver se acabo logo com isso". Por outro lado, também constavam formas alternativas de pensar na mesma condição de tarefa tediosa: "Bem, parece que estou indo cada vez melhor, estou progredindo", ou: "está difícil, mas é intrigante; eu preciso saber como resolver isso". Com esses três tipos de diálogo interno, os autores identificaram o recurso a três diferentes motivadores. No primeiro caso, a estratégia representava evitação motivacional, que leva a um envolvimento superficial e insuficiente, ou à total desistência. A segunda verbalização contém autorreforçamento (por se vislumbrar uma consequência benéfica) e a terceira, uma orientação à meta de realização aprender (ou domínio), preditora do melhor engajamento (SENKO & HULLEMAN, 2013). Nesses casos, é também plausível a interpretação de que a tarefa, vista como tediosa, passaria a ter significado pessoal, quer pela consequenciação positiva, quer pelo caráter desafiador à capacidade. Com a percepção de alguma forma de significado na tarefa ou no seu conteúdo, não há mais lugar para o tédio.

Em outro estudo, Xu, Fan e Du (2016) construíram um questionário com itens similares aos da pesquisa anterior, relativos a controle emocional do tédio e reavaliação cognitiva da situação, no cumprimento do dever de casa. Entre os resultados, verificou-se que as metas de realização domínio e *performance*-aproximação se correlacionaram positivamente, em nível significativo, tanto com a regulação das emoções como com a reavaliação cognitiva da situação, o que sugere a relevância desses construtos para o controle emocional.

Em síntese, o que há de comum em todas as propostas e dados de pesquisa é a associação íntima entre regulação da motivação e do tédio. De modo semelhante ao que ocorre com emoções como vergonha-humilhação e desesperança, o tédio não será controlado por alguma estratégia que o atinja diretamente. Os estudos mostram que o tédio poderá ser regulado pelo aluno mediante um mecanismo de controle dos processos motivacionais a ele associados. O pressuposto subjacente é que as próprias emoções negativas terão surgido em função de alguma disfunção no aspecto motivacional, acentuadamente por conta da avaliação da situação (MOORS et al., 2013). Nos casos de vergonha e desesperança, a raiz é a atribuição causal disfuncional e, no caso do tédio, falta de interesse ou de valorização e significado pessoal. A regulação das emoções seguirá o mesmo trajeto em sentido inverso, num processo de inter-relação.

A regulação emocional e das crenças de autoeficácia

Optou-se por colocar em destaque essa relação porque autoeficácia é um construto motivacional particularmente examinado nos modelos teóricos e nas pesquisas de aprendizagem autorregulada. Bandura (1997) havia argumentado que a autoeficácia percebida, que é a crença sobre a própria capacidade de exercer ações orientadas a objetivos, representa um mecanismo central ao exercício da agência humana. Como toda autorregulação implica decisões e certo grau de esforço mental, autoeficácia figura como uma condição fundamental para essa atividade tipicamente representativa de agência (cf., p. ex., PINTRICH, 2004; ZIMMERMAN, 2013).

Entretanto, autoeficácia é um fator motivacional que pode sofrer abalo, por falta dos nutrientes relativos às quatro fontes ou raízes (BANDURA, 1997). No presente contexto, será analisada uma situação relatada por Tschannen-Moran e

Woolfolk Hoy (2007), de um(a) professor(a) que, em classe, é acometido(a) por altos níveis de ansiedade. Em função desse estado psicofisiológico percebido – a quarta fonte de autoeficácia – as autoras apontaram imediato rebaixamento da autoeficácia docente, com consequências negativas para sua atuação na escola. Tanto a alta ansiedade naquele contexto como a autoeficácia reduzida resultaram da avaliação das condições do contexto e do pareamento com as próprias capacidades percebidas. Por se tratar de uma condição complexa, a autorregulação poderá incidir ou sobre a própria emoção de alta ansiedade ou sobre a autoeficácia abalada como instância motivacional. No primeiro caso, o(a) professor(a) usaria, como sugerido no estudo de Xu et al. (2016), de uma verbalização interiorizada para si próprio, do tipo: "fique calmo!" Se a ansiedade for controlada, há a tendência de que a autoeficácia se restabeleça, caso não haja outro impedimento. Por outro lado, a autorregulação poderá também consistir em um diálogo interno, como sugerido por Bandura (1997), para afetar a autoeficácia em si: "eu sei que posso dar conta...", ou pela evocação de bons resultados anteriores, entre outras possíveis verbalizações (BZUNECK, 2018). Uma vez recuperada a autoeficácia, prevê-se atenuação da alta ansiedade, em virtude do fortalecimento da crença na própria capacidade de agir naquela situação. Portanto, em casos como esse, verifica-se a inter-relação das autorregulações quer porque o controle da alta ansiedade significa eliminação da quarta fonte negativa da autoeficácia, quer porque a crença de autoeficácia restabelecida é incompatível com alta ansiedade. Assim, as análises ora realizadas e os exemplos examinados no presente capítulo permitem constatar que existe interdependência complexa na relação da motivação e da emoção no contexto educativo, que reflete nas formas de regulação dessas duas variáveis-chave a aprendizagem autorregulada.

Considerações finais

A autorregulação das emoções é um dos componentes-chave da aprendizagem autorregulada. Evidências mostram que estudantes que conhecem, regulam e controlam suas emoções no contexto educativo tendem a ter rendimento escolar melhor. Embora se reconheça a relevância da afetividade para a aprendizagem, esse tema ainda é pouco estudado em nosso meio, sobretudo na perspectiva da autorregulação da aprendizagem. Segundo Pekrun (2005), o nosso conhecimento sobre outras emoções para além da ansiedade diante das provas se mantém muito limitado. Emoções como orgulho, vergonha, culpa, esperança, desamparo, são mais relacionadas a situações de realização escolar e acadêmica, porém ainda pouco estudadas empiricamente. Há emoções associadas mais à aprendizagem do que à realização, que precisam ser igualmente examinadas.

Thompson (1994) destaca a importância de que processos intrínsecos e extrínsecos responsáveis por monitorar, avaliar e modificar as reações emocionais, em especial na sua intensidade e nos fatores temporais, sejam fortalecidos nos seres humanos para que possam lidar com seus estados emocionais e a usar diferentes tipos de estratégias a fim de melhor atingir objetivos pessoais. Ademais, como existem estratégias consideradas mais adaptativas do que outras e os indivíduos diferem, sistematicamente, no seu uso (GROSS, 1998), há que se investir esforços, por um lado, na busca de um maior entendimento acerca das variáveis que levam ou não os estudantes a empregá-las e quais os fatores que estão implicados na seleção dessas estratégias. Por outro lado, é igualmente importante ensiná-las e disponibilizá-las, desde o início da escolarização formal (CRUVINEL & BORU-CHOVITCH, 2019).

Wolters (2003), por sua vez, menciona que tem se estudado mais a motivação para aprender e que tem havido menos ênfase na busca da compreensão da forma como o aluno regula a sua própria motivação. De modo semelhante, Miele e Scholer (2017) defendem a necessidade de conhecer a metamotivação dos estudantes, isto é, entender como eles monitoram seus estados motivacionais; se conhecem sua motivação, se identificam seus déficits motivacionais de forma precisa; e quais os fatores que contribuem para transformar a consciência dos estados motivacionais em comportamentos motivados. Essas novas frentes investigativas que emergiram mais recentemente no estudo da motivação enquanto variável-chave da aprendizagem autorregulada são promissoras, porém ainda pouco exploradas em nosso meio. Faz-se necessário também que os alunos aprendam como regular sua motivação e quais estratégias são mais eficazes. Igualmente relevante é não só identificar quais os fatores que facilitam o seu emprego, mas também promover situações de aprendizagem que despertem o interesse intrínseco dos estudantes. Ao lado disso, para que ele se beneficie dos conhecimentos acerca de como regular sua motivação e emoção a favor da sua aprendizagem, é essencial que esses temas possam ser trabalhados em cursos de formação de professores (BORU-CHOVITCH & GOMES, 2019; FRISON; VEIGA SIMÃO & CIGALES, 2017).

Embora o foco do presente capítulo tenha recaído no entrelaçamento da autorregulação da motivação e da emoção, cumpre lembrar que a autorregulação da aprendizagem é um construto complexo que envolve a integração de fatores cognitivos, metacognitivos, afetivos, motivacionais, comportamentais e sociais. Nesse sentido, destaca-se a necessidade de que a pesquisa sobre a temática da autorregulação se volte para o exame concomitante dessa interdependência entre suas múltiplas dimensões. Compreender como essas diferentes dimensões da autorregulação interagem no indivíduo e o empoderam a aprender mais e melhor requer mudanças nos métodos de pesquisa e é certamente um desafio que deve ser abraçado pela pesquisa futura.

Agradecimentos

A segunda autora agradece o apoio do CNPq.

Referências

ALONSO-TAPIA, J.; PANADERO, E.C. & RUIZ, M.A. (2014). Development and validity of the emotion and motivation self-regulation questionnaire (EMSR-Q). *The Spanish. Journal of Psychology*, vol. 17, e55, p. 1-15.

BANDURA, A. (1997). *Self-efficacy*: The exercise of control. Nova York: W.H. Freeman.

BOEKAERTS, M. (2011). "Emotions, emotion regulation, and self-regulation of learning". In: ZIMMERMAN, B.J. & SCHUNK, D.H. (orgs.). *Handbook of Self-Regulation of Learning and Performance*. Nova York: Routledge, p. 408-425.

BORUCHOVITCH, E. (2014). Autorregulação da aprendizagem: Contribuição da psicologia educacional para a formação de professores. *Revista Psicologia Escolar e Educacional*, vol. 18, n. 3, p. 401-409.

BORUCHOVITCH, E. & GOMES, M.A.M. (2019). *Aprendizagem autorregulada*: Como promovê-la no contexto educativo? Petrópolis: Vozes.

BZUNECK, J.A. (2018). Emoções acadêmicas, autorregulação e seu impacto sobre motivação e aprendizagem. *ETD Educação Temática Digital*, vol. 20, n. 4, p. 1.059-1.075.

BZUNECK, J.A. & BORUCHOVITCH, E. (2016). Motivação e autorregulação da motivação no contexto educativo. *Psicologia: Ensino & Formação*, vol. 7, n. 2, p. 73-84.

CRUVINEL, M. & BORUCHOVITCH, E. (2018). "Como promover a autorregulação de crianças e adolescentes no contexto educacional". In: BORUCHOVITCH, E. & GOMES, M.A.M. (orgs.). *Aprendizagem autorregulada*: como promovê-la no contexto educativo? Petrópolis: Vozes, p. 96-121.

DASCHMANN, E.C.; GOETZ, T. & STUPNISKY, R.H. (2011). Testing the predictors of boredom at school: Development and validation of the precursors to boredom scales. *British Journal of Educational Psychology*, vol. 81, p. 421-440.

FRISON, L.M.L.; VEIGA SIMÃO, A.M. & CIGALES, J.R. (2017). Aprendizagens na docência: Pibid e a formação de professores. *Revista e-Curriculum*, vol. 15, p. 25-44.

GÓES, N. & BORUCHOVITCH, E. (2017). Escala de avaliação das estratégias de regulação da motivação de alunos universitários: um estudo-piloto. *Revista de Estudios y Investigación en Psicología y Educación* (01), p. 169-173.

GROSS, J.J. (1998). The emerging field of emotion regulation: An integrative review. *Review of General Psychology*, vol. 2, n. 3, p. 271-299.

HALL, N.C.; PERRY, R.P.; GOETZ, T.; RUTHIG, J.C.; STUPNISKY, R.H. & NEWALL, N.E. (2007). Attributional retraining and elaborative learning: Improving academic development through writing-based interventions. *Learning and Individual Differences*, vol. 17, n. 3, p. 280-290.

KIM, Y.; BRADY, A.C. & WOLTERS, C.A. (2018). Development and validation of the brief regulation of motivation scale. *Learning and Individual Differences*, vol. 67, p. 259-265.

MEGA, C.; RONCONI, L. & De BENI, R. (2014). What Makes a Good Student? How emotions, self-regulated learning, and motivation contribute to academic achievement. *Journal of Educational Psychology*, vol. 106, n. 1, p. 121-131.

MIELE, D.B. & SCHOLER, A.A. (2018). The Role of Metamotivational Monitoring in Motivation Regulation. *Educational Psychologist*, vol. 53, n. 1, p. 1-21.

MOORS, A.; ELLSWORTH, P.; SCHERER, K.R. & FRIJDA, N. (2013). Appraisal theories of emotion: State of the art and future development. *Emotion Review*, vol. 5, p. 119-124.

MOOS, D.C. & RINGDAL, A. (2012). Self-Regulated Learning in the Classroom: A Literature Review on the Teacher's Role. *Education Research International*, vol. 2012, p. 1-15.

NETT, U.E.; GOETZ, T. & DANIELS, L.M. (2010). What to do when feeling bored? Students' strategies for coping with boredom. *Learning and Individual Differences*, vol. 20, p. 626-638.

PANADERO, E. (2017). A review of self-regulated learning: six models and four directions for research. *Frontiers in Psychology*, vol. 8, p. 1-28.

PAULINO, P.; SÁ, I.; SILVA, A.L. (2015). Autorregulação da motivação: crenças e estratégias de alunos portugueses do 7º ao 9º ano de escolaridade. *Psychology/Psicologia Reflexão e Crítica*, vol. 28, n. 3, p. 574-582.

PEKRUN, R. (2018). "Control-value theory: a social cognitive approach". In: LIEM, G.A.D.; McINERNEY, D.M. (orgs.). *Big theories revisited 2*. Charlotte: Information Age, p. 165-192.

_____ (2005). The control-value theory of achievement emotions: Assumptions, corollaries, and implications for educational research and practice. *Educational Psychology Review*, vol. 18, n. 4, p. 315-341.

PINTRICH, P.R. (2004). A Conceptual Framework for Assessing Motivation and Self--Regulated Learning in College Students. *Educational Psychology Review*, vol. 16, n. 4, p. 385-406.

RAMIREZ, G.; SCHAW, S.T. & MALONEY, E.A. (2018). Math Anxiety: Past Research, Promising Interventions, and a New Interpretation Framework. *Educational Psychologist*, vol. 53, n. 3, p. 145-164.

RYAN, R.M. & DECI, E.L. (2017). *Self-determination theory:* Basic psychological needs in motivation, development, and wellness. Nova York: Guilford.

SCHUNK, D.H.; MEECE, J.L. & PINTRICH, P.R. (2014). *Motivation in Education:* Theory, Research, and Applications. 4. ed. Boston.

SCHWINGER, M. & OTTERPOHL, N. (2017). Which one works best? Considering the relative importance of motivational regulation strategies. *Learning and Individual Differences*, vol. 53, p. 122-133.

SENKO, C. & HULLEMAN, C.S. (2013). The role of goal attainment expectancies in achievement goal pursuit. *Journal of Educational Psychology*, vol. 105, p. 504-521.

THOMPSON, R.A. (1994). Emotion regulation: A theme in search of a definition. *Monographs of the Society for Research in Child Development*, vol. 59, p. 25-52.

TOBIAS, S. (1985). Test anxiety: interference, defective skills, and cognitive capacity. Educational Psychogist, vol. 20, n. 3, p. 135-142.

TSCHANNEN-MORAN, M. & WOOLFOLK-HOY, A. (2007). The differential antecedents of self-efficacy beliefs of novice and experienced teachers. *Teaching and Teacher Education*, vol. 23, p. 944-956.

TURNER, J.E.; HUSMAN, J. & SHALLERT, D.L. (2002). The importance of student's goals in their emotional experience of academic failure: investigating the precursors and consequences of shame. *Educational Psychologist*, vol. 37, p. 79-89.

TZE, V.MC.; DANIELS, L.M. & KLASSEN, R.M. (2016). Evaluating the Relationship Between Boredom and Academic Outcomes: A Meta-Analysis. *Educational Psychology Review*, vol. 28, p. 119-133.

VIERHAUS, M.; LOHAUS, A. & WILD, E. (2016). The development of achievement emotions and coping/emotion regulation from primary to secondary school. *Learning and Instruction*, 42, abr., p. 12-21.

VOGELAAR, B.; BAKKER, M.; ELLIOT, J.G. & RESING, W.C.M. Dynamic testing and test-anxiety amongst gifted and average ability children. *British Journal of Educational Psychology*, vol. 87, p. 75-89.

VOGEL-WALCUTT, J.J.; FIORELLA, L.; CARPER, T. & SCHATZ, S. (2012). The Definition, Assessment, and Mitigation of State Boredom Within Educational Settings: A Comprehensive Review. *Educational Psychology Review*, 24, p. 89-111.

WEBB, T.L.; MILES, E. & SHEERAN, P. (2012). Dealing with feeling: A meta-analysis of the effectiveness of strategies derived from the process model of emotion regulation. *Psychological Bulletin*, 138, p. 775-808.

WEINER, B. (2000). Intrapersonal and interpersonal theories of motivation from an attributional perspective. *Educational Psychology Review*, vol. 12, n. 1, p. 1-14.

WOLTERS, C.A. (2011). Regulation of motivation: Contextual and social Aspects. *Teachers College Record*, vol. 113, p. 265-283.

_____ (2003). Regulation of motivation: Evaluating an Underemphasized aspect of Self--regulated Learning. *Educational Psychologist*, vol. 38, n. 4, p. 189-205.

WOLTERS, C. & BENZON, M. (2013). Assessing and predicting college students' use of strategies for the self-regulation of motivation. *Journal of Experimental Education*, vol. 81, n. 2, p. 199-221.

XU, J.; FAN, X. & DU, J. (2016). Homework Emotion Regulation Scale: Psychometric Properties for Middle School Students. *Journal of Psychoeducational Assessment*, vol. 34, n. 4, p. 351-361.

ZEIDNER, M. (2014). "Anxiety in Education". In: PEKRUN, R. & LINNENBRINK-GARCIA, L. (orgs.). *International Handbook of Emotions in Education*. Nova York: Routledge, p. 265-288.

ZIMMERMAN, B.J. (2013). From cognitive modeling to self-regulation: a social cognitive career path. *Educational Psychologist*, vol. 48, n. 3, p. 135-147.

3
Considerações sobre autorregulação e autoeficácia da escrita em alunos do Ensino Fundamental

Roberta Gurgel Azzi
Simone Alves Pedersen

A proposta deste capítulo é apresentar e discutir a autorregulação e as crenças de autoeficácia para a escrita a partir de considerações de uma visão sociocognitiva da psicologia. Como caminho para ilustrar as considerações teóricas e suas implicações, tomaremos como caso os resultados da avaliação do Sistema de Avaliação da Educação Básica – SAE, e de avaliação de crenças de autoeficácia de alunos de cinco escolas de uma cidade do interior paulista.

Em nível internacional, com base nos resultados de 2018 do Programa Internacional de Avaliação de Estudantes – Pisa, que avalia alunos de 15 anos de idade e matriculados a partir do sétimo ano, os resultados do Brasil têm ficado entre os cinco piores entre 70 países participantes. Além do desempenho em si, abaixo do esperado para essa faixa etária, mais de 61% dos alunos não terminam a primeira fase do teste. Para referência, citamos que entre alunos finlandeses esse índice fica em torno de 6% (SASSAKI et al., 2018).

O Brasil, ainda, apresenta um dos piores índices em relação à queda de rendimento durante a prova, estando em 55º. Entre os desafios para os alunos brasileiros, além do baixo conhecimento do conteúdo, estão a dificuldade de gerenciar o tempo de prova e as competências socioemocionais como a resiliência (SASSAKI et al., 2018). Esses pontos, como revela a literatura especializada sobre autorregulação da aprendizagem – por exemplo, Zimmerman (1998; 2002), e Zimmerman e Risemberg (1997) –, estão entre aqueles que caracterizam alunos que não são autorregulados em seus processos de estudo, como os que desistem mais facilmente de seus objetivos diante de dificuldades, e revelam falta de motivação intrínseca. Todas essas condições interferem no empenho e persistência, como veremos mais adiante no texto.

No que concerne à leitura, desde 2000, o desempenho do Brasil está estabilizado, sem avanços significativos. A avaliação é dividida em seis níveis, sendo o mais alto entre 627 e 698 pontos. O índice brasileiro ficou em 396 (2000), 403 (2003), 393 (2006), 412 (2009), 410 (2012), 407 (2015) e 413 (2018), todos abaixo da média geral dos países da Ocde que é de 487 pontos (493 em 2015). O resultado dos alunos brasileiros em leitura está próximo do nível 2, até 407 pontos, o que indica que o aluno é capaz de localizar uma ou mais informações que podem demandar inferência e devem atender a diversas condições.

Porquanto a linguagem tem quatro categorias: oral, verbal, lida e escrita, inúmeras pesquisas têm indicado a correlação positiva entre as habilidades de ler e escrever (ABBOTT & BERNINGER, 1993; BERNINGER et al., 2002; FITZGERALD & SHANAHAN, 2000; SHANAHAN, 2006; SCHOONEN, 2019). Ler e escrever são atividades imbricadas, não sendo possível escrever sem o domínio da leitura, além de que a leitura é uma fonte significativa, senão a mais importante, para ampliação do repertório do tema a ser desenvolvido na forma escrita, ainda que seja uma escrita estética, pois enriquece o desempenho do escritor por meio das leituras prévias efetuadas. Neste texto, o nosso foco será na escrita, destacando considerações sobre o processo de autorregulação da escrita e das crenças de autoeficácia para a escrita, assuntos esses que serão abordados a partir da Teoria Social Cognitiva de Bandura (1986). Para tanto, trazemos os dados brasileiros sistematizados pela Fundação Lemann e Meritt (2012), sobre o Saeb, de responsabilidade do Instituto Nacional de Estudos e Pesquisas Educacionais Anísio Teixeira (Inep), o qual objetiva diagnosticar a educação básica do Brasil por meio de avaliações em larga escala. A Prova Brasil é uma das avaliações do sistema Saeb, aplicada a cada dois anos, e publicou os resultados da edição de 2017, até o momento. Em 2019, foi aplicada no mês de novembro e terá os resultados publicados no ano subsequente.

Fizemos uma rápida incursão sobre o desempenho dos alunos nas provas do Saeb em Língua Portuguesa, observando que o desempenho dos estudantes em provas de larga escala segue demandando contribuições que permitam trabalhar em direção a ganhos nos índices de aprendizagem, ainda que tenha havido evolução nos percentuais: 40% dos alunos brasileiros tiveram conhecimento adequado em 2013, aumentando para 50% em 2015 e 56% em 2017.

A média geral brasileira, entre escolas municipais e estaduais, em 2017, evidencia que 56% dos alunos do quinto ano demonstram conhecimento adequado, índice que tem uma queda abrupta para 34% dos alunos do nono ano que apresentem conhecimento adequado. No Estado de São Paulo os índices foram consecutivamente 70% e 40%, auferidos da média geral das escolas, acima da média nacional. No caso do município desse estudo, situado na RMC – Região Metropolitana de Campinas –, interior de São Paulo, na disciplina de Língua Portuguesa, 724 alunos do quinto ano participaram da referida prova, sendo que 634 apresentaram conhecimento adequado (88%), ficando bem acima da média nacional e estadual (56% e 70%).

Do município aqui investigado, 699 alunos do nono ano participaram da Prova Brasil 2017, dos quais 367 apresentaram conhecimento adequado (53%), acima dos 34% da média nacional e 40% da média estadual, mas também apresenta uma alta queda em relação aos alunos do quinto ano, ou seja, dos 88% que apresentam conhecimento adequado em Língua Portuguesa no quinto ano, apenas 53% são capazes de manter esse nível no nono ano, como demonstrado no tabela 1, a seguir:

Tabela 1 – Desempenho dos alunos na Prova Brasil 2017, em Língua Portuguesa: nacional, Estado de São Paulo e município estudado

Ano 2017	Brasil %	Estado de São Paulo %	Município desse estudo – interior de SP %
5º ano	56	70	88
9º ano	34	40	53

Fonte: Portal QEdu (2002) [https://www.qedu.org.br].

No município estudado, 12 escolas participaram da Prova Brasil 2017, sendo que cinco delas são escolas de Fundamental II e fazem parte de uma pesquisa em andamento, que inclui a autoeficácia para a escrita. Ainda que a média da cidade em questão tenha ficado acima das médias estaduais e nacionais, houve variação entre as escolas do município, como demonstra a tabela 2, a seguir:

Tabela 2 – Desempenho dos alunos na Prova Brasil 2017, em Língua Portuguesa, no município estudado

	Escola 1 %	Escola 2 %	Escola 3 %	Escola 4 %	Escola 5 %
5º ano	85	-	-	77	-
9º ano	62	70	57	60	39

Fonte: elaborada pelas autoras.

A partir desse ponto seguiremos para a discussão inserida no campo da psicologia educacional, com foco na escrita. Tomando a Teoria Social Cognitiva como referência e que as crenças de autoeficácia de estudantes ocupam lugar importante na construção do sucesso escolar, um grupo de investigadores está desenvolvendo um projeto de investigação com apoio e financiamento da Fundação Itaú Social, em parceria com a Fundação Carlos Chagas, no âmbito do edital de pesquisa nos anos finais do Ensino Fundamental: adolescências, qualidade e equidade na escola pública. Como mencionado anteriormente, para esse texto serão feitas primeiramente considerações sobre a autorregulação da escrita, e, depois, sobre a crença de autoeficácia para a escrita.

A autorregulação

Segundo Zimmerman (2002), a maior qualidade dos seres humanos é, provavelmente, a capacidade para se autorregular. Bandura (1986) descreve o processo de autorregulação do comportamento que opera por meio de um conjunto de subfunções psicológicas: auto-observação, julgamento e autorreações. É na auto-observação que mobilizamos as informações relevantes para o estabelecimento de metas, e que servem como referência o automonitoramento, quando avaliarmos a evolução do comportamento em direção à meta. No automonitoramento são ativados os padrões pessoais que a pessoa usa para julgar e direcionar seu desempenho, autorreagindo aos resultados parciais, os quais a direcionará e motivará, utilizando estratégias adequadas para alcançar o sucesso (ZIMMERMAN & MARTINEZ-PONZ, 1986).

O conceito de aprendizagem autorregulada é definido, no âmbito da perspectiva sociocognitiva, como os pensamentos, sentimentos e ações gerados pelo próprio sujeito, os quais são planejados e sistematicamente adaptados às necessidades, a fim de atuarem sobre a própria aprendizagem e motivação (ZIMMERMAN & MARTINEZ-PONZ, 1986; ZIMMERMAN & KITSANTAS, 1999). Os alunos autorregulados em seus processos de aprendizagem são motivados, independentes e participantes ativos de sua aprendizagem (ZIMMERMAN, 1998; 2002).

Zimmerman (1998) desenvolveu um modelo de autorregulação da aprendizagem dividindo-a em três fases: antecipação, controle de desempenho e autorreflexão, segundo as quais primeiro o indivíduo planeja o curso de ação, definindo metas e modelos, por exemplo. Depois, ao controlar o desempenho durante o aprendizado, avalia seu avanço, e os resultados dessa autoavaliação afetam sua atenção e ação, como, a título de exemplo, ao ouvir *feedbacks*, comparar seus resultados com os de outros, e/ou optar por usar ou não estratégias de aprendizagem. Na última fase, é chegado o momento de avaliar o progresso e ajustar os comportamentos que precisam ser reparados.

No campo educacional, o nível de aprendizagem do aluno depende não tanto de suas habilidades quanto da presença ou ausência dos processos autorregulatórios (ZIMMERMAN, 2002). No caso da escrita, tornar-se um escritor competente envolve mais do que conhecimento de vocabulário e gramática, depende de alto nível de autorregulação, porque "a produção de texto é normalmente autoplanejada, autoiniciada e autossustentada" (ZIMMERMAN & RISEMBERG, 1997, p. 73), ou seja, o uso de estratégias autorregulatórias efetivas é importante para o alcance de resultados almejados.

A autorregulação da escrita

As pesquisas demonstram que variáveis cognitivas e motivacionais são importantes na escrita (ZIMMERMAN & BANDURA, 1994), sendo que a autorregulação e a crença de autoeficácia são duas variáveis cognitivas e motivacionais fundamentais no processo de leitura e escrita que afetam fortemente o desempenho dos alunos (SCHUNK & ZIMMERMAN, 2007).

Escrever é uma atividade que abrange diferentes dimensões: a formal, que trata da gramática, da forma e da estrutura do texto; a didática que trata de como ensinar a escrever; e a psicológica, que trata dos processos psicológicos ativados durante o processo da escrita, como a motivação, a autoeficácia, a autorregulação, a resiliência, entre outros. Antigamente, eram consideradas as dimensões formais e pedagógicas no ensino da escrita, com ênfase na gramática e linguística, e os processos psicológicos, como a autorregulação da escrita, começaram a despertar interesse somente nas últimas três décadas (REBELO et al., 2013).

O sucesso escolar depende em grande parte da escrita (GRAHAM & HARRIS, 2005; EISSA, 2010). Apesar disso, escrever é uma tarefa desafiadora para muitos alunos (ZIMMERMAN & BANDURA, 1994). Muitos programas foram desenvolvidos para ajudar alunos com dificuldades de aprendizagem a melhorarem sua escrita, com resultados animadores. Esses resultados positivos indicaram que houve um benéfico efeito complementar durante o desenvolvimento dos programas: alunos sem dificuldades de aprendizagem também se beneficiaram de intervenções pautadas na autorregulação da aprendizagem (GRAHAM & HARRIS, 2005) e fortalecimento da autoeficácia (SCHUNK & ZIMMERMAN, 2007).

Nessa lógica, Harris et al. (2002) afirmam que todos os alunos podem melhorar sua escrita se forem ensinados de forma explícita e sistemática. Os autores também afirmam que algumas práticas em sala de aula, embora bem-intencionadas, acabam por limitar a participação ou tomada de decisão dos alunos em relação à sua escrita. Essas práticas restritivas, geralmente, englobam ações que impedem o aluno de decidir sobre qual tópico escrever, ajudar um colega, usar computador ou produzir o texto no seu próprio tempo (GRAHAM & HARRIS, 2005).

Por vezes, credita-se à escrita a inspiração estética que independeria do uso de estratégias ou ferramentas. Contudo, Zimmerman e Risemberg (1997) explicam que escritores renomados que dependem da criação criativa, informativa ou científica, e dispõem de prazos curtos, raramente podem dar-se ao luxo de esperar pela inspiração ou produzir um texto em uma única escrita. Essas condições levaram escritores a desenvolver estratégias que os auxiliassem a escrever com mais eficiência, como gerenciamento de tempo, definição de objetivo – que pode ser um capítulo, um número de páginas/palavras por dia/semana, por exemplo –, uso de dicionário de sinônimos, busca de opinião de leitores, escritores ou pareceristas, releituras intercaladas, entre outras, ou seja, desenvolveram recursos pessoais no processo de regular seu comportamento de escrita.

A escrita inclui processos como: planejamento, consideração das características do leitor e de suas perspectivas, produção de conteúdo organizado e revisão de forma e ideias (EISSA, 2010). Isso ocorre porque escrever é uma atividade solitária, que pode durar longos períodos, e por vezes apresenta resultados pouco significativos pelo ponto de vista do autor (ZIMMERMAN & RISEMBERG, 1997) e que requer, como dissemos antes, o uso de estratégias autorregulatórias como caminho para resultados esperados e alcançados com menos desgaste pessoal para o autor.

Na descrição do modelo de autorregulação da escrita discutida por Zimmerman e Risemberg (1997) os autores partem do determinismo recíproco descrito na Teoria Social Cognitiva pela relação triádica entre ambiente, fatores pessoais e o comportamento (BANDURA, 1986). A figura 1, abaixo, retirada de Zimmerman e Risemberg (1997, p. 77), aponta três classes de influências: autorregulação pessoal (encoberta), autorregulação comportamental e autorregulação ambiental. A autorregulação pessoal envolve a autorregulação das crenças cognitivas e estados fisiológicos do escritor associados à escrita, a autorregulação comportamental envolve as ações motoras visíveis do comportamento de escrever pelo escritor e a autorregulação ambiental refere-se à autorregulação do escritor do contexto físico e social no qual ele escreve. Zimmerman e Risemberg (1997) explicam que esses processos interagem reciprocamente durante a escrita, por meio de um ciclo ativo de *feedbacks*:

> Esse ciclo é composto de um processo intermitente no qual os escritores monitoram a eficácia de suas estratégias de autorregulação e autorreagem ao subsequente *feedback* de diferentes modos, como continuar a estratégia se for bem-sucedida e modificá-la ou trocá-la, se avaliarem que a estratégia não está sendo eficaz (ZIMMERMAN & RISEMBERG, 1997, p. 77).

A Teoria Social Cognitiva pressupõe uma relação triádica entre ambiente, fatores pessoais e o comportamento (BANDURA, 1986), representado pela figura 1, abaixo:

Figura 1 – Determinantes recíprocos do funcionamento autorregulado

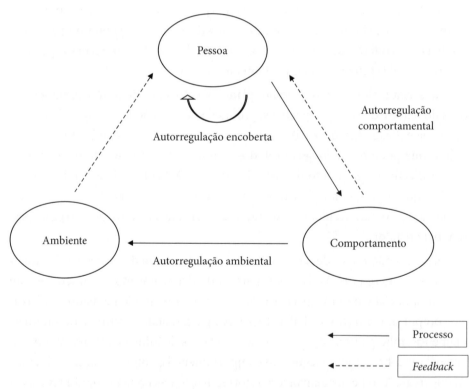

Observação: na autorregulação encoberta, processo e *feedback* se complementam.
Fonte: Zimmerman e Risemberg (1997, p. 78).

Essas três classes de influência nos processos autorregulatórios da escrita foram descritas por Zimmerman e Risemberg (1997), a saber: "(a) esforços pessoais pela autorregulação pessoal; (b) resultados do desempenho comportamental; e (c) mudanças no contexto ambiental". A importância relativa de cada forma de autorregulação é assumida variável a partir dos esforços pessoais para a autorregulação, os resultados de desempenho e as mudanças no contexto ambiental.

Zimmerman e Risemberg (1977) explicam e exemplificam os três processos de autorregulação da escrita, da seguinte forma:

> [...] (a) a autorregulação pessoal se refere ao uso adaptativo de estratégias cognitivas e afetivas como quando os escritores reservam um período de três horas para escrever todos os dias ou abaixam seus padrões de autoavaliação para reduzir a ansiedade. Essas estratégias de escrita continuam ou mudam dependendo de *feedbacks* referentes a subsequente produtividade pessoal; (b) a autorregulação comportamental refere-se ao uso adaptativo de uma estratégia de desempenho motor, como quando um escritor mantém um registro do número de páginas que foram escritas durante um dia específico. Essa estratégia continua ou é modificada dependendo do *feedback* sobre sua efetividade; e (c) a autorregulação ambiental envolve o uso adaptativo de um escritor de estratégias relacionadas ao contexto, como fechar a janela da sala para acabar com sons perturbadores. Essa estratégia é continuada ou ajustada com base no número de sons intrusivos quando a janela é fechada em comparação com quando está aberta (ZIMMERMAN & RISEMBERG, 1997, p. 77).

O quadro 1 apresenta dez formas de autorregulação da escrita reportadas por escritores experientes, e explicitadas por Zimmerman e Risemberg (1997) em função dos elementos da relação triádica apresentada anteriormente. A reprodução dessas formas nesse texto, ainda que não sejam discutidas detalhadamente, se deve a duas razões principais: permite visualizar a complexidade de aspectos envolvidos na autorregulação da escrita e, ao mesmo tempo, são uma possibilidade de caminhos para se pensar o ensino de estratégias de autorregulação da escrita.

A autorregulação da escrita foi definida como "pensamentos autoiniciados, sentimentos e ações que escritores usam para atingir vários objetivos literários, incluindo melhorar suas habilidades de escrita assim como aprimorar a qualidade do texto que criam" (ZIMMERMAN & RISEMBERG, 1997, p. 76). Todavia, as capacidades autorregulatórias que o sujeito possui nem sempre são aplicadas persistentemente quando surgem dificuldades, estressores ou chamamentos interessantes. Não importa o quanto sejam boas as habilidades dos alunos se

Quadro 1 – Autorregulação triádica no processo da escrita

UMA PERSPECTIVA AUTORREGULATÓRIA		
Autorregulação triádica no processo de escrita		
processos ambientais	1) A estruturação ambiental envolve selecionar, organizar e criar ambientes favoráveis, como uma sala à prova de som.	
	2) Modelos, tutores ou livros autosselecionados se referem a fontes sociais de conhecimento e habilidade de escrita, como aprender a usar metáforas imitando um romancista talentoso.	
processos comportamentais	3) O automonitoramento refere-se ao monitoramento do próprio desempenho, como manter um registro de páginas de texto escrito.	
	4) As autoconsequências se referem a estipular uma recompensa ou punição condicionada à realização da produção textual de alguém, como sair para jantar depois de concluir o primeiro rascunho de um relatório.	
	5) A autoverbalização refere-se à articulação pessoal para aprimorar o processo de escrita, como falar em voz alta o diálogo de uma peça enquanto se compõe.	
processos pessoais	6) O planejamento e gerenciamento do tempo referem-se à estimativa e à previsão do tempo para escrever, como reservar um período de três horas para escrever cedo todas as manhãs.	
	7) O estabelecimento de metas envolve especificar os resultados do processo de escrita, como terminar um capítulo de um romance dentro de 2 semanas.	
	8) Os padrões de autoavaliação envolvem o estabelecimento e a adesão a padrões específicos de satisfação em relação à escrita, como critérios para julgar a qualidade de uma conclusão de um parágrafo.	
	9) Estratégias cognitivas se referem a estabelecer os métodos para organizar, produzir e transformar o texto escrito, como formular um esboço para guiar a escrita ou revisar um primeiro rascunho de papel variando a estrutura das sentenças adjacentes.	
	10) Imagens mentais se referem a recordar ou criar uma imagem mental vívida de um cenário, atividade ou personagem para facilitar descrições escritas, como quando instrutores de tênis imaginam uma moção de serviço enquanto tentam descrevê-la por escrito.	

Fonte: Zimmerman e Risemberg (1997, p. 79).

eles não forem capazes de utilizá-las de forma eficiente, persistente e criativa (ZIMMERMAN & BANDURA, 1994). E, aqui chegamos nas considerações sobre crenças de autoeficácia.

Autoeficácia da escrita

Zimmerman e Risemberg afirmam que "a autorregulação da escrita é um complexo sistema de processos interdependentes, que estão intimamente relacionados ao senso de autoeficácia" (1997, p. 73). Trabalham os autores com a referência de Zimmerman e Bandura (1994) de que a "autoeficácia da escrita refere-se às percepções de alguém sobre suas próprias capacidades para planejar e implementar ações necessárias para atingir determinados níveis de escrita em tarefas específicas" (ZIMMERMAN & RISEMBERG, 1997, p. 77). Nessa direção, ao precisar produzir um texto, se a pessoa não acreditar que será capaz de terminá-lo satisfatoriamente, dificilmente conseguirá mobilizar-se para iniciá-lo, ou, caso o faça, terá dificuldades em manter-se conectada à tarefa e persistir perante as dificuldades que eventualmente possam surgir, como a necessidade de estudar mais o tema a ser desenvolvido, fazer releituras necessárias à melhoria do texto, buscar significados e sinônimos em dicionários, entre outros.

Segundo Bandura (1997), as crenças de autoeficácia são formadas a partir de quatro fontes principais: experiência direta, experiência vicária, persuasão social e estados físicos e emocionais, sendo que estudos no campo acadêmico revelam que em geral a experiência direta é a mais efetiva e importante na constituição das crenças. Isso porque experiências de sucesso tendem a fortalecer a crença de capacidade no domínio em foco, e experiências de fracasso tendem a enfraquecer a crença.

E por que conhecer a autoeficácia da escrita é tão importante? Porque a literatura de diferentes áreas, como educação, organização, saúde, esporte etc., reiteram sistematicamente o papel preditor de ação marcado pelos estudos de Bandura (1977; 1997). Esse papel preditivo das crenças de autoeficácia desvela a importância de se investir, no caso do recorte desse texto, na exploração das crenças de autoeficácia da escrita.

Os alunos que têm uma crença de autoeficácia robusta para escrita estabelecerão metas mais altas, assim como persistirão na tarefa defronte às dificuldades (ZIMMERMAN, 1995). Embora a crença de autoeficácia robusta, ainda que imprescindível, não é a única variável que afeta o desempenho (SCHUNK & ZIMMERMAN, 2007). É necessário que conhecimento e habilidades estejam presentes e desenvolvidos no necessário nível de proficiência para atingir determinado resultado, pois sem eles o resultado esperado da ação não será atingido.

Alunos com autoeficácia robusta controlam melhor suas produções escritas não apenas definindo altos padrões como mostrando-se descontentes com desempenhos baixos, mantendo a motivação durante todo o processo criativo e lidando melhor com as dificuldades que oportunamente surjam. Pajares (2003) corroborou achados da literatura que repetidamente mostram que a crença de autoeficácia e o desempenho em redação estão relacionados.

Considerando a importância das crenças de autoeficácia da escrita para os processos regulatórios da escrita, apresentamos, a seguir, os resultados da pesquisa em andamento, mencionada anteriormente, que investiga crenças de autoeficácia de alunos do Fundamental II. No caso, os resultados a serem destacados, como já dito, são provenientes de cinco escolas. A crença de autoeficácia da escrita está sendo medida por cinco itens da Escala de Autoeficácia para Escrita (Writing Self-Efficacy Scale – WSES) utilizada por Pajares e Valiante (1977), que é uma escala Likert com dez itens. A tabela 3 mostra o número de alunos por escola, o percentual de adesão à pesquisa e as estatísticas descritivas da escala utilizada no estudo.

Tabela 3 – Estatísticas descritivas da escala de autoeficácia da escrita

Escola	N. de alunos escola**	N. de participantes	% de Adesão	Alfa da Escola	D.P.	Mínimo	Máximo	Média
1	345	164	47	0,79	0,8	1	5	3,3
2	313	72	23	0,82	0,7	1,4	4,8	3,5
3	252	103	41	0,78	0,7	1,6	4,8	3,2
4	330	66	20	0,79	0,7	1,8	4,6	3,3
5	440	164	37	0,8	0,7	1,6	4,8	3,3

** Dados fornecidos pela Secretaria da Educação do município das escolas.
Fonte: elaborado pelas autoras.

A leitura da tabela permite verificar que no conjunto das cinco escolas, 569 estudantes responderam ao instrumento de crenças de autoeficácia da escrita, revelando médias nos resultados por escola entre 3,2 e 3,5, em uma escala de cinco pontos. Analisando os resultados das escolas pelos valores mínimos e máximos indicados pelos estudantes podemos notar variação ampla, verificando-se, inclusive, indicações para os valores mínimo (1) e máximo (5) na escola 1.

Na tabela 4 encontram-se, por escola – de 1 a 5 – e ano escolar – do 6º ao 9º ano –, as crenças de autoeficácia da escrita abaixo da média descritiva do respectivo ano.

Os resultados apresentados na tabela 4 demonstram altos percentuais de alunos com crenças de autoeficácia da escrita abaixo da média encontrada para cada ano em todas as cinco escolas. É preciso destacar que ainda que algumas frequências sejam baixas, foram calculados os valores percentuais com relação à média para oferecer o mesmo tipo de referência para o leitor, já que o objetivo da apresentação desses resultados, no presente texto, é oferecer um dado de realidade para favorecer a compreensão dos destaques do texto. De todo modo, importa destacar que há muitos alunos com crenças de autoeficácia da escrita abaixo da

Tabela 4 – Distribuição, por escola e ano escolar, das crenças de autoeficácia da escrita abaixo da média do respectivo ano

escola	6º ano			7º ano			8º ano			9º ano		
	N.	>	%	N.	>	%	N.	>	%	N.	>	%
1	53	30	57	33	21	64	33	23	70	45	21	47
2	25	11	44	28	13	46	13	6	46	6	3	50
3	34	20	59	21	11	52	19	11	58	29	7	24
4	24	10	42	16	6	37	12	5	42	14	11	78
5	46	24	52	37	21	57	47	20	42	34	13	38

N. = número de alunos
> = número de alunos que indicaram valores abaixo da média descritiva do ano
% = porcentagem de alunos abaixo da média do respectivo ano
Fonte: elaborado pelas autoras.

média, e que a média de cada escola revela que ainda há possibilidade de fortalecer as crenças dos alunos cujas crenças foram avaliadas na média ou acima dela.

Vale, ainda, um destaque para reflexão, sobre os atuais alunos do 7º ano dessas escolas que são, teoricamente, os que estavam no 5º ano em 2017 e que apresentaram resultado de 88% no Saeb relativo ao município desse estudo. Se voltarmos à tabela 4, podemos verificar que o número de estudantes do 7º ano com crenças de autoeficácia da escrita abaixo da média do seu ano, em cada escola está, com exceção da escola 4, próximo de 50%. Dada a relação encontrada por estudos de crenças de autoeficácia e desempenho, esse resultado observado nas crenças de autoeficácia da escrita podem servir como motivo adicional para as escolas em pauta pensarem sobre o fortalecimento das crenças de autoeficácia da escrita de seus estudantes uma vez que em 2021 eles, provavelmente, participarão de nova rodada do Saeb.

Considerações sobre autorregulação e autoeficácia da escrita

Zimmerman e Risemberg (1997) explicam a relação entre autorregulação e autoeficácia da escrita, que se alimentam reciprocamente, ao dizer que:

> [...] as crenças de autoeficácia estão ligadas reciprocamente ao uso de métodos de autorregulação pelos estudantes de duas maneiras importantes. Primeiro, os escritores iniciantes que aprenderem a usar essas técnicas aumentarão suas percepções de autoeficácia para escrever de maneira eficaz; e segundo, as crenças de autoeficácia

dos escritores serão preditoras de seus níveis de autorregulação [...] (ZIMMERMAN & RISEMBERG, 1997, p. 79).

Zimmerman e Risemberg (1997) apontam que as crenças de autoeficácia da escrita, na visão sociocognitiva, atuam nos processos autorregulatórios da escrita e na motivação intrínseca para escrever. Destacam que, no caso da motivação intrínseca, o processo pelo qual as crenças de autoeficácia a afetam está relacionado aos *feedbacks* recebidos. *Feedbacks* positivos tendem a fortalecer crenças de autoeficácia e *feedbacks* negativos, a enfraquecê-las. Na produção textual, destacam esses autores dois caminhos de influência. Um primeiro caminho está relacionado aos processos de aquisição de estratégias autorregulatórias, à medida que vamos aprendendo as estratégias ganhamos mais confiança em seu uso. O segundo refere-se aos resultados, à medida que a melhora nos resultados é constatada, a autoeficácia se fortalece. O uso de estratégias, propriamente, é a expressão dos processos autorregulatórios e podem ocorrer em todos os dez processos triádicos apresentados na tabela 3.

Segundo os autores Zimmerman & Risemberg (1997), os processos de autorregulação pessoais, comportamentais e ambientais ocorrem por meio de um ciclo de *feedbacks*, que é o processo cíclico pelo qual os escritores monitoram a eficiência das suas estratégias autorregulatórias e autorreagem aos decorrentes *feedbacks* em diferentes modos, como continuar as estratégias bem-sucedidas e modificar ou terminar as que não o são.

Os *feedbacks* cíclicos, além de possibilitarem que o escritor se autorregule, também afetam as suas crenças de autoeficácia, fortalecendo-as quando o *feedback* indica uma produção textual de alto nível ou melhorada, e as diminuindo se são desfavoráveis. Ainda, Zimmerman e Risemberg (1997) apontam para a importância dessas duas variáveis cognitivas e motivacionais no processo da escrita – a autorregulação e a autoeficácia –, que se retroalimentam e, portanto, devem ser trabalhadas em conjunto pelos professores, para que alcancem maior efetividade.

Pesquisas demonstram que investir em intervenções que visem desenvolver a autorregulação da escrita e fortalecer a autoeficácia para a escrita dos alunos afetam positivamente a aprendizagem e o desempenho dos alunos (SCHUNK & ZIMMERMAN, 2007), e que todos os alunos podem melhorar sua produção textual (HARRIS et al., 2002; GRAHAM & HARRIS, 2005), e que a escrita, apesar de ser uma das bases pilares do sucesso escolar, ainda representa um desafio para muitos alunos (GRAHAM & HARRIS, 2005; EISSA, 2010).

Em especial, merece atenção o *feedback* oferecido por professores, por exemplo, pois trata-se de informação proveniente de uma importante fonte de construção de autoeficácia, a persuasão social, que faz parte do cotidiano em sala de aula, podendo fortalecer ou enfraquecer a crença do aluno na sua capacidade de escrita, o que afetará não só o nível das metas que ele se estabelecerá, como o seu empenho e resistência perante dificuldades.

Não obstante, mesmo em caso de fracasso, a representação que o *feedback* apresenta dos motivos para o fracasso pode amenizar o enfraquecimento da autoeficácia do escritor (NICOL & MacFARLANE-DICK, 2007). Outra forma de fortalecer a autoeficácia do aluno para a escrita é proporcionar-lhe oportunidades de sucesso, para que ele fortaleça sua crença pela experiência direta, a mais potente (BANDURA, 1997).

Ao apontarmos para a importância da escrita para o sucesso escolar dos alunos, e como a autorregulação e a autoeficácia da escrita afetam a produção textual do aluno-escritor, podendo atenuar o desafio que a escrita representa para eles, trouxemos resultados da realidade coletados em um município do interior de São Paulo, que demonstra que mesmo em um município com médias de desempenho acima das médias nacionais, há um número expressivo de alunos com baixa autoeficácia para a escrita, que poderiam beneficiar-se – e não só eles – de intervenções que visassem fortalecer a autoeficácia deles, assim como ensiná-los estratégias de autorregulação. Considerando o papel preditor dessa crença, fica o desafio em promover o fortalecimento das crenças de autoeficácia e o ensino de estratégias autorregulatórias de escrita.

Referências

ABBOTT, R.D. & BERNINGER, V.W. (1993). Structural equation modeling of relationships among developmental skills and writing skills in primary and intermediate grade writers. *Journal of Educational Psychology*, 85 (3), p. 478-508.

BANDURA, A. (1997). *Self-efficacy*: The exercise of control. W.H. Freeman: Times Books/ Henry Holt.

_____ (1986). *Social Foundations of Thought and Action* – A Social Cognitive Theory. Englewood Cliffs: Prentice Hall.

_____ (1977). Self-efficacy: Toward a unifying theory of behavioral change. *Psychological Review*, 84 (2), p. 191-215.

BERNINGER, V.W.; ABBOTT, R.D.; ABBOTT, S.P.; GRAHAM, S. & RICHARDS, T. (2002). Writing and reading: Connections between language by hand and language by eye. *Journal of Learning Disabilities*, 35, p. 39-56.

EISSA, M.A. (2010). Self-Regulated Strategy Development Model: an overview. *International Handbook on Applying Self-Regulated Learning in Different Settings*, p. 70-76.

FITZGERALD, J. & SHANAHAN, T. (2000). Reading and writing relations and their development. *Educational Psychologist*, 35 (1), p. 39-50.

FUNDAÇÃO LEMANN E MERITT (2002). *Portal QEdu.org.br* [Disponível em https:// qedu.org.br/brasil/aprendizado?gclid=EAIaIQobChMIhrOMqsm25gIVioORCh2 XPwcYEAAYASAAEgK40vD_BwE – Acesso em 22/10/2019].

GRAHAM, S. & HARRIS, K.H. (2005). Improving the Writing Performance of Young Struggling Writers: Theoretical and Programmatic Research. *The Journal of Special Education*, vol. 39, n. 1, p. 19-33.

HARRIS, K.R.; GRAHAM, S.; MASON, L.H. & SADDLER, B. (2002). Developing Self-Regulated Writers. *Theory into Practice*, 41 (2), p. 110-115.

NICOL, D.J. & MacFARLANE-DICK, D. (2006). Formative assessment and self-regulated learning: a model and seven principles of good feedback practice. *Studies in Higher Education*, 31, p. 199-218.

PAJARES, F. (2003). Self-efficacy beliefs, motivation, and achievement in writing: a review of the literature. *Reading & Writing Quarterly*, 19, p. 139-158.

PAJARES, F. & JOHNSON, M.J. (1994). Confidence and competence in writing: The role of writing self-efficacy, outcome expectancy, and apprehension. *Research in the Teaching of English*, 28, p. 313-331.

PAJARES, F. & VALIANTE, G. (1997). Influence of Self-efficacy on elementary student's writing. *The Journal of Educational Research*, p. 353-360.

REBELO, J.A.S.; SOUZA, C.S.G.; INÁCIO, M.C.I.; VAZ, J.L.P.; FESTAS, M.I. & OLIVEIRA, A.L. (2013). O Programa de escrita SRSD e a sua adaptação para um estudo em Escolas de Coimbra. *Revista Portuguesa de Pedagogia*, 47, 1, p. 31-51.

SASSAKI, A.H.; Di PIETRA, G.; MENEZES FILHO, N. & KOMATSU, B. (2018). Por que o Brasil vai mal no Pisa? – Uma análise dos determinantes do desempenho no exame. *Policy Papers*. São Paulo: Insper – Centro de Políticas Públicas [Disponível em https:// www.insper.edu.br/wp-content/uploads/2018/08/Por-que-Brasil-vai-mal-PISA-Analise-Determinantes-Desempenho.pdf – Acesso em 12/11/2019].

SCHOONEN, R. (2019). Are reading and writing building on the same skills? The relationship between reading and writing in L1 and EFL. *Reading and Writing*, 32, p. 511-535.

SCHUNK, D. & ZIMMERMAN, B.J. (2007). Influencing Children's Self-Efficacy and Self-Regulation of Reading and Writing Through Modeling. *Reading & Writing Quarterly*, n. 23, p. 7-25.

SHANAHAN, T. (2006). "Relations among oral language, reading, and writing development". In: MacARTHUR, C. & FITZGERALD, A.J. (orgs.). *Handbook of writing research*. Nova York/Londres: The Guilford, p. 171-183.

ZIMMERMAN, B.J. (2002). Becoming a Self-Regulated Learner: an overview. *Theory into Practice*, vol. 41, n. 2.

_____ (1998). Academic studying and the development of personal skill: A self-regulatory perspective. *Educational Psychologist*, 33, p. 73-86.

_____ (1995). Attaining Reciprocality between Learning and Development through Self-Regulation. *Human Development*, 38, p. 367-372.

ZIMMERMAN, B.J. & BANDURA, A. (1994). Impact of self-regulatory influences on writing course attainment. *American Educational Research Journal Winter*, vol. 31, n. 4, p. 845-862.

ZIMMERMAN, B.J. & KITSANTAS, A. (1999). Acquiring writing revision skill: Shifting from process to outcome self-regulatory goals. *Journal of educational Psychology*, vol. 91, n. 2, p. 241-250.

ZIMMERMAN, B.J. & MARTINEZ-PONS, M. (1986). Development of a structured interview for assessing student use of self-regulated learning strategies. *American Educational Research Journal*, vol. 23, n. 4, p. 614-628.

ZIMMERMAN, B.J. & RISEMBERG, R. (1997). Research for the future – Becoming a Self--Regulated Writer: A Social Cognitive Perspective. *Contemporary Educational Psychology*, 22, p. 73-101.

4
Aprendizagem autorregulada
O papel das estratégias autoprejudiciais

Lúcia Cerqueira de Miranda
Leandro da Silva Almeida

A mudança contínua e acelerada que caracteriza o mundo contemporâneo coloca importantes desafios às pessoas, requerendo cidadãos e profissionais competentes na gestão das suas emoções, pensamentos e comportamentos. Tais competências são importantes para se evitarem reações impulsivas, que em muitas situações dificultam as relações sociais, acadêmicas e profissionais, e impedem uma resolução eficaz dos problemas. Nesse sentido, a capacidade de autorregulação traduz as habilidades que o indivíduo mobiliza para autogerir as suas ações no sentido de atingir determinadas metas e objetivos (BORUCHOVITCH, 2014; VEIGA SIMÃO & FRISON, 2013). No contexto acadêmico tal competência favorece o sucesso e adaptação dos estudantes ao longo da sua escolarização (BORUCHOVITCH, 2014; VEIGA SIMÃO & FRISON, 2013; ZIMMERMAN, 2001; 2002; 2013; ZIMMERMAN & SCHUNK, 2011). Por outro lado, à medida que decorre o processo desenvolvimental, as circunstâncias e o desempenho dos papéis sociais e ocupacionais tornam-se mais complexos e exigem outras competências de resolução de problemas e a ponderação de variáveis contextuais. Nessas circunstâncias, enquanto alguns indivíduos se esforçam e direcionam os seus recursos pessoais para ultrapassar e vencer obstáculos, outros desistem antecipadamente apresentando desculpas para justificarem os seus insucessos. Essas pessoas, ao escolherem deliberadamente falhar, protegem-se antecipando e atribuindo os seus fracassos a causas externas desculpabilizadoras (GANDA & BORUCHOVITCH, 2015; MENA, 2019; MIRANDA; GANDA & BORUCHOVITCH, 2017; VARGAS, 2018).

Berglas e Jones, já em 1978, falam nas estratégias de *self-handicapping* para descrever procedimentos dos sujeitos para mascarar o resultado negativo que antecipam, e aumentar a percepção de competência no caso de o sucesso vir a ocorrer. Assim, as estratégias favoráveis ou desfavoráveis à aprendizagem estão relacionadas com a motivação, nomeadamente, com as crenças dos alunos acerca de sua autoeficácia, dedicando-se este capítulo às estratégias de *self-handicapping* no processo autorregulatório da aprendizagem.

Autorregulação da aprendizagem

De acordo com Boekaerts (2011), o tema da autorregulação é relativamente recente, mas reúne já vasta investigação. Schunk e Greene (2017) observam que já na década de 1970 o tema da autorregulação despertou o interesse dos pesquisadores dentro da área cognitivo-comportamental. Nessa altura, ganha relevância o estudo do autocontrole e da impulsividade dos alunos, e suas implicações para o desempenho acadêmico. No quadro das abordagens cognitivo-comportamentais de avaliação e de intervenção, a autorregulação reporta-se à forma como os indivíduos controlam os antecedentes e as consequências dos seus comportamentos, assim como as suas reações emocionais e ansiedade. Na abordagem do desenvolvimento cognitivo, a autorregulação aparece associada a processos de interação da pessoa com os contextos, modelação e equilibração, valorizando-se o papel da linguagem interna na formação das habilidades cognitivas. Outra linha de investigação procurou estudar o efeito da administração de recompensas na autorregulação dos estudantes, sugerindo que a capacidade para adiar a recompensa se associava a níveis mais elevados de autorregulação. O foco da investigação sobre autorregulação na aprendizagem salienta o autocontrole e a automonitorização dos estudantes, ou, ainda, a autoinstrução e o autorreforço. Esse amplo conjunto de ensinamentos conduziu à construção de um programa de treino de competências cognitivas e metacognitivas dos alunos tendo em vista a promoção do seu sucesso escolar.

O modelo teórico de Bandura (1986; 1997) é referência obrigatória no estudo da autorregulação. Na convergência de variáveis cognitivas, motivacionais, de personalidade e de contexto, a autorregulação abarca três fases: auto-observação, autoavaliação e autorreação. Durante a fase da auto-observação, os alunos monitorizam aspectos da sua *performance*; na fase da autoavaliação, comparam os seus desempenhos com um padrão; e, na fase da autorreação, os alunos refletem sobre os seus sentimentos de autoeficácia e reações afetivas, como por exemplo sobre a satisfação face aos desempenhos conseguidos. As competências inerentes a essas três fases podem ser desenvolvidas por meio de processos autoinstrucionais e de modelagem tendo em vista aumentar a autoeficácia e a motivação para a realização das tarefas.

Schunk e Greene (2017) apontam que, nas primeiras formulações do conceito, a autorregulação da aprendizagem aparece definida pelo grau em que os estudantes ativam os seus recursos cognitivos, motivacionais e comportamentais no processo de aprendizagem. Progressivamente, o construto se associa à qualidade de vida acadêmica do estudante, abarcando outras áreas do seu desenvolvimento psicossocial e, em particular, o seu sentido de autonomia (BORUCHOVITCH, 2014; BORUCHOVITCH; ALMEIDA & MIRANDA, 2017; GANDA, 2016; GANDA & BORUCHOVITCH, 2016; 2018; SCHUNK & GREENE, 2017; VEIGA SIMÃO & FRISON; 2013).

Zimmerman (1986; 2000; 2005; 2013) define autorregulação da aprendizagem como o grau em que os estudantes atuam ao nível cognitivo, motivacional e comportamental relativamente aos seus processos de aprendizagem. Tais processos em nível comportamental incluem, por exemplo, a seleção, organização e criação de ambientes favoráveis à aprendizagem; em nível cognitivo podemos mencionar o planeamento, a organização, automonitorização e autoavaliação das aprendizagens; e, em nível motivacional, podemos apontar as percepções de autoeficácia e as metas de realização. Vários autores destacam na autorregulação a fixação, pelos alunos, de objetivos que norteiam as suas aprendizagens, em particular competências para monitorizar, regular e controlar as suas cognições, motivações e comportamentos com o intuito de alcançar esses objetivos previamente definidos (BORUCHOVITCH; ALMEIDA & MIRANDA, 2017). Além da intencionalidade, o sujeito antecipa as situações, reflete acerca delas e estabelece planos e estratégias para resolver problemas e atuar, antecipando resultados e ações futuras e ajustando o seu comportamento à situação ou tarefa concreta. Significa, também, uma aptidão para desenvolver o conhecimento, as competências, as estratégicas e as atitudes necessárias para incrementar ou facilitar as futuras aprendizagens, generalizando essas aprendizagens aos diversos contextos de vida que não apenas o acadêmico (BANDURA, 2016; ZIMMERMAN & SCHUNK, 2011).

Schunk e Greene (2017) definem, também, autorregulação da aprendizagem como os processos com que os alunos ativam e sustentam sistematicamente as suas cognições, motivações, comportamentos em relação aos seus objetivos de aprendizagem. Eles também sugerem que esse é um processo de autogestão de pensamentos e de comportamentos, direcionados para determinados objetivos de aprendizagem, no qual o aluno estrutura, monitora e avalia a sua própria aprendizagem. Nessa mesma linha, Zimmerman e Schunk (2011) apontam que autorregulação envolve autoconhecimento, autorreflexão, autocontrole de pensamentos e domínio emocional. Ganda e Boruchovitch (2018) ou Veiga Simão e Frison (2013) apontam que tais competências podem adquirir-se e desenvolver-se ao longo da vida, a partir das próprias experiências, do ensinamento de outras pessoas e da interferência do próprio ambiente. Mais do que uma capacidade intelectual, refere-se a um processo autodirigido em que o aprendiz tem a possibilidade de transformar as suas capacidades mentais em competências acadêmicas (ZIMMERMAN, 2001; 2002).

No artigo de Schunk e Greene (2017) referem-se três grandes períodos (desenvolvimento, intervenção e operacionalização) na investigação sobre autorregulação. No primeiro período, entre os anos de 1980 e 1990, os investigadores procuraram desenvolver modelos teóricos e instrumentos de avaliação, nomeadamente instrumentos de autorrelato, como os questionários ou as entrevistas (SCHUNK & GREENE, 2017). Zimmerman e Schunk (2011) destacam, por exemplo, o uso frequente do *Motivated Strategies for Learning Questionnaire* (*MSLQ*) (PINTRICH; SMITH; GARCIA & MCKEACHIE, 1991; 1993) e do *Learning and Study Strategies Inventory* (*LASSI*) (WEINSTEIN; PALMER & SCHULTE, 1987). Apesar de amplamente utilizados, a investigação foi demonstrando que esses instrumentos de autorrelato apresentavam diversos limites, nomeadamente, não permitiam captar a natureza dinâmica e cíclica do processo autorregulatório (BOEKARTS; PINTRICH & ZEIDNER, 2005; SCHUNK & GREENE, 2017). O segundo período, de meados da década de 1990 à primeira década deste século, a investigação centra-se no treino dos processos autorregulatórios e como compreender o seu uso e impacto nos resultados da aprendizagem. Recorrendo a metodologias mais experimentais do que correlacionais de investigação, procurou-se perceber como é que as variáveis pessoais e do contexto moderavam os processos autorregulatórios (SCHUNK & GREENE, 2017; ZIMMERMAN & SCHUNK, 2011). Finalmente, no período entre meados da década de 2000 até à atualidade, os investigadores procuram perceber como é que o aluno operacionaliza as diferentes fases do processo autorregulatório e como é que essas mudanças no processo autorregulatório permitem um ajustamento do estudante às diferentes fases e que processos estão envolvidos. De um modo geral, essas investigações partem da ideia de que os alunos utilizam os processos autorregulatórios de forma a monitorizarem as suas aprendizagens e realizam as devidas adaptações à medida que necessitam fazer novas aprendizagens, para se acomodarem às mudanças e às condições do contexto. Os modelos de pesquisa vão, agora, considerar as relações recíprocas entre a autorregulação e os resultados obtidos pelo sujeito em cada momento (ZIMMERMAN & SCHUNK, 2011). Schunk e Greene (2017) assinalam que os modelos de pesquisa mais recentes usam diferentes metodologias de recolha da informação, para captarem a natureza dinâmica do processo autorregulatório. Consequentemente tendem a usar métodos microanalíticos que procuram refinar a recolha de dados, recorrendo-se ao uso dos protocolos de "pensar em voz alta" (*think-aloud protocols*) ou fazendo registros eletrônicos enquanto os alunos concretizam a tarefa. Procura-se, assim, captar o processamento cognitivo dos estudantes momento a momento, diminuindo a interferência da memória e outras variáveis presentes nas medidas de autorrelato (ZIMMERMAN & SCHUNK, 2011).

Modelos do processo autorregulatório

Dois modelos teóricos procuram explicar o processo autorregulatório: o modelo de Albert Bandura (1986; 2016) e o modelo de Barry Zimmerman (1986; 1990; 2000; 2005). A Teoria Social Cognitiva (BANDURA, 1986; 2006; 2016) considera o funcionamento do ser humano a partir da reciprocidade entre os aspectos pessoais, cognitivos e ambientais. Nesse âmbito, o sujeito assume o papel de agente, age intencionalmente em função das circunstâncias da sua vida, reflete acerca delas, reage e estabelece planos, antecipa problemáticas e resultados. De acordo com esse modelo, o sujeito tem a capacidade de direcionar intencionalmente o curso dos seus pensamentos e comportamentos, os eventos e as circunstâncias da sua vida, bem como de escolher a forma como reage a esses eventos, ou seja, monitoriza e autorregula o seu comportamento. Nesse sentido, o sujeito tem a possibilidade de fazer as escolhas que lhe são mais favoráveis e de alterar os seus pensamentos e cognições (ambientes internos), assim como a possibilidade de alterar as condições nos ambientes externos, quando estas não lhe são favoráveis (BANDURA, 2006; 2016; BORUCHOVITCH; ALMEIDA & MIRANDA, 2017; BZUNECK & BORUCHOVITCH, 2016; 2019; USHER & SCHUNK, 2017).

A partir desse modelo teórico, podemos constatar que aquilo que as pessoas fazem, como se sentem e o que pensam não pode ser justificado pela influência e pelos reforços externos, como reivindicaram as teorias comportamentais (*e. g.*, SKINNER, 1987), ou, por outro lado, também não são unicamente guiadas por impulsos internos como argumentam as teorias psicodinâmicas (*e. g.*, FREUD, 1923). Esse modelo assume que tanto os fatores pessoais como os fatores contextuais interagem e podem justificar ou determinar a experiência humana. Nesse caso, os comportamentos dos alunos estão orientados tanto por circunstâncias internas como por externas e a capacidade para direcionar intencionalmente o curso dos eventos e as circunstâncias da sua vida é uma escolha de cada indivíduo (BANDURA, 2006; 2016; BORUCHOVITCH; ALMEIDA & MIRANDA, 2017; BZUNECK & BORUCHOVITCH, 2016; 2019). No mesmo sentido Usher e Schunk (2017) referem que as pessoas têm a possibilidade de escolher e considerar pensamentos favoráveis em vez de desfavoráveis e, consequentemente, alterarem os seus ambientes internos, mesmo que seus ambientes externos não sejam tão favoráveis; pois o ser humano tende, naturalmente, para ser competente e autodeterminado (RYAN & DECI, 2000). Assim, a capacidade para planear permite-lhe estabelecer metas, imaginar realizações futuras e orientar o comportamento para determinados objetivos; as capacidades de autorreflexão e de autorreação permitem-lhe desenvolver as competências necessárias à reflexão, para que possa fazer os ajustes necessários aos seus cursos de ação, e, consequentemente, de os ajustar aos seus objetivos de forma mais favorável, basicamente, autorregulando o seu comportamento.

Com base nessa informação, Bandura propõe um modelo de autorregulação baseado em três subfunções regulatórias: auto-observação, autoavaliação e autorreação (BANDURA, 1986; 2006; 2016). A auto-observação permite ao indivíduo a possibilidade de identificar o seu comportamento, perceber as condições em que ocorre e quais os seus efeitos. Ou seja, permite-lhe uma regulação com base na informação que recolhe, importando que essa seja precisa, consistente e adequada a cada momento. Essas informações, ações e escolhas do sujeito são depois avaliadas (subprocesso autoavaliação) considerando o comportamento e as circunstâncias onde ele ocorre, o valor atribuído, os padrões pessoais de referência e as normas sociais (BANDURA, 2016; USHER & SCHUNK, 2017). Após a avaliação, a subfunção autorreação representa uma mudança autodirigida com base na monitorização e na reflexão que o sujeito vai fazendo em cada momento. Essa terceira subfunção vai, naturalmente, retroalimentar o processo, iniciando-se assim um novo fluxo de auto-observação, avaliação e autorreação (BANDURA, 2006; 2016).

Zimmerman (2005; 2013) refere que o seu modelo de autorregulação da aprendizagem parte do modelo proposto por Bandura (1986; 2006; 2016) e incorpora outras variáveis relacionadas com a aprendizagem. O modelo contempla três fases distintas: a planificação, a execução e a autoavaliação, que mantêm estreita relação entre si. A planificação envolve os processos, os conhecimentos prévios e as crenças iniciais que influenciam a aprendizagem do sujeito, sendo essas ações preparatórias, realizadas antes de se iniciar uma atividade, no momento em que se estabelecem os objetivos e se traça o plano estratégico para sua realização. A segunda fase diz respeito à execução e está relacionada com o que ocorre durante a aprendizagem. Engloba as fases do processo relacionadas com a realização da tarefa, nomeadamente a atenção, o autocontrole, a auto-observação e automonitorização da aprendizagem. Por fim, a autoavaliação está relacionada com o que ocorre após a realização da tarefa, permitindo que o sujeito reveja a sequência de ações ou comportamentos e o seu ajustamento aos objetivos definidos. Essa fase decorre a partir do processo de execução e considera ainda os resultados da fase prévia. A autoavaliação encerra o ciclo da autorregulação, e, ao mesmo tempo, impulsiona o aluno a recomeçar um novo processo de aprendizagem de novas tarefas e problemas, ou, eventualmente, a retroceder e repetir alguns passos, seja quando avalia e identifica falhas para as corrigir, ou, no caso de não ter êxito na tarefa, pensar em soluções alternativas.

Estratégias de *self-handicapping*: relevância, definição e fundamento teórico

Conforme já referido, o desempenho excelente é altamente valorizado na sociedade ocidental atual e, por conseguinte, leva a que o indivíduo faça um grande investimento para o atingir. Não é novidade dizer-se que, por vezes, quando as pessoas percebem que ficam aquém das suas expectativas ou objetivos, dão desculpas para justificarem os seus baixos desempenhos, a fim de amortecer a sua frustração ou as avaliações das outras pessoas a propósito desses desempenhos mais fracos (BERGLAS & JONES, 1978; JONES & BERGLAS, 1978; TÖRÖK; SZABÓ & TÓTH, 2018). Falamos então de estratégias de *self-handicapping* designando essas estratégias de defensivas e ineficazes.

O estudo das estratégias de *self-handicapping* em contexto acadêmico tem motivado diversas pesquisas conforme apontam as revisões de Schwinger; Wirthwein; Lemmer e Steinmayr (2014), Török; Szabó e Tóth (2018) ou de Urdan e Midgley (2001). Já em 1978, Berglas e Jones procuraram demonstrar experimentalmente o uso das estratégias de *self-handicapping* em estudantes universitários. Esses autores constataram que alguns estudantes, com dúvidas sobre as suas competências intelectuais, escolhiam deliberadamente tomar uma droga que dificultava o seu desempenho em vez de uma droga que o melhorava. Os autores explicam que, no primeiro caso, a escolha permitia atribuir a ocorrência de um eventual fracasso ao uso da droga e não à sua falta de competência, e, se por acaso ocorresse sucesso na tarefa, o uso da droga também beneficiava esses alunos na medida em que esse sucesso ocorria em situações difíceis (COUDEVYLLE; GERNIGON; GINIS & FAMOSE, 2015; GANDA, 2011; MENA, 2019; VARGAS, 2018; KOVACS, 1990). Certos indivíduos, quando antecipam que podem falhar, criam intencionalmente situações ou circunstâncias a que atribuem a culpa pela falha, evitando, assim, a atribuição dessa falha à sua falta de competência (BERGLAS & JONES, 1978; HIGGINS, 1990; MIRANDA et al., 2017; MENA, 2019). Ou seja, essas justificações funcionavam preventivamente como uma medida de autoproteção na medida em que procuravam prevenir falhas caso ocorressem.

Berglas e Jones (1978) acrescentam que essas estratégias de desculpabilização se relacionavam com causas instáveis e controláveis. Török; Szabó e Tóth (2018) ou Weiner (1986; 2010) recordam que essas atribuições ajudam a manter a motivação e as emoções positivas em relação às situações de desempenho por oposição às atribuições internas ao fracasso (*e. g.*, "Eu sou burro"). Essas estratégias foram denominadas pela primeira vez pelos psicólogos Jones e Berglas (1978) e Berglas e Jones (1978) como estratégias de *self-handicapping*. Nas suas palavras,

> The self-handicapper, we are suggesting, reaches out for impediments, exaggerates handicaps, embraces any factor reducing personal responsibility for mediocrity and enhancing personal responsibility for success. One does this to shape the implications of performance feedback both in one's own eyes and in the eyes of others (JONES & BERGLAS, 1978, p. 202)[1].

Ou seja, o *self-handicapper* procura e exagera nos impedimentos e nas desvantagens, adotando qualquer ação ou argumento que reduza a responsabilidade pessoal pela mediocridade e aperfeiçoe a responsabilidade pessoal pelo sucesso. Por outras palavras, o *self-handicapper* usa ou chama atenção para um impedimento pessoal que espera que interfira na sua capacidade para executar a tarefa, para poder justificar eventual insucesso ou reforçar o sucesso no caso de vir a acontecer, apesar das circunstâncias difíceis.

Török e Szabó (2018) ou Kovacs (1990) lembram que os estudos de Berglas e Jones e Jones e Berglas (1978) foram relevantes porque possibilitaram a introdução de uma orientação diferente na investigação da altura, sobretudo na área

---

1. Sugerimos que o indivíduo que se autoprejudica procura impedimentos, exagera as desvantagens, prefere qualquer fator que reduza a responsabilidade pessoal pela mediocridade e aumente a responsabilidade pelo sucesso. Faz isso para ajustar as implicações que o *feedback* que recebe pode ter no seu desempenho, tanto aos seus olhos quanto aos olhos dos outros (JONES & BERGLAS, 1978, p. 202).

da psicologia social que estava muito centrada no modelo de comparação social proposto por Frestinger (1954) e nas teorias da atribuição de causalidade de Kelly (1967; 1971) e Heider (1958). De acordo com esses autores, essas teorias se centravam muito na ideia de que as pessoas eram, sobretudo, motivadas para avaliarem as suas capacidades com precisão, com o objetivo de lidar e controlar os seus ambientes, e, por isso, tendiam a fazer atribuições estáveis e precisas relativamente a si, aos outros e aos ambientes. Nesse caso, defendia-se a ideia de que as pessoas procuravam a precisão e não a ambiguidade. Assim, a partir da proposta de Berglas e Jones começa a considerar-se a ideia de que as pessoas também usam estratégias para manter uma certa ambiguidade, para poderem manipular as circunstâncias a seu favor, sobretudo quando não têm certeza que as suas competências e capacidades são suficientes para realizar a tarefa com sucesso. É, portanto, neste caso, que usam as estratégias de *self-handicapping* para aumentar essa incerteza, manipulando as circunstâncias, evitando diagnósticos prejudiciais sobre as suas competências e capacidades.

Török e Szabó (2018) ou Kovacs (1990) mencionam, ainda, que o conceito de estratégias de *self-handicapping* proposto por Berglas e Jones em 1978 se aproxima da proposta de Miller e Rosse (1975), sobre o viés atribucional em benefício próprio. No entanto, apesar da semelhança, apontam algumas diferenças. Enquanto o conceito de viés atribucional em benefício próprio se refere às atribuições favoráveis ao sujeito e rejeição das desfavoráveis após a ocorrência da situação de desempenho (*i. e.*, para explicar o sucesso por habilidades e o fracasso por fatores externos), as estratégias de *self-handicapping* reportam-se a cognições antes da ocorrência da situação e preparam "os espectadores" para qualquer eventual resultado, positivo ou negativo. No fundo, o conceito de *self-handicapping* descreve um conjunto de ações efetivas ou verbalizações, com o objetivo de proteger a competência antes da ocorrência da situação, pretendendo o indivíduo externalizar as atribuições aos fracassos e internalizar as atribuições ao sucesso (GANDA, 2011; GANDA & BORUCHOVITCH, 2015; MENA, 2019; VARGAS, 2018). Num trabalho anterior, Weiner, Frieze, Kukla, Reed, Rest e Rosenbaum (1971) propõem que os sujeitos com elevados níveis de motivação para a realização tendem a procurar diagnósticos sobre as suas habilidades, enquanto os que apresentam baixos níveis motivacionais evitam esses diagnósticos. Higgins (1990) considera que as ideias defendidas por Jones e Berglas (1978; BERGLAS & JONES, 1978) relativamente às estratégias de *self-handicapping* resultam de uma síntese dos trabalhos de Goffman (1959) e de Heider (1958), conforme se transcreve

In his book The Presentation of Self in Everyday Life, for example, Goffman (1959) articulated his views concerning impression management, a process whereby people manage their overt behaviors in order to manipulate the impressions that others form of them [...], Heider (1958) published The Psychology of Interpersonal Relations, there by presenting a framework for thinking about the manner in which people perceive and attempt to make sense of behavior. It is my thesis here that the self-handicapping idea, as ultimately articulated by Jones and Berglas (1978; BERGLAS & JONES, 1978) represents a synthesis of these two theoretical orientations (p. 9)[2].

Bobo, Whitaker e Strunk (2013) ou Schwinger (2013) indicam que as estratégias de *self-handicapping* não são características globais da personalidade, mas referem-se a traços específicos, sugerindo que certos fatores situacionais tendem a aumentar a probabilidade de emergirem esses traços de personalidade, concretamente os traços de neuroticismo.

De acordo com Ferradás (2014), Ferradás, Freire, Núñez e Regueiro (2019) ou Mena (2019) o uso das estratégias de *self-handicapping* também pode ser explicado a partir da teoria do auto valor de Covington (1984; 2000). Esse autor explica que o ser humano tende naturalmente a preservar e a manter uma imagem positiva de si, defendendo percepções positivas acerca das suas capacidades. Essa percepção do valor depende do desempenho anterior, levando à relação entre as expectativas e as percepções de competência. Por essa razão, é compreensível que os alunos muitas vezes confundam o seu desempenho acadêmico com as suas competências e com o seu valor enquanto seres humanos (FERRADÁS, 2014; MENA, 2019). Consequentemente alguns estudantes passam a acreditar que não têm valor quando o seu desempenho é de fracasso, não merecendo a aprovação dos outros (COVINGTON, 2000). Ora, essa situação se agrava com o avançar na escolaridade pois se aceita, frequentemente, que um aluno é tanto mais inteligente e competente quanto maior for o seu desempenho e sucesso acadêmico. A partir daqui se deduz, também, que a competência é uma componente crítica do sucesso

---

2. No seu livro *A representação do eu na vida cotidiana* (20. ed. Petrópolis: Vozes, 1975; 6. reimpr., 2020), por exemplo, Goffman (1959) articulou as visões a respeito da gestão das impressões, um processo pelo qual as pessoas gerenciam os seus comportamentos para manipular as impressões que os outros formam deles [...], Heider (1958) publicou *The Psychology of Interpersonal Relations* [A psicologia das relações interpessoais], apresentando uma estrutura sobre a maneira pela qual as pessoas percebem e tentam entender o comportamento. É a minha tese que o autoprejuízo, como ultimamente articulado por Jones e Berglas (1978; BERGLAS & JONES, 1978) representa uma síntese dessas duas orientações teóricas (p. 9).

e que associar a incompetência ao fracasso origina logicamente sentimentos de inutilidade, vergonha e humilhação por parte do aluno.

A utilização de estratégias de *self-handicapping* pode estar associada a mecanismos de proteção do autoconceito e de defesa da autoestima pelo aluno. Uma parte do trabalho desenvolvido pelo aluno na sala de aula vai ao encontro da sua necessidade de proteger o seu valor pessoal, sobretudo quando percebe o fracasso como uma ameaça. A essa altura, alguns alunos se defendem dessa ameaça usando, por exemplo, as estratégias de *self-handicapping* ou a procrastinação (COVINGTON, 2000; GANDA, 2011; FERRADÁS; FREIRE; NÚÑEZ & REGUEIRO, 2019; MARTÍN, 1998; MENA, 2019; VARGAS, 2018), embora outros desenvolvam padrões motivacionais mais adaptativos e autorregulam o seu comportamento para se sentirem competentes mesmo quando antecipam insucesso nas tarefas. Em síntese, para defender a sua competência o aluno tem disponível um conjunto de estratégias de autoproteção que vão desde a simples estratégia de não tentar ou de adiar (procrastinação) ao uso das atribuições causais externas para o controle ou responsabilidade a causas internas e pessoais, ou então estudar de forma superficial na véspera do exame, como uma desculpa para as classificações mais baixas (GANDA, 2011; FERRADÁS, 2014; FERRADÁS; FREIRE; NÚÑEZ & REGUEIRO, 2019; MARTÍN, 1998; MENA, 2019; VARGAS, 2018).

De acordo com Kovacs (1990), sobretudo a partir de finais da década de 1980, é possível identificar duas tendências na investigação nessa área: uma que defende que as estratégias de *self-handicapping* se referem a estratégias usadas para proteger a autoestima, e que considera que essas estratégias se referem a mecanismos ou estratégias de proteção do eu, e outra linha, que sugere que são estratégias que o sujeito usa para lidar com a incerteza. O que de acordo com Ganda e Boruchovitch (2018), tanto numa como noutra situação, é possível que sejam apenas manifestações de dificuldades ao nível dos processos motivacionais básicos, nomeadamente ao nível do processo autorregulatório.

Tipologias das estratégias de *self-handicapping*

Conforme se referiu anteriormente, uma pessoa é considerada utilizadora das estratégias de *self-handicapping* quando esconde um sentimento de insegurança e medo do fracasso e, dessa forma, as ações e omissões funcionam como uma possível desculpa para o fraco desempenho atingido (COUDEVYLLE et al., 2015; SCHWINGER; STIENSMEIER-PELSTER, 2014; MARTIN, 1998). Essa situação pode ocorrer ao longo dos diversos níveis de escolaridade, e mesmo em outras áreas da vida das pessoas que não exclusivamente a área acadêmica.

Berglas e Jones (1978) indicam que os alunos do Ensino Superior tendem a apresentar diversas desculpas para justificar os seus fracos resultados em situações avaliativas, sobretudo quando antecipam que o seu desempenho nas tarefas ficará aquém das suas expectativas. Por exemplo, referem o caso de um aluno que sai à noite para se divertir, antes de um exame importante. Teoricamente, esse aluno pode passar por duas situações no exame: ou o insucesso ou o sucesso. No caso de insucesso no exame, esse aluno pode justificar a falha com a sonolência ou com o consumo de álcool na noite anterior (atribuição externa). Se obtém sucesso no exame nessas circunstâncias, o bom rendimento pode ser explicado por habilidades de superação em situações difíceis, valorizando assim as suas capacidades. Em tal caso, esse sujeito pode manipular a avaliação que os outros fazem das suas capacidades, já que o sucesso foi alcançado em circunstâncias difíceis, atribuindo às habilidades e às competências extraordinárias, ou seja, o sucesso foi alcançado apesar dos fatores impeditivos.

Os trabalhos de Leary e Shepperd (1986) sugerem que as estratégias de *self-handicapping* podem diferenciar-se em dois tipos: o *self-handicapping* comportamental (*behavioral selfhandicapping*) e o *self-handicapping* relatado por si próprio (*self-reported self-handicapping*). No primeiro caso, o sujeito usa, efetivamente, um conjunto de estratégias de *self-handicapping* que aumentam a dificuldade de obter o sucesso na tarefa, pois também acabam por aumentar a probabilidade de falhar. Nesse caso, usam, sobretudo, comportamentos para evitar e adiar a tarefa ou que fragilizam a sua resolução eficaz. Por exemplo, faltar ao exame, adiar a realização de uma tarefa ou consumir álcool antes da realização do exame. No segundo caso, o uso das estratégias de *self-handicapping* relatadas por si (*self-reported*) podem ou não prejudicar o desempenho do indivíduo. Nesse caso, o *self-handicapper* pode apenas verbalizar as circunstâncias responsáveis pelo sucedido e não ser como diz, por exemplo, antes do exame referir que não está preparado, que não estudou o suficiente, que não leu os textos, que dormiu muito pouco, exagerar nos efeitos de uma lesão ou doença.

Para Martin (1998), o *self-handicapping* comportamental pode classificar-se segundo a sua natureza interna ou externa. Por exemplo, os comportamentos de natureza interna estão associados à falta de preparação, procrastinação, uso de drogas e álcool, pouco esforço, depressão, ansiedade e mau humor. Incluem-se, ainda, sintomas físicos e psicológicos, dor, eventos traumáticos, debilidades em termos físicos ou doenças (GANDA, 2011; GANDA & BORUCHOVITCH, 2015;

MENA, 2019; MIRANDA et al., 2017; VARGAS, 2018). Os comportamentos de natureza externa referem-se por exemplo à escolha de tarefas difíceis, ao estabelecimento de metas não alcançáveis, ao fato de escolher colegas com poucas competências para realizarem, em grupo, uma tarefa importante, distrair-se com a música enquanto estuda, declarar conflitos com parceiros e/ou professores, ou referir que o contexto acadêmico é pouco favorável por causa da rigidez das suas regras (FERRADÁS, 2014; COUDEVYLLE et al., 2015; GANDA, 2011; GANDA & BORUCHOVITCH, 2015; MENA, 2019; MIRANDA et al., 2017; VARGAS, 2018).

Importa reafirmar que esses dois tipos de estratégias de *self-handicapping* apresentam diferenças relativamente ao seu impacto no desempenho acadêmico (GADBOIS & STURGEON, 2011; MARTIN, 1998; MENA, 2019; VARGAS, 2018). Por exemplo, um aluno que não lê a bibliografia recomendada pelo professor para uma determinada unidade curricular pode ver diminuídas as possibilidades de aprendizagem qualitativamente superior. Por outro lado, quando se prepara adequadamente e apenas verbaliza a ansiedade, não significa que obterá baixo rendimento na tarefa (GANDA, 2011; GANDA & BORUCHOVITCH, 2015; MIRANDA et al., 2017; VARGAS et al., 2018). Podemos, assim, concluir que o *self-handicapping* comportamental (*behavioral*) difere do *self-handicapping* relatado por si (*self-reported*) na medida em que o primeiro pode ser observado e, no caso, as desculpas são mais convincentes e, também, serão mais sancionadas. Por exemplo, um aluno que fala durante as aulas e não lê a bibliografia recomendada pelo professor dá a entender ao professor que a distração e a falta de esforço são as razões para o seu baixo desempenho. Por outro lado (no caso do *self-reported*), se o aluno relata que está com problemas pessoais, embora o professor possa não acreditar no aluno, acabará por na situação de dúvida ser mais compreensivo e exigir menos do aluno, por causa dessas circunstâncias (GANDA, 2011; GANDA & BORUCHOVITCH, 2015). Coudevylle e colaboradores (2015) ou Ganda e Boruchovitch (2015) lembram que os alunos que habitualmente usam essas estratégias procuram se proteger de uma possível falha e assim poderem atribuir a responsabilidade dessa falha às situações ou circunstâncias; e, no caso de um eventual sucesso, ficam com a expectativa de uma apreciação ainda mais positiva por parte dos outros, porque o sucesso ocorreu em situações difíceis.

Estratégias de *self-handicapping* e autorregulação do comportamento

De acordo com Zimmerman (2005), uma das características mais importantes dos seres humanos é a sua capacidade para regular o seu comportamento. Essa capacidade permite a sua adaptação às mudanças suscitadas pelos contextos e situações. Essa habilidade regulatória ou a falta dela é também elemento central do paradigma sociocognitivo na explicação do comportamento e da aprendizagem (BANDURA, 1986; 2016). A partir da proposta de Zimmerman (2005; 2008), sobre a autorregulação da aprendizagem, procurar-se-á refletir sobre a importância das estratégias de *self-handicapping* no processo de regulação do comportamento do estudante.

Dentro do paradigma sociocognitivo, a autorregulação é o resultado da interação entre fatores pessoais, comportamentais e ambientais (BANDURA, 1986; 2016). Assim, para além das habilidades comportamentais e das contingências ambientais existe um elemento central que é o "sentido de agência pessoal", que coloca no sujeito a responsabilidade pelas suas ações e escolhas, que são sempre individuais e dependem das suas crenças e motivos. Portanto, essa característica, habilidade ou competência, permite explicar por que é que a mesma pessoa pode decidir positivamente autorregular determinado desempenho ou ação e não outro (ZIMMERMAN, 2005; 2013). De acordo com o mesmo autor o sentido de "agência pessoal" difere do conceito de metacognição, que embora tenha um papel importante na compreensão do comportamento autorregulado, enfatiza apenas o processo de raciocínio dedutivo e não explica a escolha pessoal de cada sujeito. Concordando com Zimmerman (2005) ou Usher e Schunk (2017), todas as pessoas têm de alguma maneira a capacidade de se autorregularem, a diferença está em que alguns indivíduos escolhem formas ou estratégias pouco eficazes ou menos adaptativas em cada uma das fases do processo autorregulatório. Por exemplo, a autorregulação adaptativa inclui estratégias para melhorar e aumentar a aprendizagem, nomeadamente o esforço para planear, controlar ou ajustar o processamento cognitivo em resposta às tarefas ou condições do contexto, ou, ainda, uma consciência e juízos dinâmicos e orientação sobre vários aspectos da cognição, necessários à realização de muitas tarefas acadêmicas (GANDA & BORUCHOVITCH, 2018; ZIMMERMAN, 2005). Ou, ainda, a regulação da motivação para controlar o esforço necessário ao cumprimento dos objetivos, persistir na tarefa mesmo que esta seja difícil e aborrecida, deixando as distrações de lado, procurar ajuda dos professores ou colegas com maiores competências (USHER & SCHUNK, 2017). Assim, essas estratégias, adequadamente selecionadas, melhoram o desempenho, auxiliam a cognição, controlam o afeto e direcionam a execução motora (ZIMMERMAN, 2005).

Usher e Schunk (2017) consideram que as estratégias de *self-handicapping* são uma forma não adaptativa ou um subprocesso que faz parte da fase da autorreflexão no processo de autorregulação. De acordo com Zimmerman (2005), da fase do processo autorregulatório – autorreflexão – fazem parte vários subprocessos que se articulam entre si, nomeadamente, a autoavaliação, atribuições causais, autorreação, satisfação e afeto, e adaptação defensiva. Segundo o autor, a autoavaliação do desempenho envolve a atribuição de um significado causal aos resultados e a comparação de informações com um padrão, prática ou esforço anterior. Refere que nem todos os sujeitos são capazes de realizar essa análise com a qualidade necessária, pois depende da sensibilidade e capacidade desse sujeito para a realizar sem enviesamentos. Chama atenção para o fato de que os juízos relacionados com as atribuições de causalidade também estão sujeitos a erros ou vieses avaliativos. Por exemplo, quando os alunos atribuem os seus desempenhos a fatores fixos, a tendência é que reajam negativamente e lhes falte a coragem e o esforço necessário para melhorar (WEINER, 1986; 2010). Por outro lado, as atribuições também não são automáticas, antes resultam de autoavaliações favoráveis ou desfavoráveis, e dependendo da avaliação cognitiva que o sujeito faz, fatores pessoais e contextuais. Assim, por exemplo, quando o desempenho é avaliado de forma negativa, os alunos que apresentam percepções positivas de autoeficácia tendem a atribuir o desempenho ao esforço insuficiente ou a uma estratégia de estudo inadequada, enquanto os alunos que duvidam das suas percepções de autoeficácia tendem a atribuir os resultados às circunstâncias atípicas, à incompetência do professor, à falta de apoio da família ou à sua má sorte (VARGAS, 2018; WEINER, 1985; 2010).

Em complemento, de acordo com Zimmerman (2005; 2013), os juízos avaliativos e as atribuições causais estão também relacionados com as percepções de satisfação/insatisfação, ou seja, com as emoções e sentimentos relacionados com os desempenhos. Nesse caso, as pessoas tendem a seguir os cursos de ação que resultam em satisfação e afeto positivo, evitando aqueles que produzem insatisfação e afeto negativo. Assim, quando a satisfação pessoal e o valor atribuído à tarefa são intrínsecos, as pessoas tendem a orientar as suas ações e a criar incentivos pessoais para persistir na tarefa. Por norma, as pessoas mais autorreguladas valorizam os seus sentimentos intrínsecos de respeito e satisfação por um trabalho bem-feito mais do que pela aquisição de recompensas materiais (GANDA & BORUCHOVITCH, 2018; USHER & SCHUNK, 2017). Por outro lado, as pessoas muito centradas em valorizar a tarefa tenderão a sofrer mais e a apresentarem maiores níveis de ansiedade quando a avaliação da tarefa for desfavorável (WEINER, 1986).

De acordo com Zimmerman (2005) o subprocesso "inferências adaptativas ou defensivas" tem particular importância no processo autorregulatório pois permite às pessoas refletirem sobre o que é preciso alterar nas suas abordagens à tarefa. Nesse caso, orienta os indivíduos para novas formas de melhorar os seus desempenhos, como por exemplo priorizar outros objetivos ou escolher uma estratégia mais eficaz de abordar a tarefa (USHER & SCHUNK, 2017). Assim, as inferências defensivas servem principalmente para proteger a pessoa de futuras insatisfações e afetos negativos relacionados com o desempenho na tarefa; mas, ao mesmo tempo, também prejudicam uma adaptação bem-sucedida. Por exemplo, de acordo com Garcia e Pintrich (1994), essas reações defensivas incluem desamparo aprendido, procrastinação, fuga e não envolvimento com tarefa ou apatia. As reações defensivas incluem, também, o uso das estratégias de *self-handicapping* que, apesar de protegerem o *self*, acabam por limitar o desempenho e êxito na tarefa (BERGLAZ & JONES, 1987; USHER & SCHUNK, 2017; ZIMMERMAN, 2005). Assim, essas reações defensivas afetam os processos de previsão de maneira cíclica condicionando também os cursos de ação futuros na medida em que diminuem os medos de falhar. As reações de insatisfação reduzem as percepções de eficácia e o interesse intrínseco para prosseguir com a tarefa. Em sentido contrário, as reações de satisfação fortalecem as crenças de autoeficácia no domínio da habilidade ou, ainda, a escolha da orientação para as metas de aprendizagem e o interesse intrínseco pela tarefa (GARCIA & PINTRICH, 1994; USHER & SCHUNK, 2017). As crenças motivacionais do sujeito que formam a base do sentido de agência pessoal permitem que este continue a persistir na tarefa, inicie um novo processo autorregulatório e, consequentemente, atinja os seus objetivos.

Embora alguns estudos tenham relatado efeitos positivos do uso de estratégias de *self-handicapping* no desempenho a curto prazo, sobretudo em estados afetivos negativos associados à ameaça percebida em contextos avaliativos (HARRIS & SNYDER, 1986; LEARY, 1986; RYSKA, 2002), outros estudos mostraram que o uso dessas estratégias tem consequências negativas. Investigações sugerem que, quanto mais o indivíduo usa essas estratégias, maior é a probabilidade de ser percebido negativamente pelos seus pares em relação às suas habilidades e características gerais (MARTIN, 1998; 2004).

Considerações finais

A autorregulação é condição essencial à realização/sucesso pessoal ou profissional. Um dos entraves passa, precisamente, pela dificuldade de a pessoa controlar os seus impulsos e atitudes não coerentes com os seus objetivos. Nesse sentido, importa clarificar o significado de autorregulação e as condições de seu desenvolvimento como forma de ajudar as pessoas a enfrentarem com êxito e assertividade as dificuldades dos seus contextos de aprendizagem e de realização.

A autorregulação envolve processos cognitivos, motivacionais, afetivos, sociais, bem como a definição das metas e objetivos que o indivíduo pretende alcançar. Na sua prossecução a pessoa recorre ao planeamento da ação, recolhe e seleciona informação, materiais e outros recursos, define estratégias e procedimentos necessários à execução do plano de resolução, avalia as tarefas e as condições contextuais que moldam a sua resolução, assim como monitoriza a realização e avalia os resultados atingidos. A execução das ações planeadas e o ajustamento necessário tendo em vista as metas fixadas e as exigências da realização das tarefas recorre a procedimentos de autoinstrução, autocontrole da atenção, e gestão da impulsividade, do tempo e do esforço (AVILA; FRISON & VEIGA SIMÃO, 2016; BANDURA, 2016; GANDA & BORUCHOVITCH, 2018; SCHUNK & GREENE, 2017; ZIMMERMAN & SCHUNK, 2011). Particular atenção no processo autorregulatório é dada à avaliação final dos desempenhos. Assim, os resultados alcançados são avaliados e comparados com os esperados, emergindo sentimento de frustração ou de sucesso consoante a tônica negativa ou positiva dos desempenhos (VEIGA SIMÃO & FRISON, 2013; ZIMMERMAN, 2005).

Alguns indivíduos, quando avaliam que os seus resultados ficam aquém das suas expectativas, a fim de "amortecer" o seu desapontamento pessoal ou as avaliações negativas das outras pessoas, recorrem a uma variedade de causas para justificarem a diminuição no seu desempenho. Ilustrando essas causas, é frequente a referência às doenças do próprio ou de familiares, a procrastinação, o abuso de substâncias como o álcool e drogas ou a escolha de objetivos inatingíveis, entre outras (BERGLAS & JONES, 1978; JONES & BERGLAS; 1978; MIRANDA; GANDA & BORUCHOVITCH, 2017; MENA, 2019; VARGAS, 2018). Essas causas, como podemos entender como desculpas face aos fracos resultados, têm sido designadas por estratégias de *self-handicapping* (JONES & BERGLAS, 1978).

As estratégias de *self-handicapping* descrevem um conjunto de ações ou queixas que esses sujeitos usam para proteger as suas percepções de competência e a sua identidade ou *self*. Em concreto, o indivíduo tenta externalizar as atribuições às falhas e internalizar as atribuições de sucesso mesmo antes de resolver a tarefa (GANDA, 2011; VARGAS, 2018). Com esses comportamentos "[...] procura impedimentos, exagera nas desvantagens, abraça qualquer razão ou impedimento que reduza a responsabilidade pessoal pela mediocridade e aumente a responsabilidade pessoal pelo sucesso" (JONES & BERGLAS, 1978, p. 202). Por tudo isso, o uso das estratégias de *self-handicapping* parece associado à proteção da autoestima, ou a comportamentos de autopromoção da sua imagem, sendo apenas duas das manifestações de uma motivação deficiente e que pode estar associada a uma resposta defensiva de certas pessoas quando antecipam uma avaliação desfavorável ou quando percepcionam uma ameaça. Essas pessoas apresentam dificuldades em lidar com situações que promovam sentimentos de incerteza sobre as suas habilidades pessoais concentrando, assim, a sua atenção nas possibilidades de fracasso e não no potencial de realização.

Em conclusão, durante a sua experiência acadêmica, os estudantes em maior ou menor profundidade utilizam mecanismos de autorregulação, que, em geral, se relacionam com um bom uso das estratégias de aprendizagem e manutenção da motivação para aprender. Nesse caso, os estudantes desenvolvem capacidades de autocontrolar e monitorizar as emoções, pensamentos e comportamentos, evitando reações impulsivas que prejudicam as relações sociais e os desempenhos acadêmicos e profissionais. A inibição de reações automáticas, ou a desvalorização da interferência de estímulos irrelevantes, a persistência na tarefa mesmo quando não é apreciada, a alteração dos comportamentos e o adiamento da gratificação, considerando as exigências da situação e os objetivos pessoais, integram a definição de autorregulação (BORUCHOVITCH, 2014; AVILA; FRISON & VEIGA SIMÃO, 2016; VEIGA SIMÃO & FRISON, 2013; ZIMMERMAN, 2013). Paralelamente, de forma mais esporádica ou permanente, os estudantes enfrentam situações antecipadas de dificuldade recorrendo a estratégias de *self-handicapping*. Pelos seus efeitos nefastos, quando persistentes, na aprendizagem e no desempenho, importa ajudar tais alunos a alterarem as suas cognições e atitudes, tornando-os menos defensivos, mais intrinsecamente motivados, fixando metas acadêmicas mais realistas e orientados na sua aprendizagem para a mestria.

Referências

AVILA L.; FRISON, L. & VEIGA SIMÃO, A.M. (2016). Estratégias de autorregulação da aprendizagem: contribuições para a formação de estudantes de Educação Física. *Revista Ibero-americana de Educação*, vol. 70, n. 1, p. 63-78.

BANDURA, A. (2016). *Moral disengagement*: How people do harm and live with themselves. Nova York: Worth.

_____ (2006). Toward a psychology of human agency. *Perspectives on Psychological Science*, vol. 1, n. 2, p. 164-180.

_____ (1997). *Self-efficacy*: The exercise of control. Nova York: WH Freeman.

_____ (1986). *Social foundations of thought and action*: A social-cognitive theory. Nova Jersey: Prentice Hall.

BERGLAS, S. & JONES, E.E. (1978). Drug choice as a self-handicapping strategy in response to noncontingent success. *Journal of Personality and Social Psychology*, vol. 36, p. 405-417.

BOBO, J.L.; WHITAKER, K.C. & STRUNK, K.K. (2013). Personality and student selfhandicapping: A cross-validated regression approach. *Personality and Individual Differences*, vol. 55, p. 619-621.

BOEKAERTS, M. (2011). "Emotions, emotion regulation, and self-regulated learning". In: ZIMMERMAN, B.J. & SCHUNK, D.H. (orgs.). *Handbook of self-regulated learning and performance*. Nova York: Routledge, p. 408-425.

BOEKAERTS, M.; PINTRICH, P.R. & ZEIDNER, M. (orgs.) (2005). *Self-regulation*: an introductory overview to Handbook of self-regulation. San Diego: Academic Press.

BORUCHOVITCH, E. (2014). Autorregulação da aprendizagem: contribuições da psicologia educacional para a formação de professores. *Revista Quadrimestral da Associação Brasileira de Psicologia Escolar e Educacional*, vol. 18, n. 3, p. 401-409.

BORUCHOVITCH, E.; ALMEIDA, L.S.; MIRANDA, L.C. (2017). "Autorregulação da aprendizagem". In: BORUCHOVITCH, E.; AZZI, R.G. & SOLIGO, A. (orgs.). *Temas em psicologia educacional*: contribuições para a formação de professores. Campinas: Mercado das Letras, p. 37-60.

BZUNECK, J.A. & BORUCHOVITCH, E. (2019). "Motivação de estudantes no Ensino Superior: como fortalecê-la?" In: ALMEIDA, L. (org.). *Estudantes do Ensino Superior*: desafios e oportunidades. Braga: Adipsieduc, p. 137-157.

_____ (2016). Motivação e autorregulação da motivação no contexto educativo. *Psicologia Ensino & Formação*, vol. 7, n. 2, p. 73-84.

COUDEVYLLE, R.; GERNIGON, C.; GINIS, M. & FAMOSE, P. (2015). Les stratégies d'auto-handicap: fondements théoriques, déterminants et caractéristiques. *Psychologie française*, vol. 60, n. 3, p. 263-283.

COVINGTON, M.V. (2000). Goal theory, motivation and, and school achievement: an integrative review. *Annual Review of Psychology*, vol. 51, p. 171-200.

_____ (1984). The self-worth theory of achievement motivation: Findings and implications. *Elementary School Journal*, vol. 85, n. 1, p. 5-20.

FERRADÁS, M.M.C. (2014). *Self-handicapping y pesimismo defensivo en estudiantes universitarios*: Su relación con la autoestima y las metas de logro. Galiza: Universidade da Coruña [Tese de doutorado].

FERRADÁS, M.M.C.; FREIRE, C.; NÚÑEZ, J.C. & REGUEIRO, B. (2019). Associations between Profiles of Self-Esteem and Achievement Goals and the Protection of Self-Worth in University Students. *International Journal Environmental Research Public Health*, vol. 16, n. 12, p. 22-18.

FESTINGER, L. (1954). A theory of social comparison processes. *Human Relations*, vol. 7, p. 117-140.

FREUD, S. (1923). *The Ego and the Id*. Londres: Hogarth [The Standard Edition of the Complete Psychological Works of Sigmund Freud, vol. XIX].

GADBOIS, S.A. & STURGEON, R.D. (2011). Academic self-handicapping: relationships with learning specific and general self-perceptions and academic performance over time. *British Journal of Educational Psychology*, vol. 81, n. 2, p. 207-222.

GANDA, D.R. (2016). *A autorregulação da aprendizagem de alunos em curso de formação de professores*: um programa de intervenção. Campinas: Unicamp [Tese de doutorado].

_____ (2011). *Atribuições de causalidade e estratégias autoprejudiciais de alunos de curso de formação de professores*. Campinas: Unicamp [Dissertação de mestrado].

GANDA, D.R. & BORUCHOVITCH, E. (2018). A autorregulação da aprendizagem: principais conceitos e modelos teóricos. *Psicologia da Educação*, n. 46, p. 71-80.

_____ (2016). As atribuições de causalidade e as estratégias autoprejudiciais de alunos do curso de pedagogia. *Psico-USF*, vol. 21, n. 2, p. 331-340.

_____ (2015). Self-handicapping strategies for learning of preservice teachers. *Estudos de Psicología*, vol. 32, n. 3, p. 417-425.

GARCIA, T. & PINTRICH, P. (1994). "Regulating Motivation and Cognition in theClassroom: The Role of Self-Schemas and Self-Regulatory Strategies". In: SCHUNK, D. & ZIMMERMAN, B. (orgs.). *Self-Regulation of Learning and Performance*. Nova Jersey: Lawrence Erlbaum, p. 127-153.

HARRIS, R.N. & SNYDER, C.R. (1986). The role of uncertain self-esteem in self-handicapping. *Journal of Personality and Social Psychology*, vol. 51, p. 451-458.

HIGGINS, R.L. (1990). "Self-Handicapping: Historical Roots and Contemporary Branches". In: HIGGINS, R.L.; SNYDER, C.R. & BERGLAS, S. (orgs.). *Self-handicapping*: The paradox that isn't. Nova York: Plenum, p. 1-31.

JONES, E.E. (1989). The framing of competence. *Personality and Social Psycholofy Bulletin*, vol. 15, p. 477-492.

JONES, E.E. & BERGLAS, S. (1978). Control of attributions about the self through self--handicapping strategies: The appeal of alcohol and the role of underachievement. *Personality and Social Psychology Bulletin*, vol. 4, p. 200-206.

KOVACS, K.E. (1990). *Self-handicapping*: The mediating roles of uncertainty and cost orientation. Ohio State University [Tese de doutorado].

LEARY, M.R. (1986). The impact of interactional impediments on social anxiety and self--presentation. *Journal of Experimental Social Psychology*, vol. 22, p. 122-135.

MARTIN, A.J. (2004). School motivation of boys and girls: Differences of degree, differences of kind, or both? *Australian Journal of Psychology*, vol. 56, n. 3, p. 133-146.

_____ (1998). *Self-Handicapping and defensive pessimism*: Predictors and consequences from a self-worth motivation perspective. Macarthur: University of Western Sydney [Tese de doutorado].

MENA, R.O.S. (2019). *Estudo das relações entre as estratégias de self-handicapping, autoestima, autoeficácia e o rendimento académico*. Funchal: Universidade da Madeira [Dissertação de mestrado].

MIRANDA, L.; GANDA, D. & BORUCHOVITCH, E. (2017). Contributos para a Validação da Escala de Estratégias autoprejudiciais em estudantes do Ensino Secundário Português. *Revista Amazônica*, vol. 19, n. 2, p. 8-22.

RYAN, R.M. & DECI, E.L. (2000). Intrinsic and extrinsic motivations: classic definitions and new directions. *Contemporary Educational Psychology*, vol. 25, p. 54-67.

RYSKA, T.A. (2002). Effects of Situational Self-Handicapping and State Self-Confidence on the Physical Performance of Young Participants. *The Psychological Record*, vol. 52, n. 4, p. 461-478.

SCHUNK, D.L. (2006). *Motivación en contextos educativos* – Teoría, investigación y aplicaciones. 2. ed. Madri: Prentice-Hall.

SCHUNK, D.H. & GREENE, J.A. (2017). "Historical, Contemporary, and Future Perspectives on Self-Regulated Learning and Performance". In: SCHUNK, D.H. & GREENE, J.A. (orgs.). *Handbook of Self-Regulation of Learning and Performance*. 2. ed. Nova York: Routledge, p. 1-16.

SCHWINGER, M. (2013). Structure of academic self-handicapping: Global or domain--specific construct? *Learning and Individual Differences*, vol. 27, p. 134-143.

SCHWINGER, M.; WIRTHWEIN, L.; LEMMER, G. & STEINMAYR, R. (2014). Academic selfhandicapping and achievement: A meta-analysis. *Journal of Educational Psychology*, vol. 106, n. 3, p. 744-761.

SKINNER, B.F. (1987). Whatever happened to psychology as the science of behavior? *American Psychologist*, vol. 42, p. 780-786.

TÖRÖK, L. & SZABÓ, Z.S.P. (2018). The theory of self-handicapping: forms, influencing factors and measurement. *Ceskoslovenska Psychologie*, vol. 62, n. 2, p. 173-188.

TÖRÖK, L.; SZABÓ, Z.S.P. & TÓTH, L. (2018). A critical review of the literature on academic self-handicapping: theory, manifestations, prevention and measurement. *Social Psychology of Education*, vol. 21, n. 5, p. 1.175-1.202.

URDAN, T. & MIDGLEY, C. (2001). Academic Self-Handicapping: What We Know, What More There is to Learn. *Educational Psychology Review*, vol. 13, n. 2, p. 115-138.

USHER, E.L. & SCHUNK, D. (2017). "Social Cognitive Theoretical Perspective of Self--Regulation". In: SCHUNK, D.H. & GREENE, J.A. (orgs.). *Handbook of Self-Regulation of Learning and Performance*. 2. ed. Nova York: Routledge, p. 19-35.

VARGAS, J.G. (2018). *Atribuições causais, estratégias* self-handicapping *e perceção subjetiva de rendimento académico em estudantes do Ensino Superior.* Funchal: Universidade da Madeira [Dissertação de mestrado].

VEIGA SIMÃO, A.M. & FRISON, L.M. (2013). Autorregulação da aprendizagem: abordagens teóricas e desafios para as práticas em contextos educativos. *Cadernos de Educação*, n. 45, p. 2-20.

WEINER, B. (2010). The development of an attribution-based theory of motivation: A history of ideas. *Educational Psychologist*, vol. 45, p. 28-36.

_____ (1985). An attributional theory of achievement motivation and emotion. *Psychological Review*, vol. 92, n. 4, p. 548-573.

WEINER, B.; FRIEZE, I.H.; KUKLA, A.; REED, L.; REST, S. & ROSENBAUM, R.M. (1971). *Perceiving the causes of success and failure.* Morristown: General Learning.

ZIMMERMAN, B.J. (2013). From cognitive modeling to self-regulation: a social cognitive career path. *Educational Psychologist*, vol. 48, n. 3, p. 135-147.

_____ (2011). "Motivational Sources and Outcomes of Self-Regulated Learning and Performance". In: ZIMMERMAN, B. & SCHUNK, D. *Handbook of Self-Regulation of Learning and Performance*. Nova York: Routledge, p. 49-64.

_____ (2008). Investigating Self-Regulation and Motivation: Historical Background, Methodological Developments, and Future Prospects. *American Educational Research Journal*, vol. 45, p. 166-183.

_____ (2002). Becoming a self-regulated learner: an overview. *Theory into Practice*, vol. 41, p. 64-70.

_____ (2001). "Theories of self-regulated learning and academic achievement: An overview and analysis". In: ZIMMERMAN, B.J.; SCHUNK, D.H. (orgs.). *Self-regulated learning and academic achievement:* Theoretical perspectives. 2. ed. Mahwah: Erlbaum, p. 1-38.

_____ (2000). "Attaining self-regulation: A social-cognitive perspective". In: BOEKAERTS, M.; PINTRICH, P. & ZEIDNER, M. (orgs.). *Handbook of self-regulation.* Orlando: Academic Press, p. 13-39.

_____ (1990). Self-regulated learning and academic achievement: An overview. *Educational Psychologist*, vol. 25, p. 3-17.

_____ (1986). Development of self-regulated learning: Which are the key subprocesses? *Contemporary Educational Psychology*, vol. 16, p. 307-313.

ZIMMERMAN, B.J. & SCHUNK, D.H. (2011). "Self-Regulated Learning and Performance". In: ZIMMERMAN, B.J. & SCHUNK, D.H. (orgs.). *Handbook of Self-Regulation of Learning and Performance*. Nova York: Routledge, p. 1-12.

_____ (2008). "Motivation: An essential dimension of self-regulated learning". In: ZIMMERMAN, B.J. & SCHUNK, D.H. (orgs.). *Motivation and self-regulated learning*: Theory, research and applications. Londres: MPG, p. 1-30.

Parte II

Autorregulação da aprendizagem
Como avaliá-la e promovê-la na educação básica?

5
A promoção da aprendizagem autorregulada
O protagonismo de professores e alunos em perspectiva

Maria Aparecida Mezzalira Gomes
Evely Boruchovitch

Numa sociedade multicultural, o que se espera da educação é que, a partir de uma base comum, os estudantes possam desenvolver as suas capacidades individuais, transformá-las em habilidades necessárias ao seu projeto de vida e moldar a sua identidade pessoal e social. Pozo (2002) contrapõe os desafios da educação, na época atual, com as demandas sociais que impulsionaram a evolução educacional desde a construção da escrita, passando pela invenção da imprensa e das necessidades sociais, culturais e tecnológicas de uma sociedade que convive com mudanças muito rápidas. Para os aprendizes de outrora a maior exigência era a memorização; atualmente os estudantes devem utilizar sua capacidade cognitiva mais ampla, além de desenvolver hábitos e atitudes mais complexos, para uma aprendizagem que culmina não apenas no armazenamento do aprendido pela memória, mas inclui uma verdadeira reestruturação cognitiva e aplicação do conhecimento adquirido (POZO, 2002).

Socialmente, os sistemas educacionais ampliaram as oportunidades educacionais da educação básica visando atingir a população como um todo. O processo educacional obrigatório deveria atingir os jovens até perto dos 18 anos e incluir adultos que não foram escolarizados em época oportuna. A Educação Superior se diversificou para acompanhar o progresso científico e tecnológico e contempla não apenas os que buscam a formação profissional inicial, como também aqueles que retornam do mercado de trabalho para uma nova especialização em outra área. Embora pareça ser consenso a necessidade de formação continuada ao longo de toda a vida, pessoas sem escolarização ou mal-escolarizadas permanecem à margem da cultura letrada e da sociedade da informação, dificilmente atingem a cidadania plena, a participação social e política e as oportunidades de trabalho digno, responsável e criativo (INAF BRASIL, 2018).

Essa realidade exige de aprendizes e mestres um novo papel. Dos primeiros, a atualização constante para atender às novas exigências sociais e tecnológicas; dos estudantes, uma participação ativa no processo para que possam tornar-se capazes de continuarem a estudar depois de concluído o período de educação formal. Inicialmente, as contribuições da Psicologia Cognitiva para incrementar os resultados educacionais nesses novos contextos foram as de pesquisar, descrever e utilizar as estratégias de aprendizagem. Pressley et al. (1995) as definem como meios de utilizar procedimentos cognitivos para acessar os conhecimentos prévios, e os processos metacognitivos como o automonitoramento, para auxiliar os alunos, nos diferentes domínios de conteúdo, de modo a aprenderem mais e melhor. Dembo (2000), Guterman (2003), Guthrie et al. (2000; 2004), McCormick, Miller e Pressley (1989) e Shawaker e Dembo (1996) descrevem estratégias que podem ser ensinadas aos estudantes em sala de aula ou utilizadas em atividades de recuperação de alunos. Essas estratégias contribuem para regular a cognição, despertar no aluno o conhecimento dos próprios processos cognitivos (conhecimento sobre si mesmo, a respeito da tarefa e sobre o uso de estratégias de aprendizagem), para controlar o pensamento, as emoções, as crenças motivacionais, com reflexos positivos sobre a aprendizagem.

A maioria das pesquisas relacionadas à utilização das estratégias de aprendizagem, e acerca da incrementação da aprendizagem autorregulada entre os estudantes, situa-se num contexto de recuperação de alunos em defasagem de aprendizagem, sendo que alguns deles examinam as vantagens dos procedimentos adotados nessas pesquisas por meio da análise comparativa dos resultados obtidos pelos alunos dos Grupos Experimentais e os de Controle (SHAWAKER; SCHUNK & RICE, 1992; WALRAVEN & EITSMA, 1992). Existem também pesquisas sobre tipos de procedimentos para o ensino de estratégias de aprendizagem a serem utilizadas por estudantes de diferentes níveis e disciplinas escolares (DEMBO, 2000; GUTERMAN, 2003; PRESLEY et al., 1995). Lamentavelmente, ainda são raros os estudos que se baseiam em verdadeiros programas, implementados em toda uma unidade escolar ou rede de ensino. Entre os programas mais extensos destacamos o trabalho de Gil, Osieck e Juarez (2001); Guthrie et al. (1998; 2000; 2004) que relatam os fundamentos do programa *Concept-oriented reading instruction* (Cori), destinados a turmas de terceiro a quintos anos da Escola Elementar de três escolas. Na Alemanha foi implementado com sucesso o programa *Beco-*

ming a text-detective, criado por Souvignier e Mokhlesgerami (2006) e testado em Frankfurt am Main, em 20 classes de quinto grau, de cinco escolas.

No Brasil, Boruchovitch (2001) analisou as estratégias de leitura mencionadas espontaneamente por estudantes de terceira, quinta e sétima séries. Ferreira e Dias (2002) propuseram-se a verificar e a comparar o efeito do treinamento das estratégias de tomar notas e da imagem mental sobre a compreensão de leitura; Gomes (2002) e Gomes e Boruchovitch (2005) relatam estudos que envolvem a utilização de estratégias de aprendizagem cognitivas e metacognitivas por meio de um jogo e seus efeitos na compreensão da leitura. Gomes e Boruchovitch (2011; 2019b) desenvolveram procedimentos de intervenção numa perspectiva de compreensão autorregulada em leitura, utilizando estratégias cognitivas, metacognitivas e afetivo-emocionais.

Além dos já citados, outros estudos, estrangeiros e nacionais, mostram que as crenças e estados afetivo-motivacionais negativos, o autoconceito, autoestima e sentimentos de autoeficácia podem ser disfuncionais, prejudicando a motivação para estudar e o rendimento escolar (GANDA, 2011; MARTINI & Del PRETTE, 2009). Ao experimentar uma situação de dificuldade ou fracasso o aluno poderá formular atribuições causais errôneas sobre as próprias capacidades, acreditando ser pouco inteligente e que nada pode fazer para modificar isso. Nesse caso, deixaria de investir no esforço porque o estudante julgaria insuperável essa incapacidade. O desconhecimento das estratégias de aprendizagem e de suas possibilidades para alavancar o êxito nos estudos é muito comum, tanto entre professores como entre alunos e, ao contrário, é comum o uso de estratégias autoprejudiciais (GANDA & BORUCHOVITCH, 2015).

Os benefícios conseguidos nos estudos de recuperação dos estudantes por meio do ensino de estratégias de aprendizagem, assim como nos programas e pesquisas de intervenção com estudantes em contextos naturalísticos, mostrou a necessidade de se investir na formação de professores para motivá-los e instrumentalizá-los para ensinar essas estratégias entre os alunos, ao mesmo tempo em que trabalham os conteúdos específicos das disciplinas (GOMES, 2002; 2008).

Boruchovitch tem se dedicado, desde o seu ingresso na Unicamp, em 1996, nas suas atividades de docência, pesquisa e extensão, em promover a aprendizagem autorregulada nos alunos de graduação e pós-graduação. O propósito é o de contribuir para a formação de professores que se tornem promotores da autorregulação dos estudantes em todos os níveis. Fato esse que pode ser observado em Boruchovitch e Gomes (2019a), nos relatos de diversas pesquisas de intervenção que aliam conceitos teóricos e exercícios práticos em atividades com estudantes da educação básica e do Ensino Superior, em cursos voltados à formação de docentes (BORUCHOVITCH, 1999; GANDA & BORUCHOVITCH, 2013; GANDA, 2016; GANDA & BORUCHOVITCH, 2015; 2018; 2019; MACHADO & BORUCHOVITCH, 2019).

O presente capítulo tem como objetivo refletir e exemplificar acerca de situações de ensino e aprendizagem de estudantes de diferentes disciplinas e níveis de ensino, nas quais o professor poderá atuar como promotor da autorregulação da aprendizagem dos seus alunos e dos procedimentos a serem empregados. Espera-se, também, contribuir com a prática docente daqueles que já conhecem os aspectos teóricos e sentem dificuldade em utilizá-los na prática, assim como daqueles que estão lendo pela primeira vez sobre esse assunto, motivando-os a um aprofundamento.

Um modelo para ensinar aprendizagem autorregulada

Recentemente, pesquisadores desenvolveram diferentes modelos de autorregulação da aprendizagem. Além do uso das estratégias, todos incluem o controle dos processos cognitivos, das emoções, do comportamento, assim como das variáveis afetivas e motivacionais (BORUCHOVITCH, 2014; ZIMMERMAN & SCHUNK, 2011). Constata-se que nos novos estudos há um interesse crescente em descrever os processos motivacionais, as metas, as atribuições de causalidade, a autoeficácia, as emoções, os valores, a autoavaliação e outros fatores afetivo-emocionais – uma visão mais integrada – e destaca-se a contribuição das teorias sociocognitivas da motivação para o desenvolvimento do conceito de aprendizagem autorregulada, com grande aplicabilidade no contexto educacional (SCHUNK & ZIMMERMAN, 2011).

Gomes e Boruchovitch (2019b) descreveram o modelo de autorregulação da aprendizagem defendido por Zimmerman (2000; 2013) que integra os aspectos cognitivos, metacognitivos, motivacionais, afetivos e comportamentais. Para ele, os estudantes autorregulados são aqueles *metacognitiva, motivacional e comportamentalmente ativos e participantes em seus próprios processos de aprendizagem* (ZIMMERMAN, 1989). Trata-se de um modelo triádico, cíclico e dinâmico quanto à interação desses fatores e que tem inspirado diferentes pesquisas educacionais no exterior e no Brasil, relativamente às questões do ensino e aprendizagem dos estudantes desde o Ensino Fundamental até o Ensino Superior e na formação de professores (BORUCHOVITCH & GANDA, 2013; BORUCHOVITCH & MACHADO, 2017; DEMBO, 2001; MANSVELDER-LONGAYROUX; BEIJAARD & VERLOOP, 2007; VEIGA SIMÃO, 2004).

Zimmerman (2013), depois de descrever e explicar seu modelo de autorregulação, insiste, justamente, na importância de o professor, nas diversas situações de ensino, desenvolver frequentemente atividades de interação com os estudantes, de ensinar estratégias de aprendizagem, de estimulá-los e despertar interesses, promovendo igualmente a autocorreção de exercícios para que tomem consciência de seu papel como aprendizes e de suas possibilidades em assumir iniciativas em processos autorregulatórios,

Com fundamento no modelo de Zimmerman (2000; 2013) serão abordados aspectos importantes a serem considerados num processo de desenvolvimento da autorregulação e de procedimentos que poderão ser utilizados pelo professor. O modelo inclui três formas de autorregulação: *pessoal (interna), comportamental e ambiental* que atuam simultaneamente, de modo sinérgico e interdependente. Ao observar o próprio comportamento e os efeitos das próprias ações a pessoa procura ajustar-se no sentido de buscar o êxito. A *autorregulação ambiental* ocorre quando o indivíduo monitora as condições do ambiente relacionando-os aos resultados; procede então à regulação dessas condições modificando as que prejudicam, para adequá-las de modo mais favorável ao sucesso. A *autorregulação interna e do comportamento* dá-se pelo autoajuste dos pensamentos, sentimentos e crenças que dependem da *auto-observação, monitoramento, controle e utilização de estratégias*, por exemplo, quando a pessoa constrói imagens mentais positivas (ZIMMERMAN, 2013).

Em intervenções nos processos autorregulatórios são utilizados três tipos de *feedback*. Inicialmente, a primeira fonte é *observacional*, isto é, o professor atua como modelo realizando a tarefa, com ou sem verbalização das suas ações; num segundo momento ainda há necessidade de um modelo, acrescido de um *apoio social* para que o desempenho possa ser aperfeiçoado. Por exemplo, a correção da pronúncia na aprendizagem de língua estrangeira, ou de um movimento, na prática de uma atividade física ou artística. Finalmente, o aprendiz aprende com mais autonomia porque já não há necessidade do modelo: o aprendiz pratica a habilidade nova tendo como padrão de sucesso a *lembrança ou imagem gravada* do modelo e é capaz de *adaptar sua ação* às variações possíveis das condições pessoais e ambientais, assim como de variar a utilização de diversas estratégias, segundo a necessidade. Nesse nível, as crenças de autoeficácia e o nível motivacional têm influência decisiva para a obtenção do sucesso. Alguns fatores negativos, tais como cansaço, desinteresse, não engajamento, podem interferir e impedir o êxito (ZIMMERMAN, 2013).

Os procedimentos de intervenção devem considerar os processos autorregulatórios de maneira *cíclica*, para que o professor ofereça, em cada ciclo, o apoio social mais adequado. Interessante notar o paralelismo entre os ciclos propostos no modelo de Zimmerman, como serão descritos a seguir, e o *"ciclo docente"* que, resumidamente, inclui: *planejamento – execução – avaliação*, descrito mais adiante, sendo que, dependendo do grau do êxito obtido ao longo de um bimestre, semestre, ou ano letivo, o professor deve ajustar o seu planejamento para a etapa seguinte.

No caso do processo autorregulatório os *três ciclos* correspondentes ao modelo de Zimmerman (2013) dizem respeito à sequência de atos volitivos que o aprendiz autorregulado executa habitualmente, ainda que já não necessite de um esforço consciente em cada ação:

1) *Fase de antecipação* – O estudante, com base em suas crenças, sentimento de autoeficácia, quando motivado, analisa a tarefa a ser executada, estabelece objetivos a médio e longo prazos; elabora um plano estratégico especificando as metas de realização e concebe expectativas dos resultados de acordo com seus interesses e valores.

2) *Fase de execução* – essa fase implica na atenção focal, autoinstrução, regulação do ambiente e do comportamento, utilização de estratégias, monitoramento metacognitivo, pedido de ajuda quando necessário, autorregistro.

3) *Fase de reflexão* – após a ação o aprendiz se autoavalia, e desse autojulgamento emergem autorreações baseadas nas *atribuições causais* do sucesso ou do fracasso obtido. Em caso de sucesso ocorrem sentimentos positivos que reforçam a motivação, promovem ajustes necessários; quando o estudante fracassa, predominam sentimentos de baixa autoestima e atitudes defensivas ou reativas. Daí a necessidade de se considerarem as atribuições causais mais frequentes às quais os estudantes recorrem para autoexplicar o porquê dos resultados obtidos nas avaliações do professor (capacidade, esforço, dificuldade da tarefa, sorte ou azar). Quando a causa for *controlável*, como o nível de esforço empregado, o próprio estudante pode autoajustar o seu comportamento. Se, porém, o aluno considerar o fracasso como efeito da falta de capacidade e acreditar que não pode desenvolver essa capacidade, o sentimento é de impotência, como no caso de acreditar em sorte ou azar que não podem ser controlados (MARTINI & Del PRETTE, 2005; 2009).

Essas diferentes reações impulsionam a continuidade do próximo ciclo motivacional, fortalecendo ou prejudicando a autorregulação. É interessante notar, pois, como os mais elementares princípios didático-pedagógicos que norteiam a prática profissional do professor se assemelham ao ciclo da autorregulação. De fato, o professor consciente *planeja e prepara* suas aulas, *acompanha a aprendizagem dos estudantes* e, ao final do processo, *avalia os resultados*, e essa avaliação final influencia o próximo planejamento. A motivação, o preparo, o sentimento de eficácia e o esforço do docente podem determinar grande parte dos resultados acadêmicos ou escolares.

Portanto, para atuar como promotor da autorregulação dos estudantes, o docente, uma vez motivado, deverá:

1) Em cada escola e curso, refletir sobre sua formação como professor especialista em determinada área ou disciplina respondendo a si próprio as seguintes questões: (a) São relevantes e apropriados, aos objetivos desse curso e aos alunos, os conteúdos que selecionei e organizei para serem trabalhados? (b) Os procedimentos de ensino são adequados para despertar o interesse e a motivação? (c) Em que momentos e quais as estratégias de aprendizagem serão ensinadas? (d) Em quais momentos e com quais procedimentos os estudantes poderão ser avaliados e deverão se autoavaliar quanto à participação e ao desempenho? Esse momento é fundamental porque se o professor responder com clareza e segurança a todas essas questões ele terá cumprido a *primeira fase do processo autorregulatório* descrito por Zimmerman (2013). Concretamente ele faz uma revisão do seu *planejamento estratégico*. Demonstra ter objetivos e metas de excelência para si próprio e para os estudantes; sentimento de autoeficácia quanto às suas capacidades de realização (*motivação e crenças pessoais positivas*).

2) Recomenda-se que ao longo do curso frequentemente ele se reporte a essas questões, confrontando o que já realizou e o que já conseguiu em termos de resultados, com o que foi planejado, redirecionando os próximos procedimentos, sempre que for necessário. Do mesmo modo é sempre necessário interagir com os alunos, esclarecendo o que se pretende, os procedimentos que serão realizados, *o que se espera deles* e estimulando-os a participarem, levando-os a refletir acerca do que foi feito e do que aprenderam, das dúvidas e dificuldades encontradas e como superá-las. Dessa forma ele procederá ao *monitoramento* do seu trabalho, permitindo que os estudantes *monitorem* o seu aprendizado.

3) Ao final de uma etapa e/ou ao final do curso são necessários procedimentos de avaliação e de autoavaliação do professor e dos estudantes por meio de

instrumentos formais e de *questões reflexivas*. Essas são as etapas e os procedimentos didático-pedagógicos comuns a todos os cursos e/ou disciplinas, variando o grau de formalização maior ou menor dependendo do contexto e da situação, da duração do curso e/ou de uma atividade, da natureza do conhecimento a ser trabalhado. Ao longo dessas etapas serão ensinadas e utilizadas as estratégias de aprendizagem com os alunos. Um professor que assim age, atualmente, ou é um profissional altamente motivado, atualizado por leituras e cursos, ou atua em uma escola onde há orientação e coordenação aos docentes. Infelizmente essa não é a regra geral em todas as escolas.

O que se pretende, a seguir, é divulgar a perspectiva da autorregulação aplicada em caráter investigativo, mas que exemplificam materiais que podem ser utilizados como autoinstrução e procedimentos para formadores de professores e docentes universitários de Cursos de Formação.

Da teoria à prática

Inicialmente, mostraremos dois aspectos motivacionais e afetivos importantes, que nem sempre o professor está preparado para manejar e frequentemente ignora, quando, na verdade, o estudante precisa de apoio e orientação nesses aspectos.

1 A motivação e a autorregulação do estudante

Uma das dimensões da autorregulação é a *motivação* (BORUCHOVITCH & BZUNECK, 2009; 2010; BZUNECK & BORUCHOVITCH, 2016; GANDA & BORUCHOVITCH, 2019; SCHUNK; MEECE & PINTRICH, 2014; ZIMMERMAN, 1989; 2013). Além de ativar e envolver o aluno para o estudo e a aprendizagem, a motivação implica no investimento de esforço e persistir na ação até a consecução do objetivo visado e nas metas traçadas. Alguns pressupostos e fatores deverão estar presentes para influir qualitativamente na motivação: (1) Realizar as tarefas escolares, para desenvolver competência ou atingir o domínio do conteúdo, é melhor do que ter como objetivo ser valorizado e aplaudido por uma plateia real ou imaginária, mostrar-se mais competente do que os demais ou evitar parecer incompetente (BZUNECK & BORUCHOVITCH, 2016). (2) Do mesmo modo, um alerta aos educadores é que as condições ambientais são importantes: tarefas interessantes e desafiadoras, bem como atividades colaborativas promovem a *meta domínio ou meta aprender*, ao passo que sistemas classificatórios por capacidade, uso de competição e comparações sociais, desenvolvem a *meta performance*, principalmente quando as "aparências" valem mais do que a real eficiência. (3) Além das metas de realização, as *orientações motivacionais intrínseca ou extrínseca* também são importantes e podem ser influenciadas pelas condições ambientais e pelo estilo aberto ou controlador do professor, que não se preocupa em desenvolver a autonomia (BZUNECK, 2010). (4) As crenças pessoais como a autoestima positiva são as mais favoráveis; as *crenças de autoeficácia*, ou seja, a percepção clara de *"ser capaz de" desempenhar uma tarefa* é uma condição fundamental para que o educando invista esforço e tenha persistência na sua realização. Essas crenças de autoeficácia nos diversos domínios dependem de experiências anteriores positivas e de verbalizações encorajadoras de pessoas próximas e significativas.

Wolters e Benzon (2013) e Zimmerman (2013) ensinam que os estudantes podem ser capazes de autorregular seus próprios estados e processos afetivos e motivacionais. Isso acontece principalmente em momentos decisivos, quando o aprendiz se vê diante de uma situação particularmente desafiadora como um exame mais difícil ou um concurso seletivo. Nessas situações, a recordação voluntária de sucessos anteriores, assim como o *diálogo interno autoemulativo*, pode ser importante. Cruvinel e Boruchovitch (2019) e Ganda e Boruchovitch (2019) descrevem, com base na literatura, estratégias de autorregulação motivacional e emocional que poderão ser utilizadas pelo professor.

2 A regulação afetivo-motivacional

Cruvinel e Boruchovitch (2019) descrevem as emoções como reações subjetivas de uma pessoa em uma situação, como resposta a um estímulo interno ou externo; envolvem mudanças fisiológicas, cognitivas e comportamentais.

O contexto escolar frequentemente apresenta eventos nem sempre favoráveis aos estudantes, frente aos quais eles experimentam diferentes emoções. Raiva, tristeza, medo e ansiedade, entre outras, podem trazer sentimentos e pensamentos negativos e gerar comportamentos desadaptados quando não reguladas (CRUVINEL & BORUCHOVITCH, 2019).

A regulação emocional, na escola, é importante no plano pessoal e comportamental, com reflexos no ambiente. Sentimentos negativos desmobilizam o estudante diminuindo a motivação, geram estresse e ansiedade prejudicando o rendimento escolar. Estratégias inadequadas podem levar à ruminação, isolamento, inatividade, e até mesmo à depressão. Por outro lado, as reações intempestivas podem ser disruptivas, desestruturar o ambiente favorável à atenção e concentração necessárias a qualquer atividade cognitiva. Daí a importância de os adultos e os próprios estudantes saberem lidar com as emoções, para que possam ter um comportamento adaptativo e aprendam a autorregular as emoções. Da mesma forma, os professores deverão estar atentos ao comportamento dos alunos para ensiná-los a utilizarem estratégias de autorregulação emocional (GANDA & BORUCHOVITCH, 2019).

Cruvinel e Boruchovitch (2019) pesquisaram e descreveram diversas estratégias de enfrentamento positivas que incluem cognições. A seguir, alguns exemplos: (a) controle do comportamento no sentido de modificar o impacto emocional (respirar fundo para acalmar-se); (b) focar a atenção em uma tarefa prazerosa, que traga satisfação à pessoa, visando melhorar um sentimento negativo (ouvir música); (c) distração visando afastar um sentimento negativo; (d) buscar o apoio de outra pessoa (desabafar com os amigos); (e) controle do pensamento esforçando-se em parar ou modificar um pensamento para afastar a emoção negativa (pensar em coisas boas); (f) tentativa de enfrentar o conflito, procurando promover a solução para a situação (pedir desculpas). É necessário perceber a emoção, autoquestionar-se (atividade autorreflexiva) e *promover o diálogo interno positivo*. O professor não pode ficar indiferente às manifestações de comportamento emocional negativo dos alunos. Embora em muitos casos haja necessidade da intervenção de um especialista, no contexto escolar é possível, além de adotar medidas preventivas, criar um clima receptivo e utilizar *rodas de conversa* para se promover o diálogo entre professores e alunos, prevenir e resolver problemas de indisciplina, *bullying* e desenvolver a autonomia e formas de convivência entre os colegas e, ao mesmo tempo, ensinando estratégias de enfrentamento das emoções mais habituais (CRUVINEL & BORUCHOVITCH, 2019).

Desenvolvimento de estratégias autorregulatórias em contextos educativos

Na sequência, são mencionadas algumas pesquisas já relatadas pelos seus autores em outros artigos e, com maiores detalhes, serão descritos os procedimentos da pesquisa de doutorado da primeira autora deste capítulo, orientada pela segunda autora. Esses processos investigativos poderão, sem dúvida, inspirar e encorajar outros procedimentos pedagógicos importantes nas diversas disciplinas e nos diferentes níveis de ensino com grande benefício para a autor-regulação dos estudantes.

Frison (2016) descreve três pesquisas realizadas por orientandos seus:

1 No Ensino Superior

Num Curso de Licenciatura em Física foi desenvolvida uma intervenção pedagógica com fundamento na teoria de autorregulação da aprendizagem, com o objetivo de desenvolver os conceitos científicos de Mecânica. A pesquisa foi realizada no contexto da disciplina Introdução ao Pensamento Físico, de modo a não apenas desenvolver os conceitos desejados, como também promover a tomada de consciência dos estudantes sobre os seus processos de aprendizagem levando-os a adotar estratégias autorregulatórias. Inicialmente foi solicitado aos alunos que resolvessem um problema, como sondagem das estratégias que já utilizavam. Paralelamente ao desenvolvimento dos conteúdos, durante 14 aulas, os estudantes foram estimulados por meio de textos de Rosário, Núñez e González-Pienda (2012) a refletirem acerca de seus hábitos de estudos e diversos aspectos da vida universitária e aplicá-los ao estudo da disciplina. Os textos, lidos e discutidos pelos alunos, abordavam aspectos relativos à autorregulação, estratégias de aprendizagem e de resolução de problemas.

No sétimo encontro, essa turma foi dividida em grupos, e orientada a desenvolver uma atividade relacionada aos conceitos das Leis de Newton, podendo consultar materiais sobre o assunto. *"Mais especificamente, cada grupo deveria elaborar e propor uma solução para um problema sobre as Leis de Newton, seguindo os passos cíclicos de planejar, executar e avaliar a atividade"* (FRISON, 2016). Depois de realizada a atividade, os estudantes tiveram de explicitar os procedimentos seguidos. Na aula seguinte os problemas foram trocados entre os grupos para que fossem solucionados; as duas soluções foram então confrontadas e avaliadas, tendo em vista o planejamento do grupo que o elaborou. Foi lido um texto sobre resolução de problemas (ROSÁRIO; NÚÑEZ & GONZÁLEZ-PIENDA, 2012) e os grupos foram desafiados a propor e apresentar os seus problemas a partir das estratégias de autorregulação: (a) identificação do problema; (b) importância do problema; (c) soluções alternativas para sua resolução; (d) a solução na prática.

Em seguida, os alunos assistiram ao vídeo *Inércia*, e tiveram de resolver um problema para construir o conceito fundamental da Mecânica, a *composição de movimentos*. Elaboraram então um roteiro para a resolução de problemas, de acordo com a situação-problema identificada no filme. Depois de refletirem sobre suas respostas, de compará-las com as dos outros grupos, de defenderem suas opiniões e ouvirem as dos colegas, puderam compreender o problema e tomaram consciência dos próprios erros e acertos. No último encontro, a partir de mais um texto sobre autorregulação, puderam refletir acerca do seu processo de aprendizagem ao longo da intervenção. Finalmente, após a intervenção, foram realizadas entrevistas semiestruturadas para que os estudantes descrevessem e justificassem as respostas que haviam dado aos problemas. A análise dos dados mostrou que é possível promover a aprendizagem dos estudantes por meio do ensino de processos autorregulatórios, contribuindo para a reformulação das disciplinas iniciais nos cursos de Física.

2 Em Língua Portuguesa, produção de textos no terceiro ciclo de alfabetização, Ensino Fundamental

O objetivo foi verificar mudanças percebidas nas produções textuais, levando-se em conta os componentes linguísticos e as estratégias utilizadas para estimular a escrita inicial. Os participantes foram 13 alunos do terceiro ciclo de alfabetização que apresentavam níveis silábico-alfabético e alfabético. Eles frequentavam uma turma com desnível de idade (9-15 anos), com o pressuposto de que as estratégias autorregulatórias podem favorecer qualquer grupo de alunos. Em doze encontros-aula, por meio de textos foram trabalhadas estratégias para o planejamento, execução e avaliação da escrita de textos. Além dos objetivos específicos de cada encontro, em todos eles houve o empenho em ajudar o estudante a escrever com maior atenção, utilizando estratégias autorregulatórias. Por meio do gênero narrativo os alunos aprenderam a estabelecer metas e objetivos, organizar o tempo, trabalhar em grupo, monitorar as tarefas, tomar decisões e avaliar os processos.

Segundo Frison (2016), a análise e comparação dos textos produzidos antes e após o final da intervenção, sem ajuda do professor, permitiu verificar os avanços internalizados pelos alunos. Constatou-se a evolução da escrita de um dos participantes que conseguiu escrever cinco linhas com sentido e significado, quando inicialmente havia escrito apenas uma linha com informações superficiais. Foram verificados também progressos na escrita ortográfica e, por meio de uma entrevista, percebeu-se que os participantes fizeram uso de estratégias de organização de ideias e de elaboração de esquemas. Entre as estratégias mencionadas por eles podem ser mencionados o pedido de ajuda e a revisão do texto.

3 Em Língua Portuguesa, compreensão em leitura, no segundo ciclo do Ensino Fundamental

Em *Compreensão leitora*, Frison (2016) relata a pesquisa com uma turma de 27 estudantes do 9º ano do Ensino Fundamental, sendo 14 meninos e 13 meninas, com idades entre 13 e 16 anos. Foram 12 sessões-aula, ministradas pela professora de Língua Portuguesa que atuou como pesquisadora, com o objetivo de melhorar a compreensão leitora. Por meio de modelagem metacognitiva, guias de interrogação e cartões-registro, foram adotadas estratégias estimuladoras da compreensão da leitura. Inicialmente, para a coleta de dados, foram utilizados dois instrumentos: Questionário de Identificação de Estratégias de Compreensão Leitora (QIECL) e Texto com Questões de Compreensão Leitora (TCL). Os mesmos instrumentos foram utilizados após a intervenção pedagógica, durante a qual foram trabalhados três textos. Para cada texto, desenvolveram-se estratégias de antecipação e planejamento, monitorização da leitura, autoavaliação da compreensão e autoavaliação com orientação da professora e pesquisadora. No primeiro e no último encontros os estudantes realizaram a leitura e a compreensão leitora de texto. Ao longo do processo de intervenção, os guias de interrogação eram utilizados para ajudarem os estudantes a decidir acerca das estratégias de leitura que poderiam utilizar. Os cartões-registro tinham o propósito de funcionar como um *feedback* interno, possibilitando a autoavaliação dos alunos, tendo em vista os objetivos delineados para cada encontro e cada texto. Exemplos: "Durante essa aula aprendi que..."; "Percebi que..." O foco do trabalho foi ensinar estratégias para ler o texto e sobre as que podem ser utilizadas antes, durante e após a leitura. Como resultado, aumentou o número de alunos que passaram a utilizar as estratégias de leitura, com vistas a atingir os objetivos delineados; além de ampliar o repertório de estratégias de leitura, apresentaram melhoria no processo de compreensão.

4 Em Língua Portuguesa, produção de textos, no segundo ciclo do Ensino Fundamental

Costa e Boruchovitch (2019) consideram que a produção de textos é útil e necessária em todas as disciplinas da área das Ciências Humanas ensinadas em todos os níveis do Ensino Elementar e Superior. No entanto, muitos estudantes chegam aos mais elevados níveis de ensino sem desenvolverem as competências necessárias para produzirem textos de qualidade O desenvolvimento das habilidades de escrita é um processo longo e continuado nos diversos anos de escolaridade. Além de ser extremamente útil, a escrita desempenha funções importantes para a vida pessoal, social e profissional ao longo da vida, em diversas situações em que é necessário comunicar-se, opinar, argumentar, exigir direitos. Ademais, cada tipo de texto tem uma estrutura própria e requer estratégias específicas em cada fase da sua produção. Assim, em cada situação de aprendizagem, de cada disciplina, o estudante deverá ser preparado para utilizar com flexibilidade as estratégias necessárias, para produzir um relato, um conto, uma dissertação, um relatório científico.

Existem estratégias para a fase de *planejamento da escrita*, para o seu *desenvolvimento*, para *a revisão* e *avaliação final* (COSTA & BORUCHOVITCH, 2010; 2015; 2019). Além de ensinar as estratégias ao longo do desenvolvimento do programa do curso, cada professor pode, ao propor uma atividade de escrita, sugerir, por meio de um quadro, questões que ajudem o estudante a organizar as ideias e preparar um roteiro. Exemplos de questões: (a) *Para escrever um tópico*: (1) Sobre o que vou escrever? (2) Qual a importância desse assunto? (3) Como posso ilustrar as minhas ideias? (b) *Para escrever uma narrativa*: (1) Quais são os personagens? (2) O que aconteceu primeiro? (3) Onde e quando ocorreu isso? (4) Como e por que se deu o desfecho?

O detalhamento dessas questões deverá ser progressivo, dependendo da idade e das características dos alunos e dos objetivos da proposta do professor. É essencial lembrar que as estratégias de aprendizagem são cognitivas e metacognitivas, as orientações do professor deverão ser no sentido de levá-los a pensar, planejar, escrever, monitorar a escrita, revisar e reescrever (COSTA & BORUCHOVITCH, 2019).

Essas autoras relatam uma pesquisa com 35 estudantes de sexto ano do Ensino Fundamental, de uma escola pública da cidade de Catalão, Goiás, em bairro de nível econômico desfavorecido. O Grupo Experimental (GE) foi constituído por 18 crianças, e o Grupo Controle (GC), por 17 alunos. Durante sete encontros o GE recebeu estímulos motivacionais e afetivos, e instruções para melhorar a escrita de textos narrativos por meio do uso eficiente de estratégias de produção de textos. O GE continuou apenas com as atividades usuais com a professora da turma. As comparações entre a produção escrita no pré-teste e no pós-teste, em ambos os grupos, evidenciaram que os estudantes do GE ampliaram significativamente o repertório de estratégias de aprendizagem específicas para a produção escrita, além de escreverem narrativas com melhor qualidade (COSTA & BORUCHOVITCH, 2010; 2015).

5 Em Língua Portuguesa, compreensão em leitura, no primeiro ciclo do Ensino Fundamental

Gomes e Boruchovitch (2011) entendem que a compreensão leitora é necessária não apenas para a aprendizagem em todas as disciplinas escolares, em todos os níveis de ensino, como também é um fator relevante para o desenvolvimento pessoal, para ampliar a visão de mundo necessária para a interpretação crítica da realidade e dos diferentes tipos de textos, assim como para permitir uma plena inserção social.

Além das pesquisas publicadas e citadas anteriormente no decorrer deste capítulo que dão claros indicadores para ações interventivas, dada a relevância do tema e a escassez de trabalhos nacionais voltados para o atual 5º ano do Ensino Fundamental, Gomes e Boruchovitch (2011; 2019b) optaram por relatar em maior detalhe a pesquisa de intervenção realizada pela primeira autora, orientada pela segunda autora, destinada a promover a compreensão autorregulada em leitura. Como parte dos estudos doutorais, foi realizada com estudantes de quarta série do Ensino Fundamental (atual 5º ano), sem exclusão de alunos. Numa escola pública do Estado de São Paulo foram sorteadas duas turmas de 35 alunos cada uma, que constituíram um Grupo Experimental (GE) e um Grupo Controle (GC). A maioria dos estudantes estava com 11 anos. A ênfase do trabalho foi o ensino de estratégias de leitura, mas o projeto incluiu procedimentos para trabalhar as dimensões cognitivas, metacognitivas e afetivo-motivacionais, tal como recomenda a literatura. Depois de um pré-teste para os dois grupos com a aplicação de um questionário informativo, uma Escala de Estratégias de Aprendizagem (BORUCHOVITCH & SANTOS, 2001) e um teste de compreensão leitora tipo Cloze, foram realizados, ao longo de dois meses, sete encontros de 90 minutos de duração cada um, para o GE, enquanto o GC teve apenas aulas com o professor da turma. Em todos os encontros foram trabalhadas as estratégias de leitura, entre as quais: *antes da leitura*, estabelecer objetivos, antecipar, autoquestionar-se, acessar os conhecimentos anteriores, a formular hipóteses. *Durante a leitura* foi trabalhada a *inferência* acerca de palavras desconhecidas pelos estudantes, ensinando-os a sublinharem e substituírem as palavras que consideravam difíceis ou desconhecidas. A seguir, era discutido com a turma toda o significado dessas palavras e de todo o texto. Foram também trabalhadas as estratégias de *monitoramento* e de *releitura*. Entre as estratégias para *depois da leitura* e destinadas a promover a *interpretação* e a *elaboração da ideia principal*, foram realizadas atividades de dramatizar, *resumir* oralmente ou por escrito, ilustrar com desenho, dar outro título para o texto, entre outras.

Cada tipo de texto tem uma estrutura específica que os estudantes devem conhecer. Em virtude do número limitado de encontros, foi trabalhado apenas o *texto narrativo*, sendo que no primeiro dia foi trabalhada a estrutura desse tipo de texto. Além disso, a maioria dos textos selecionados ensejou a oportunidade de *autorreflexão dos estudantes acerca de hábitos de estudo* (*Um estudante bem-sucedido, Minha história, Einstein: um mau estudante*). Quase todos os textos eram curtos, de modo a se poder realizar as diversas atividades necessárias. Em todos os encontros procurou-se trabalhar a *motivação* por meio do fortalecimento do *autoconceito positivo* e dos *sentimentos de autoeficácia*, a necessidade de *planejar o estudo* e de se utilizar *estratégias de automonitoração do ambiente*, do *tempo e das maneiras de estudar*, tendo em vista a *melhoria do desempenho escolar*. Além disso, o encerramento de cada encontro incluía a *avaliação do trabalho realizado* e, no último dia, os 28 alunos que participaram da avaliação nos pré e pós-testes, e de pelo menos cinco encontros da intervenção, responderam a *questões reflexivas acerca do que vivenciaram* e do que aprenderam ao longo do processo.

Segue-se, resumidamente, o relato dos procedimentos realizados com o GE para exemplificar o tipo de trabalho realizado. Cada dia de intervenção teve um objetivo específico e constou de quatro etapas: (a) socialização e sensibilização, desenvolvimento da metacognição e da motivação; (b) orientação de estudos para que os estudantes assumissem uma postura ativa no processo de aprendizagem; (c) ensino de estratégias de aprendizagem e desenvolvimento de estratégias específicas de leitura, por meio de leitura e atividades com textos narrativos; (d) avaliação e encerramento.

Os objetivos da primeira sessão foram: estabelecer um vínculo caloroso, porém de engajamento e compromisso; refletir sobre o que é ser um bom estudante; analisar a *estrutura de um texto narrativo* (quadrinho) e *reescrevê-lo* de modo discursivo; promover a reflexão sobre o próprio comportamento enquanto estudante por meio da leitura do texto: *Um estudante bem-sucedido*. Inicialmente, os estudantes foram instruídos a *sublinhar as palavras* que representassem alguma dificuldade para eles. A leitura foi compartilhada, o professor sendo o narrador, um grupo como Hugo e o outro como Osvaldo. Após a *leitura oral*, relendo as passagens onde haviam destacado alguma palavra, os alunos foram orientados a utilizar a *estratégia de inferir, substituindo as palavras sublinhadas* por outras que julgassem mais fáceis, extraindo o sentido a partir do contexto. Resolvidas as dúvidas, a sessão terminou com um pequeno *jogo de palavras* (diagrama) para fixar as estratégias utilizadas por Osvaldo, o estudante bem-sucedido, assim como por uma avaliação da compreensão do texto, das aprendizagens e das atividades realizadas no dia. Depois, os alunos responderam a algumas *questões reflexivas* e criaram a *sigla do "seu método" para estudar*. Ao final das atividades dessa primeira sessão, assim como das demais, os alunos puderam *avaliá-las*, respondendo às questões sobre do que gostaram, não gostaram ou acharam muito difícil.

Na segunda sessão a pesquisadora buscou reforçar o vínculo com a turma; refletir sobre a necessidade de *planejamento,* de organização do tempo e de *autoavaliar-se*. O objetivo da leitura foi "ler para dramatizar". Depois da pré-leitura, com questões para ativar o conhecimento prévio dos estudantes, a história foi lida *silenciosamente pelos alunos*. A seguir, eles *revisaram a estrutura do texto narrativo sublinhando os personagens e suas ações*. O planejamento da dramatização incluiu a escolha dos alunos que representariam os personagens, de como seriam identificados (vestuário e/ou acessórios). Houve também o preparo dos ambientes onde se dariam cenas, assim como dos materiais necessários. Durante a dramatização e vivenciando os personagens, os alunos se envolveram com o texto e perceberam a trama da narrativa. O Cloze foi utilizado como uma atividade de compreensão (SANTOS, 2004).

Mediante o preenchimento de um *gráfico*, representando em um círculo as 24 horas de um dia e uma legenda de cores escolhidas por eles, assim como de uma tabela de horário semanal, os alunos puderam refletir de que forma organizam o seu tempo, diariamente, e a cada semana. Tiveram de anotar também o tempo dedicado, em cada dia da semana, ao estudo fora da sala de aula. Ao final dessas atividades e a partir da observação dos gráficos precisaram refletir se o tempo que eles destinavam ao estudo era muito ou pouco e "como deveria ser" e, em seguida, *estabelecer metas pessoais para melhorar o próprio desempenho como estudante*.

Na terceira sessão de intervenção, após as atividades de sensibilização, de suporte à motivação e aos aspectos afetivos (autopercepções e crenças), houve uma *revisão das atividades dos dias anteriores, sendo incentivada a participação oral dos alunos na discussão*. O objetivo foi fazê-los *refletir sobre sua vida escolar* e verificar até que ponto suas respostas incorporaram as discussões já realizadas. Foi, igualmente, proporcionada a oportunidade de *autoavaliação do uso de estratégias*: (a) antes da leitura, a estratégia de *ativar os conhecimentos prévios, induzir o autoquestionamento e a previsão*; (b) durante a leitura oral, a pesquisadora fez pequenas pausas nas palavras previamente sublinhadas e acrescentou uma substituição pertinente (*think aloud*, com *demonstração e verbalização do uso da estratégia*). Nas demais pausas, alguns alunos se arriscaram a fazer *a substituição*, demonstrando o desenvolvimento da *consciência semântica*; (c) *depois da leitura*, de forma colaborativa, foi realizada a *elaboração e a organização de ideias* (*esque-*

ma). A seguir, os alunos preencheram um pequeno *quadro, com dez estratégias de aprendizagem, cognitivas e metacognitivas*, que exigiu de cada um uma autoanálise sobre *se, e com que frequência*, as aplicava. Tiveram, então, de rever as respostas que deram no quadro e se autoavaliarem, enquanto estudantes, indicando *metas* a propósito do que poderiam fazer para *estudar melhor*. Exemplo: (1) Quando eu estudo para aprender: (a) Examino o que tenho de estudar; (b) Organizo o local e o material necessário; c) Proponho-me perguntas relacionadas ao tema... (*"sempre"*, *"às vezes"* ou *"nunca"*). (2) Analise suas respostas e tire algumas conclusões a respeito do seu modo de estudar. (3) Você acha que deve se modificar para melhorar o seu rendimento escolar? (__) sim (__) não. Explique o porquê...

O objetivo da **quarta sessão de intervenção** foi, por meio da leitura das regras do jogo (*texto utilitário instrucional*): *Bingo Melhor Estudante* (BME) e da sua realização, revisar das estratégias cognitivas e metacognitivas de leitura, os hábitos de estudo e desenvolver a consciência metacognitiva de forma lúdica. Por ser um texto de estrutura diferente, nem sempre contemplada pela escola, a leitura foi *compartilhada* e seguida de discussão sobre as regras do jogo, para que não houvesse dúvidas no decorrer da atividade. Um retroprojetor foi utilizado para que os estudantes lessem as questões sobre motivação, hábitos de estudo e estratégias de aprendizagem, para *escolherem as alternativas que se referem a um bom estudante* e preencherem as suas cartelas com a letra correspondente às opções feitas nas diferentes questões, em número de 20. Na segunda etapa, para a correção e avaliação, pelos próprios alunos, foi utilizado novamente o retroprojetor, com cada questão e a resposta correta que valia um ponto. Ao final, cada aluno somou os pontos obtidos e, dessa forma, *puderam refletir individualmente sobre os seus próprios hábitos de estudo, atitudes, estratégias de aprendizagem*. Foram realizadas questões para a *avaliação metacognitiva por escrito* acerca da atividade e da autoavaliação dos estudantes.

Como exemplos das questões do BME, podemos mencionar: *Questão 3*: Quando você está fazendo uma prova, uma tarefa de classe ou de casa: (a) Procura terminar rapidamente para poder conversar ou jogar. (b) Relê o que escreveu e corrige se percebe erros. (c) Geralmente fica cansado ou chateado e não faz ou não termina as tarefas. *Questão 4*: Quando você lê e percebe que não compreende o que está lendo: (a) Para de ler e vai fazer outra coisa. (b) Deixa de lado a parte difícil. (c) Relê alguns parágrafos para retomar o "fio da meada" e entender melhor. É importante analisar as percepções dos estudantes acerca da sua participação no jogo por meio de questões metacognitivas. Seguem exemplos: (1) *Que tipo de questões valeu ponto nesse Bingo diferente?* "As dezesseis, a, b ou c". Apenas oito sujeitos responderam de acordo com os objetivos do jogo e, em alguns casos, fizeram a relação com a sua vida estudantil: "Valeram ponto as respostas certas de um bom estudante". (2) *Quem foram os vencedores do jogo?* "Ganhou quem fez 15 ou 16 pontos", e outras semelhantes. Apenas alguns alunos relacionaram a vitória ao cumprimento das regras. As melhores respostas foram dos que relacionaram as características dos vencedores com os considerados como bons estudantes (20,69%): "Ganhou quem prestou atenção"; ou ainda "Ganhou quem conseguiu acertar as características de um bom estudante". (3) *Você se considera um bom estudante? (___) Sim (___) Não. Por quê?* 28, dos 29 sujeitos, se consideram como bons estudantes, ou seja, 96,55% das respostas foram afirmativas. A única aluna que respondeu "Mais ou menos" justificou a sua resposta dizendo: "Eu não me considero nem boa nem ruim. Eu faço algumas coisas de um bom estudante; não tudo que o bom estudante faz. Eu acho que deveria estudar mais". Nas justificativas dessas respostas alguns alunos se reportaram a características pessoais, como o sucesso na escola; outros fizeram alusão ao sucesso no jogo (14,29%). Finalmente podem ser destacadas as respostas daqueles que se consideram estudiosos e se atribuem características de um bom estudante (57,14%): *"Eu estudo".* (4) *Você gostou do jogo? Sim (___) Não (___). Por quê?* Todos responderam afirmativamente, e entre as justificativas foram o prazer pela atividade: o jogo "é interessante", "é legal", "é divertido". Outros reconheceram os benefícios do jogo: "Porque nós aprendemos o que é ser um bom estudante"; "Com o jogo nós podemos saber quais são os hábitos de um bom estudante"; "Me fez ficar mais atento". Em 2005, Gomes e Boruchovitch relataram a utilização desse jogo com o objetivo de avaliar a autoavaliação metacognitiva de alunos e a correlação dos resultados com teste Cloze de leitura.

Na **quinta sessão de intervenção**, depois dos cumprimentos e ativação da motivação, do autoconceito e sentimento de autoeficácia em virtude dos resultados das sessões anteriores, foram apresentados cartazes de pessoas estudando em diferentes lugares e situações e os alunos tiveram de, oralmente, comparar os diferentes contextos e identificar as condições favoráveis ao estudo, refletir sobre o contexto escolar e as condições de estudo em casa, o que ajuda e o que atrapalha a aprendizagem. Da mesma forma, foi perguntado sobre fatores que prejudicam o estudo, sobre conselhos que dariam a um colega para estudar e aprender mais. Além dessa conversa inicial, os alunos registraram por escrito suas reflexões, preenchendo a folha individual. Foi solicitado também para escreverem acerca do que pretendiam fazer para estudar ainda melhor e quais as *suas metas e objetivos relativamente ao futuro*. Um desenho, no qual eles se representaram como um profissional bem-sucedido e feliz, teve como objetivo fortalecer crenças e autopercepções positivas. A leitura do dia foi *O cachorro e o gato*. Em virtude da dificuldade relativa do texto, pois, no final, é solicitado ao leitor o desfecho da história (resolução de problema), ele foi bem trabalhado, oralmente, utilizando as estratégias de compreensão já ensinadas nas outras sessões de intervenção: *antecipar os sentidos do texto* por meio do *autoquestionamento sobre a leitura, inferir* os significados das palavras a partir do contexto, *extrair a ideia principal* ao dar outro título à história e compor a sequência narrativa com a *resolução do problema* criado na trama. A utilização de *conhecimentos prévios* era necessária para *criar analogias*, descrevendo situações em que pessoas "vivem como cão e gato" (ir além do texto). Outra dificuldade foi acrescentada: *substituir, por sinônimos, as palavras sublinhadas* para preservar o sentido do texto, entre as quais, diversos pronomes. O Teste Cloze foi também utilizado nessa sessão como instrumento de compreensão (SANTOS, 2004).

Os objetivos da **sexta intervenção** foram: (a) proporcionar aos alunos oportunidade de refletir sobre o próprio processo de aprendizagem; (b) exercitar a prática orientada de estratégias de leitura; (c) despertar a consciência semântica; (d) estimular o autoconhecimento a partir de recordações de fatos importantes da própria história. Depois de terem lido um texto com uma biografia genérica, que poderia ser a de qualquer estudante da faixa etária deles, a leitura, da "tirinha" do personagem Calvin, explorou o *texto narrativo autobiográfico*. O objetivo principal foi o de estimular a reflexão sobre a própria história de vida, promovendo o autoconhecimento e a autocompreensão. Os participantes foram então estimulados a se lembrarem de fotos e de fatos da sua infância e escreverem um texto autobiográfico narrando aspectos da sua própria história, seguindo um roteiro dado como *organizador do texto*. Houve a recomendação, por escrito, para que revisassem o seu texto. Novamente a escrita foi utilizada como apoio à compreensão. A sessão foi encerrada como de costume, com atividades reflexivas.

A **sétima e última sessão de intervenção** teve como objetivos: (a) a partir de uma autobiografia de Einstein, refletir sobre a importância de enfrentar os desafios e as dificuldades pessoais; (b) aplicar as estratégias aprendidas na compreensão do texto; (c) aprender a buscar informações específicas no texto e (d) identificar as ideias principais. Depois das rotinas iniciais, foi lido o texto: "*Albert Einstein – um mau aluno*", com o duplo objetivo de trabalhar as estratégias de compreensão de leitura e, ao mesmo tempo, refletir sobre hábitos e estratégias de aprendizagem. O objetivo da leitura foi lançado para os alunos, sob a forma de um desafio, para eles descobrirem se, de fato, Einstein foi sempre um mau estudante. Novamente praticou-se a estratégia de *extrair do contexto o significado das palavras* (alguns alunos já o faziam espontaneamente). Com a ajuda do texto, os participantes responderam a questões de interpretação e de reflexão sobre as dificuldades iniciais do personagem e sobre o modo como ele não apenas superou essas dificuldades, mas se tornou um cientista famoso. Essas atividades escritas tiveram também o objetivo de os preparar para a última atividade, a partir da *identificação das ideias principais*, a *elaboração do resumo* do texto, como estratégia de compreensão e de verificação da compreensão, considerada como uma das mais eficazes quando se "lê para aprender".

Foram então aplicados os instrumentos do pós-teste para ambas as turmas e, depois de 15 dias, o pós-teste postergado (Questionário de Estratégias e dois testes Cloze, sendo um conhecido e um novo). Foram realizadas análises estatísticas para verificar o *progresso de cada grupo* e *comparativa entre os grupos*, nos três momentos avaliativos. Os resultados mostraram que, embora a média do desempenho do GC fosse superior ao do GE, desde o início da pesquisa, todos os estudantes do GE progrediram em compreensão leitora, enquanto alguns alunos do GC permaneceram no nível fraco em compreensão leitora. O desenvolvimento metacognitivo do GE foi mais consistente do que o do GC, como se pôde verificar pela Escala de Estratégias de Aprendizagem (EAEF), de Boruchovitch e Santos (2001). Além disso, foi realizada a *avaliação final, de caráter qualitativo e metacognitivo*: *Chegamos ao final dessas atividades. Preciso saber a sua opinião sobre elas*. (1) *Escrever sobre o que você mais gostou nas atividades desenvolvidas e dizer o porquê.* 14,29% afirmaram ter gostado de tudo: por ser "legal", "interessante"; outros mencionaram atividades pontuais (85,71%). (2) *Escrever o que você menos gostou nesse trabalho e dizer o porquê.* Nas respostas, 35,71% dos participantes reforçaram a avaliação positiva, afirmando ter gostado de tudo: "Eu gostei de todos porque eu não tinha lido textos assim". (3) *O que você aprendeu sobre "ler e compreender", com essas atividades?* Para 11 estudantes (39,29%), a aprendizagem foi que "se você não ler, você não sabe"; "ler é importante para ser um bom estudante". Outros 39,29% mencionaram ter aprendido o *uso de estratégias cognitivas e metacognitivas* entre as quais: reler; resumir; ajustar ambiente; ler com objetivo e buscar significados, "Eu aprendi a resumir e mais coisas que eu não sabia". Alguns alunos fizeram *considerações genéricas*, tais como: "Aprendi muita coisa com essas atividades porque eu não sabia aprender". (4) *O que você aprendeu sobre 'Como ser um bom estudante', com essas atividades?* 13 participantes (46,43%) deram respostas que mostram consciência da necessidade de esforço para ser um bom estudante, ou seja, a percepção da relação entre o envolvimento, a ação pessoal, a aprendizagem e o desempenho: "Devo estudar mais para aprender mais coisas". Alguns participantes foram além, ao afirmar que modificaram o modo de agir: "Antes eu não estudava, agora eu estudo". Mais uma vez foram encontradas cinco respostas genéricas e muito parecidas (17,9%): "Eu aprendi que a gente tem que ser um bom estudante".

Como se pôde observar, uma intervenção, numa classe comum, considerada fraca pelas professoras, trouxe sensível melhora, depois da intervenção, e é animadora como demonstração das vantagens do desenvolvimento da autorregulação da aprendizagem, paralelamente ao ensino dos conteúdos programáticos. Entretanto, o problema persiste, pois, terminada a pesquisa, a pesquisadora vai embora e o professor não sabe continuar o trabalho. Mesmo quando a intervenção é mais ampla, com formação e acompanhamento dos docentes além da disponibilização de materiais de apoio, os efeitos são pontuais e nem sempre duradouros.

Agradecimentos

A segunda autora agradece o apoio do CNPq.

Considerações finais

Defende-se, portanto, a necessidade de se investir na formação de professores para que se tornem autorregulados e possam desenvolver os processos autorregulatórios entre os estudantes. Mais recentemente têm sido realizados estudos e pesquisas com essa ênfase, no Brasil e no exterior (BEMBENUTTY & WHITE, 2013; GANDA & BORUCHOVITCH, 2018; 2019; GRAU & WHITEBREAD, 2012; FRISON & VEIGA SIMÃO, 2011; 2016; MANSVELDER-LONGAYROUX; BEIJAARD & VERLOOP, 2007; VEIGA SIMÃO, 2004).

Boruchovitch (2014) destaca a importância e a necessidade de, nos cursos de formação, examinar e conhecer, em profundidade, como os futuros docentes lidam com a própria aprendizagem, como vivenciam o aprender a aprender. A autora pondera, também, com base na literatura, que as pesquisas nessa área deverão ter como um dos objetivos compreender em que medida as dificuldades dos futuros professores, ou dos professores já em exercício, de estudar, de aprender, de se automotivar e de usar estratégias de aprendizagem, de processar melhor as informações, entre outros aspectos, interfere na sua capacidade de aprender e de ensinar a seus futuros alunos a aprender (BEMBENUTTY, 2011; BORUCHOVITCH & GANDA, 2013; DEMBO, 2001). Outros autores acrescentam que as atividades autorreflexivas podem melhorar e fortalecer a aprendizagem autorregulada de futuros professores, empoderando-os para ações formativas orientadas à promoção dos processos autorregulatórios nas suas salas de aula (MANSVELDER-LONGAYROUX; BEIJAARD & VERLOOP, 2007; VEIGA SIMÃO, 2004).

Referências

BEMBENUTTY, H. (2011). New directions for self-regulation of learning in postsecondary education. *New Directions for Teaching and Learning*, vol. 126, p. 117-124.

BEMBENUTTY, H. & WHITE, M.C. (2013). Academic performance and satisfaction with homework completion among college students. *Learning and Individual differences*, 24, p. 83-88.

BORUCHOVITCH, E. (2014). Autorregulação da aprendizagem. *Revista Quadrimestral da Associação Brasileira de Psicologia Escolar e Educacional*, vol. 18, n. 3, p. 401-409.

_____ (2001). Algumas estratégias de compreensão em leitura de alunos do Ensino Fundamental. *Psicologia Escolar e Educacional*, vol. 5, n. 1, p. 19-25.

_____ (1999). Estratégias de aprendizagem e desempenho escolar: considerações para a prática educacional. *Psicologia: Reflexão e Crítica*, v. 12, n. 2, p. 361-376.

BORUCHOVITCH, E. & BZUNECK, J.A. (orgs.) (2009). *A motivação do aluno* – Contribuições da psicologia contemporânea. Petrópolis. Vozes.

BORUCHOVITCH, E. & GANDA, D.R. (2013). Fostering self-regulated skills in an educational psychology course for Brazilian pre-service teachers. *Journal of Cognitive Education and Psychology*, vol. 12, n. 2, p. 157-173.

BORUCHOVITCH, E. & GOMES, M.A.M. (orgs.) (2019a). *Aprendizagem autorregulada*: como promovê-la no contexto educativo? Petrópolis: Vozes.

_____ (2019b). "Sugestões práticas para desenvolver a capacidade de planejar, monitorar e regular a própria aprendizagem no contexto da formação inicial e continuada de professores". In: BORUCHOVITCH, E. & GOMES, M.A.M. (orgs.). *Aprendizagem autorregulada*: como promovê-la no contexto educativo? Petrópolis: Vozes, p. 125-144.

BORUCHOVITCH, E. & MACHADO, A.C.T. (2017). "Autorregulação da aprendizagem na formação inicial e continuada de professores: como intervir para desenvolver?" In: POLYDORO, S. (org.). *Promoção da autorregulação da aprendizagem*: Contribuições da Teoria Social Cognitiva. Porto Alegre: Letra 1, p. 89-104.

BORUCHOVITCH, E. & SANTOS, A.A.A. (2002). In: GOMES, M.A.M. *Aprendizagem autorregulada em leitura numa perspectiva de jogos de regras*. Campinas: Unicamp [Dissertação de mestrado].

BZUNECK, J.A. (2010). "Como motivar os alunos: sugestões práticas". In: BORUCHO-VITCH, E.; BZUNECK; J.A. & GUIMARÃES, S.E.R. (orgs.). *Motivação para aprender*: Aplicações no contexto educativo. Petrópolis: Vozes, p. 13-42.

BZUNECK, J.A. & BORUCHOVITCH, E. (2016). Motivação e autorregulação da motivação no contexto educativo. *Psicologia: Ensino, Formação*, 7 (2), p. 73-84.

COSTA. E.R. & BORUCHOVITCH, E. (2019). "Como promover a autorregulação da escrita no Ensino Fundamental?" In: BORUCHOVITCH, E. & GOMES, M.A.M. (orgs.). *Aprendizagem autorregulada*: como promovê-la no contexto educativo? Petrópolis: Vozes, p. 70-95.

_____ (2015). O ensino de estratégias de aprendizagem no contexto da escrita. *Psicologia da Educação*, vol. 41, p. 21-35.

_____ (2009). As estratégias de aprendizagem e a produção de textos narrativos. *Psicologia: Reflexão e Crítica*, vol. 22, n. 2, p. 173-180.

CRUVINEL, M. & BORUCHOVITCH, E. (2019). "Como promover a autorregulação emocional de crianças e adolescentes no contexto educacional". In: BORUCHOVITCH, E. & GOMES, M.A.M. (orgs.). *Aprendizagem autorregulada*: como promovê-la no contexto educativo? Petrópolis: Vozes, p. 96-121.

DEMBO, M.H. (2001). Learning to teach is not enough – Future teachers also need to learn to learn. *Teacher Education Quaterly*, vol. 28, n. 4, p. 23-35.

_____ (2000). *Motivation and learning strategies for college success* – A self management approach. Londres: LEA.

FERREIRA, S.P.A.F. & DIAS, M.G.B.B. (2002). Compreensão de leitura: estratégias de tomar notas e da imagem mental. *Psicologia: Teoria e Pesquisa*, 18 (1).

FRISON, L.M.B. (2016). Autorregulação da aprendizagem: abordagens e desafios para as práticas de ensino em contextos educativos. *Rev. Educ.*, vol. 21, n. 1, p. 1-17.

FRISON, L.M.B. & VEIGA SIMÃO, A.M. (2016). Abordagem autobiográfica – Narrativas de formação e de autorregulação da aprendizagem reveladas em portfólios reflexivos. *Educação*, vol. 34, n. 2, p. 198-206.

GANDA, D.R. & BORUCHOVITCH, E. (2019). "Como promover a autorregulação da aprendizagem de futuros professores: descrição de um programa no Ensino Superior". In: BORUCHOVITCH, E. & GOMES, M.A.M. (orgs.). *Aprendizagem autorregulada*: como promovê-la no contexto educativo? Petrópolis: Vozes, p. 145-168.

_____ (2018). Promoting self-regulated learning of Brazilian Preservice student Teachers: results of an intervention Program. *Frontiers in Education*, vol. 3, n. 5, p. 1-12.

_____ (2015). Self-handicapping strategies for learning of preservice teachers. *Estudos de Psicologia*, vol. 32, n. 3, p. 417-425.

GANDA, D.R. (2016). *A autorregulação da aprendizagem de alunos em curso de formação de professores*: um programa de intervenção. Campinas: Unicamp [Tese de doutorado].

_____ (2011). *Atribuições de causalidade e estratégias autoprejudiciais de alunos de curso de formação de professores*. Campinas: Unicamp [Dissertação de mestrado].

GIL, A.; OSIECK, N. & JUAREZ, A. (2001). Students reflecting on what they know. *Annual Meeting of the International Concil for innovation in Higher education*. Roma, ed. v. 457, p. 222.

GOMES, M.A.M. (2008). *Compreensão autorregulada em leitura:* Procedimentos de intervenção. Campinas: Unicamp [Tese de doutorado].

_____ (2002). *Aprendizagem autorregulada em leitura numa perspectiva de jogos de regras*. Campinas: Unicamp [Dissertação de mestrado].

GOMES, M.A.M. & BORUCHOVITCH, E. (2019a). "O modelo de aprendizagem autorregulada de Barry Zimmerman: sugestões práticas para desenvolver a capacidade de planejar, monitorar e regular a própria aprendizagem no contexto da educação básica". In: BORUCHOVITCH, E. & GOMES, M.A.M. (orgs.). *Aprendizagem autorregulada*: como promovê-la no contexto educativo? Petrópolis: Vozes, p. 19-38.

_____ (2019b). "Compreensão autorregulada da leitura – Como promovê-la em estudantes da educação básica". In: BORUCHOVITCH, E. & GOMES, M.A.M. (orgs.). *Aprendizagem autorregulada*: como promovê-la no contexto educativo? Petrópolis: Vozes, p. 39-69.

_____ (2011). Aprendizagem autorregulada da leitura: resultados positivos de uma intervenção psicopedagógica. *Psicologia: Teoria e Pesquisa*, vol. 27, p. 33-42.

_____ (2005). Desempenho no jogo, estratégias de aprendizagem e compreensão na leitura. *Psicologia: Teoria e Pesquisa*, vol. 21, n. 3, p. 319-326.

GRAU, V. & WHITEBREAD, D. (2012). Self and social regulation of learning during collaborative activities in the classroom: The interplay of individual and group cognition. *Learning and Instruction*, vol. 22, p. 401-412.

GUTERMAN, E. (2003). Integrating written metacognitive awareness guidance as a "psychological tool" to improve student performance. *Learning and Instruction*, vol. 13, p. 633-651 [Disponível emwww.elsevier.com/locate/learninstruc – Acesso em 10/01/2007].

GUTHRIE, J.T.; Van METER, P.; HANCOCK, G.R.; ALAO, S.; ANDERSON, E. & MCCANN, A. (1998). Does Concept-Oriented Reading Instruction Increase Strategy Use and Conceptual Learning From Text? *Journal of Educational Psychology*, vol. 90, n. 2, p. 261-278.

GUTHRIE, J.T.; WIGFIELD, A. & VONSECKER, C. (2000). Effects of integrated instruction on motivation and strategy use in reading. *Journal of Educational Psychology*, vol. 92, n. 2, p. 331-341.

GUTHRIE, J.T.; WIGFIELD, P.B.; KATHLEEN, C.; PERENCEVICH, A.T.H.; DAVIS, M.H.; NICOLE, T.; SCAFIDDI, N.T. & TONKS, S. (2004). Increasing Reading Comprehension and Engagement Through Concept-Oriented Reading Instruction. *Journal of Educational Psychology*, 96 (3), p. 403-423.

INSTITUTO NACIONAL DE ALFABETISMO FUNCIONAL – INAF BRASIL (2018). *Pesquisa geral do conhecimento e o conhecimento transforma* [resultados preliminares] [Disponível em https://ipm.org.br/].

MACHADO, A.C.T.A. & BORUCHOVITCH, E. (2019). "Formação continuada de professores: sugestões práticas para a promoção da autorreflexão e motivação para o aprender". In: BORUCHOVITCH, E. & GOMES, M.A.M. (orgs.). *Aprendizagem autorregulada*: como promovê-la no contexto educativo? Petrópolis: Vozes, p. 169-191.

MANSVELDER-LONGAYROUX, D.D.; BEIJAARD, D. & VERLOOP, N. (2007). The portfolio as a tool for stimulating reflection by student teachers. *Teaching and Teacher Education*, vol. 23, p. 47-62.

MARTINI, M.L. & Del PRETTE, Z. (2009). Crenças docentes e implicações para o processo de ensino-aprendizagem. *Revista Semestral da Associação Brasileira de Psicologia*, vol. 13, n. 1, p. 75-85.

_____ (2005). Atribuições de causalidade e afetividade de alunos de alto e baixo desempenho acadêmico em situações de sucesso e fracasso escolar. *Revista Interamericana de Psicologia*, vol. 39, n. 3, p. 355-368.

McCORMICK, C.B.; MILLER, G. & PRESSLEY, M. (1989). *Cognitive strategy research from basic research to educational applications*. Nova York: Springer.

POZO, J.I. (2002). *Aprendizes e mestres* – A nova cultura da aprendizagem. Porto Alegre: Artmed.

PRESSLEY, M.; WOLOSHYN, V.; BURKELL, J.; CARIGLIA-BULL, T.; LYSNCHUNK, L.; McGOLDRICK, J.A.; SCHNEIDER, B.; SNYDER, B.L. & SYMONS, S. (1995). *Cognitive strategy instruction that really improves children's academic performance*. 2. ed. Cambridge: Brookline.

ROSÁRIO, P.; NÚÑEZ, J.C. & GONZÁLEZ-PIENDA, J. (2012). *Cartas do Gervásio ao seu umbigo*: comprometer-se com o estudar na educação superior. São Paulo: Almedina.

SANTOS, A.A.A. (2004). O Cloze como técnica de diagnóstico e remediação da compreensão em leitura. *Interação em Psicologia*, vol. 8, n. 2, p. 217-226.

SCHUNK, D.H. & RICE, J.M. (1992). Influency of reading comprehension Strategy information on Children's self-efficacy and skills. *Annual Meeting of the American Educational Research Association*. São Francisco, ed. 403, 534.

SCHUNK, D.H.; MEECE, J.L. & PINTRICH, P.R. (2014). *Motivation in education:* Theory, research, and application*s*. 4. ed. Boston: Pearson.

SCHUNK, D.H. & ZIMMERMAN, B. (2011). "Conclusions and future directions for academic interventions". In: SCHUNK, D.H. & ZIMMERMAN, B. (orgs.). *Self-regulated learning:* From teaching to self-reflective practice. Nova York: The Guilford, p. 225-235.

SHAWAKER, P. & DEMBO, M.H. (1996). The Effects of Efficacy-building Instruction on the Use of Learning Strategies. *Annual Meeting of the American Educational Research Association*, abr.

SOUVIGNIER, E. & MOKHLESGERAMI, J. (2006). Using self-regulation as a framework for implementing strategy instruction to foster reading comprehension. *Learning and Instruction* v. 16, p. 57-71 [Disponível em www.elsevier.com/locate/learninstruc – Acesso em 22/07/2006].

VEIGA SIMÃO, A.M. (2004). "Integrar os princípios da aprendizagem estratégica no processo formativo dos professores". In: LOPES da SILVA, A.; DUARTE, A.M.; SÁ, I. & VEIGA SIMÃO, A.M. (orgs.). *Aprendizagem autorregulada pelo estudante*: perspectivas psicológicas e educacionais. Porto: Porto Editora.

WALRAVEN, M. & REITSMA, P. (1992). Activating prior knowledge as a process-oriented strategy. *Annual Meeteng of the Nacional Reading Conference*, San Antonio, dez.

WOLTERS, C.A. & BENZON, M.B. (2013). Assessing and predicting college students' use of strategies for the self-regulation of motivation. *Journal of Experimental Education*, vol. 81, n. 2, p. 199-221.

ZIMMERMAN, B.J. (2013). From cognitive modeling to self-regulation: a social cognitive career path. *Educational Psychologist*, vol. 48, n. 3, p. 135-147.

_____ (2000). "Attaining self-regulation: A social-cognitive perspective". In: BOEKAERTS, M.; PINTRICH, P. & ZEIDNER, M. (orgs.). *Handbook of self-regulation*. Orlando: Academic Press, p. 13-39.

_____ (1989). "Models of self-regulated learning and academic achievement". In: ZIMMERMAN, B.J. & SCHUNK, D.H. (orgs.). *Self-regulated learning and academic achievement*: Theory, research and practice. Nova York: Springer, p. 1-25.

6
Intervenções para promover a autorregulação da aprendizagem de professores do Ensino Médio
Resultados de pesquisas e aplicações para a sala de aula

Natália Moraes Góes
Evely Boruchovitch

1 Introdução

Nas salas de aula regulares dos diferentes níveis de escolarização, são poucos os professores que incentivam os alunos a estabelecerem metas para a realização de uma tarefa ou que ensinam explicitamente estratégias de estudo e de aprendizagem. Raramente os alunos são estimulados a autoavaliarem a aprendizagem. Poucos são os professores que avaliam os alunos além dos resultados, que buscam conhecer suas crenças de autoeficácia, suas atribuições de causalidade e sua motivação para aprender. Embora seja de suma importância os professores reconhecerem os pontos fracos e fortes dos seus alunos, seu objetivo maior deve ser capacitá-los para que percebam, conheçam e sejam capazes de modificar suas fragilidades, ou seja, devem desenvolver as habilidades autorregulatórias dos estudantes (BORUCHOVITCH, 2014; DEMBO, 2001; GANDA & BORUCHOVITCH, 2018; MACHADO & BORUCHOVITCH, 2015; ZIMMERMAN, 2002; 2013).

A autorregulação da aprendizagem é um processo complexo e multifacetado. Refere-se ao autogerenciamento do pensamento, dos sentimentos e dos comportamentos orientados para atingir uma determinada meta de aprendizagem. Envolve as variáveis cognitivas, metacognitivas, comportamentais e motivacionais (CLEARY & ZIMMERMAN, 2004; ZIMMERMAN, 2001; 2002; 2013). Bandura (1978) é considerado o pioneiro nos estudos sobre autorregulação do comportamento e Zimmerman (2002; 2013), a partir dos estudos de Bandura (1978), propôs o seu modelo de autorregulação da aprendizagem. O modelo de Zimmerman (2002; 2013) concebe a autorregulação da aprendizagem como composta por três fases cíclicas, a saber: a fase da antecipação, do desempenho e da autorreflexão.

A fase da antecipação refere-se ao momento da análise da tarefa e das crenças motivacionais. Nessa fase, o estudante reflete sobre as características da tarefa e desenvolve planos estratégicos para realizá-la. Selecionar estratégias de aprendizagem, definir o tempo necessário para realizar a tarefa e estabelecer metas são exemplos de comportamentos relacionados à fase da antecipação. As crenças motivacionais dos estudantes, na fase da antecipação, também são importantes e determinarão o engajamento ou não na tarefa e a quantidade de esforço a ser despendido para a sua realização. Antes de iniciar uma nova tarefa, os estudantes refletem se sentem que são capazes ou não de realizá-la e quais os motivos que os levam a engajarem ou não na tarefa.

A fase do desempenho consiste em colocar em prática o plano estratégico elaborado na fase da antecipação. Envolve a realização da tarefa. Estudantes autorregulados, nessa fase, colocam em prática as estratégias de aprendizagem selecionadas anteriormente, organizam seu tempo e o ambiente de estudo, monitoram a aprendizagem e, por fim, se julgarem necessário, regulam os aspectos que precisam ser modificados ou melhorados para um melhor desempenho na tarefa.

A fase da autorreflexão é entendida como o momento em que os estudantes autoavaliam os resultados obtidos com a realização da atividade. Nessa fase os estudantes atribuem causas para os seus sucessos e fracassos na tarefa. Esses resultados gerarão reações negativas ou positivas. As atribuições causais terão impacto no engajamento dos estudantes nas atividades subsequentes. Estudantes que atribuem seus fracassos a fatores externos, incontroláveis e permanentes não apresentarão um bom envolvimento nas diferentes tarefas. Estudantes autorregulados tendem a atribuir causas para o seu sucesso a fatores internos, controláveis e modificáveis.

O breve relato do modelo cíclico de autorregulação da aprendizagem de Zimmerman (2002; 2013) evidencia como as fases do modelo são interdependentes entre si e se retroalimentam e como os julgamentos dos estudantes influenciam no seu engajamento nas diferentes tarefas. Esses apontamentos reforçam a necessidade de que os professores ensinem aos seus estudantes, independentemente do nível escolar, as habilidades autorregulatórias. Todavia, para que o professor seja capaz de promover a autorregulação da aprendizagem em sala de aula, ele necessita dispor dos conhecimentos necessários e saber distinguir os procedimentos didáticos que podem ser usados para identificá-la e promovê-la no contexto de sala de aula (ZUMBRUNN; TADLOCK & ROBERTS, 2011). Além disso, precisa utilizar estratégias de aprendizagem com proficiência e reconhecer os seus benefícios para a própria aprendizagem (DEMBO, 2001; PÉREZ CABANÍ, 1997; SANTOS & BORUCHOVITCH, 2011; VEIGA SIMÃO, 2004).

Ao reconhecer a necessidade de os professores em atuação no Ensino Médio brasileiro receberem formação sobre os pressupostos teóricos da autorregulação da aprendizagem e saberem como aplicar esses conteúdos em sua prática pedagógica, o presente capítulo tem por objetivo discorrer sobre intervenções encontradas na literatura nacional e internacional com a temática da autorregulação da aprendizagem para professores do Ensino Médio. Por meio dos trabalhos localizados na literatura, considerações serão tecidas sobre as possíveis contribuições dessas pesquisas para o ensino das habilidades autorregulatórias no contexto escolar.

2 Pesquisas nacionais e internacionais com professores de Ensino Médio sobre autorregulação da aprendizagem

Nos cursos de formação de professores no contexto brasileiro, os conteúdos voltados à autorregulação da aprendizagem, estratégias de aprendizagem, motivação, entre outras variáveis que interferem na aprendizagem, são raramente trabalhados. Esses conteúdos deveriam ser ensinados de forma intensa nos cursos de licenciatura para que os futuros professores possam promover essas competências em suas salas de aula, concomitante aos conteúdos curriculares (BORUCHOVITCH, 2014; BORUCHOVITCH & MACHADO, 2017; CUNHA & BORUCHOVITCH, 2012; DEMBO, 2001; GANDA, 2016; COSTA & BORUCHOVITCH, 2015).

Ao reconhecer a ausência de uma formação que trabalhe com as variáveis psicológicas que interferem na aprendizagem autorregulada do futuro professor, intensifica-se a necessidade de promover cursos de formação continuada que contemplem a autorregulação da aprendizagem. Para que os professores possam incentivar essas habilidades em seus alunos, eles, primeiramente, precisam aprendê-las e desenvolvê-las em si mesmos.

Conhecer as pesquisas existentes sobre intervenções em autorregulação da aprendizagem com professores do Ensino Médio, bem como suas possibilidades de aplicação no contexto de sala de aula, é essencial. Nesse sentido, foi realizada uma busca nas bases de dados com a finalidade de localizar artigos nacionais e internacionais que tivessem por tema intervenções em autorregulação da aprendizagem com professores do Ensino Médio.

A princípio, o período da busca por artigos se limitaria aos últimos cinco anos (2015-2019). No entanto, em decorrência da baixa produção sobre o tema, esse prazo foi estendido para dez anos (2010-2019). As bases de dados utilizadas para a busca dos artigos foram: Portal de Periódicos da Capes (http://www.periodicos.capes.gov.br/), Google Acadêmico (https://scholar.google.com.br/), *Scientific Eletronic Library Online – SciELO* (http://www.scielo.org/php/index.php), *Sistema de Información Científica Redalyc – Red de Revistas Científicas de América Latina y el Caribe, España y Portugal – Redalyc* (http://www.redalyc.org/home.oa), *Education Resources Information Center – ERIC* (https://eric.ed.gov/), *Science Direct* (https://www.sciencedirect.com/) e *Scopus* (https://www.elsevier.com/pt-br/solutions/scopus).

Para a busca de artigos nacionais foram utilizadas as seguintes palavras-chave: "professores", "estratégia/estratégias de aprendizagem", "aprendizagem autorregulada/auto-regulada", "autorregulação/auto-regulação da aprendizagem", "intervenção", "curso", "formação continuada" e "intervenção psicopedagógica". Para a busca por artigos internacionais, foram utilizadas as seguintes palavras-chave: "*teacher/teachers training*", "*secondary school teacher/teachers*", "*in-service teacher education*", "*high-school teacher/teachers*", "*learning strategy/strategies*", "*self-regulated learning*", "*self-regulation learning*", "*SRL*", "*intervention*", "*capacity*", "*teaching SRL strategy/strategies*" e "*teacher education*".

A realização das buscas nas bases de dados confirmou uma expectativa aventada inicialmente, referente à baixa produção de pesquisas que investigam a formação do professor do Ensino Médio, fato também verificado por Romanowski e Martins (2010). Quando se consideram os estudos com o objetivo de promover a autorregulação da aprendizagem em professores que atuam no Ensino Médio, as pesquisas ainda são incipientes. Esse cenário se torna um pouco melhor, com mais produções, quando se analisam as produções com o foco em projetos de intervenção em aprendizagem autorregulada com futuros professores (BEMBENUTTY & WHITE, 2013; BORUCHOVITCH & GANDA, 2013; DÖRRENBÄCHER & PERELS, 2016; DUSLOSK & RAWSON, 2012; FABRIZ; EWIJK; POARCH & BÜTTNER, 2014; GANDA, 2016; GANDA & BORUCHOVITCH, 2018; KAUFFMAN; ZHAO & YANG, 2011; NG, 2016). O Quadro a seguir sumariza as informações dos artigos localizados nas respectivas bases de dados.

Como pode ser visto no quadro 1, foram encontrados apenas cinco artigos com o tema intervenções em autorregulação da aprendizagem para professores do Ensino Médio. Desses artigos, um é do ano de 2010, dois são do ano de 2013, um é de 2016 e um relativo ao ano de 2017. Constata-se que não há artigos publicados

Quadro 1 – Características dos artigos localizados nas bases de dados

Título	Autores	Ano	Origem dos autores	Banco de dados
1) Teacher learning in the context of educational innovation: Learning activities and learning outcomes of experienced teachers	Inge Bakkenes, Jan D. Vermunt e Theo Wubbels	2010	Holanda	Science Direct
2) Chinese language teachers' perception and implementation of self-regulated learning-based instruction	Kit Ling Lau	2013	China	Eric
3) Fostering lifelong learning – Evaluation of a teacher education program for Professional teachers	Monika Finsterwald, Petra Wagner, Barbara Schober, Marko Lüftenegger e Christiane Spiel	2013	Áustria	Science Direct
4) Ensino de física por estratégias metacognitivas: análise das práticas discentes	Cleci T. Werner da Rosa e Álvaro Becker da Rosa	2016	Brasil	Portal da Capes
5) Assessment at school-teachers' diary-supported implementation of training program	Julia Klug, Marie-Therese Schultes e Christiane Spiel	2018	Áustria e Estados Unidos	Science Direct

Fonte: as autoras (2019).

por um mesmo autor nos países Holanda, China, Áustria, Brasil e Estados Unidos, o que parece indicar a falta de continuidade da pesquisa com esse tema entre os autores, no intervalo de tempo examinado. Apenas um artigo foi encontrado na Língua Portuguesa e os demais foram redigidos em inglês. A maior concentração de artigos sobre a temática foi localizada na base de dados do *Science Direct* (3 artigos). No *Eric* e no Portal de periódicos da Capes foi identificado apenas um artigo em cada uma das bases. Nas demais bases de dados utilizadas nenhum artigo foi encontrado. Os trabalhos serão apresentados a seguir, em ordem cronológica, do mais antigo ao mais atual.

O artigo de Bakkenes, Vermunt e Wubbels (2010) teve por objetivo conceituar, identificar e documentar as atividades de aprendizagem desenvolvidas em um contexto de inovação educacional e os seus respectivos resultados de aprendizagem, buscando identificar como os professores aprendem. Participaram do estudo 94 professores do Ensino Médio oriundos de 30 escolas de diferentes regiões da Holanda, que atuavam em diferentes áreas, como Matemática, Ciências, Linguagem e Economia.

O estudo foi conduzido dentro de um programa nacional guiado pelo objetivo de encorajar os professores a desenvolverem a Aprendizagem Ativa e Autorregulada (*Active and Self-Regulated Learning* – ASRL) em seus alunos, com a finalidade de que eles chegassem ao Ensino Superior mais preparados e desenvolvessem habilidade para a aprendizagem ao longo da vida. Os professores foram instruídos a estimular, monitorar e apoiar os processos de aprendizagem dos estudantes e menos a transmissão do conteúdo. As práticas diárias de trabalho dos professores tiveram como ênfase os processos autorregulatórios dos estudantes.

O programa de intervenção que os professores participaram se baseou em três ideias gerais: (a) aprendizagem autorregulada: os estudantes precisam aprender a regular seus próprios processos de aprendizagem, considerando a importância da aprendizagem ao longo da vida; (b) aprendizagem como construção ativa de conhecimento: estudantes aprendem melhor quando constroem ativamente seu próprio conhecimento e (c) aprendizagem colaborativa: estudantes aprendem em interação com colegas e essa habilidade é necessária para o seu futuro.

Para a coleta de dados foram utilizados os seis relatos desenvolvidos pelos professores ao longo do ano da intervenção. Eles descreveram suas experiências de aprendizagem positivas e negativas relacionadas ao ASRL, seguindo um roteiro com sete questões: (1) O que aprendeu? (2) Como aprendeu? (3) Quais foram os pensamentos, os sentimentos e as metas envolvidas na aprendizagem? (4) Por que aprendeu isso? (5) Qual foi a razão para a experiência de aprendizagem? (6) De que maneira essa experiência de aprendizagem se relacionou aos alunos do projeto? e (7) Havia outras pessoas envolvidas na aprendizagem?

Os resultados do estudo revelaram que os professores, de modo geral, lutaram para não voltar aos seus velhos hábitos de ensino e aprendizagem tradicional, focados predominantemente na transmissão de conteúdos e nas instruções diretivas. As principais formas de aprendizagem destacadas pelos professores foram a experimentação e a reflexão sobre a própria prática de ensino. Com menor frequência, indicaram aprender com as ideias dos outros, como colegas ou autores da literatura profissional. Esses resultados trouxeram implicações expressivas para a prática educacional, uma vez que contribuíram para o entendimento sobre como os professores aprendem, conhecimento crucial para projetar ambientes poderosos para fomentar aprendizagem entre os professores. Indicaram também como foi difícil para os professores implementar a aprendizagem ativa e autorregulada em sala de aula com seus alunos.

O estudo realizado por Lau (2013) teve por objetivo explorar a percepção e a implementação de instrução em leitura baseada na aprendizagem autorregulada em um projeto colaborativo entre professores e pesquisadores. Contou com a participação de 31 professores e 1.121 alunos do Ensino Médio. A coleta de dados se deu por meio da aplicação do Inventário de Instrução de Leitura, desenvolvido pela autora do estudo, que tinha como objetivo perceber se as instruções em leitura nas aulas de chinês eram condizentes com os princípios da aprendizagem autorregulada. A autora também desenvolveu, com base em leituras anteriores, um questionário aos professores para explorar as suas percepções sobre a instrução baseada na aprendizagem autorregulada. No pré-teste, esse questionário foi utilizado com o objetivo de avaliar a percepção dos professores sobre a instrução baseada na aprendizagem autorregulada e suas concepções acerca do projeto colaborativo. No pós-teste, o questionário foi aplicado para avaliar três aspectos relacionados aos professores: se eles apresentaram mudanças em suas práticas instrucionais, de acordo com os princípios da autorregulação da aprendizagem; qual foi a efetividade da instrução baseada na aprendizagem autorregulada em suas percepções e se eles continuariam a adotar as práticas inovadoras ensinadas depois do projeto. Além disso, foram desenvolvidas duas entrevistas semiestruturadas com os professores no início e no término do programa.

A primeira entrevista centrou-se nas atitudes dos professores em relação à aprendizagem autorregulada e em suas práticas de instrução antes do curso. Já a segunda se concentrou nas mudanças nas práticas instrucionais dos professores, nos problemas encontrados durante os programas e na avaliação da eficácia da instrução baseada na aprendizagem autorregulada para o desenvolvimento da leitura de seus alunos. Por fim, foram realizadas observações em sala de aula, seguindo um roteiro preestabelecido pela autora, com a finalidade de observar a implementação, por parte dos professores, da instrução em leitura baseada na autorregulação da aprendizagem, oferecida nas aulas.

A primeira parte do projeto consistiu em quatro *workshops* de treinamento direcionados aos professores, em que foram trabalhados os conceitos básicos de autorregulação da aprendizagem, as características dos estudantes autorregulados e de um ambiente de sala de aula favorecedor da aprendizagem autorregulada. Durante esse período de formação, foram dados exemplos sobre como aplicar os pressupostos da autorregulação em sala de aula, usando o modelo criado por Lau (2013), o Tsae. No modelo Tsae, cada letra do nome do modelo tem um significado: T se refere à tarefa instrucional, enfatiza a instrução de estratégia direta e o uso de tarefas abertas e autênticas para melhorar a capacidade de leitura e a motivação para aprender dos alunos; o S consiste no suporte/apoio instrumental dos professores e pares; a letra A faz referência à autonomia em sala de aula e a letra E às práticas avaliativas orientadas à meta aprender.

No decorrer do *workshop*, os professores também foram encorajados a dar aos estudantes a oportunidade de realizar autoavaliações e avaliações entre pares. Além disso, foram dadas sugestões aos professores sobre como eles poderiam criar os seus programas baseados na autorregulação para serem aplicados posteriormente com os estudantes. A proposta do projeto consistiu em, primeiramente, capacitar os professores sobre a autorregulação da aprendizagem e, em um segundo momento, orientá-los de modo que aplicassem em sala de aula tais ensinamentos. O pesquisador trabalhou em estreita colaboração com os professores, realizando reuniões regularmente, nas quais os planos de aula dos professores eram analisados, as experiências bem-sucedidas compartilhadas e os problemas encontrados durante a implementação dos respectivos programas escolares discutidos.

Os resultados, de modo geral, mostraram que os professores perceberam que as suas instruções em leitura ficaram mais baseadas na autorregulação da aprendizagem depois do programa. As maiores mudanças ocorreram na tarefa instrucional (T) e no suporte instrumental (S). Um total de 70% de professores indicou que passou a permitir maior participação de seus alunos em sala de aula e 60% relatou um aumento na busca por apoio de professores e colegas. Nas observações de aula, Lau (2013) verificou que, no início do projeto, os professores utilizavam com maior frequência o livro de texto e as instruções eram centradas, basicamente, nele. No decorrer dos *workshops* e com as instruções do pesquisador, a maioria dos professores realizou mudanças em seus conteúdos de ensino, nos recursos utilizados em sala de aula, em suas técnicas pedagógicas e em suas maneiras de instruir os estudantes.

Ao analisar o grau de autonomia, constatou-se que somente 48,3% dos professores conseguiram aumentá-lo e 41,4% envolveram os estudantes em autoavaliações e avaliações entre pares. Entre os professores que participaram do projeto, 51,6%, no pré-teste, reportaram ter conhecimento sobre a autorregulação da aprendizagem, no entanto, 89,3% deles previram que essa instrução teria um impacto positivo no desenvolvimento da leitura de seus alunos. Os resultados do pós-teste evidenciaram que os professores concordaram total ou parcialmente com a eficácia da instrução baseada em SRL para melhorar a capacidade de leitura e a motivação para aprender dos alunos. Afirmaram que continuariam a aplicar os princípios da autorregulação da aprendizagem após o projeto, o que sugere que eles desenvolveram uma percepção positiva em relação à instrução baseada na SRL. Lau (2013) observou alguns aspectos que afetaram a execução da instrução baseada na autorregulação da aprendizagem. Professores mais experientes demonstraram uma atitude mais positiva para a realização e aplicação do projeto colaborativo e foram mais hábeis em sua implantação. As características dos estudantes também interferiram na aplicação do projeto, uma vez que os professores tenderam a incorporar mais elementos da aprendizagem autorregulada quando perceberam que seus alunos apresentavam boas habilidades e motivação alta. A ausência de apoio institucional também foi um fator que influenciou na implantação do projeto. Nas escolas em que não houve tanto apoio para a sua realização, a execução foi mais difícil.

A pesquisa conduzida por Finsterwald, Wagner, Schober, Lüftenegger e Spiel (2013) teve por objetivo investigar a efetividade do programa Talk entre professores de Ensino Médio, considerando dois aspectos. O primeiro deles foi relativo às competências do professor no reforço das habilidades para a aprendizagem ao longo da vida em seus alunos, tendo por foco a motivação, aprendizagem autorregulada, competências sociais e cognitivas. O trabalho cooperativo dos professores no contexto escolar foi o cerne do segundo aspecto. Participaram do estudo 80 professores de catorze escolas de Ensino Médio da Áustria. Desses professores, 40 fizeram parte do grupo controle e os demais do grupo experimental. Os professores que constituíram o grupo experimental foram treinados por especialistas sobre os pressupostos teóricos da aprendizagem ao longo da vida. Ambos os grupos completaram um questionário em três momentos distintos: um no começo do programa (pré-teste), um ano mais tarde, no final da fase intensiva (pós-teste) e o último, seis meses após o término do programa (pós-teste postergado), no período de 2006 a 2008. Ao longo da implantação do projeto também foram realizadas observações diretas dos professores.

O programa Talk oferecido aos professores para promover a aprendizagem ao longo da vida teve a duração de 130 horas, distribuídas ao longo de três semestres. No primeiro semestre foram realizadas 10 (dez) reuniões, 6 (seis) no segundo semestre e 4 (quatro) no terceiro semestre. Nos primeiros dois semestres do Talk, considerados como a fase intensiva, o foco foi encorajar os professores a refletirem sobre e otimizarem as instruções do programa em sala de aula. Nos dois primeiros semestres, foram trabalhados os conteúdos relacionados à aprendizagem ao longo da vida, motivação, aprendizagem autorregulada, competências sociais e cognitivas. No terceiro semestre, considerado a fase da supervisão, o foco centrou em como garantir a reaplicação dessas habilidades. Nesse momento, os professores participantes do programa Talk passaram os conteúdos aprendidos aos seus colegas de trabalho. Os resultados evidenciaram, ao comparar o grupo experimental e o grupo controle, que o grupo experimental demonstrou ganhos no conhecimento de todos os conteúdos trabalhados no programa: na motivação para aprender, no aumento do conhecimento a respeito de como fornecer *feedback* aos alunos e sobre como promover uma aprendizagem cooperativa no ambiente de sala de aula.

A investigação de Rosa e Rosa (2016) teve por objetivo analisar a prática pedagógica de um professor devidamente habilitado para desenvolver atividades experimentais de orientação metacognitiva, a fim de verificar se ele conseguia estabelecer um ensino orientado à evocação do pensamento metacognitivo. A pesquisa contou com a participação de um professor de Física que, anteriormente, havia participado de um curso sobre a metacognição aplicada ao ensino da Física. O curso teve a duração de 6 (seis) encontros, nos quais foi trabalhado o tema "Metacognição no ensino da Física". Os autores não explicitaram, no artigo, qual a metodologia adotada nos encontros. Para a coleta de dados foram utilizadas gravações em vídeo de algumas aulas do professor e foram feitas entrevistas semiestruturadas com o docente. A proposta da pesquisa era observar a prática do professor na aplicação da metacognição em três atividades aprendidas durante o curso.

Os resultados evidenciaram que, durante as três atividades, o professor recomendou constantemente que os estudantes planejassem e monitorassem a realização da atividade para verificar se estavam conseguindo atingir os objetivos preestabelecidos. Ressaltou também a necessidade de os estudantes indagarem sobre o porquê e como estavam realizando a tarefa. Ao longo das atividades, o professor passou a delegar mais responsabilidades aos estudantes, a conferir mais autonomia, a diminuir o número de explicações e inferências e a propor atividades mais simples para depois trabalhar com as mais difíceis, como havia sido orientado no curso. O professor falhou ao não explicitar aos estudantes que as estratégias de aprendizagem podem ser aplicadas em diferentes conhecimentos e disciplinas, não apenas na disciplina de Física. Seria de fato importante tornar clara essa possibilidade, pois os estudantes em geral não transferem ou reconhecem que poderiam utilizar esses conhecimentos em outras disciplinas e/ou conteúdos. De modo geral, constatou-se que o professor, mesmo após receber um curso formativo sobre o tema, ainda sentiu dificuldade em aplicá-lo em suas aulas com seus respectivos alunos. No entanto, verifica-se uma grande evolução na atuação do professor, uma vez que, na primeira atividade, os estudantes simplesmente esperaram pela instrução detalhada sobre a tarefa; já na última atividade, Rosa e

Rosa (2016) constataram que os estudantes passaram a agir com mais autonomia, diante das instruções menos diretivas do professor.

Klug, Schultes e Spiel (2018) desenvolveram uma pesquisa com o objetivo de identificar o que os professores aplicavam em suas salas de aula depois de terem participado de um programa de intervenção sobre avaliação e verificar os efeitos do uso do diário aberto para reflexão. O objetivo principal da pesquisa não foi fomentar a autorregulação da aprendizagem, no entanto, os autores utilizaram os princípios da aprendizagem autorregulada para desenvolver a intervenção, o que indica que os professores acabaram tendo contato com esses conhecimentos implicitamente. Participaram do estudo 47 professores do Ensino Médio; destes, 15 receberam o programa de intervenção. Os instrumentos de coleta de dados foram os diários desenvolvidos pelos professores e os cenários hipotéticos utilizados para analisar a competência dos professores em avaliar os estudantes diante de determinadas situações. Os cenários de testes se referem a pequenas histórias de estudantes que apresentam dificuldade de aprendizagem e que poderiam ser superadas, se fossem ensinadas estratégias de aprendizagem. O objetivo do instrumento era levar os professores a analisarem a história que compõe o cenário hipotético e relatarem o que fariam diante das situações apresentadas.

A intervenção que os 15 professores participaram foi composta por três sessões de treinamento semanais, acompanhada de um diário por quatro semanas. O programa de treinamento foi baseado no modelo de competência de avaliação, desenvolvido por Klug et al. (2013) que considera a importância das três fases da autorregulação: a antecipação, o desempenho e a autorreflexão para o processo de avaliação dos estudantes. Assim como a autorregulação da aprendizagem, o modelo de competência para a avaliação é composto por três fases: pré-ação, ação e pós-ação. A pré-ação ocorreu antes de iniciar a avaliação e envolveu pensar antecipadamente sobre a avaliação, buscando ativar conhecimentos sobre os métodos de aferimento e seus correspondentes critérios de qualidade, bem como sobre possíveis vieses de julgamento que se deve tentar evitar. Na fase de ação, a avaliação foi realizada e consistiu em criar hipóteses sobre o resultado, reunir informações por meio de métodos de avaliação, analisar e interpretar os dados para chegar a uma conclusão. A fase pós-ação foi o momento em que os professores refletiram sobre sua avaliação e iniciaram intervenções com base nela. A primeira sessão focalizou o processo de avaliação, atuando de forma sistemática e explícita e procurando evitar preconceitos de julgamento. A segunda foi sobre o estabelecimento de metas, a realização de previsões e a coleta de informações, a escolha de métodos de avaliação. A terceira se concentrou no momento após a avaliação, ou seja, momento de reflexão, de fornecer o *feedback*, planejar as formas de apoio aos alunos e aos pais.

Os resultados indicaram que os professores, após o treinamento, buscaram evitar vieses de julgamento no momento da avaliação, refletiram sobre eles e tentaram neutralizá-los. Passaram também a fazer uma observação mais sistemática dos estudantes e refletir sobre todas as fases da autorregulação para o desenvolvimento das avaliações. As aulas foram adaptadas a partir das necessidades dos alunos nas avaliações e buscaram analisar, de maneira mais minuciosa, a qualidade dos instrumentos de avaliação utilizados por eles. Além disso, Klug, Schultes e Spiel (2018) constataram que o diário tem o potencial de ser uma ferramenta de autoavaliação e um recurso para aprender os conteúdos trabalhados na intervenção, quando usado corretamente.

De modo geral, os resultados encontrados nas pesquisas localizadas na literatura mostram que os professores em exercício, ao participarem de cursos e formações sobre a autorregulação da aprendizagem, modificam a sua prática. Passam a incentivar a autonomia em sala de aula, tendem a fomentar as habilidades autorregulatórias, desenvolvem atividades que promovem a autorreflexão dos alunos e modificam os seus recursos didáticos e suas práticas pedagógicas de modo a torná-los menos diretivos. Embora mudanças positivas tenham sido relatadas, algumas dificuldades foram também indicadas. A falta de apoio da escola para a instalação de práticas voltadas à autorregulação da aprendizagem, a baixa motivação dos estudantes para aprender e a força do hábito de práticas de ensino tradicionais foram situações com as quais os professores se depararam ao longo das pesquisas e que dificultaram as mudanças.

A revisão de literatura realizada apontou para a escassez de estudos publicados com o objetivo de propor intervenções sobre autorregulação da aprendizagem para professores do Ensino Médio e um predomínio de estudos com essa temática entre futuros professores. Embora a baixa publicação de trabalhos de intervenções sobre autorregulação da aprendizagem para professores do Ensino Médio tenha sido verificada, os resultados desses poucos estudos localizados são animadores, pois indicaram que os professores em atuação, quando instruídos sobre os pressupostos teóricos da aprendizagem autorregulada, modificam a sua prática e passam a incentivar em seus alunos essas habilidades. Esses dados fortalecem, mais uma vez, a importância de cursos de formação inicial de professores e de formação continuada promoverem o ensino direto das habilidades autorregulatórias. Ao levar em consideração esses achados valiosos da literatura, na próxima seção serão apresentadas orientações para a promoção das estratégias de aprendizagem em salas de aula.

3 Dos resultados de pesquisas às implicações para a prática pedagógica dos professores do Ensino Médio

Os resultados positivos obtidos com a revisão da literatura apresentam algumas possibilidades de reflexão sobre como potencializar a autorregulação da aprendizagem em professores em atuação no Ensino Médio e como essas habilidades podem ser promovidas em sala de aula. A princípio, faz-se necessário destacar que as pesquisas aqui apresentadas corroboram com a literatura de que é necessário ensinar as habilidades autorregulatórias entre os professores. Destacam que esse ensino gera mudanças em suas práticas pedagógicas que se refletem nos hábitos de estudo e aprendizagem dos estudantes. Ressalta-se, então, a necessidade de que os professores sejam ensinados sobre o referencial teórico da autorregulação da aprendizagem e que desenvolvam essas habilidades em si primeiramente, enquanto estudantes, e posteriormente em seus respectivos alunos (BORUCHOVITCH & GANDA, 2013; BORUCHOVITCH & GOMES, 2019; BORUCHOVITCH & MACHADO, 2017). Para que os professores mobilizem esforços para o ensino das habilidades autorregulatórias em sala de aula, primeiramente eles precisam ser sensibilizados, enquanto estudantes, sobre os benefícios de utilizá-las. Assim, conhecer como esse professor aprende e o que faz para aprender é fundamental para gerar mudança na sua prática pedagógica, bem como para construir ambientes de aprendizagem que fomentem tais habilidades (BAKKENES; VERMUNT & WUBBELS, 2010).

Uma prática pedagógica voltada à autonomia e com instruções menos diretas é essencial para o desenvolvimento de habilidades autorregulatórias, como apontam Lau (2013) e Rosa e Rosa (2016), tendo em vista que uma das características da autorregulação da aprendizagem é a atitude ativa dos estudantes em relação à aprendizagem (BORUCHOVITCH, 2014; POLYDORO & AZZI, 2008; ZIMMERMAN, 2002; 2013). Se a prática pedagógica do professor não propicia oportunidades de agir autonomamente e de forma ativa, os estudantes não terão essas habilidades desenvolvidas. Os professores, ao possibilitarem que os estudantes ajam mais autonomamente e recebam instruções que os estimulem a pensarem e construírem suas próprias experiências estarão favorecendo comportamentos autorregulados. Para que mudanças ocorram no contexto de sala de aula é preciso que os professores se distanciem de métodos tradicionais de ensino, que focam única e exclusivamente na transmissão de conhecimentos e não possibilitam o desenvolvimento da autonomia dos estudantes.

A promoção de uma aprendizagem colaborativa e consequentemente de uma participação maior dos estudantes parece ser uma alternativa para superar práticas pedagógicas tradicionais e proporcionar ambientes que fomentem as habilidades autorregulatórias, conforme indicam Finsterwald, Wagner, Schober, Lüftenegger e Spiel (2013) e Lau (2013). Como foi possível perceber nas pesquisas apresentadas, para que essa prática seja desenvolvida, os professores precisam também buscar aprender colaborativamente. Mesmo assim, Lau (2013) verificou que apenas um pouco mais da metade dos professores que participaram da sua pesquisa se engajaram em situações de aprendizagem colaborativa, o que indica a necessidade de que esse tipo de aprendizagem seja estimulado entre os professores para que possam fomentá-las junto aos alunos.

A autorregulação da aprendizagem também pode ser promovida em situações mais diretivas relacionadas ao contexto de sala de aula, como evidenciam os resultados de Lau (2013) e Klug, Schultes e Spiel (2018). Esses mesmos autores verificaram que modificar o uso dos recursos didáticos, os conteúdos de ensino, as técnicas pedagógicas para ensinar, as formas de avaliar e interpretar os resultados e ter um ensino mais centrado nas necessidades dos estudantes parecem ser práticas que também podem estimular a autorregulação da aprendizagem em contextos escolares.

Em síntese, diante dos resultados encontrados na literatura, foi possível verificar que a autorregulação da aprendizagem pode ser ensinada e estimulada nas salas de aula, em ambientes que favoreçam a autonomia entre os alunos, com instruções menos diretivas, voltadas para uma aprendizagem colaborativa. Ademais, essas habilidades podem ser promovidas por meio de mudanças nos recursos didáticos, nos conteúdos de ensino, nas técnicas de aprendizagem e na forma de avaliar os estudantes.

O professor é um dos principais responsáveis pelo desenvolvimento da autorregulação da aprendizagem em seus alunos, por ser o profissional da educação mais próximo aos estudantes, mas a escola precisa fornecer-lhe suporte. Lau (2013) adverte quanto à importância de que a escola trabalhe de modo colaborativo com o professor para o fomento das habilidades autorregulatórias. A ausência de um apoio institucional torna as mudanças mais difíceis de ocorrerem. Para que os professores modifiquem suas práticas em sala de aula, eles precisam reconhecer o apoio da instituição, perceber que a instituição acredita na capacidade do professor de colocar em prática tais mudanças e verem essas mudanças de forma positiva.

Além disso, eles precisam se sentir capazes de realizar tais mudanças (BANDURA, 1993; BZUNECK, 2009). Para que mudanças ocorram nas escolas não basta que os professores recebam formação sobre a autorregulação da aprendizagem. É necessário que essas instituições promovam a autoeficácia pessoal e coletiva de seus docentes para que se sintam apoiados e possam modificar suas práticas no sentido de promover a autorregulação da aprendizagem de seus estudantes.

Agradecimentos

A primeira autora agradece à Capes e a segunda ao CNPq.

Referências

BAKKENES, I.; VERMUNT, J.D. & WUBBELS, T. (2010). Teacher learning in the context of educational innovation: Learning activities and learning outcomes of experienced teachers. *Learning and instruction*, vol. 20, n. 6, p. 533-548.

BANDURA, A. (1993). Perceived self-eficacy in cognitive cognitive development and functioning. *Educational psychologist*, vol. 28, n. 2, p. 117-148.

_____ (1978). *Social learning theory*. Nova Jersey: Prentice-Hall.

BEMBENUTTY, H. & WHITE, M.C. (2013). Academic *performance* and satisfaction with homework completion among college students. *Learning and Individual Differences*, vol. 24, p. 83-88.

BORUCHOVITCH, E. (2014). Autorregulação da aprendizagem: contribuições da psicologia educacional para a formação de professores. *Revista Quadrimestral da Associação Brasileira de Psicologia Escolar e Educacional*, vol. 18, n. 3, p. 401-409.

BORUCHOVITCH, E. & GANDA, D.R. (2013). Fostering self-regulated skills in an educational psychology course for Brazilian preservice teachers. *Journal of Cognitive Education and Psychology*, vol. 12, n. 2, p. 157-177.

BORUCHOVITCH, E. & GOMES, M.A.M. (2019). "Sugestões práticas para desenvolver a capacidade de planejar, monitorar e regular a própria aprendizagem no contexto da formação inicial e continuada de professores". In: BORUCHOVITCH, E. & GOMES, M.A.M. (orgs.). *Aprendizagem autorregulada*: como promovê-la no contexto educativo? Petrópolis: Vozes, p. 125-144.

BORUCHOVITCH, E. & MACHADO, A.C.T.A. (2017). "A autorregulação da aprendizagem na formação inicial e continuada de professores: como intervir para desenvolver?" In: POLYDORO, S.A.J. (org.). *Promoção da autorregulação da aprendizagem*: Contribuições da Teoria Social Cognitiva. Porto Alegre: Letra 1, p. 90-104.

BZUNECK, J.A. (2009). "A motivação do aluno: aspectos introdutórios". In: BORUCHO-VITCH, E. & BZUNECK, J.A. (orgs.). *A motivação do aluno:* contribuições da psicologia contemporânea. 4. ed. Petrópolis: Vozes, p. 9-36.

CLEARY, Y.J. & ZIMMERMAN, B.J. (2004). Self-regulation empowerment program: a school-based program to enhance self-regulated and self-motivated cycles of student learning. *Psychology in the school*, vol. 41, n. 5, p. 537-550.

COSTA, E.R. & BORUCHOVITCH, E. (2015). O ensino de estratégias de aprendizagem no contexto da escrita. *Psicologia da Educação*, vol. 41, p. 21-35.

CUNHA, N.B. & BORUCHOVITCH, E. (2012). Estratégias de aprendizagem e motivação para aprender na formação de professores. *Revista Interamericana de Psicologia*, vol. 46, n. 2, p. 247-254.

DEMBO, M.H. (2001). Learning to teach is not enough: Future teachers also need to learn to learn. *Teacher Education Quarterly*, vol. 28, n. 4, p. 23-35.

DÖRRENBÄCHER, L. & PERELS, F. (2016). More is more? Evaluation of interventions to foster self regulated learning in college. *International Journal of Educational Research*, vol. 78, p. 50-65.

DUNLOSK, J. & RAWSON, K.A. (2012). Overconfidence produces underachievement: Inaccurate self evaluations undermine students' learning and retention. *Learning and Instruction*, vol. 22, p. 271-280.

FABRIZ, S.; EWIJK, C.D.V.; POARCH, G. & BÜTTNER, G. (2014). Fostering self-monitoring of university students by means of a standardized learning journal-a longitudinal study with process analyses. *European Journal Psychology Education*, vol. 29, n. 2, p. 239-255.

FINSTERWALD, M.; WAGNER, P.; SCHOBER, B.; LÜFTENEGGER, M. & SPIEL, C. (2013). Fostering lifelong learning – Evaluation of a teacher education program for professional teachers. *Teacher and teacher education*, vol. 29, p. 144-155.

GANDA, D.R. (2016). *A autorregulação da aprendizagem de alunos em cursos de formação de professores:* um programa de intervenção. Campinas: Unicamp [Tese de doutorado].

GANDA, D.R. & BORUCHOVITCH, E. (2018). Promoting self-regulated learning of brasilian preservice student teachers: results of an intervention program. *Frontiers in Education*, vol. 3, n. 5, p. 1-12.

KAUFFMAN, D.F.; ZHAO, R. & YANG, Y.S. (2011). Effects of online note taking formats and self-monitoring prompts on learning from online text: using techonology to enhance self-regulated learning. *Contemporary educational psychology*, vol. 36, n. 4, p. 313-322.

KLUG, J.; BRUDER, S.; KELAVA, A.; SPIEL, C. & SCHMITZ, B. (2013). Diagnostic competence of teachers: A process model that accounts for diagnosing learning behavior tested by means of a case scenario. *Teaching and Teacher Education*, vol. 30, p. 38-46.

KLUG, J.; SCHULTES, M.T. & SPIEL, C. (2018). Assessment at school – Teachers' diary-supported implementation of a training program. *Teaching and teacher education*, vol. 76, p. 298-308.

LAU, K.L. (2013). Chinese language teachers' perception and implementation of self-regulated learning-based instruction. *Teaching and teacher education*, vol. 31, p. 56-66.

MACHADO, A.C.T.A. & BORUCHOVITCH, E. (2015). As práticas autorreflexivas em cursos de formação inicial e continuada de professores. *Psicologia Ensino e Formação*, vol. 6, n. 2, p. 54-67.

NG, E.M.W. (2016). Fostering pre-service teachers' self-regulated learning through self-and peer assessment of wiki projects. *Computers and Education*, vol. 98, p. 180-191.

PÉREZ CABANÍ, M.L. (1997). "La formación del profesorado para enseñar estrategias de aprendizaje". In: MONEREO, C. *Estratégias de aprendizaje*. Madri: A. Machado, p. 63-113.

POLYDORO, S.A.J. & AZZI, R.G. (2008). "Autorregulação: aspectos introdutórios". In: BANDURA, A.; AZZI, R.G. & POLYDORO, S.A.J. (orgs.). *Teoria Social Cognitiva:* conceitos básicos. Porto Alegre: Artmed, p. 44-65.

ROMANOWSKI, J.P. & MARTINS, P.L.O. (2010). Formação continuada: contribuições para o desenvolvimento profissional de professores. *Revista Diálogo Educ*, vol. 10, n. 30, p. 285-300.

ROSA, C.T.W. & ROSA, A.B. (2016). Ensino de Física por estratégias metacognitivas: análise da prática docente. *Revista electrónica de investigación em educación em ciencias*, vol. 11, n. 1, p. 1-7.

SANTOS, O.J.X. & BORUCHOVITCH, E. (2011). Estratégias de aprendizagem e aprender a aprender: concepções e conhecimento de professores. *Psicologia: Ciência e Profissão*, vol. 31, n. 2, p. 284-295.

VEIGA SIMÃO, A.M. (2004). "O conhecimento estratégico e a auto-regulação da aprendizagem – implicações em contexto escolar". In: LOPES da SILVA, A.; DUARTE, A.M.; SÁ, I. & VEIGA SIMÃO, A.M. (orgs.). *Aprendizagem auto-regulada pelo estudante*: perspectivas psicológicas e educacionais. Porto: Porto Editora, p. 77-94.

ZIMMERMAN, B.J. (2013). From cognitive modeling to self-regulation: a social cognitive career path. *Educational Psychologist*, vol. 48, n. 3, p. 135-147.

_____ (2002). Becoming a self-regulated learner: an overview. *Theory into practice*, vol. 41, n. 2, p. 64-70.

_____ (2001). "Theory of self-regulated learning and academic achievement: an overview and analysis". In: ZIMMERMAN, B.J. & SCHUNK, D.H. (orgs.). Self-Regulated Learning and Academic Achievement: theoretical perspectives. Mahwah: Lawrence Erlbaum Associates, p. 1-27.

ZUMBRUNN, S.; TADLOCK, J. & ROBERTS, E.D. (2011). *Encouraging self-regulated learning in the classroom a review of the literature*, p. 1-28.

7
Contraste Mental com Intenções de Implementação
Uma estratégia de autorregulação da aprendizagem

Alzira Matias
Ana Margarida Veiga Simão
Paula Paulino
Lourdes Maria Bragagnolo Frison

Introdução

Os indivíduos que são capazes de se motivar a si próprios e de dirigir o seu comportamento formulam crenças sobre o que são capazes de fazer, antecipam consequências, estabelecem metas e fazem planos de ação para alcançar aquilo que desejam (ZIMMERMAN, 2013). Contudo, a experiência quotidiana evidencia que o simples fato de se querer atingir uma meta não significa a sua concretização. Por isso, Oettingen e Gollwitzer (2010) consideram que os compromissos com metas devem ser acompanhados pelo esforço necessário ao reconhecimento e aproveitamento das oportunidades para atuar e/ou para superar a relutância em iniciar e/ou agir.

O construto de autorregulação da aprendizagem (ARA) pressupõe que, para o alcance das metas de aprendizagem previamente definidas, se saiba gerir de forma eficiente os recursos disponíveis procedendo aos ajustamentos necessários às circunstâncias (LOPES da SILVA & PEREIRA, 2012; VEIGA SIMÃO & FRISON, 2013; ZIMMERMAN, 2013).

De acordo com Veiga Simão e Frison (2013), a definição de metas serve de ponto de partida para ações subsequentes, especialmente na sua relação com alguns fatores (*e. g.*, metacognição, motivação, crenças de autoeficácia e gestão do tempo) que intervêm na aprendizagem como variáveis importantes para o estabelecimento de metas, para a escolha e execução de ações, para o planeamento estratégico e para a reflexão sobre o cumprimento de tarefas (PAULINO; SÁ & LOPES da SILVA, 2016).

Alguns estudos mencionam a relevância do estabelecimento e implementação de metas por meio de três estratégias metacognitivas perfeitamente enquadradas no construto de ARA: (i) Contraste Mental (MC) [abreviatura usada para *Mental Contrasting* (OETTINGEN & REININGER, 2016)] e o seu papel no fortalecimento de compromissos com metas; (ii) Intenções de Implementação (II) [abreviatura usada para *Implementations Intentions* (GOLLWITZER & SHEERAN, 2006)] e o processamento de comportamentos que maximizam o alcance de metas nomeadamente na passagem da intenção à ação; (iii) Contraste Mental com Intenções de Implementação (MCII) [abreviatura usada para *Mental Contrasting and Implementations Intentions* (OETTINGEN & GOLLWITZER, 2010)] e a operacionalização de planos com formato "se... então", promotores de força impulsionadora para o compromisso com o alcance de metas (OETTINGEN & REININGER, 2016).

Os estudos sobre metas de aprendizagem referem a importância do compromisso para alcançá-las. Este capítulo investe na estratégia de Contraste Mental com Intenções de Implementação que combina os benefícios de dois procedimentos metacognitivos: Contraste Mental (com o objetivo de confrontar mentalmente as metas vinculativas com os obstáculos reais) e Intenções de Implementação (no intuito de orientar comportamentos para metas).

1 Aprendizagem autorregulada e estratégias autorregulatórias da aprendizagem

O construto ARA tem desencadeado pesquisas que enfatizam processos promotores do sucesso escolar dos alunos. Esse processo é visto como consciente e autodirigido, facilitador da gestão dos comportamentos, pensamentos e sentimentos individuais ciclicamente voltados e adaptados para a obtenção de metas pessoais, pois capacita o aluno para desenvolver e/ou adaptar estratégias diante dos desafios encontrados no seu percurso e manter persistentemente os esforços de modo a atingir as metas de aprendizagem definidas (ZIMMERMAN, 2013). Otimizar a autorregulação é um objetivo que a maioria dos indivíduos persegue ao longo da vida, (GOLLWITZER, 2014) e talvez por isso seja estudada com diversas abordagens à luz de diferentes teorias psicológicas. Dentre os modelos que na psicologia procuraram conceitualizar o construto de ARA destaca-se a perspectiva construtivista de Zimmerman (2013). Para esse autor, o processo ARA gera-se de forma cíclica numa tríade de fases principais (a fase prévia ou de planejamento estratégico, a fase de realização ou de controle volitivo do desempenho e a fase de reflexão) e engloba três componentes essenciais: conhecimento metacognitivo, monitorização e controle estratégico. De acordo com Zimmerman e Risemberg (1997); Veiga Simão e Frison (2013), a interação entre essas etapas permite entender o processo de aprendizagem segundo seis questões fundamentais: porquê (motivação), como (métodos), quando (gestão do tempo), o quê (desempenho), onde (ambiente) e com quem (contexto social).

A perspectiva sociocognitiva e o papel ativo do indivíduo no processo de aprendizagem é preponderante nas investigações que associam o papel da ARA ao sucesso escolar (GANDA & BORUCHOVITCH, 2018; ZIMMERMAN, 2013) e nos estudos que realçam o papel do professor como agente na ativação do ensino e aprendizagem de estratégias de autorregulação (FERREIRA; VEIGA SIMÃO & LOPES da SILVA, 2017; OETTINGEN; KAPPES; GUTTENBERG & GOLLWITZER, 2015).

As estratégias autorregulatórias podem ser percebidas em vários níveis. Num grau de maior abrangência, são entendidas como planos formulados pelos estudantes para atingirem metas de aprendizagem; num nível mais específico, abarcam todo e qualquer procedimento adotado para aprender um novo conteúdo e/ou desenvolver competências específicas necessárias na realização de uma determinada tarefa (DUCKWORTH; GRANT; LOEW; OETTINGEN & GOLLWITZER, 2011). Alguns autores (*e. g.*, PERASSINOTO; BORUCHOVITCH & BZUNECK, 2013) consideram as estratégias de autorregulação da aprendizagem como uma sequência planejada de procedimentos, propósitos, processos e percepções de instrumentalidade realizadas pelo indivíduo com o intuito de incrementar a aquisição e a eficácia da aprendizagem.

Em consonância com Dembo e Seli (2012), os alunos mais competentes na regulação das respectivas aprendizagens relatam o uso efetivo de estratégias cognitivas e metacognitivas. Essas estratégias pressupõem o conhecimento de si próprio, das tarefas e dos níveis adequados de desempenho, incluem a definição de objetivos, a planificação estratégica, a monitorização, a autoavaliação dos processos de aprendizagem, a mudança do comportamento de estudo e/ou modificação das estratégias utilizadas.

Lopes da Silva, Veiga Simão e Sá (2004) referem que, com frequência, algumas estratégias são usadas espontaneamente pelos alunos sem necessidade de instrução direta enquanto outras, mesmo sendo ensinadas, raramente são utilizadas. Como explicar que alguns alunos, apesar de terem acesso a estratégias cognitivas e metacognitivas, não desenvolvam processos de autorregulação nas suas aprendizagens?

Duckworth e colaboradores (2011) esclarecem que a aplicação de estratégias de aprendizagem deve incluir a promoção da motivação, das crenças de autoeficácia e das autopercepções positivas. Com o treino de estratégias autorregulatórias o aluno aprende a controlar e regular a sua aprendizagem em direção a metas, a procurar e a utilizar projetos adequados e a ter consciência dos benefícios que daí resultam para o seu sucesso escolar.

2 Como autorregular o alcance de objetivos e o compromisso com metas pessoais de aprendizagem?

A intenção de trabalhar em direção a metas constitui uma grande fonte de motivação para a aprendizagem, sendo que as estratégias autorregulatórias servem para estimular o começo e a manutenção das ações necessárias à obtenção das mesmas. Essa intenção envolve a interação dos aspectos cognitivos, motivacionais, afetivos e comportamentais tais como a metacognição, motivação e o uso de estratégias de aprendizagem (ZIMMERMAN, 2013). Com a apropriação de estratégias para selecionar, monitorizar e regular os processos de aprendizagem envolvidos na realização de tarefas escolares é favorecida a mediação entre a metacognição, a motivação e a transposição de obstáculos, o que torna os alunos mais autorregulados nas suas aprendizagens (OETTINGEN et al., 2015). Assim, a possibilidade de aprender de forma autônoma passa, naturalmente, pela criação de ambientes de aprendizagem conducentes ao desenvolvimento da metacognição.

O processo metacognitivo foi conceitualizado por Flavell (1979) para se referir ao conhecimento e regulação da cognição respeitante ao próprio indivíduo, ao objeto, à tarefa ou às estratégias. No âmbito da metacognição, as metas referem-se às finalidades de um processo cognitivo e as ações/estratégias correspondem às cognições ou outros comportamentos executados para atingir a meta.

A meta é, desse modo, um alvo operacional, que especifica aquilo que conscientemente se deseja obter e/ou realizar, como e quando será alcançado (OETTINGEN & GOLLWITZER, 2010).

Em Maddux (2000), para fazer referência ao acrônimo METAS, são identificados parâmetros que podem determinar um forte envolvimento com um determinado propósito – Medição, Especificação, Temporalidade, Alcançabilidade, Significado.

Especificando: (a) "M" (Medição) significa que as metas devem ser claramente medidas para permitir perceber se e quando é conseguida; (b) "E" (Especificação) traduz que os detalhes da meta devem ser conhecidos *a priori* mesmo que venham a ser adaptados *a posteriori*. Por serem específicas não deixam qualquer possibilidade à ambiguidade; (c) "T" (Temporalidade) reporta-se à boa descrição do tempo, à clarificação de prazos em cada um dos passos direcionados para o progresso no alcance da meta estabelecida; (d) "A" (Alcançabilidade) destaca a capacidade de realização da meta. As metas precisam ser percepcionadas como viáveis para que, face a obstáculos ou facilitismos, não gerem desmotivação (por serem inalcançáveis) ou subestimação (por serem banais); (e) "S" (Significado) diz respeito ao sentido da meta. Quanto maior for esse significado, maior será a possibilidade de dispormos de tempo e empenho na busca dos resultados.

Para Locke e Latham (2006), as metas podem ser específicas (*e. g.*, tirar 20 valores numa prova; acertar 8 das 10 questões propostas) ou gerais (*e. g.*, ter bom desempenho na escola; vou fazer o meu melhor). Os mesmos autores reconheceram alguns aspectos pelos quais as metas específicas afetam o comportamento dos alunos: espera-se que um aluno do ensino secundário, cuja meta é tirar uma nota de 20 valores numa prova (em Portugal), adote uma conduta de estudo (*e. g.*, fazer as leituras propostas e/ou reler apontamentos da aula), mobilize mais esforços (*e. g.*, concentrar-se mais nas aulas e nos tempos de estudo), aumente a persistência (*e. g.*, mais tempo de estudo), se sinta motivado e utilize as estratégias adequadas ao estudo e realização das provas (*e. g.*, aumentar as inspirações respiratórias profundas para controlar o nível de ansiedade nos testes). O estabelecimento de metas afeta o desempenho, direciona a ação, mobiliza o esforço, aumenta a persistência e a motivação na busca de estratégias apropriadas às tarefas (OETTINGEN & GOLLWITZER, 2010).

No domínio motivacional são apontados alguns facilitadores da concretização de metas: (a) meta de promoção *vs.* metas de prevenção – trata-se de enquadrar as metas numa ótica de melhoria de resultados positivos *vs.* prevenir os negativos (HIGGINS, 2000); (b) metas intrínsecas *vs.* metas extrínsecas – trata-se de antecipar recompensas internas em vez de recompensas externas (DECI; McGILL & RYAN, 2001); (c) metas de curto prazo – enquadramento temporal proximal *vs.* metas de longo prazo – enquadramento temporal distal (BANDURA, 2011); (d) metas com definições específicas *vs.* metas vagas ou genéricas são usualmente mais concretizadas (LOCKE & LATHAM, 2006); (e) metas de aprendizagem *vs.* metas de resultado – tentar adquirir competências *vs.* demonstrar posse de competências (PAULINO et al., 2016). As metas de aprendizagem relacionam-se com a escolha de tarefas desafiadoras, a valorização do próprio progresso, o esforço despendido, o domínio e inovação nas atividades de aprendizagem, a importância da aquisição de novas competências. Nesse sentido, o aluno está mais preocupado com as suas realizações do que com as suas notas escolares. Nas metas de resultado, o estudante quer obter notas altas, superar os colegas, demonstrar valor por meio de comparações sociais, ser julgado capaz, mostrar evidência de sucesso, ter sucesso, evitar demonstrar que não domina um assunto ou evidenciar capacidades e/ou esconder lacunas nas mesmas (PAULINO et al., 2016). Autores como Webb e Sheeran (2008) referem-se a metas de intenção – aquelas com as quais há fortes compromissos. Consequentemente, estas têm melhor probabilidade de serem concretizadas porque os fortes ajustes com a meta baseiam-se na crença de que a mesma é tão altamente exequível (exequibilidade) quanto desejada (desejabilidade). Segundo Gollwitzer (2014), a desejabilidade compreende a união de crenças e a agradabilidade das consequências esperadas no alcance de metas de curto e longo prazos e a exequibilidade abrange crenças e expetativas de êxito de ações e de eventos futuros.

Alcançar metas traduz, pois, o final de uma caminhada orientada por determinados parâmetros, tais como compromisso/envolvimento, esforço/luta e defesa/proteção (OETTINGEN & GOLLWITZER, 2010). Determinadas investigações (DUCKWORTH et al., 2011; WEBB & SHEERAN, 2008) assinalam que é normal encontrar quatro principais obstáculos na manutenção de elevados compromissos com as metas: existir relutância para iniciar o esforço de executar determinados procedimentos; manter o esforço contínuo, por um período prolongado, que proteja a persecução pelo objetivo de um possível afastamento; conseguir deixar de lutar por um objetivo desejável mas que se revela incompleto, fútil ou inútil; não impor demasiado esforço a si mesmo.

Diversos teóricos (ZIMMERMAN, 2013) procuraram perceber a relação entre a motivação e o uso de estratégias cognitivas/metacognitivas, identificar e integrar relações positivas entre o uso de estratégias de autorregulação, a metacognição e a motivação. Em conformidade com Paulino e colaboradores (2016), os alunos capazes de autorregular a sua motivação expressam crenças e atitudes adaptativas que orientam a sua ação, persistem nas tarefas escolares, tendem a ter uma elevada percepção de autoeficácia, estão focados no aumento da sua competência e percebem os conteúdos escolares como válidos, apelativos e úteis. Se, por um lado, os alunos que efetivamente são mais estratégicos conseguem um melhor rendimento na aprendizagem, por outro lado, usar estratégias de aprendizagem exige esforço e persistência e, portanto, requer um adequado padrão motivacional. As crenças de autoeficácia vão atuar como mediadores entre as aptidões reais e o desempenho final: logo, devem ser específicas e de adequado nível de dificuldade e podem ser incrementadas por meio de ações orientadas pelo professor (*e. g.*, incorporar tarefas que representem metas a serem cumpridas; guiar os alunos a estabelecer metas a curto e médio prazos; alimentar convicções de sucesso e bom desempenho; incentivar com reforço positivo).

3 Estratégias metacognitivas: ferramentas para o alcance de metas pessoais de aprendizagem

Se alguém quer atingir metas, precisa de as estabelecer e de potenciar a sua concretização. Alguma investigação (*e. g.*, OETTINGEN & GOLLWITZER, 2010; ZIMMERMAN, 2013) salienta que a persecução de metas se apoia em duas etapas sequenciais: o estabelecimento e a implementação de metas. Nesse âmbito, foram desenvolvidas três estratégias autorregulatórias: Contraste Mental (que fortalece compromissos com as metas estabelecidas), Intenções de Implementação (que aplica planos simples para maximizar o alcance de metas) e Contraste Mental com Intenções de Implementação (que estimula o compromisso com o alcance de metas).

3.1 Contraste Mental = fortalecimento do compromisso com metas de aprendizagem

A observação de modelos otimistas contribui não só para incrementar a autoeficácia dos alunos como os torna mais persistentes na procura de soluções para as tarefas com que se deparam (ZIMMERMAN, 2013).

Alguma literatura já existente (OETTINGEN et al., 2015; OETTINGEN & REININGER, 2016) conceitualiza e consolida a estratégia metacognitiva designada Contraste Mental (MC) segundo a qual o confronto mental entre o futuro positivo e a realidade negativa se traduz em energia interior canalizada para ultrapassar os obstáculos, promover compromisso com a meta.

É uma estratégia que segue um percurso metacognitivo de confronto entre um desejo futuro (pretendo atingir X), idealizado como ponto de referência, e a reflexão sobre os obstáculos da realidade presente (mas encontro o impedimento Y) que podem condicionar o alcance da meta. Pressupõe uma associação mental entre um modelo de idealização de objetivos (altamente desejados, simultaneamente desafiadores, exequíveis e viáveis) e as condicionantes presentes (impedimentos da concretização) a fim de fortalecer a associação implícita entre o obstáculo e o comportamento para o superar (KAPPES & OETTINGEN, 2014). A estratégia MC ajuda os indivíduos a selecionar ativamente os desejos prioritários enquanto lidam construtivamente com os constrangimentos, pois o foco é transferido do obstáculo para solução. A operacionalização dessa estratégia é variável de estudo para estudo, mas em todos se pede ao indivíduo que elabore, em primeiro lugar, o futuro positivo, e só depois a realidade negativa. Assim, numa 1ª fase (*indulging*) solicita-se que o indivíduo projete um cenário que integre unicamente os aspectos positivos que tanto deseja, isto é, que pense e registre (por escrito e/ou oralmente) algo que intensamente deseja alcançar num futuro mais ou menos próximo (*e. g.*, executar uma meia maratona; alcançar 20 valores no próximo exame). Na 2ª fase, o indivíduo é conduzido para uma etapa de pensamento negativo (*dwelling*) onde se foca apenas nos aspectos negativos da realidade que podem constituir-se como obstáculos para a realização desse desejo (*e. g.*, falta de tempo para treinar; treinos inconsistentes; a mesa desarrumada que dificulta a concentração no estudo; falta de atenção nas aulas). Ao colocar frente a frente o desejo futuro e os condicionalismos existentes, esse futuro surge mentalmente associado à realidade, revelando que a realização do futuro requer atuação sobre a existência atual (*e. g.*, regularidade dos treinos; organizar a mesa; concentração máxima nas aulas). Desse modo, reconhecem-se e aproveitam-se as oportunidades para agir, ao mesmo tempo que se supera qualquer desagrado inerente à tarefa (KAPPES & OETTINGEN, 2014), pois MC ajuda os indivíduos a descobrir o que realmente querem e a selecionar ativamente os desejos prioritários enquanto lidam construtivamente com os constrangimentos.

Essa estratégia autorregulatória encontra alicerces nos referenciais teóricos da ARA (ZIMMERMAN, 2013), onde se clarifica que, numa primeira fase, as metas (de curto prazo, difíceis mas concretizáveis) sejam definidas pelo próprio, que se esclareça o que se deseja alcançar e que haja expectativas realistas acerca de quando e onde serão concretizadas.

Alguns estudos demonstram que os indivíduos, quando instruídos para contrastar mentalmente o seu sucesso com as dificuldades na resolução de uma tarefa viável, obtêm resultados mais elevados na avaliação do seu esforço e do seu desempenho relativamente àqueles que apenas foram ensinados a pensar sobre o seu sucesso: adolescentes aumentaram as notas em Matemática; estudantes universitários lidaram afirmativamente com situações de estresse agudo (OETTINGEN & GOLLWITTZER, 2010).

Porém, um forte objetivo (*Eu pretendo X*) não garante, por si só, a sua concretização, porque as pessoas podem deixar de lidar eficaz e convictamente com os processos de autorregulação e desistir de perseguir a meta. Isso significa que isoladamente a idealização positiva não habilita para a resolução de tarefas desafiadoras (OETTINGEN & REININGER, 2016). Formular a intenção de perseguir uma meta é apenas o primeiro passo no caminho para a concretização de objetivos. No passo seguinte, o indivíduo deve realmente implementar um permanente esforço para a meta. Investigadores como Gollwitzer e Sheeran (2006) sugerem que existe um intervalo entre as intenções dos indivíduos e a operacionalização das mesmas. De fato, de acordo com vários trabalhos (GOLLWITTZER, 2014), confirma-se que as taxas de concretização de metas aumentam quando estas estão relacionadas com planos que integram a antecipação de obstáculos. Esses planos de ação constituem uma forma de planejamento estratégico que visa preencher a lacuna entre as intenções e os comportamentos, transformando intenções (iniciais e vagas) em intenções funcionais (OETTINGEN & REININGER, 2016).

3.2 Intenções de Implementação = plano para maximizar o alcance de metas

Traduzir intenções de metas no alcance de metas pode ser difícil, já que, muitas vezes, quem enfrenta problemas desiste facilmente, não só pela falta de coragem para começar mas também porque surgem situações imprevistas no percurso. Com o propósito de promover o estabelecimento de metas e desenvolver planos adequados para traduzir as intenções de meta em comportamentos reais, alguma literatura (GOLLWITZER, 2014; WEBB & SHEERAN, 2008) refere uma estratégia autorregulatória designada por Intenção de Implementação (II). Por meio dessa estratégia, o indivíduo conscientemente apreende e seleciona os contextos situacionais específicos que o despertam para a oportunidade de realizar o comportamento orientado para superar o obstáculo.

É uma estratégia metacognitiva que se revelou eficaz na realização de metas porque se beneficia da criação de planos com o formato "se... então" no intuito de transformar a intenção na própria ação (GOLLWITZER, 2014).

Os elementos integrantes da estratégia II são os planos "se... então" [*e. g.*, **Se** *X* (identifica e antecipa sugestões críticas na situação encontrada) ... **então** vou fazer *Y* (sinaliza e descreve a resposta direcionada para a/s pista/s a seguir na atuação), a fim de chegar a *Z* (meta)]. Trata-se de elaborar planos específicos a respeito de como, quando e onde perseguir as respostas que são eficazes para agir nos momentos críticos e alcançar metas ou resultados desejados (KAPPES & OETTINGEN, 2014).

Alguns estudos (OETTINGEN et al., 2015) mostram que os planos "se... então" estabelecendo a ligação do impedimento antecipado com uma resposta orientada para a meta promovem eficazmente o alcance da mesma. Sendo assim, a estratégia II cria um nexo de causalidade e efeito entre duas componentes: a situação crítica e a facilidade da resposta.

Por especificar tanto o comportamento que o indivíduo deve ter como o contexto em que terá que o ativar, a estratégia II é encarada como autorregulatória, pois do construto da autorregulação infere-se que após identificar o problema há que selecionar a resposta eficaz para lidar com esse problema e escolher a ocasião apropriada para iniciar essa resposta (ZIMMERMAN, 2013).

No entanto, para se beneficiar da estratégia II e executar o adequado comportamento existem pré-requisitos: o indivíduo precisa por um lado de estar totalmente determinado a alcançar a meta e, por outro, de especificar a situação crítica relevante (WEBB & SHEERAN, 2008), sendo esses os elementos integrantes da estratégia de Contraste Mental. Por sua vez, quando esse obstáculo surge ligado ao "se" e o "então" aparece associado ao procedimento para superar esse obstáculo (*e. g.*, Se há a situação crítica Y então vou realizar a resposta dirigida Z), a estratégia II provoca respostas automáticas dirigidas e fortalece a associação implícita entre o obstáculo e o comportamento adequado para o superar (KAPPES & OETTINGEN, 2014).

As estratégias MC e II são eficazes quando usadas independentemente uma da outra, pois MC energiza o compromisso com a meta e II enfatiza a necessidade de ação promovendo a iniciação e a manutenção da atividade dirigida para a meta. Porém, da conjugação entre MC e II resultou a estratégia metacognitiva de Contraste Mental com Intenções de Implementação (MCII).

3.3 Contraste Mental com Intenções de Implementação = compromisso e plano para o alcance de metas

Estudos relacionados com estilos saudáveis de vida, comportamentos relacionais e de autodisciplina, relações interpessoais, desempenho acadêmico, realização profissional e gestão de vida (DUCKWORTH et al., 2011) revelam que MCII é mais eficaz do que qualquer uma das suas componentes quando usadas em separado, em particular quando os obstáculos são difíceis de superar (OETTINGEN & GOLLWITZER, 2010). Por combinar as potencialidades das estratégias autorregulatórias de MC e de II, a prática de MCII facilita um percurso ajustado à meta, favorece a adaptação das metas estabelecidas, a antecipação de possíveis dificuldades de execução e a procura dos meios mais adequados para superar obstáculos.

A partir da reflexão, MCII vai desenvolver fortes associações entre o futuro desejado, entusiástico e alcançável tomado como referência e as situações críticas da realidade que impedem o esforço para a concretização da meta. Para superar os obstáculos antecipados são desenvolvidos planos "se... então". A componente "se" especifica as situações críticas que se irão interligar às respostas comportamentais dirigidas à meta, especificadas na componente "então".

Por se tratar de uma estratégia que orienta o indivíduo, de forma cognitiva, motivacional e comportamental, isto é, autorregulada, por meio de "planos dirigidos" que estrategicamente automatizam a persecução da meta e potenciam a ação para a sua concretização (figura 1), vários estudos (GOLLWITZER, 2014; KIRK; OETTINGEN & GOLLWITZER, 2013) demonstram que a estratégia MCII se revela particularmente bem-sucedida no fortalecimento da relação entre metacognição e a motivação.

Figura 1 – Síntese dos benefícios das estratégias autorregulatórias de MC, II e MCII (OETTINGEN & GOLLWITZER, 2010)

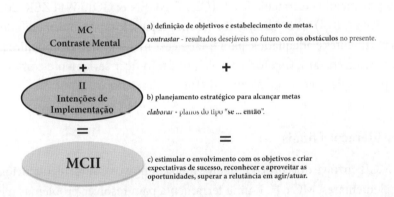

Uma vez que MCII permite conteúdos idiossincráticos, pode fortalecer comportamentos assertivos em todos os domínios da vida e ajudar as pessoas a fazerem muitas e valiosas mudanças. Tratando-se de uma estratégia autorreguladora independentemente de conteúdo, os indivíduos podem usá-la para atingir metas pessoais; por exemplo, para desenvolver maior tolerância e responsabilidade social nas relações interpessoais e/ou melhorar a gestão do tempo (OETTINGEN et al., 2015); garantir soluções mais justas em contextos de negociação (KIRK; OET-

TINGEN & GOLLWITZER, 2013); comer de forma mais saudável, incluindo na alimentação mais frutas e legumes e regularizar a hora da tomada de medicação em doentes diabéticos (ADRIAANSE; De RIDDER & VOORNEMAN, 2013); implementar mudanças em indivíduos com depressão moderada para aumentar expectativas de autoeficácia (FRITZSCHE; SCHLIER; OETTINGEN & LINCOLN, 2016). Também em educação foram identificados resultados positivos do uso dessa estratégia nomeadamente: na melhoria da qualidade e o tempo de atenção, progresso na qualidade do trabalho de casa e nas tarefas de aula em crianças com diagnóstico de Hiperatividade e Défice de Atenção (GAWRILOW; MORGEN-ROTH; SCHULTZ; OETTINGEN & GOLLWITZER, 2013); em mais sucesso escolar (GOLLWITZER; OETTINGEN; KIRBY; DUCKWORTH & MAYER, 2011); no aumento da assiduidade com consequente melhoria dos resultados escolares em alunos de classes desfavorecidas; no maior esforço de estudo de alunos do secundário, que se prepararam durante um verão e que conseguiram acertar mais questões da prova de exame (PSAT) do que os indivíduos do controle (DUCK-WORTH et al., 2011).

É importante realçar que estabelecer metas, assumir um papel consciente na aprendizagem, organizar a informação de maneira eficaz, planificar e organizar o tempo de estudo e de concentração nas tarefas pode ser ensinado e aprendido por meio da estratégia MCII (OETTINGEN & GOLLWITZER, 2010). Para Gollwitzer (2014), se os alunos não forem preparados, por intermédio de programas pertinentes e adequados, para estabelecer metas e antever impedimentos que lhes possam travar a trajetória escolar, poderão ficar seriamente comprometidas as hipóteses de sucesso no alcance do futuro desejado.

Considerações finais

MCII envolve dois procedimentos metacognitivos e autorregulatórios que são complementares: MC e II. É uma ferramenta para resolver problemas na medida em que promove mudança seletiva de comportamento na persecução de metas pessoais. Pela prática e operacionalização da estratégia MCII, os indivíduos podem tomar a responsabilidade pela gestão dos desafios da vida diária e pelo desenvolvimento pessoal (OETTINGEN & REININGER, 2016).

Diversos autores (BANDURA, 2011; GOLLWITZER et al., 2011; DUCK-WORTH et al., 2011) referem a necessidade de promover a motivação, as crenças de autoeficácia e as autopercepções positivas. Ao mesmo tempo, sugerem futuras investigações que operacionalizem o estabelecimento de metas, a promoção do compromisso com metas viáveis e a concretização das mesmas por meio do ensino de estratégias específicas, prevendo importantes implicações práticas na melhoria do sucesso escolar. Neste capítulo procurou-se evidenciar a utilidade da operacionalização de estratégias autorregulatórias. Salientou-se a premência de mais investigação sobre as implicações pedagógicas da operacionalização da estratégia MCII no âmbito do sucesso escolar. Sugeriu-se que MCII pode ser relevante para otimizar trajetórias escolares e apontou-se para a pertinência de planejar estudos empíricos realizados em contextos escolares (infusão em conteúdos de disciplinas curriculares, programas de intervenção, ações de formação para professores...) que visem o ensino e a operacionalização de MCII para promover a aprendizagem e o sucesso escolar.

Referências

ADRIAANSE, M.A.; De RIDDER, D.T. & VOORNEMAN, I. (2013). Improving diabetes self-management by mental contrasting. *Psychology and Health*, 28, p. 1-12.

BANDURA, A. (2011). A social cognitive perspective on positive psychology. *Revista de Psicología Social*, 26, p. 7-20.

DECI, E.L.; KOESTNER, R. & RYAN, R.M. (2001). Extrinsic rewards and intrinsic motivation in education: Reconsidered once again. *Review of Educational Research*, 71, p. 1-27.

DEMBO, M.H. & SELI, H. (2012). *Motivation and learning strategies for college success*: A focus on self-regulated learning 4. ed. Nova York: Routledge.

DUCKWORTH, A.L.; GRANT, H.; LOEW, B.; OETTINGEN, G. & GOLLWITZER, P.M. (2011). Self-regulation strategies improve self-discipline in adolescents: Benefits of mental contrasting and implementation intentions. *Educational Psychology*, 31, p. 17-26.

FERREIRA, P.C.; VEIGA SIMÃO, A.M. & LOPES da SILVA, A. (2017). How and with what accuracy do children report self-regulated learning in contemporary EFL instructional settings? *European Journal of Psychology of Education*, 32 (4), p. 589-615.

FLAVELL, J.H. (1979). Metacognition and cognitive monitoring. *American Psychologist*, 34, p. 906-911.

FRITZSCHE, A.; SCHLIER, B.; OETTINGEN, G. & LINCOLN, T.M. (2016). Mental contrasting with implementation intentions increases goal-attainment in individuals with mild to moderate depression. *Cognitive Therapy and Research*, 40, p. 1-8.

GANDA, D. & BORUCHOVITCH, E. (2018). A autorregulação da aprendizagem: principais conceitos e modelos teóricos. *Psicologia da Educação* (46), p. 71-80.

GAWRILOW, C.; MORGENROTH, K.; SCHULTZ, R.; OETTINGEN, G. & GOLLWITZER, P. (2013). Mental contrasting with implementation intentions enhances self-regulation of goal pursuit in schoolchildren at risk for ADHD. *Motivation and Emotion, 37,* p. 134-145.

GOLLWITZER, A.; OETTINGEN, G.; KIRBY, T.A.; DUCKWORTH, A.L. & MAYER, D. (2011). Mental contrasting facilitates academic performance in school children. *Motivation and Emotion*, 35, p. 403-412.

GOLLWITZER, P.M. (2014). Weakness of the will: Is a quick fix possible? *Motivation and Emotion*, 38, p. 305-322.

GOLLWITZER, P.M. & SHEERAN, P. (2006). Implementations intentions and goal achievement: A meta-analysis of effects and processes. *Advances in Experimental Social Psychology*, 38, p. 69-119.

HIGGINS, E.T. (2000). Making a good decision: Value from fit. *American Psychologist*, 55, p. 1.217-1.230.

KAPPES, A. & OETTINGEN, G. (2014). The emergence of goal pursuit: Mental contrasting connects future and reality. *Journal of Experimental Social Psychology*, 54, p. 25-39.

KIRK, D.; OETTINGEN, G. & GOLLWITZER, P.M. (2013). Promoting integrative bargaining: Mental contrasting with implementation intentions. *International Journal of Conflict Management*, 24, p. 148-165.

LOCKE, E.A. & LATHAM, G.P. (2006). New Diretions in Goal-Settings Theory. *SAGE journals*, vol. 15, n. 5, p. 265-268.

LOPES da SILVA, A. & PEREIRA, M.C. (2012). "Aprender a ser saudável: um desafio aos comportamentos de saúde". In: VEIGA SIMÃO, A.M.; FRISON, L.M.B. & ABRAHÃO, M.H.M.B. (orgs.). *Autorregulação da aprendizagem e narrativas autobiográficas*: epistemologia e práticas. Natal/Porto Alegre/Salvador: EDUFRN/Edipucrs/Eduneb, p. 287-320.

LOPES da SILVA, A.; VEIGA SIMÃO, A.M. & SÁ, I. (2004). Autorregulação da aprendizagem: Estudos teóricos e empíricos. *InterMeio:* Revista do Mestrado em Educação da Universidade Federal de Mato Grosso do Sul, 10 (19), p. 59-74.

MADDUX, J.E. (2000). "Self-Efficacy: The power of believing you can". In: SNYDER, C.R. & LOPEZ, S.J. (orgs.). *Handbook of positive psychology*. Nova York: Oxford University Press, p. 335-343.

OETTINGEN, G. & GOLLWITZER, P.M. (2010). "Strategies of setting and implementing goals: Mental contrasting and implementation intentions". In: MADDUX, J.E. & TANGNEY, J.P. (orgs.). *Social psychological foundations of clinical psychology*. Nova York: Guilford, p. 114-135.

OETTINGEN, G. & REININGER, K.M. (2016). The power of prospection: Mental contrasting and behavior change. *Social and Personality Psychology Compass*, 10, p. 591-604.

OETTINGEN, G.; KAPPES, H.B.; GUTTENBERG, K.B. & GOLLWITZER, P.M. (2015). Self-regulation of time management: Mental contrasting with implementation intentions. *European Journal of Social Psychology*, 45, p. 218-229.

PAULINO, P.; SÁ, I. & LOPES da SILVA, A. (2016). Students' motivation to learn in middle school – A self-regulated learning approach. *Electronic Journal of Research in Educational Psychology*, 14 (39), p. 193-225.

VEIGA SIMÃO, A.M. & FRISON, L. (2013). Autorregulação da aprendizagem: Abordagens teóricas e desafios para as práticas em contextos educativos. *Cadernos de Educação*, 45, p. 2-20.

WEBB, T.L. & SHEERAN, P. (2008). Mechanisms of implementation intention effects: The role of goal intentions, self-efficacy, and accessibility of plan components. *British Journal of Social Psychology*, 47, p. 373-395.

ZIMMERMAN, B.J. (2013). From cognitive modeling to self-regulation: a social cognitive career path. *Educational Psychologist*, vol. 48, n. 3, p. 135-147.

8
Entrevista com tarefas autênticas da Educação Infantil
Avaliação da aprendizagem autorregulada

Janete Silva Moreira
Ana Margarida Veiga Simão

1 Aprendizagem autorregulada na infância

O desenvolvimento da autorregulação na infância tem vindo a ser considerado um tema relevante na investigação internacional por se tratar de uma competência fundamental para o envolvimento e sucesso escolares (CORREIA-ZANINI; MARTURANO & FONTAINE, 2018; McCLELLAND & WANLESS, 2015). A Educação Infantil é um contexto privilegiado para o desenvolvimento da aprendizagem autorregulada, uma vez que há mais tempo e espaço para dar atenção ao que se faz, pensa e sente ao aprender, em comparação com outros ciclos de ensino (PINO-PASTERNAK; BASILIO & WHITEBREAD, 2014). Para além disso, reconhece-se potencial nas crianças dos 3 aos 6 anos para a execução de várias tarefas cognitivas que incluem aplicar respostas de organização, modificação e regulação de si próprias, tornando-se mais responsáveis e conscientes dos seus pensamentos e ações (BRONSON, 2000). Por exemplo, as crianças dessa faixa etária tendem a centrar-se na ação em detrimento do pensamento e utilizam frequentemente uma conduta verbal que as ajuda a organizar e a regular o seu comportamento (SÁIZ; CARBONERO & ROMÁN, 2014). O fato de as estruturas cerebrais estarem em formação, sobretudo ao nível do córtex pré-frontal (funções do planeamento, atenção, memória de trabalho, tomada de decisão e controle inibitório), cria, também, oportunidades para o desenvolvimento das competências autorregulatórias (BRONSON, 2000). De fato, a maioria das crianças com 5 anos de idade consegue pensar por si própria, analisar tarefas específicas, tomar decisões e resolver problemas – o que tem sido associado ao conhecimento metacognitivo (PISCALHO & VEIGA SIMÃO, 2014a). Mas essa competência está intimamente relacionada com as oportunidades do contexto (SILVA MOREIRA &

VEIGA SIMÃO, 2019), com a forma como a autorregulação da aprendizagem é promovida e avaliada, e como é possibilitado à criança deter o papel ativo na construção do conhecimento (WHITEBREAD et al., 2005). Por aprendizagem autorregulada entendemos um ciclo de ação, continuamente aberto a novos desenvolvimentos, com recuos e avanços, sempre diferentes, uma vez que são enriquecidos pela experiência prévia (ZIMMERMAN, 2013). O modelo que adotamos envolve três fases principais: fase prévia ou antevisão (*forethought*), fase de realização ou controle volitivo (*performance/volitional control*) e fase de autorreflexão (*self-reflection*), estando relacionadas umas com as outras de modo recíproco.

Os documentos orientadores da Educação Infantil em Portugal (MINISTÉRIO DA EDUCAÇÃO, 2010; 2016; 2017) preveem que se promova a autonomia e a responsabilização da criança com metas apropriadas à idade. Os objetivos da Agenda 2030 das Nações Unidas para o Desenvolvimento Sustentável apontam também para a necessidade de as crianças acederem a uma Educação Infantil de qualidade que contribua para o seu desenvolvimento e preparação para a escolaridade obrigatória (objetivo específico 4.2 – ONU, 2015). Tanto a investigação quanto as normas curriculares vigentes para a Educação Infantil portuguesa pretendem incluir os aprendentes na construção do seu próprio processo de aprendizagem, de forma a estarem mais conscientes de como funcionam e de como podem aprender. O desenvolvimento da autorregulação pode, pois, incluir um treino estratégico que possibilite aos educadores e aprendentes aplicar as suas competências de aprendizagem, como ferramentas pró-ativas (VEIGA SIMÃO & FLORES, 2007), que conduzem à autonomia para gerir o processo de aprender à escolha das estratégias adequadas a um melhor desempenho.

2 Avaliação da aprendizagem autorregulada

A complexidade do construto da autorregulação da aprendizagem faz com que seja muito difícil de ser medido. Uma das definições caracteriza a aprendizagem autorregulada como uma ação intencional, planeada, temporal, dinâmica e complexa (LOPES da SILVA; VEIGA SIMÃO & SÁ, 2004). Avaliar as componentes individuais da aprendizagem autorregulada não faz, portanto, justiça ao seu caráter holístico e multidimensional, pois nenhuma das dimensões é capaz de, por si só, refletir a complexidade e a diversidade dos esforços realizados pelos aprendentes para aprender autonomamente (BOEKAERTS & CORNO, 2005). Os trabalhos de pesquisa sobre a aprendizagem autorregulada têm apontado algumas mudanças, tendendo a ser, hoje em dia, consensualmente aceitos como um processo de desenvolvimento que é dependente da situação e sensível ao contexto. Assim se incluem os fatores sociais e emocionais nos modelos de autorregulação, dando mais importância aos objetivos de aprendizagem. As perspectivas que se caracterizam como globais e integradas contribuem, de fato, para compreender como as diversas componentes operam num determinado sistema, considerando-se a aprendizagem autorregulada de forma contextualizada. Sabendo que os processos de ensino e aprendizagem e as práticas educativas implicam componentes sociais, a construção individual do conhecimento torna-se inseparável da construção coletiva realizada nas interações com o educador e o grupo de pares, num processo cultural e interpessoal (VERAKSA et al., 2016). Por outro lado, a investigação tem vindo a estudar a autorregulação da aprendizagem como um processo de desenvolvimento dinâmico, devendo, por isso, ser avaliada enquanto está a ocorrer (BOEKAERTS & CORNO, 2005). Os princípios da avaliação dinâmica dizem respeito, em termos gerais, a um conjunto diversificado de procedimentos de natureza psicológica e educacional orientados para a identificação do potencial cognitivo e de aprendizagem. Podendo ser efetuado num contexto individualizado de intervenção, esse processo avaliativo pretende promover a capacidade de aprendizagem da criança e dar pistas ao avaliador sobre as áreas que pode ajudar a promover (VERAKSA et al., 2016). Na verdade, o caráter da avaliação dinâmica descreve a natureza do processo de avaliação e significa que, enquanto ele decorre, há um envolvimento ativo do aprendente e do avaliador (ZIMMERMAN & SCHUNK, 2011). Nessa díade, é valorizada a própria aprendizagem e o estudo dos processos nela envolvidos, sobretudo na sua vertente de modificabilidade em detrimento da estabilidade (CANDEIAS et al., 2006; GRIGORENKO & STERNBERG, 1998).

3 Instrumentos de avaliação da aprendizagem autorregulada

Os instrumentos e técnicas de avaliação devem assim ser ajustados aos contextos, contribuindo para compreender as tentativas que os aprendentes fazem para se autorregularem. A complementaridade adequada e ajustada entre medidas quantitativas e qualitativas (abordagens multimétodos) e o recurso a medidas que valorizem a realização de tarefas educativas de domínio específico e em tempo real devem constituir-se como o caminho a percorrer nas avaliações e investigações a realizar (PANADERO; KLUG & JÄRVELÄ, 2016). As provas dinâmicas são, nesse sentido, um meio de avaliar as capacidades latentes dos indivíduos (GRIGORENKO & STERNBERG, 1998), tendo em conta que a pontuação atribuída à resposta dos indivíduos não se baseia simplesmente no momento da apresentação da prova, mas inclui o processo de aprendizagem em várias fases, incluindo, por vezes, o sistema de uma dada intervenção educativa, treino ou instrução.

A entrevista é considerada um instrumento válido para conhecer as experiências do indivíduo e para compreender a interação dinâmica entre o próprio e o contexto (De GROOT, 2002; SILVA & VEIGA SIMÃO, 2016). As questões colocadas ao aprendente devem funcionar como estímulos sensíveis, encorajando-o a refletir sobre a utilização de estratégias, pensamentos, sentimentos, bem como a sua própria consciencialização de características específicas do contexto. A metodologia microanalítica também é consistente para medir a aprendizagem autorregulada. Nesta, o investimento dos aprendentes na aprendizagem é avaliado em três fases cíclicas: antes, durante e depois da atividade (ZIMMERMAN, 2013). As medidas de *think-aloud* e de observação durante a fase de execução, caracterizadas como mais complexas do ponto de vista da análise, podem ser particularmente úteis na recolha de informação sobre os estados e processos aplicados pelo aprendente durante o tempo em que se autorregula (WINNE & PERRY, 2000). As entrevistas com tarefa constituem-se como um instrumento que permite, por meio de uma conversa semiestruturada, aceder às dimensões cognitivas, metacognitivas, motivacionais e volitivas do aprendente. Esse tipo de entrevista pode ser, para o entrevistador e, ao mesmo tempo, para o entrevistado, uma oportunidade de autoconhecimento, já que a avaliação da tarefa não recai apenas sobre os resultados alcançados, mas também sobre os processos utilizados e a forma como eles se vão desenvolvendo no sentido de uma meta de aprendizagem (VEIGA SIMÃO & FLORES, 2007). Assim, ao fazer uso da entrevista como instrumento potenciador das competências autorregulatórias dos aprendentes e como estratégia de avaliação do processo autorregulatório, deve adotar-se um enfoque reflexivo e estratégico na execução das tarefas de aprendizagem (antevisão, planeamento estratégico, execução, monitorização, controle volitivo, avaliação e reflexão), incluir o lado social e afetivo da aprendizagem e considerar a percepção de autoeficácia do entrevistado (SILVA & VEIGA SIMÃO, 2016). A maioria dos aprendentes tem dificuldade em expressar o conteúdo do seu pensamento, não só por falta de hábito de pensar sobre o seu próprio pensamento, mas também por questões relacionadas com o desenvolvimento humano e a maturação das estruturas cerebrais. Dessa forma, as práticas educativas e avaliativas que permitem ao aprendente pensar sobre o porquê de as coisas conduzirem à aquisição de vocabulário indispensável para a familiarização com esse processo e à consciencialização dos processos psicológicos subjacentes, dando oportunidade a que o uso da linguagem transforme progressivamente o pensamento (ROBSON, 2016). Essas práticas serão tanto mais eficazes quanto mais contextualizado for o processo de aprendizagem, envolvendo todas as dimensões do ser humano, associando-as ao sentido da descoberta e da construção de significados (CIASCA & MENDES, 2009).

Especificamente na infância, a investigação tem contribuído para identificar estratégias autorregulatórias utilizadas pelas crianças nas suas tarefas quotidianas, nomeadamente pelo desenvolvimento de instrumentos de observação direta (lista CHILD de WHITEBREAD et al., 2009), de interação entre os intervenientes com registro em áudio e vídeo (SILVA & VEIGA SIMÃO, 2016; WHITEBREAD & PINO-PASTERNAK, 2013), de registro com diários (FERREIRA; VEIGA SIMÃO & LOPES da SILVA, 2015), de narrativas (ROSÁRIO; NÚÑEZ & GONZÁLEZ-PIENDA, 2007), de escalas (BAYINDIR & URAL, 2016) e instrumentos que recorrem às novas tecnologias (De la FUENTE & DÍAZ, 2011; FESSAKIS; GOULI & MAVROUDI, 2013; WINNE & HADWIN, 2013). Contudo, há necessidade de desenvolver instrumentos que avaliem a multidimensionalidade do processo autorregulatório enquanto ele ocorre em crianças (FERREIRA; VEIGA SIMÃO & LOPES da SILVA, 2015; PINO-PASTERNAK; BASILIO & WHITEBREAD, 2014) e, mais concretamente, na segunda infância (4-7 anos) (GUERRERO & PUCHE-NAVARRO, 2015; WHITEBREAD et al., 2009) no contexto português. A construção de instrumentos de apoio à prática pedagógica que permitam compreender os aprendentes no seu contexto, de acordo com um modelo global de resposta à intervenção, e contribuir para uma comunidade educativa mais reflexiva que proporcione às crianças oportunidades para aprender a aprender, é uma necessidade atual reforçada por educadores, professores e investigadores (PISCALHO & VEIGA SIMÃO, 2014b).

Nesta pesquisa pretendeu-se construir um instrumento para avaliar a aprendizagem autorregulada que considerasse o seu caráter dinâmico, processual e multidimensional, tendo por base a entrevista com tarefa e as especificidades da segunda infância no contexto da Educação Infantil. Definiram-se dois objetivos: (1) identificar as percepções, processos e estratégias autorregulatórias aplicadas pelas crianças na resolução de uma tarefa autêntica; (2) compreender se a avaliação com um instrumento que recorre ao autorrelato, à observação e ao desempenho de uma tarefa respeita o caráter dinâmico da aprendizagem autorregulada.

Método

O instrumento utilizado neste estudo pretendeu contribuir, com dados detalhados de nível prático e conceptual (YIN, 2014), para a compreensão do modo como as crianças da segunda infância realizam uma tarefa autêntica do currículo da Educação Infantil portuguesa.

Participantes

Foram selecionadas 58 crianças por meio de um método intencional, com os seguintes requisitos: ter 5 anos de idade e frequentar a Educação Infantil. 32 crianças eram do sexo feminino. Os participantes provinham de quatro escolas localizadas na área metropolitana de Lisboa, provindos de meios socioeconômicos variados, três deles de ensino privado. Dois dos grupos a que as crianças pertenciam eram multietários e dois incluíam exclusivamente crianças com 5 anos. A experiência profissional das educadoras que lideravam os grupos variava entre 4 e 28 anos.

Instrumentos

Foi adotada uma perspectiva da avaliação da aprendizagem autorregulada que combina medidas de componente avaliativa e interventiva (PANADERO; KLUG & JÄRVELÄ, 2016), com triangulação de dados, considerando a componente interventiva como parte integrante do desenho da pesquisa. Tendo em conta o dinamismo da aprendizagem autorregulada, o seu desenvolvimento cíclico e multidimensional e as especificidades que essas características acarretam para a sua avaliação (FERREIRA; VEIGA SIMÃO & LOPES da SILVA, 2015; LOPES da SILVA; VEIGA SIMÃO & SÁ, 2004; PINO-PASTERNAK; BASILIO & WHITEBREAD, 2014), utilizaram-se medidas de diferentes naturezas. Concretamente, neste estudo optou-se por uma abordagem de recolha de dados multimétodos, por meio de autorrelato, observação direta e desempenho da tarefa, que permitiu aceder a dados verbais e não verbais. O instrumento utilizado foi a entrevista com tarefa, com recurso a um guião semiestruturado (SILVA & VEIGA SIMÃO, 2016) e uma grelha de registro construída a partir de outras investigações (COSTA, 2014; NADER-GROSBOIS & LEFÈVRE, 2011; ROMERA, 2003) que permitiu assinalar os dados de forma sistemática e precisa, sem recorrer a gravação de áudio ou vídeo. Procurou garantir-se a validade de conteúdo do instrumento com a formulação de questões em concordância com o referencial (ZIMMERMAN, 2013), seguindo a arquitetura do construto, e a validade de critério ficou reforçada pelo efeito de reatividade que o instrumento provoca, por si próprio (PANADERO; KLUG &

JÄRVELÄ, 2016). A opção por uma abordagem mista foi intencional, aliando itens estandardizados e questões abertas, de âmbito qualitativo, que instigaram a reflexão e permitiram explorar as respostas das crianças (figura 1).

Figura 1 – Abordagem multimétodos que segue a arquitetura autorregulatória

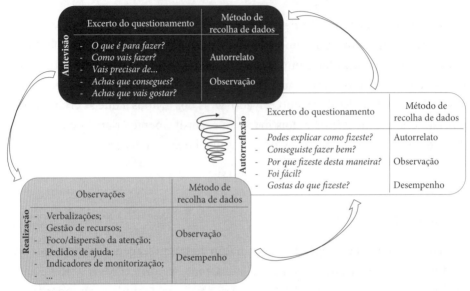

Fonte: dados da pesquisa.

Uma vez que se pretendia identificar as percepções, processos e estratégias autorregulatórias naquele dado contexto e enquanto eles decorrem (BOEKAERTS & CORNO, 2005), selecionou-se uma tarefa autêntica da Educação Infantil. A aplicabilidade dessa entrevista sublinha que é a tarefa selecionada que cria a situação de aprendizagem, devendo para tal respeitar determinados critérios como o fato de permitir, numa dinâmica recursiva, o planeamento/antevisão, monitorização/realização e autorreflexão, de modo a desenvolver-se o questionamento na primeira e terceira fases e observar-se durante a realização. Nesse contexto específico, o processo de seleção da tarefa foi efetuado em parceria com os profissionais do contexto e testado anteriormente (COSTA, 2014), tendo-se garantido que ela apresentava uma estrutura suficientemente desafiadora para potenciar as competências autorregulatórias dos aprendentes (*e. g.*, resolução de problemas), permitia que os aprendentes mobilizassem competências de referência para a sua faixa etária e detinham conhecimentos anteriores relativamente aos conteúdos (MINISTÉRIO DA EDUCAÇÃO, 2010; 2016; 2017). Utilizaram-se também alguns recursos gráficos que se constituíram como elementos motivadores e auxiliadores às respostas das crianças.

Procedimentos

A investigação foi submetida à avaliação de uma Comissão Especializada de Deontologia. Foi requerida autorização escrita à direção das escolas e aos encarregados de educação, tendo-se acautelado os procedimentos éticos e deontológicos e mantido o anonimato dos participantes por meio de codificação. Antes da entrevista, a investigadora teve contato com as crianças e as suas atividades diárias, a fim de estabelecer uma relação de proximidade e minorar efeitos que condicionassem o estudo. As entrevistas foram efetuadas individualmente, em espaço próprio, sem interrupções, onde só a investigadora e a criança estiveram presentes. O espaço estava equipado com duas cadeiras, uma mesa e os materiais destinados à realização da tarefa. Depois de explicado o objetivo da sessão, obteve-se o consentimento informado. Quando do início da entrevista eram concedidos alguns segundos à criança para observação livre da atividade e, depois, lida a instrução da tarefa. A duração das entrevistas variou entre 10 e 40 minutos, com média de 15 minutos, tendo sido realizadas conforme a disponibilidade dos participantes.

Tendo em conta a natureza do estudo, acautelaram-se as competências da observadora, sendo ela também um elemento ativo e construtivo da avaliação. A investigadora procurou estabelecer uma relação empática, positiva e de aceitação face às crianças, usando a escuta ativa, dando atenção ao comportamento não verbal e encorajando-as perante as suas respostas para melhor aceder ao conteúdo da aprendizagem e da avaliação. Foi ainda assegurado o domínio do conteúdo do guião, a fim de o adaptar às circunstâncias imprevistas, sem prejuízo da recolha de informação. A investigadora procurou ainda oportunidades para receber *feedback* acerca do seu desempenho, dado o seu caráter participativo na entrevista.

Análise de dados

As análises de dados foram do tipo misto, partindo-se para a recolha com algumas categorias derivadas do enquadramento conceptual e completando-se ou alterando-se o seu significado consoante as categorias que emergiram das análises (BARDIN, 1989). Efetuou-se a análise de conteúdo e de frequência das respostas. O sistema de categorias e a sua operacionalização foi criteriosamente desenvolvido por três peritos (tabela 1).

Tabela 1 – Sistema de categorias e sua operacionalização

Fase	Categoria	Operacionalização
Antevisão	Identificação do objetivo	Reconhece o objetivo (refere verbalmente ou gestualmente) ou pede para confirmar o objetivo que identificou.
Antevisão	Organização e transformação	Antecipa a mobilização de recursos, competências ou estratégias necessárias à realização da tarefa.
Antevisão	Percepção de autoeficácia	Avalia-se quanto à capacidade para realizar a tarefa.
Antevisão	Reação afetiva	Avalia o seu gosto em realizar a tarefa.
Realização	Autoinstrução	Utiliza instruções privadas de forma audível ou realiza a tarefa em silêncio.
Realização	Gestão de recursos	Organiza os materiais e condições em função dos objetivos da tarefa.
Realização	Suporte social	Pede ajuda para realizar a tarefa.
Realização	Monitorização de desempenho	Faz a revisão do produto* e/ou procura aprovação externa.
Realização	Foco atencional	Confirma se está a cumprir o objetivo ou dispersa a atenção.
Autorreflexão	Avaliação descritiva	Explica o que fez, mencionando estratégias de realização da tarefa e as opções que tomou.
Autorreflexão	Autoavaliação	Avalia o seu desempenho na tarefa.
Autorreflexão	Critérios de execução	Justifica o resultado com elementos referentes ao objetivo inicial ou com elementos que condicionaram a realização.
Autorreflexão	Percepção de dificuldade	Avalia o seu grau de dificuldade ao realizar a tarefa.
Autorreflexão	Reação afetiva	Refere se gostou de ter realizado a tarefa.
Autorreflexão	Autorreação	Avalia o seu grau de satisfação com o resultado da tarefa.
Autorreflexão	Inferências de adaptação/de defesa	Formula intenções de melhoria, antecipando estratégias ou competências que deverá mobilizar.

* Por produto entende-se o resultado do desempenho da tarefa realizada pela criança.
Fonte: dados da pesquisa.

A figura 2 apresenta o sistema de categorias e subcategorias, tendo-se optado por uma ilustração circular, que remete também para o ciclo autorregulatório.

Figura 2 – Sistema de categorias e subcategorias seguindo a arquitetura autorregulatória

Fonte: dados da pesquisa.

O resultado do desempenho da tarefa foi avaliado num sistema de categorização mutuamente exclusivo por dois juízes com um acordo interjuízes de 98% (figura 3).

Figura 3 – Produtos do desempenho da tarefa

Fonte: dados da pesquisa.

Resultados e discussão

1 Antevisão, realização, autorreflexão e produto da tarefa

Optou-se por uma apresentação dos resultados que seguisse o referencial autorregulatório (antevisão, realização, autorreflexão e produto da tarefa). A frequência das observações é apresentada em números brutos, correspondendo ao total dos 58 participantes. Discute-se a pertinência do instrumento para a identificação das percepções, processos e estratégias autorregulatórias e a fidelidade ao dinamismo da aprendizagem autorregulada quando avaliada com o mesmo. São ainda tecidas algumas considerações sobre a importância da intencionalidade pedagógica para a promoção da aprendizagem autorregulada na Educação Infantil.

a) Antevisão da tarefa

Os resultados que se destacaram na fase de antevisão da tarefa constam na tabela 2.

Tabela 2 – Resultados relativos à fase de antevisão da tarefa

Categoria	Subcategoria	Observações	Indicador
Identificação do objetivo	–	45	"Copio os quadrados, os triângulos e os círculos."
Organização e transformação	Gestão de condições e recursos	48	"Com lápis"; "Destas folhas".
	Competências psicomotoras	12	"Desenhar"; "Fazer as formas aqui".
	Estratégias cognitivas e metacognitivas	9	"Concentração"; "Contar".

Fonte: dados da pesquisa.

b) Realização da tarefa

Durante a realização, as estratégias das crianças foram diversificadas podendo ser consultadas na tabela 3.

Tabela 3 – Resultados relativos à fase de realização da tarefa

Categoria	Subcategoria	Observações	Indicador
Autoinstrução	Externalização da ação	24	Utiliza instruções privadas de forma audível.
	Internalização da ação	34	Realiza a tarefa em silêncio.
Gestão de recursos	–	20	Usa uma cor diferente para cada forma.
Suporte social	–	2	"Podes ajudar a apagar?"
Monitorização de desempenho	Revisão do produto	9	"Aqui está mal, tenho de apagar"; "Não consigo fazer quadrados, calham-me sempre retângulos".
	Aprovação externa	6	"Estou a fazer bem?"
Foco atencional	Prossecução na ação	53	Olha para o modelo várias vezes, enquanto desenha na folha.
	Dispersão da atenção	5	Interrompe, faz comentários; "O que vamos fazer a seguir?"

Fonte: dados da pesquisa.

c) Autorreflexão sobre a tarefa

Os resultados que se destacaram na fase de autorreflexão são apresentados na tabela 4.

Tabela 4 – Resultados relativos à fase de autorreflexão sobre a tarefa

Categoria	Subcategoria	Observações	Indicador
Avaliação descritiva	-	36	"Primeiro..., depois usei..., a seguir fiz..."
Critérios de execução	Comparação com a instrução	8	"Para ficar igual ao outro."
	Objetivos pessoais	21	"Não consegui fazer maior"; "Queria fazer cores diferentes".
	Contingências	2	"Não tinha todos os materiais que queria."
Percepção de dificuldade	-	54	"Foi fácil."
Inferências de adaptação/de defesa	Aspectos gerais	19	"Fazer bem."
	Competências psicomotoras	11	"Vou fazer maior."
	Estratégias cognitivas e metacognitivas	12	"Vou completar"; "Vou fazer igual ao boneco que aparecer".

Fonte: dados da pesquisa.

d) Produto da tarefa

Os resultados sobre o desempenho da tarefa revelam que 43 crianças atingiram o objetivo e 15 não atingiram. Entre as que atingiram o objetivo foi possível distinguir as crianças que desenharam as formas geométricas em número e local corretos (25 observações) e as que desenharam em número correto, mas só com algumas formas no local certo (18 observações). Identificaram-se também diferentes estratégias de realização, tais como: utilizar um só recurso como o lápis de carvão ou uma caneta de cor (29 observações); usar diferentes recursos como várias canetas de cor (9 observações); mostrar intenção de melhoria ao apagar e refazer as formas (6 observações) e distribuir uniformemente as formas pelo desenho (19 observações).

2 Identificação de estratégias e processos autorregulatórios

Por meio da utilização da entrevista com tarefa foi possível identificar um grande número e qualidade de estratégias e processos aplicados pelas crianças nos momentos de antevisão, realização e autorreflexão da tarefa. O fato de essa abordagem estar ancorada num referencial teórico (ZIMMERMAN, 2013) lhe confere robustez, permitindo uma análise detalhada de acordo com as fases do modelo. Ao nível da antevisão é possível compreender se as crianças identificam o objetivo da tarefa, qual o seu plano de ação e quais as estratégias que pretendem aplicar para resolver a tarefa. É também possível conhecer algumas percepções das crianças no que respeita à autoeficácia e à reação afetiva face à tarefa e ao objetivo a cumprir (cf. ponto sobre *Dinamismo avaliativo da aprendizagem autorregulada*, tabela 5). O levantamento das estratégias de realização revelou as opções das crianças, sendo possível identificar estratégias de monitorização e de envolvimento. Ao nível da autorreflexão, o instrumento permite conhecer as descrições das crianças sobre o seu desempenho e quais os critérios que atribuem ao resultado. Surgem ainda indícios fiáveis sobre a percepção de dificuldade, a autorreação e a autoavaliação face à tarefa, bem como a antecipação de intenções para o futuro, com inferências de adaptação ou defesa. Combinando medidas de autorrelato, de desempenho e de observação direta, numa abordagem qualitativa que complementa as respostas das crianças com os pedidos de justificação e as observações do avaliador, é possível mapear diferentes níveis de elaboração. Esse tipo de informação, bastante específica sobre o desenvolvimento infantil, permite aceder ao leque de estratégias de cada criança e identificar as áreas fortes e fracas do seu desempenho. A avaliação da aprendizagem autorregulada com recurso à entrevista com tarefa poderá tornar o processo avaliativo mais completo e produtivo porque implica um envolvimento ativo entre o aprendente e o avaliador. A anotação da resposta de forma categorizada torna a aplicação célere, mas a possibilidade de completar com descritivos do comportamento confere-lhe precisão, respeitando a modificabilidade dos processos psicológicos envolvidos (CANDEIAS et al., 2006; GRIGORENKO & STEINBERG, 1998; ZIMMERMAN & SCHUNK, 2011). A abordagem pelo questionamento é um recurso necessário na segunda infância porque as crianças têm dificuldade em especificar o conteúdo do seu pensamento, sendo essencial recorrer à linguagem que, ao mesmo tempo, promove o potencial de autorregulação (ROBSON, 2016; WINNE & PERRY, 2000). O questionamento permite ainda promover a construção de um guião interno, uma vez que as perguntas se transformam em autoquestionamento, e contribuir para a interiorização dos processos autorregulatórios. Adicionalmente, esse processo avaliativo é também formativo porque dá indicações ao aprendente sobre as estratégias que deve elaborar com maior detalhe e sinaliza, ao avaliador, os processos pedagógicos que deve corrigir ou modificar.

3 Dinamismo avaliativo da aprendizagem autorregulada

Retomando a complexidade do construto da autorregulação da aprendizagem e, por isso, a dificuldade em medi-lo, é necessário ter em conta o seu caráter holístico e multidimensional de modo a refletir os esforços realizados pelos aprendentes durante a realização de uma tarefa (BOEKAERTS & CORNO, 2005). Nesta pesquisa analisou-se um conjunto de estratégias e processos psicológicos que contemplam não só o potencial de aprendizagem dos aprendentes (CANDEIAS et al., 2006; GRIGORENKO & STEINBERG, 1998), mas também as suas crenças de autoeficácia e os aspectos motivacionais, de interesse e envolvimento na tarefa (tabela 5). Os ambientes de aprendizagem promotores da autorregulação devem, de fato, incluir a componente motivacional que influencia a forma como o aprendente acredita na sua capacidade de aprender e no valor que atribui a determinadas tarefas. Mas deve também assegurar-se que o aprendente utiliza as estratégias que aprendeu. Consequentemente, os ambientes de aprendizagem devem ser flexíveis e adaptáveis às diferenças individuais, dando diversas oportunidades à ativação cognitiva, social e emocional por múltiplos caminhos que apelam à motivação intrínseca e à aquisição de informação (BRUNER, 1971; JAKUBOWSKI & DEMBO, 2002).

Ao relacionar o resultado do produto (atingiu ou não atingiu o objetivo) com a percepção de autoeficácia, observou-se uma tendência, já expectável, para as crianças se sobrevalorizarem (FERREIRA; VEIGA SIMÃO & LOPES da SILVA, 2015; KOMINSKY & KEIL, 2014). Na fase de antevisão, 14 crianças percepcionaram-se capazes de realizar a tarefa, apesar de não terem cumprido o objetivo. Do mesmo modo, 13 crianças referiram que a realização da tarefa foi fácil, mas não atingiram o objetivo. Esses dados parecem sublinhar a relevância do instrumento por permitir ao avaliador a possibilidade de pedir mais informação sobre as experiências anteriores do aprendente, explorando as suas crenças de autoeficácia e a percepção de dificuldade face a tarefas semelhantes. Outro resultado que merece ser salientado diz respeito ao desenvolvimento da competência de se autoavaliar de forma precisa, que pode ser sinalizada perante indicadores de perfeccionismo ou uma percepção de autoestima fragilizada, quando o aprendente se avalia negativamente, mesmo tendo atingido o objetivo da tarefa (1ª observação nesta pesquisa).

A relação entre o produto e o processo, relativamente às estratégias mencionadas pelas crianças, destaca outras potencialidades do questionamento autorregulatório, nomeadamente a possibilidade de mapear a qualidade das estratégias

Tabela 5 – Relação entre cumprimento do objetivo da tarefa, a percepção de autoeficácia, a reação afetiva, a percepção de dificuldade, a autorreação e a autoavaliação da criança

	Antevisão da tarefa									Autorreflexão sobre a tarefa								
	Percepção de autoeficácia *Achas que és capaz?*			Reação afetiva *Achas que vais gostar?*			Percepção de dificuldade *Foi fácil, para ti, fazeres esta atividade?*			Reação afetiva *Gostaste de fazer esta atividade?*			Autorreação *Gostas do teu trabalho?*			Autoavaliação *Conseguiste fazer bem?*		
	Não	*Mais ou menos*	*Sim*	*Nada*	*Mais ou menos*	*Muito*	*Não*	*Mais ou menos*	*Sim*	*Não*	*Mais ou menos*	*Sim*	*Não*	*Mais ou menos*	*Sim*	*Não*	*Mais ou menos*	*Sim*
Cumpriu o objetivo.	0	6	37	0	3	40	0	2	41	0	1	42	0	1	42	1	1	41
Não cumpriu o objetivo.	1	0	14	0	1	14	0	2	13	0	1	14	0	1	14	1	1	13

Fonte: dados da pesquisa.

Tabela 6 – Relação entre cumprimento do objetivo da tarefa e a antecipação de estratégias, os critérios de execução e as intenções de futuro da criança

	Processo								
	Antecipação de estratégias *Como vais fazer?* *Agora, completa a frase: vou precisar de...*			Critérios de execução *Por que fizeste desta maneira?*			Intenções de futuro *Como vais fazer esta atividade da próxima vez?*		
	Gestão de condições e recursos	Competências psicomotoras	Estratégias cognitivas e metacognitivas	Comparação com a instrução	Objetivo pessoal	Contingências	Aspectos gerais	Competências psicomotoras	Estratégias cognitivas e metacognitivas
Cumpriu o objetivo.	39	7	7	8	15	1	9	9	10
Não cumpriu o objetivo.	9	7	2	0	6	1	8	2	2

Fonte: dados da pesquisa.

(tabela 6). Os resultados deste estudo vão ao encontro a outras investigações (PIS-CALHO & VEIGA SIMÃO, 2014a; WHITEBREAD et al., 2009) e reafirmam que algumas crianças nomeiam estratégias cognitivas e metacognitivas, tanto na fase de antevisão como na de autorreflexão, sublinhando a importância de promover essas estratégias desde a Educação Infantil.

4 Intencionalidade pedagógica e promoção da aprendizagem autorregulada

A investigação desenvolvida contribui para a reformulação do processo de avaliação, considerando-o um processo pedagógico, dinâmico e reflexivo não só para os aprendentes, mas também para os profissionais que trabalham com as crianças da Educação Infantil. Tendo em conta os objetivos e metas orientadoras (MINISTÉRIO DA EDUCAÇÃO, 2010; 2016; 2017) que apontam a aprendizagem autorregulada e o desenvolvimento da autonomia como aspectos centrais do perfil do aluno à saída da escolaridade, torna-se necessário desenvolver as dimensões de autorregulação desde idades precoces, de modo harmonioso, articulando a intencionalidade pedagógica e os graus de liberdade permitidos às crianças para regularem a sua aprendizagem (BRONSON, 2000; LINHARES & MARTINS, 2015; PISCALHO & VEIGA SIMÃO, 2014b; SILVA MOREIRA & VEIGA SIMÃO, 2019; WHITEBREAD et al., 2009). A adoção de práticas educativas que incluam a modelagem e o treino de competências possibilitam oportunidades para as crianças aprenderem a organizar-se e a modificar a ação, controlar a sua atenção e o esforço, regular as relações sociais com os pares, manipular objetos e cumprir regras (DEMIRTAS, 2013). Os graus de liberdade na escolha do quê, com quem, quando, onde, como e por que das suas atividades diárias, contrariando modelos prescritivos e padronizados, têm apontado percursos interessantes no desenvolvimento da aprendizagem autorregulada (SILVA MOREIRA; VEIGA SIMÃO, 2019; VEIGA SIMÃO, 2012). Essas práticas permitem também a identificação das áreas mais ou menos desenvolvidas no desempenho da criança e conferem pistas para a criação de novas oportunidades na formulação de objetivos pessoais de aprendizagem. Na promoção da aprendizagem autorregulada, o contexto e as relações interpessoais são fundamentais para o sucesso educativo, uma vez que o aprendente regula a sua aprendizagem por meio de processos mentais e da interação social (JAKUBOWSKI & DEMBO, 2002). A figura 4 ilustra algumas possibilidades quanto à promoção do questionamento autorregulatório a partir das dimensões de autorregulação (BRONSON, 2000). Ele pode ser adotado pelos profissionais de

Educação, mesmo que de forma gradual, numa lógica de infusão curricular e intencionalidade pedagógica. Esse tipo de práticas tem dado indícios de promover a consciência autorregulatória, inicialmente no sentido externo-interno, sendo progressivamente interiorizada, para que as crianças detenham o papel central no seu processo de aprendizagem (PISCALHO & VEIGA SIMÃO, 2014a; SILVA MOREIRA & VEIGA SIMÃO, 2019).

Figura 4 – Oportunidades para o desenvolvimento das dimensões de autorregulação na Educação Infantil

Fonte: dados da pesquisa.

Parece, então, ser fundamental que as instituições educativas possibilitem aos aprendentes reelaborar, transformar, contrastar e reconstruir criticamente os conhecimentos que vão adquirindo, isto é, apostar no conhecimento estratégico (VEIGA SIMÃO, 2002).

Considerações finais

O presente estudo, que pretendeu construir um instrumento de avaliação da aprendizagem autorregulada, tendo em conta o seu caráter dinâmico, processual e multidimensional, as potencialidades da entrevista com tarefa e as especificidades da segunda infância, apresentou resultados que contribuem para o desenvolvimento dessa linha de investigação. O instrumento revelou indícios credíveis da possibilidade de identificar percepções, processos e estratégias autorregulatórias das crianças, relacionando-os com o produto. O recurso ao questionamento, como uma das formas de aceder às justificações e provocar nas crianças a consciência de certos processos, assumiu grande relevância. Considera-se que o instrumento respeita os princípios da avaliação dinâmica, permitindo interpretar as diferenças individuais numa perspectiva formativa e apontar pontos fortes e aspectos a melhorar no desenvolvimento do aprendente. O instrumento tem aplicabilidade em diversos contextos de âmbito educacional e é útil para a prática interdisciplinar. Tendo em conta que combina um conjunto de métodos versáteis, pode ser utilizado com diferentes tarefas e objetivos (*i. e.*, *baseline*, monitorização, medidas repetidas), uma vez que as potencialidades advêm do questionamento autorregulatório e das competências que o profissional deseje observar e avaliar, podendo adaptá-la ao contexto pedagógico e institucional. As limitações do estudo prendem-se com as opções metodológicas assumidas, nomeadamente pela presença de um único observador. Outras abordagens poderão equacionar a gravação em vídeo ou áudio ou a presença de dois observadores, controlando o efeito de variabilidade interobservadores. Sugere-se a validação do instrumento e a realização de estudos longitudinais, com medidas repetidas, que permitam analisar a evolução dos aprendentes. Poderá ser interessante analisar a comparação entre sexos, adaptar o instrumento a outras línguas e observar as estratégias dos aprendentes quando expostos a diferentes práticas pedagógicas. Torna-se assim necessário desenvolver linhas de investigação-ação colaborativa entre a Psicologia da Educação e a Educação Infantil para que a avaliação e a promoção da aprendizagem autorregulada sejam efetivas num maior número de contextos educacionais.

Agradecimentos

Gostaríamos de expressar o nosso agradecimento aos editores que possibilitaram a publicação deste capítulo. A investigação foi financiada pela Fundação para a Ciência e Tecnologia (SFRH/BD/137715/2018), em Portugal.

Referências

BARDIN, L. (1989). *L'analyse de contenu*. Paris: PUF.

BAYINDIR, D. & URAL, O. (2016). Development of the Self-Regulation Skills Scale. *International Online Journal of Educational Sciences*, vol. 8, n. 4, p. 119-132.

BOEKAERTS, M. & CORNO, L. (2005). Self-regulation in the classroom: a perspective on assessment and intervention. *Applied Psychology: an International Review*, vol. 54,

n. 2, p. 199-231 [Disponível em http://sohs.pbs.uam.es/webjesus/motiv_ev_autorr/lects%20extranjeras/self%20regulation.pdf].

BRONSON, M. (2000). "Supporting self-regulation in preschool and kindergarten children". In: BRONSON, M. *Self-regulation in early childhood*: nature and nurture. Nova York: Guilford, p. 198-220.

BRUNER, J. (1971). *Toward a theory of instruction*. Cambridge: Harvard University Press.

BRYCE, D. & WHITEBREAD, D. (2012). The development of metacognitive skills: evidence from observational analysis of young children's behavior during problem-solving. *Metacognition and Learning*, vol. 7, n. 3, p. 197-217.

CANDEIAS, A.; ALMEIDA, L.; REIS, T. & REIS, M. (2006). Avaliação dinâmica do potencial cognitivo em alunos com baixo desempenho escolar. *Psicologia e Educação*, vol. 5, n. 1, p. 119-132 [Disponível em http://psicologiaeeducacao.ubi.pt/Files/Other/Arquivo/VOL5/PE%20VOL5%20N1/PE%20VOL5%20N1_index_11_.pdf].

CIASCA, M. & MENDES, D. (2009). Estudos de avaliação na Educação Infantil. *Estudos de Avaliação em Educação*, vol. 20, n. 43, p. 293-304 [Disponível em http://www.fcc.org.br/pesquisa/publicacoes/eae/arquivos/1494/1494.pdf].

CORREIA-ZANINI, M.; MARTURANO, E. & FONTAINE, A. (2018). Efeitos da permanência na Educação Infantil sobre indicadores de desempenho, habilidades sociais, comportamento e estresse. *Estudos em Psicologia*, vol. 35, n. 3, p. 287-297.

COSTA, A. (2014). *Oportunidades de autorregulação da aprendizagem e comportamentos autorregulados em contexto pré-escolar*. Lisboa: Universidade de Lisboa [Dissertação de mestrado] [Disponível em https://repositorio.ul.pt/bitstream/10451/15407/1/ulfpie046639_tm_tese.pdf].

De GROOT, E. (2002). Learning through interviewing: students and teachers talk about learning and schooling. *Educational Psychologist*, vol. 37, n. 1, p. 41-52.

De la FUENTE, J. & LOZANO, A. (2011). "Design of the SEAI self-regulation assessment for young children and ethical considerations of psychological testing". In: DETTORI, G. & PERSICO, D. (orgs.). *Fostering Self-Regulated Learning Through ICTs*. Hershey: Information Science Reference, p. 39-53.

DEMIRTAS, V. (2013). Self-regulation strategies of the six-year-old pre-school children. *International Journal of Academic Research Part B*, vol. 5, n. 2, p. 264-273.

FERREIRA, P.; VEIGA SIMÃO, A.M. & LOPES da SILVA, A. (2015). Does training in how to regulate one's learning affect how students report self-regulated learning in diary tasks? *Metacognition and Learning*, vol. 10, n. 2, p. 199-230.

FESSAKIS, G.; GOULI, E. & MAVROUDI, E. (2013). Problem solving by 5-6 years old kindergarten children in a computer programming environment: A case study. *Computers & Education*, vol. 63, p. 87-97.

GRIGORENKO, E. & STERNBERG, R. (1998). Dynamic Testing. *Psychological Bulletin*, vol. 124, n. 1, p. 75-111.

GUERRERO, M. & PUCHE-NAVARRO, R. (2015). The emergence of cognitive short--term planning: performance of preschoolers in a problem-solving task. *Acta Colombiana de Psicología*, vol. 18, n. 2, p. 13-27.

JAKUBOWSKI, T. & DEMBO, M. (2002). "Social Cognitive Factors Associated with the Academic Self-Regulation of Undergraduate College Students in a Learning and Study Strategies Course". In: *Annual Conference of American Educational Research Association.* Nova Orleans [Disponível em https://archive.org/details/ERIC_ED465335/page/n1].

KOMINSKY, J. & KEIL, F. (2014). Overestimation of Knowledge About Word Meanings: The "Misplaced Meaning" Effect. *Cognitive Science*, vol. 38, p. 1.604-1.633.

LINHARES, M. & MARTINS, C. (2015). O processo da autorregulação no desenvolvimento de crianças. *Estudos em Psicologia*, vol. 32, n. 2, p. 281-293.

LOPES da SILVA, A.; VEIGA SIMÃO, A.M. & SÁ, I. (2004). A autorregulação da aprendizagem: estudos teóricos e empíricos. *InterMeio*: Revista do Mestrado em Educação da Universidade Federal de Mato Grosso do Sul, vol. 10, n. 19, p. 59-74.

McCLELLAND, M. & WANLESS, S. (2015). Introduction to the special issue: self-regulation across different cultural contexts. *Early Education and Development*, vol. 26, n. 5-6, p. 609-614.

MINISTÉRIO DA EDUCAÇÃO (2017). *Perfil dos alunos à saída da escolaridade obrigatória.* Lisboa: ME [Disponível em http://dge.mec.pt/sites/default/files/Curriculo/Projeto_Autonomia_e_Flexibilidade/perfil_dos_alunos.pdf – Acesso em 10/03/2019].

MINISTÉRIO DA EDUCAÇÃO – Direção Geral de Educação (2016). *Orientações curriculares para a educação pré-escolar.* Lisboa: ME [Disponível em http://www.dge.mec.pt/ocepe/sites/default/files/Orientacoes_Curriculares.pdf – Acesso em 10/03/2019].

MINISTÉRIO DA EDUCAÇÃO – Direção Geral de Inovação e Desenvolvimento Curricular (2010). *Metas de aprendizagem para a educação pré-escolar.* Lisboa: ME [Disponível em http://metasdeaprendizagem.dge.mec.pt/metasdeaprendizagem.dge.mec.pt/educacao-pre-escolar/apresentacao/index.html – Acesso em 10/03/2019].

ONU (2015). *Objetivos para o desenvolvimento sustentável*: 17 objetivos para transformar o nosso mundo. Nova York: ONU: UM [Disponível em http://www.un.org/sustainabledevelopment/].

PANADERO, E.; KLUG, J. & JÄRVELÄ, S. (2016). Third wave of measurement in the self-regulated learning field: when measurement and intervention come hand in hand. *Scandinavian Journal of Educational Research*, vol. 60, n. 6, p. 723-735.

PINO-PASTERNAK, D.; BASILIO, M. & WHITEBREAD, D. (2014). Interventions and Classroom Contexts That Promote Self-Regulated Learning: Two Intervention Studies in United Kingdom Primary Classrooms. *Psykhe*, vol. 23, n. 2, p. 1-13.

PISCALHO, I. & VEIGA SIMÃO, A.M. (2014a). Promover competências autorregulatórias da aprendizagem nas crianças dos 5 aos 7 anos: perspetivas de investigadores e docentes. *Interacções*, vol. 10, n. 30, p. 72-109.

_____ (2014b). Promoção da autorregulação da aprendizagem das crianças: proposta de instrumento de apoio à prática pedagógica. *Nuances*, vol. 25 n. 3, p. 170-190.

ROBSON, S. (2016). Are there differences between children's display of self-regulation and metacognition when engaged in an activity and when later reflecting on it? The complementary roles of observation and reflective dialogue. *Early Years*, vol. 36, n. 2, p. 179-194.

ROMERA, J. (2003). Procedimiento para la evaluación de las estratégias de la autorregulación durante el aprendizaje en educación infantil. *Revista Electrónica de Investigación Psicoeducativa y Psicopedagógica*, vol. 1, n. 1, p. 19-42 [Disponível em http://www.redalyc.org/pdf/2931/293152876004.pdf].

ROSÁRIO, P.; NÚÑEZ, J. & GONZÁLEZ-PIENDA, J. (2007). *Projecto sarilhos do amarelo* – Autorregulação em crianças sub-10: Guia para pais e professores. Porto: Porto Editora [Disponível em https://www.portoeditora.pt/pdf/CPGL_SA_96999_10N.pdf].

SÁIZ, M.; CARBONERO, M.-Á. & ROMÁN, J.-M. (2014). Aprendizaje de habilidades de autorregulación en niños de 5 a 7 años. *Universitas Psychologica*, vol. 13, n. 1, p. 2-23.

SILVA MOREIRA, J. & VEIGA SIMÃO, A.M. (2019). Oportunidades de autorregulação em contexto pré-escolar: percepções e práticas de educadores de infância. *Educação e Pesquisa*, vol. 45, e189254.

SILVA, J. & VEIGA SIMÃO, A.M. (2016). Entrevista com tarefa na identificação de processos na aprendizagem autorregulada. *Psicologia Escolar e Educacional*, vol. 20, n. 1, p. 89-99.

VEIGA SIMÃO, A.M. & FLORES, A. (2007). "Using interviews to enhance learning in teacher educations". In: *Icet World Assembly*, 52. Annual Border Pedagogy Conference, 6: Borders, Boundaries, Barriers and Frontiers: Promoting Quality in Teacher Educations. San Diego.

VEIGA SIMÃO, A.M. (2012). "Entrelaçar experiências narrativas com a autorregulação da aprendizagem". In: ABRAHÃO, M. (org.). *Pesquisa (auto)biográfica em rede*. Natal/Porto Alegre/Salvador: EDUFRN/Eplicrs/Eduneb, p. 113-140 [Pesquisa (auto)biográfica – temas transversais].

VERAKSA, N.; SHIYAN, O.; SHIYAN, I.; PRAMLING, N. & PRAMLING-SAMUELSSON, I. (2016). Communication between teacher and child in early child education: Vygotskian theory and educational practice. *Infancia y Aprendizaje Journal for the Study of Education and Development*, Londres.

WHITEBREAD, D. & PINO-PASTERNAK, D. (2013). "Video analysis of self-regulated learning in social and naturalistic contexts: the case of preschool and primary school children". In: VOLET, S. & VAURAS, M. (orgs.). *Interpersonal regulation of learning motivation*: methodological advances. Oxon/Nova York: Routledge, p. 14-44.

WHITEBREAD, D. et al. (2009). The development of two observational tools for assessing metacognition and self-regulated learning in young children. *Metacognition and Learning*, vol. 4, n. 1, p. 63-85.

WHITEBREAD, D.; ANDERSON, H.; COLTMAN, P.; PAGE, C.; PINO-PASTERNAK, D. & MEHTA, S. (2005). Developing independent learning in the early years. *Education 3-13*, vol. 33, n. 1, p. 40-50.

WINNE, P. & HADWIN, A. (2013). "nStudy: Tracing and supporting self-regulated learning in the internet". In: AZEVEDO, R. & ALEVEN, V. (orgs.). *International Handbook of Metacognition and Learning Technologies*. Nova York: Springer, p. 293-308.

WINNE, P. & PERRY, N. (2000). "Measuring self-regulated learning". In: BOEKAERTS, M.; PINTRICH, P. & ZEIDNER, M. (orgs.). *Handbook of self-regulation*. San Diego: Academic Press, p. 531-566.

YIN, R. (2009). *Case study research*: design and methods. Londres: Sage.

ZIMMERMAN, B. & SCHUNK, D. (2011). "Self-regulated learning and performance: An introduction and an overview". In: ZIMMERMAN, B.J. & SCHUNK, D.H. (orgs.). *Handbook of Self-Regulation of Learning and Performance*. Nova York: Routledge, p. 1-12.

ZIMMERMAN, B.J. (2013). From cognitive modeling to self-regulation: a social cognitive career path. *Educational Psychologist*, vol. 48, n. 3, p. 135-147.

9
Resolução de problemas na Matemática e competências de autorregulação por meio do jogo digital *A Festarola*

Ana Margarida Veiga Simão
Paula Paulino
Paula Costa Ferreira

Resolução de problemas e autorregulação da aprendizagem

O desenvolvimento de metodologias para ensinar a resolução de problemas consiste numa necessidade atual do sistema educativo. A literatura sugere que as competências de autorregulação da aprendizagem podem ser relevantes para a aquisição de competências dos alunos nesse domínio. A aprendizagem e o sucesso escolar na Matemática têm sido temáticas de enorme interesse nacional e internacional. A discussão tem evoluído no sentido da especificação dos objetivos e métodos de ensino associados a um maior sucesso na aprendizagem e no desempenho escolar nessa disciplina (De CORTE et al., 2011). Nesse domínio, um dos pressupostos-base é de que a aprendizagem da Matemática consiste num processo ativo, de construção de significados, de compreensão e de resolução de problemas (De CORTE & VERSCHAFFEL, 2006). Entre os investigadores e docentes da Matemática existe um elevado acordo sobre algumas componentes essenciais para a aprendizagem da disciplina, designadamente os conhecimentos, a competência de autorregulação e as crenças motivacionais associadas à Matemática (De CORTE et al., 2011). A relação entre as componentes da motivação, autorregulação e resolução de problemas na Matemática têm sido estudadas em diferentes contextos e faixas etárias, realçando uma correlação elevada entre tais dimensões (*e. g.*, CLEARY & CHEN, 2009; PRAST et al., 2018). Em particular, a percepção de autoeficácia e o valor percebido da tarefa têm sido identificados como preditores relevantes para o desempenho na Matemática (PRAST et al., 2018).

Um aluno com boas competências de autorregulação é, regra geral, bem-sucedido na resolução de problemas, pelo que o desenvolvimento de competências de resolução de problemas está interligado com a aquisição de estratégias de autorregulação que permita ao aluno saber o que, como e por que fazer (KRAMARSKI; WEISSE & KOLOLSHI-MINSKER, 2010). A resolução de problemas é um dos principais objetivos da educação na atualidade (ZSOLDOS-MARCHIS, 2016). Em Portugal, o Ministério da Educação refere, precisamente, como competências-chave a adquirir na escolaridade obrigatória o desenvolvimento de estratégias no domínio da resolução de problemas, relacionadas com a capacidade para descobrir respostas para situações novas e a tomada de decisão na realização de projetos (MINISTÉRIO DA EDUCAÇÃO E CIÊNCIA, 2017).

Na resolução de um problema de Matemática o estudante tem de tomar, com frequência, decisões acerca dos passos a seguir; por exemplo, definir o conceito, rever uma fórmula ou teorema, reconsiderar o problema de outra perspectiva, fazer uma estimativa do resultado etc. Esse processo parece traduzir uma constante monitorização do desempenho e dos resultados, associados à aprendizagem, compreensão e aplicação de novos conhecimentos, assim como a motivação do aluno para completar as tarefas (De CORTE et al., 2011).

A literatura refere que estudantes com níveis mais baixos de desempenho, mas com competências de autorregulação, são capazes de resolver problemas tão bem quanto outros alunos com níveis de desempenho mais elevados (HOWARD et al., 2000). Esse resultado fundamenta a importância da promoção de estratégias de autorregulação no domínio da aprendizagem da Matemática e da resolução de problemas (De CORTE et al., 2011).

Numa revisão das intervenções realizadas do domínio da autorregulação, motivação e Matemática, nomeadamente na resolução de problemas, De Corte e colaboradores (2011) encontraram algumas características interessantes nos contextos de aprendizagem, entre elas: (a) uma variedade de práticas educativas e atividades de aprendizagem, como a modelagem, a prática guiada com *coaching* e *feedback*, a discussão e reflexão em grupo acerca das possíveis estratégias e soluções para um problema; e (b) uma cultura inovadora no contexto de sala de aula baseada em novas normas sociais que estimulam o envolvimento ativo do aluno na autorregulação e resolução de problemas.

Esses resultados orientam-nos para a seguinte questão: quais as características dos contextos de aprendizagem que os tornam promotores do desenvolvimento de competências de autorregulação da aprendizagem no domínio da Matemática e resolução de problemas, e que conduzam os alunos a um melhor desempenho escolar?

O jogo enquanto ferramenta pedagógica

O jogo, a resolução de problemas e a aprendizagem são processos que nos acompanham ao longo da vida (ALMEIDA, 2012a). O jogo, em particular, é entendido como um espaço para pensar (BRENELLI, 2008), para aprender (HIRSH-PASEK & GOLINKOFF, 2008), e para aprender a pensar (RITCHHART & PERKINS, 2005).

Os estudos realizados nesse âmbito, com crianças do 1º ciclo do Ensino Básico, salientam o papel do jogo na relação pedagógica, na dinâmica entre ensino e aprendizagem, no treino cognitivo (ALMEIDA, 2012b), na integração social e escolar, no treino de estratégias de resolução de problemas (SMILANSKY, 1968), no desenvolvimento da criatividade e da linguagem (LINDQVIST, 1995), na promoção da independência e da responsabilidade. Independentemente das características do jogo, este é reconhecido como uma ferramenta valiosa para a promoção do desenvolvimento cognitivo, afetivo e social (ALMEIDA, 2012b).

Os jogos constituem, portanto, oportunidades de treino estratégico, que se baseiam numa aprendizagem ativa e por descoberta (PIAGET, 1954; DEWEY, 2007). Nesse sentido, a resolução de problemas poderá ser favorecida por meio desse treino na medida em que permite a possibilidade de explorar, criar, integrar e generalizar conhecimento. Por outro lado, quando a aprendizagem é conduzida pelo próprio estudante, com recurso a atividades adequadas aos seus interesses, com a monitorização do próprio, é promovida a integração de novos conhecimentos (ALMEIDA, 2012a).

A inovação tecnológica, pelo seu cariz de interatividade, gera novos ciclos de aprendizagem, formas de aprender, ciclos de relação, desafios e jogos cada vez mais exigentes, alternativos e aliciantes (OBLINGER, 2004; REDECKER et al., 2010). Os jogos digitais mobilizam diversas competências consideradas essenciais na aprendizagem (BOOT et al., 2008), designadamente: atenção, pesquisa, memória, análise, velocidade de processamento, capacidade de realização de várias tarefas em simultâneo, antecipação de consequências, planificação, negociação, comunicação, persuasão, motivação, tolerância à frustração, persistência, criatividade, gestão de recursos, resiliência, desenvolvimento emocional e autoconfiança (*e. g.*, GEE, 2010; McGONIGAL, 2011).

Considerando o exposto no que respeita ao processo de resolução de problemas, às competências de autorregulação e as potencialidades dos jogos enquanto ferramentas educativas, definiram-se neste estudo as seguintes questões de investigação: (a) A intervenção utilizando o jogo digital *A Festarola* promove a aprendizagem de estratégias de autorregulação nos alunos associadas ao processo de resolução de problemas? (b) A intervenção utilizando o jogo digital *A Festarola* melhora o desempenho de resolução de problemas dos alunos? (c) A intervenção utilizando o jogo digital *A Festarola* promove nos alunos crenças motivacionais e expectativas positivas associadas ao processo de resolução de problemas?

Método

Participantes

Participaram neste estudo 269 alunos do 1º ciclo do Ensino Básico, distribuídos por 16 turmas, do 3º (8 turmas) e 4º ano (8 turmas) de escolaridade, em três escolas públicas na cidade de Lisboa, com idades compreendidas entre os 8 e os 11 anos de idade ($M = 9,89$; $DP = 0,66$), sendo 58% meninos. Todos os participantes falavam português fluentemente e não tinham diagnóstico de necessidades educativas especiais.

Desenho da investigação

O presente estudo decorreu ao longo de três momentos distintos: pré-teste, intervenção e pós-teste. O pré-teste incluiu a realização de um *workshop* com professores, recolha de dados a partir de questionários e um estudo-piloto. A intervenção com os alunos do 3º e 4º ano do 1º ciclo do Ensino Básico decorreu ao longo de 8 sessões por turma, com a duração de cerca de 60 minutos cada sessão, num total de 128 sessões, conforme explicitado adiante. No momento do pós-teste foi realizado um segundo *workshop* com professores e recolha de dados a partir de questionários para avaliar os resultados da intervenção (cf. tabela 1).

Tabela 1 – Descrição do estudo

N. Sessão	Objetivos e atividades das sessões
Pré-teste	**Workshop com professores** Apresentação e enquadramento teórico da intervenção – As estratégias de autorregulação da aprendizagem e a resolução de problemas. Sensibilização para os temas e conteúdos. Apresentação do cronograma e objetivos das sessões de intervenção.
	Resposta aos instrumentos (alunos) Preenchimento das Escalas *ECMRP e Cearp*. Resolução de um problema de Matemática – *Problemas de Matemática: processos e cálculos.*
	Estudo–piloto em turmas de Escolas do 1º ciclo do Ensino Básico de Lisboa. Realização do teste dos materiais e procedimentos (*e. g.*, resolução de problemas, jogo *A Festarola*).
Sessões 1 a 8	Sessões de Intervenção com os alunos em contexto de sala de aula.
Pós-teste	*Workshop* com professores: avaliação da intervenção e do jogo.
	Avaliação da intervenção e do jogo (alunos) Discussão em grupo com os alunos sobre as estratégias utilizadas para a resolução do problema.
	Resposta aos instrumentos (alunos) Preenchimento das Escalas *ECMRP e Cearp*. Resolução de um problema de Matemática – *Problemas de Matemática: processos e cálculos.*

* A descrição detalhada dos instrumentos pode ser consultada na seção Procedimentos de avaliação da intervenção. Fonte: dados dos autores.

Descrição da intervenção

Este estudo foi implementado entre outubro de 2015 e janeiro de 2016 e decorreu de uma iniciativa no âmbito do Orçamento Participativo da Câmara Municipal de Lisboa, cujo *Projeto Resolução de Problemas* que foi, posteriormente, desenvolvido por uma equipe de investigadores da Faculdade de Psicologia da Universidade de Lisboa em colaboração com o Instituto Superior Técnico de Lisboa. Teve como objetivo desenvolver, nos alunos do 1º ciclo de escolaridade, estratégias de resolução de problemas, baseadas em processos e estratégias de autorregulação da aprendizagem, por meio de uma metodologia lúdica e apelativa. Para o desenvolvimento e implementação do projeto foram acautelados todos os procedimentos éticos e

Tabela 2 – Descrição da intervenção

N. sessão	Objetivos e atividades das sessões
1	**Apresentação da intervenção e do jogo às turmas (Sessão de trabalho em turma)** Sensibilização para as vantagens da aprendizagem através do jogo e com recurso às novas tecnologias. Apresentação da intervenção e do jogo *A Festarola*.
2	**Resolução de um problema e treino de estratégias de autorregulação (Sessão de trabalho em turma)** Resolução de um problema de Matemática (Problema 1). Discussão e reflexão em grupo com os alunos sobre as estratégias utilizadas para a resolução do problema. Apresentação e treino de estratégias de autorregulação na resolução de problemas: • compreender o problema; • conceber um plano; • executar um plano; • confirmar os resultados. Apresentação e distribuição dos desdobráveis e cartazes com informação sobre as estratégias de autorregulação na resolução de problemas.
3 e 4	**Compreensão do problema e planeamento (Sessão de trabalho em grupo)** Realização da primeira etapa do jogo *A Festarola* e treino das estratégias de autorregulação: • compreender o problema; • conceber um plano. Reflexão sobre a utilização de estratégias de autorregulação na resolução das tarefas na sessão.
5	**Execução e monitorização do plano (Sessão de trabalho individual)** Realização da segunda etapa do jogo *A Festarola* e treino da estratégia de autorregulação: • Executar o plano. Reflexão sobre a utilização de estratégias de autorregulação na resolução das tarefas na sessão.
6	**Revisão da execução do plano (Sessão de trabalho em grupo)** Realização da terceira etapa do jogo *A Festarola* e treino da estratégia de autorregulação: • Confirmar os resultados. **Reflexão sobre desempenho** Refletir sobre a pontuação obtida e atribuição de sucesso/insucesso a determinado fator; percepção de autoavaliação segundo determinados critérios.
7	**Treino de estratégias de autorregulação e de resolução de problemas (Sessão de trabalho individual)** Executar o jogo na sua totalidade.
8	**Resolução de um problema (Sessão de trabalho em turma)** Resolução de um problema de Matemática (Problema 2). Discussão em grupo com os alunos sobre as estratégias utilizadas para a resolução do problema. **Avaliação da intervenção e do jogo** Discussão em grupo com os alunos sobre as estratégias utilizadas para a resolução do problema.

Fonte: dados dos autores.

deontológicos pela Câmara Municipal de Lisboa, entidade financiadora do projeto, e pela equipe de investigação (VEIGA SIMÃO et al., 2015).

Assumiram-se como objetivos da intervenção: (a) desenvolver nos alunos estratégias de resolução de problemas, baseadas em processos de autorregulação da aprendizagem, aplicados ao longo de diversas etapas, designadamente, na compreensão do problema, na elaboração do plano para a sua resolução, na execução do mesmo e na reflexão acerca do resultado obtido; (b) facilitar a adesão dos alunos a exercícios de resolução de problemas, utilizando meios informáticos que apresentam os diferentes cenários e o treino das estratégias de forma apelativa; (c) promover a motivação dos alunos para a resolução de problemas de Matemática por meio da possibilidade da escolha do cenário, da autonomia na resolução do problema.

Os objetivos e atividades de cada sessão estão descritos na tabela 2.

Recursos utilizados na intervenção

Jogo didático digital: *A Festarola*

Para a execução da intervenção foi desenvolvido um jogo didático digital, *A Festarola*, que pretende auxiliar os alunos na resolução do problema, nomeadamente, no planeamento, na organização, na concretização e na avaliação de uma festa de anos. De acordo com Polya (1945), a competência de resolução de problemas pode e deve ser ensinada aos alunos, numa abordagem que privilegie a descoberta e incentive o aluno a praticá-la. Nessa perspectiva foi desenvolvido o jogo *A Festarola* baseado na heurística global do mesmo autor (POLYA, 1945), incluindo quatro fases pelas quais os alunos podem se orientar na resolução de problemas, designadamente: (1) compreender o problema; (2) conceber um plano; (3) executar um plano; e (4) analisar os resultados. De referir que essas fases estão em consonância com as fases e processos da aprendizagem autorregulada (LOPES da SILVA; VEIGA SIMÃO & SÁ, 2004; ZIMMERMAN, 2008; 2013). O jogo implica a execução de tarefas, nomeadamente, a escolha de um tema, o planeamento dos artigos a comprar, a gestão do dinheiro (*i. e.*, divisão pelos elementos da equipe, gestão do dinheiro durante a realização das compras) e do tempo, e a reflexão sobre as compras realizadas em grupos de dois a três alunos. Essas tarefas são realizadas individualmente e/ou em grupo e é solicitado aos alunos a explicitação e justificação das decisões tomadas em determinadas fases, por exemplo: *que informação tenho? O que me pedem para fazer? Explica por que dividiram o dinheiro dessa forma e escolheram esses artigos*, entre outros (figura 1). Pretende-se que o jogo *A Festarola* constitua uma oportunidade para a aprendizagem e treino de estratégias de autorregulação, enraizada nas experiências do cotidiano dos alunos e possibilite a discussão em grupo acerca das estratégias a utilizar e as decisões a tomar, numa perspectiva de aprendizagem colaborativa (MARQUES et al., 2019; RODRIGUES et al., 2019).

Figura 1 – Ecrãs ilustrativos do jogo *A Festarola* que incluem tarefas de planeamento (em cima), execução (embaixo à esquerda) e revisão (em baixo à direita) ao longo da atividade

Fonte: dados dos autores.

Desdobrável sobre as estratégias de autorregulação

Foi desenvolvido um desdobrável com informação acerca das estratégias de autorregulação na resolução dos problemas, nomeadamente algumas questões às quais os alunos devem tentar responder em cada fase (*e. g.*, compreensão do problema: O que me pedem para fazer/descobrir? Que informação tenho?). Essa informação foi igualmente impressa em cartazes oferecidos aos professores para exposição em sala de aula. Esses dois materiais foram elaborados com o objetivo de constituírem recursos de memória para os alunos utilizarem durante as sessões de intervenção e em outros contextos/momentos de aprendizagem e resolução de problemas. Mais especificamente, o que se pretendia era que essas interrogações, inicialmente externas e apresentadas aos alunos em formato escrito e oral ao longo das sessões, fossem interiorizadas e se transformassem em autointerrogações que os alunos fazem durante a resolução dos problemas (LOPES da SILVA et al., 2004).

Procedimentos de avaliação da intervenção

Para avaliar a eficácia da intervenção, foram desenvolvidos alguns procedimentos e aplicados os seguintes instrumentos:

Problemas de Matemática: processos e cálculos (VEIGA SIMÃO et al., 2015)

Foi solicitado aos alunos que resolvessem, individualmente, dois problemas de Matemática, elaborados por uma equipe de professores do 1º ciclo, e que explicassem como o resolveram. Esses problemas eram constituídos por uma introdução na qual eram apresentados os dados e por algumas perguntas de complexidade crescente, que envolviam a mobilização de conteúdos matemáticos integrados no programa dos anos de escolaridade em apreço (*e. g.*, números e operações, organização e tratamento de dados, resolução de problemas, raciocínio e comunicação) (MINISTÉRIO DA EDUCAÇÃO E CIÊNCIA, 2013). Os problemas eram resolvidos pelos alunos em contexto de sala de aula, não sendo determinado um tempo limite para a realização dos mesmos, sendo pedido aos alunos que explicitassem (a) o que tinham que fazer (compreensão do problema e planeamento); (b) como chegaram à resposta (execução do plano); (c) como sabem se a resposta está correta (análise dos resultados) correspondendo assim às fases de autorregulação da aprendizagem e resolução de problemas. Tendo em vista a comparação do desempenho dos alunos no início e no fim da intervenção, estes problemas foram realizados em dois momentos: antes e após as sessões de intervenção (problema 1 e 2, respectivamente). Esses problemas eram entregues aos alunos em formato papel e recolhidos pelos investigadores após o seu término.

No sentido de proceder à validação dos problemas de Matemática propostos foram considerados indicadores de medidas Rasch de fiabilidade, nomeadamente o alfa de Cronbach, a fiabilidade de *Person Separation* e a fiabilidade de *Item Separation*. A fiabilidade de *Person Separation* indica a proporção da variância da amostra que não se explica pelo erro de medida, enquanto a fiabilidade de *Item Separation* mostra a porcentagem de variância por item que não é explicada pelo erro de medição (SMITH, 2001). Nesse sentido, o problema 1 revelou um valor alfa de Cronbach mediano de $\alpha = 0,67$, enquanto o problema 2 revelou um valor bom de α de 0,82. Os valores da fiabilidade de *Person Separation* do problema 1 foram de 0,75 e de 0,83 no problema 2. A fiabilidade de *Item Separation* no problema 1 foi de 1,00 e de 0,97 no problema 2. Esses valores indicam uma boa consistência interna não só dos problemas propostos, como também das próprias respostas dos alunos (FOX & JONES, 1998). Nenhum dos itens (de ambos os problemas) revelou *infit/outfit* acima de 1,5, bem como z *statistic* > 2,00 (com a exceção da pergunta quatro do problema 2). Os restantes itens revelaram valores dentro dos parâmetros recomendados. No problema 1, a pergunta quatro revelou-se como sendo a mais difícil com um nível de dificuldade reportado de 4,15 log, enquanto a pergunta um revelou-se como a mais fácil com um nível de dificuldade reportado de $-3,99$ log. A distribuição revelou ainda uma extensão de dificuldade elevada no problema 1 ($4,15 < Di < -3,99$). No problema 2, a pergunta seis revelou-se como sendo a mais difícil com um nível de dificuldade reportado de 1,09 log, enquanto a pergunta três revelou-se como sendo a mais fácil com um nível de dificuldade reportado de $-0,72$ log.

Checklist de Expectativas e Avaliação da Resolução de Problemas (Cearp) (FERREIRA et al., 2015)

Antes e após a resolução do problema, os participantes responderam a quatro questões, apresentadas em formato papel, cujo objetivo era o de recolher informação acerca das expetativas e percepções de autoavaliação dos alunos quanto ao seu desempenho após a resolução do problema (ZIMMERMAN, 2000). A Cearp foi desenvolvida com base no *Diary of Guided Self-regulated Learning* (FERREIRA; VEIGA SIMÃO & LOPES da SILVA, 2015) e inclui quatro questões (*e. g.*, "Vou gostar de resolver este problema"; "Fiz um esforço para resolver este problema") acerca das expetativas e percepções dos alunos sobre o seu desempenho na resolução do problema proposto. As questões são respondidas pelos alunos por meio de uma escala de Likert (*i. e.*, 1 = Não acho nada disso a 5 = Acho que é mesmo assim). Para uma análise das expectativas e avaliação dos alunos relativamente à resolução de problemas imediatamente antes e após a resolução de um problema concreto, realizou-se uma análise confirmatória do instrumento com o software SPSS versão 22.0. No estudo da validação da Cearp recorreu-se a procedimentos de estimação *Unweighted Least Squares,* nomeadamente, índices de ajuste, tais como qui-quadrado, *Root Mean Square Error of Approximation* (RMSEA), *Comparative Fit Indices* (CFI), *Incremental Fit Index* (IFI) e *Akaike Information Criterion* (AIC) com o IBM, SPSS AMOS 22,0. Os valores CFI e IFI perto de um indicam um bom ajuste estatístico (BENTLER, 1990), enquanto o RMSEA indica um bom ajuste se igual ou inferior a 0,08 (BROWNE & CUDECK, 1993). Relativamente ao AIC, quanto menor for o valor melhor será o ajuste. Para uma melhor interpretação dos resultados efetuou-se, em primeiro lugar, uma análise exploratória de forma a verificar a manutenção dos itens da Cearp, bem como uma análise das correlações entre os itens e a *checklist* na sua totalidade. Com base nos índices apresentados nas cargas fatoriais, foram eliminados os itens com valores abaixo de 0,32 para a realização da análise confirmatória. Os resultados provenientes da análise confir-matória evidenciaram um modelo com um fator representativo das expectativas e da avaliação que as crianças fizeram da resolução de problemas com covariâncias entre os erros dos itens baseados na literatura (FERREIRA; VEIGA SIMÃO & LOPES da SILVA, 2015) e nas respostas dos alunos a partir da análise da validade facial realizada no estudo-piloto (ou seja, o valor da tarefa, expectativas de eficácia pessoal e avaliação da resolução do problema). De acordo com a literatura (HOO-PER; COUGHLAN & MULLEN, 2008), o modelo unifatorial que propomos para a avaliação das expectativas e avaliação dos alunos, apresenta excelentes valores de referência [χ^2 (1) = 2,31 p = 0,12, χ^2/df = 1, CFI = 0,99, IFI = 0,99, RMSEA = 0,07, LO = 0,00, HI = 0,20, AIC = 30,31, SRMR = 0,01]. Todos os coeficientes não padronizados apresentaram valores significativos, p < 0,05. Os resultados apre-sentaram ainda bons valores de fidelidade no primeiro momento de aplicação, α = .76, e no segundo momento, α = .80, indicando que o instrumento é adequado para avaliar as expectativas e avaliação dos alunos nessa faixa etária relativamente à resolução de problemas.

Escala de crenças motivacionais para a resolução de problemas (ECMRP)

A ECMRP (PAULINO et al., 2015) avalia as percepções dos alunos relativa-mente à sua autoeficácia na resolução de problemas, as suas metas de resultado e a percepção de utilidade desse tipo de tarefas. Essa escala foi adaptada a partir das *escalas de autorregulação da motivação para a aprendizagem* (PAULINO; SÁ & LOPES da SILVA, 2015) e é composta por 13 itens que avaliam dimensões como o valor da tarefa (3 itens), metas de resultado por aproximação (4 itens), metas de re-sultado por evitamento (3 itens) e autoeficácia (3 itens) (*e. g.*, "Aprender a resolver problemas vai ser útil para o meu futuro"; "Acho que sou capaz de resolver problemas"). As questões foram respondidas, em formato papel, por meio de uma escala tipo Likert (*i. e.*, 1 = Nunca a 5 = Sempre). No sentido de aferir possíveis mudanças nas crenças sobre a autoeficácia, metas de resultado e percepção de utilidade de tarefas de resolução de problemas, os participantes responderam à ECMRP antes e após as sessões de intervenção. Para uma análise das crenças motivacionais dos alunos relativamente à aprendizagem da resolução de problemas, realizou-se uma análise confirmatória do instrumento (PAULINO et al., 2015). No estudo do instrumento nessa amostra recorreu-se a procedimentos de estimação *Unweighted Least Squares*, nomeadamente, índices de ajuste, tais como qui-quadrado, RMSEA, CFI, IFI e AIC. Os resultados evidenciaram um modelo com um fator representativo das crenças das crianças relativamente à sua aprendizagem da resolução de problemas com covariâncias entre os erros dos itens baseados na literatura (PAULINO; SÁ & LOPES da SILVA, 2015), bem como nas respostas dos alunos a partir da análise da validade facial realizada no estudo-piloto (ou seja, a utilidade da tarefa, expetativas de eficácia pessoal, metas de resultado por aproximação e metas de resultado por evitamento). De acordo com a literatura (HOOPER; COUGHLAN & MULLEN, 2008), o modelo unifatorial que propomos para a avaliação das crenças dos alunos apresenta excelentes valores de referência [χ^2 (52) = 36.04 p = 0.00, χ^2/df = 1.65, CFI = .98, IFI = .98, RMSEA = 0.04, LO = 0.02, HI = 0.05, AIC = 190.04]. Todos os coeficientes não padronizados apresentaram valores significativos, p <0.05. Os resultados indicam ainda bons valores de fidelidade no primeiro momento de aplicação, α = .81 e no segundo momento, α = .78, indicando que o instrumento é adequado para avaliar as crenças dos alunos nessa faixa etária relativamente ao significado que atribuem à aprendizagem da resolução de problemas.

Questionário semiestruturado sobre o jogo *A Festarola*

Instrumento em formato papel, com três perguntas de resposta aberta para obter as percepções dos alunos relativamente ao jogo desenvolvido para a intervenção (*e. g.*, Aprendi com o jogo _____). Foi realizada uma análise temática aos dados obtidos (BRAUN & CLARKE, 2006).

Questionário semiestruturado para a avaliação do jogo *A Festarola* e da intervenção sobre a resolução dos problemas para os professores

Questionário em formato papel composto por seis questões para avaliar a percepção dos professores acerca da intervenção e das potencialidades do jogo enquanto ferramenta pedagógica (*e. g.*, Ao longo do projeto, os meus alunos demonstraram algum desenvolvimento ao nível da/do:"). Foi realizada uma análise temática aos dados obtidos (BRAUN & CLARKE, 2006).

Resultados e discussão

De acordo com os objetivos que orientaram essa investigação, os resultados serão apresentados em três seções designadamente: (a) utilização de estratégias de autorregulação nos alunos associadas ao processo de resolução de problemas por meio do jogo; (b) análise do desempenho na resolução de problemas na Matemática; e (c) estudo das crenças motivacionais e expectativas positivas associadas ao processo de resolução de problemas.

1 Promoção do conhecimento e treino de estratégias de autorregulação da aprendizagem por meio do jogo

Um dos objetivos desta investigação foi desenvolver nos alunos do 3º e 4º ano do 1º ciclo do Ensino Básico estratégias de resolução de problemas baseadas em processos de autorregulação da aprendizagem aplicados ao longo de diversas etapas, designadamente, na compreensão do problema, na elaboração do plano para a sua resolução, na execução e na reflexão acerca do resultado obtido. Os resultados apresentados em seguida apontam para a concretização desse objetivo, nomeadamente, por meio das explicações que os alunos escreveram sobre a forma como resolveram os problemas no pré-teste e no pós-teste. Paralelamente, o presente estudo pretendeu fomentar o conhecimento de estratégias por meio do treino em diversos cenários de aprendizagem – promovidos pelo jogo, aproximando a Matemática a situações da vida real e para além do contexto escolar – e facilitar a adesão dos alunos a exercícios de resolução de problemas, utilizando meios informáticos que apresentam os diferentes cenários e o treino das estratégias de forma apelativa.

Os alunos referiram que por meio do jogo digital *A Festarola* foi possível tomar consciência das diferentes fases da resolução de problemas treinadas ao longo das sessões e recorrer aos mesmos processos para a resolução de outros problemas (*e. g.*, problemas matemáticos em sala de aula: "Aprendi que, quando vou resolver um problema, é necessário compreender, planear, resolver e rever"; "Aprendi a rever os problemas"; "Aprendi a planear antes de fazer"). Os alunos mencionaram ainda que as tarefas realizadas no jogo permitiram refletir sobre a importância de algumas matérias já lecionadas na sala de aula, por exemplo as operações de cálculo e a escrita, ao redigirem as respostas aos problemas, *i. e.*, perceberam a utilidade dos conteúdos escolares quando aplicados a outras situações ("Aprendi como escrever uma resposta completa"). Adicionalmente, foram mencionadas outras aprendizagens, como é o caso da gestão do dinheiro ("Aprendi a dividir o dinheiro"), o tema da poupança e o trabalho em equipe. Finalmente, destaca-se o fato de os alunos referirem que o jogo lhes proporcionou a oportunidade de tomar consciência sobre alguns critérios importantes para atingir bons desempenhos (*e. g.*, o esforço, a responsabilidade e a organização: "Aprendi a usar o tempo dado e a fazer as coisas corretamente").

2 Desempenho na resolução dos problemas matemáticos: Estratégias e cálculos reportados pelos alunos

No final de cada um dos problemas propostos foi pedido aos alunos que explicassem como resolveram o problema, pelo que se obtiveram diversas respostas que foram categorizadas em: categoria de respostas mencionando os cálculos que foram feitos e/ou as estratégias que foram utilizadas para obter esses mesmos cálculos, e outra categoria contendo comentários irrelevantes, respostas explicitando a incapacidade de explicar e a ausência de resposta. Os resultados revelaram que no problema 1, 44% dos alunos foram capazes de explicar os cálculos e/ou estratégias que utilizaram para chegar às respostas, enquanto no problema 2 esse valor subiu para 49%. Esse resultado aponta para um acréscimo do número de alunos que foram capazes de explicar como resolveram os problemas (cf. gráfico 1), mencionando os cálculos que fizeram e/ou as estratégias que utilizaram, evidenciando uma melhoria no reporte de estratégias e explicitação de cálculos (*e. g.*, "Fiz uma conta de mais com os resultados do exercício da tabela da página anterior"; "Eu fiz os meus cálculos: somar, divisão, multiplicação e por subtração"; "Eu somei primeiro os que estavam no baloiço e no escorrega e os jogos desenhados no chão, depois somei os do salto ao eixo, futebol, jogo do mata e somei tudo o que havia de colegas"). Da mesma forma, os resultados sugerem a necessidade de investir no ensino explícito de estratégias de resolução de problemas durante períodos mais prolongados.

Gráfico 1 – Acréscimo nas explicações dos alunos sobre a forma como resolveram os problemas

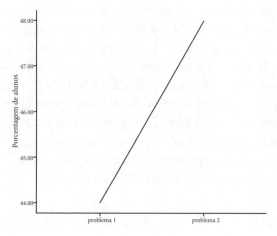

Fonte: dados dos autores.

3 Promoção da motivação e reflexão dos alunos na resolução de problemas na Matemática

A promoção da motivação dos alunos para a resolução de problemas de Matemática por meio da possibilidade da escolha do cenário, da autonomia na resolução do problema e do trabalho colaborativo com os pares constituía um objetivo desta intervenção. Para isso, os alunos responderam a um conjunto de perguntas, dando a sua opinião relativamente ao jogo e à experiência na resolução de um problema por meio dele mesmo. A avaliação dos alunos relativamente ao jogo digital no que respeita à motivação e às competências na resolução de problemas foi muito positiva. Mais especificamente, a maioria dos alunos mencionou sentir-se envolvido nas tarefas de execução (*e. g.*, ir à cidade às compras e montar a festa) e apreciar o *design* gráfico do jogo. Os alunos referiram que se sentiram capazes de resolver o problema apresentado pelo jogo e que conseguiram atribuir uma maior importância ao cálculo numérico e à escrita como um meio para verbalizarem os seus processos mentais ao longo da resolução de problemas. A oportunidade de jogar em equipe e gerir o dinheiro foram, igualmente, pontos considerados positivos e motivadores pelos alunos ("Aprendi a trabalhar em equipe").

Os professores mencionaram mudanças positivas nos seus alunos no que respeita ao raciocínio matemático, em particular na explicação dos resultados, seleção dos dados, planeamento dos passos para a resolução dos problemas. A maioria dos professores relatou um aumento na consciencialização dos alunos sobre as fases de resolução de problemas, inferida a partir das suas verbalizações relativamente às diferentes etapas, *i. e.*, compreensão, planeamento, execução e revisão. Adicionalmente, os professores referiram uma melhoria no cálculo mental, na capacidade de memorização, de reconhecer e seguir pistas durante a resolução dos problemas que foram apresentados durante as atividades em sala de aula. No que se refere à utilização do jogo digital, os professores salientaram a dimensão relativa às competências sociais referindo que *A Festarola* "educa pelo respeito e pela ajuda mútua", uma vez que implica que os alunos "aprendam a ceder, ouvir as opiniões dos outros, respeitar ideias, e ouvir as estratégias de outros" nesse sentido promove "relacionamentos, ajuda e partilha entre os colegas". O jogo é descrito globalmente como "muito estimulante", "divertido, importante", "um motivo para a aprendizagem", "positivo", "motivacional" e "benéfico".

a) Crenças motivacionais na resolução de problemas de Matemática

Tal como referido anteriormente, o estudo teve como objetivo a promoção de expectativas de autoeficácia nos alunos, o valor que atribuem às tarefas de resolução de problemas matemáticos, e ajudá-los a lidar com a dificuldade (*e. g.*, o erro), enquanto possível etapa de aprendizagem e melhoria de competências. Os resultados provenientes de uma análise Wilcoxon de amostras relacionadas revelaram que houve um decréscimo nos resultados da escala ($Z = 34.9$; $p = .00$), o que está de acordo com estudos anteriores que mostraram a tendência dos alunos nessa faixa etária para sobrestimar as suas capacidades dentro da sala de aula (FERREIRA; VEIGA SIMÃO & LOPES da SILVA, 2015). Os resultados demonstraram, igualmente, que no final da intervenção os alunos eram capazes de uma reflexão mais objetiva e menos sobrestimada da resolução de problemas (cf. gráfico 2).

Gráfico 2 – Crenças motivacionais na resolução de problemas

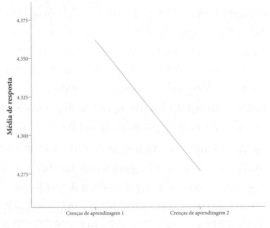

Fonte: dados dos autores.

b) Expectativas e avaliação da resolução de problemas

Os resultados de uma análise de *t-teste* de amostras relacionadas demonstraram uma diminuição na sobrestimação e uma maior consciencialização dos alunos relativamente ao seu desempenho na resolução de problemas entre o primeiro problema (M = 1.95; SD = .27) e o segundo (M = 1.84; SD = .24); t (230) = 5.93, p = .00 (cf. gráfico 3). Esses resultados vão no mesmo sentido de estudos anteriores relativamente à tendência de sobrestimação de capacidades por parte dos alunos (FERREIRA; VEIGA SIMÃO & LOPES da SILVA, 2015). Esses dados também revelam que as expectativas e avaliação dos alunos relativamente à resolução do primeiro problema foram mais elevadas quando comparadas com a resolução do segundo problema no final da intervenção. Assim sendo, esses resultados reforçam os resultados que apresentamos relativamente às crenças motivacionais dos alunos quanto à aprendizagem da resolução de problemas.

Gráfico 3 – Expectativas e avaliação da resolução de problemas

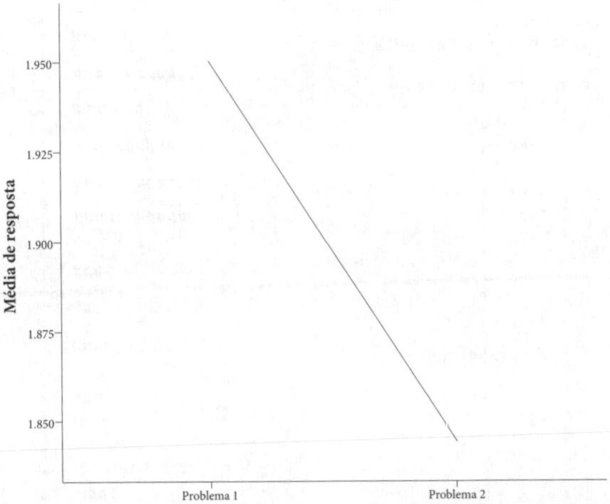

Fonte: dados dos autores.

c) Lidar com a dificuldade na resolução dos problemas

Foi analisada a forma como os alunos lidaram com o nível de dificuldade na resolução dos dois problemas por meio da teoria de resposta ao item (RASCH, 1980) com o programa *Winsteps* (LINACRE, 2015). Essa análise permitiu estudar a adequação dos problemas a crianças dos 3º e 4º anos, como também perceber o grau de dificuldade sentido pelos alunos na execução das duas tarefas. A distribuição dos itens e da amostra revelou uma extensão de dificuldade moderada no problema 2 (4.15 < Di < −3.99) em comparação com o problema

1 que mostrou uma extensão de dificuldade maior. Esses resultados revelam que os alunos tiveram menos dificuldades na resolução do problema 2 na sessão oito do que na resolução do problema 1 na sessão dois, evidenciando que os alunos lidaram com a dificuldade de forma mais positiva no final da intervenção para conseguirem resolver o problema (cf. gráfico 4).

Gráfico 4 – Extensão de dificuldade sentida pelos alunos nos problemas 1 e 2

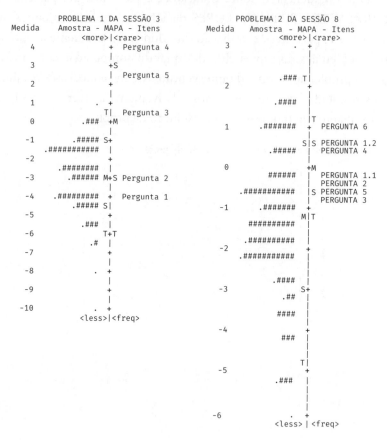

Fonte: dados dos autores.

Considerações finais

Os métodos de intervenção e avaliação utilizados foram considerados pelos alunos do 3º e 4º anos de escolaridade como sendo atrativos, úteis e aplicáveis ao cotidiano. Os resultados sobre as percepções dos alunos que participaram nas sessões de intervenção conduziram à reflexão sobre dois aspectos pelas implicações que têm ao nível do ensino e aprendizagem da resolução de problemas no domínio da Matemática. O primeiro prende-se com os fatores que contribuem para uma utilização efetiva de estratégias de ensino centradas na aprendizagem dos alunos e o segundo com o desafio em estruturar ambientes de aprendizagem, no âmbito do 1º ciclo do Ensino Básico, que permitam aos alunos construir conhecimento e mobilizar recursos para aprenderem a autorregular as suas aprendizagens a fim de as transferirem e aplicarem noutros domínios de aprendizagem. Nesse sentido, salientam-se alguns dos fatores que podem contribuir para uma utilização efetiva dos métodos educativos que se foquem no processo de aprendizagem e sua articulação com o recurso a tecnologia (p. ex., jogos digitais), a formação de professores, a articulação de equipes de investigação e da prática pedagógica, e o investimento em tarefas apelativas e motivadoras que promovam o envolvimento e a reflexão dos alunos no seu próprio processo de aprendizagem.

No decorrer do projeto foram identificados problemas associados ao tipo de recursos informáticos e ao funcionamento dos mesmos, assim como outros relativos à rede internet, que condicionaram a implementação do projeto. Mais especificamente, esses problemas impediram a realização de algumas sessões conforme previsto, o que implicou a duplicação de sessões e/ou a marcação de sessões extras para assegurar que a totalidade das turmas/alunos tivessem a oportunidade de participar em todas as etapas do projeto. Esses problemas comprometeram os tempos de intervenção dedicados à reflexão sobre a aplicação de estratégias de autorregulação, o que poderá ter tido um efeito nos resultados obtidos.

Apesar das limitações, o presente estudo constitui importante avanço metodológico com inclusão de jogos digitais e medidas objetivas no desempenho matemático, considerando a interação entre os participantes e o jogo digital. De acordo com os resultados obtidos e aqueles verificados em estudos anteriores (MARQUES et al., 2019; RODRIGUES et al., 2019) o jogo *A Festarola* mostrou ter potencial para promover a autonomia dos alunos na sua aprendizagem em geral, e na resolução de problemas em particular, por meio da apresentação de diferentes cenários numa situação hipotética e lúdica que envolve construtos psicológicos e operações matemáticas. Mais especificamente, esse jogo digital poderá constituir um recurso apelativo que permite às crianças o treino de competências cognitivas e sociais (*e. g.*, trabalho colaborativo), que ultrapassam a resolução de problemas matemáticos e podem se revelar essenciais para o seu desenvolvimento e escolaridade.

Os resultados obtidos fornecem informações importantes sobre como orientar os alunos na regulação da aprendizagem pode ter implicações positivas no processo de resolução de problemas em Matemática, nos ambientes de aprendizagem contemporâneos. Nesse sentido, ao proporcionar aos alunos instrumentos e ambientes significativos, onde eles possam envolver-se individualmente e com outros colegas no contexto de sala de aula, em tarefas que impliquem o uso da tecnologia, podemos contribuir para que os alunos se tornem mais reflexivos e estratégicos na gestão de seu processo de aprendizagem.

As oportunidades que acompanham os avanços tecnológicos permitem que os alunos aprendam de maneira interativa e proporcionam medidas de registro e monitorização do processo de aprendizagem (TAUB et al., 2017). Considerando as potencialidades desse tipo de metodologias ativas e com recursos a jogos digitais, investigadores e profissionais da educação deverão estar preparados para a sua exploração tanto em contextos de aprendizagem como de investigação, no sentido de maximizar os seus efeitos em diferentes disciplinas, faixas etárias e ciclos de estudo.

Agradecimentos

Este trabalho foi financiado pela Câmara Municipal de Lisboa, por meio do programa Orçamento Participativo.

Referências

ALMEIDA, A. (2012a). "Blending Learning e Jogos Digitais". In: MONTEIRO, A.; MOREIRA, A.; ALMEIDA, A. & LENCASTRE, J.. *Blended Learning em Contexto Educativo*: perspetivas teóricas e práticas de investigação. Santo Tirso: De Facto, p. 57-78.

_____ (2012b). Aprender jogando: jogos de estratégia e heurísticas de resolução de problemas. *Praxis Educacional*, vol. 8, n. 12, p. 141-167.

BENTLER, P. (1990). Comparative Fit Indexes in Structural Models, *Psychological Bulletin*, vol. 107, n. 2, p. 238-46.

BOOT, W.; KRAMER, A.; SIMONS, D.; FABIANI, M. & GRATTON, G. (2008). The effects of video game playing on attention, memory, and executive control. *Acta Psychologica*, vol. 129, p. 387-398.

BRAUN, V. & CLARKE, V. (2006). Using thematic analysis in psychology. *Qualitative Research in Psychology*, vol. 3, n. 2, p. 77-101.

BRENELLI, R. (2008 [1996]. *O jogo como espaço para pensar*: a construção de noções lógicas e aritméticas. 8. ed. Campinas: Papirus.

BROWNE, M. & CUDECK, R. (1993). "Alternative ways of assessing model fit". In: BOLLEN, K. & LONG, S. (orgs.). *Testing Structural Equation Models*. Beverly Hills: Sage, p. 136-162.

CLEARLY, T. & CHEN, P. (2006). Self-regulation, motivation, and math achievement in middle school: variations across grade level and math context. *Journal of School Psychology*, vol. 47, n. 5, p. 291-314.

De CORTE, E. & VERSCHAFFEL, L. (2006). "Mathematical thinking and learning". In: DAMON, W.; LERNER, R.; RENNINGER, A. & SIEGEL, I. *Handbook of child psychology*: Child psychology and practice. 6. ed. Nova Jersey: John Wiley, p. 103-152.

De CORTE, E.; MASON, L.; VERSCHAFFEL, L. & DEPAEPE, F. (2011). "Self-regulation of mathematical knowledge and skills". In: ZIMMERMAN, B.J. & SCHUNK, D.H. (orgs.). *Handbook of Self-Regulation of Learning and Performance*. Nova York: Routledge, p. 155-172.

DEWEY, J. (2007 [1916]). *Democracia e educação*. Lisboa: Plátano.

FERREIRA, P.; VEIGA SIMÃO, A.M. & LOPES da SILVA, A. (2015). Does training in how to regulate one's learning affect how students report self-regulated learning in diary tasks? *Metacognition and Learning*, vol. 10, n. 2, p. 199-230.

FOX, C. & JONES, J. (1998). Uses of Rasch modeling in counseling psychology research. *Journal of Counseling Psychology*, vol. 45, n. 1, p. 30-45.

GEE, J. (2010). *Bons videojogos + Boa aprendizagem*. Mangualde: Pedago.

HIRSH-PASEK, K. & GOLINKOFF, R. (2008). "Why Play = Learning". In: *Encyclopedia on Early Child Development*. Nova York: Oxford University Press.

HOOPER, D.; COUGHLAN, J. & MULLEN, M. (2008). Structural Equation Modelling: Guidelines for Determining Model Fit. *The Electronic Journal of Business Research Methods*, vol. 6, n. 1, p. 53-60.

HOWARD, B.; MCGEE, S.; SHIA, R. & HONG, N. (2000). "Metacognitive self-regulation and problem-solving: Expanding the theory base through factor analysis". In: *The Annual Meeting of the American Educational Research Association*. Nova Orleans [Disponível em http://www.cet.edu/pdf/instrdev.pdf – Acesso em 31/10/2019].

KRAMARSKI, B.; WEISSE I. & KOLOLSHI-MINSKER, I. (2010). How can self-regulated learning support the problem solving of third-grade students with mathematics anxiety? *ZDM Mathematics Education*, vol. 42, p. 179-193.

LINACRE, J. (2015). *Winsteps* [Disponível em https://www.winsteps.com].

LINDQVIST, G. (1995). *The Aesthetics of Play* – A Didactic Study of Play and Culture in Preschools. Estocolmo: Almqvist & Wiksell.

LOPES da SILVA, A.; DUARTE, A.; SÁ, I. & VEIGA SIMÃO, A.M. (2004). *Aprendizagem auto-regulada pelo estudante perspectivas psicológicas e educacionais*. Porto: Porto Editora.

LOPES da SILVA, A.; VEIGA SIMÃO, A.M. & SÁ, I. (2004). Autorregulação da aprendizagem: estudos teóricos e empíricos. *Intermeio*: Revista do Mestrado em Educação da Universidade Federal de Mato Grosso do Sul, vol. 10, n. 19, p. 59-74.

MARQUES, J.; OLIVEIRA, S.; FERREIRA, P. & VEIGA SIMÃO, A.M. (2019). Trabalho colaborativo no 1º ciclo: suporte percebido e regulação partilhada. *Cadernos de Pesquisa*, vol. 49, n. 17, p. 204-223.

McGONIGAL, J. (2011). *Reality Is Broken:* Why Games Make Us Better and How They Can Change the World. Nova York: Penguin.

MINISTÉRIO DA EDUCAÇÃO E CIÊNCIA (2017). *Perfil dos alunos à saída da escolaridade obrigatória.* Lisboa: ME [Disponível em http://dge.mec.pt/sites/default/files/ Curriculo/Projeto_Autonomia_e_Flexibilidade/perfil_dos_alunos.pdf – Acesso em 20/09/2019].

_____ (2013). *Programa e metas curriculares* – Matemática – Ensino Básico. Lisboa: ME [Disponível em https://www.dge.mec.pt/sites/default/files/Basico/Metas/Matematica/ programa_matematica_basico.pdf – Acesso em 05/12/2019].

OBLINGER, D. (2004). The Next Generation of Educational Engagement. *Journal of Interactive Media in Education,* Special Issue on the Educational Semantic Web, vol. 8, p. 1-18.

PAULINO, P.; SÁ, I. & LOPES da SILVA, A. (2015). Autorregulação da motivação: crenças e estratégias de alunos portugueses do 7º ao 9º ano de escolaridade. *Psicologia: Reflexão e Crítica*, vol. 28, n. 3, p. 574-582.

PIAGET, J. (1954). *The construction of reality in the child.* Nova York: Ballentine.

POLYA, G. (1945). *How to solve it*: A new aspect of mathematical method. Princeton: Princeton University Press.

PRAST, E.; Van de WEIJER-BERGSMA, E.; MIOČEVIĆ, M.; KROESBERGEN, E. & Van LUIT, J. (2018). Relations between mathematics achievement and motivation in students of diverse achievement levels. *Contemporary Educational Psychology*, vol. 55, p. 84-96.

RASCH, G. (1980). *Probabilistic models for some intelligence and attainment tests.* Chicago: University of Chicago Press.

REDECKER, C. et al. (2010). *The Future of Learning*: New Ways to Learn New Skills for Future Jobs. Results from an online expert consultation. Sevilha: European Comission.

RITCHHART, R. & PERKINS, D. (2005). "Learning to think: The challenges of teaching thinking". In: HOLYOAK, K. & MORRISON, R. (orgs.). *Cambridge handbook of thinking and reasoning.* Cambridge: Cambridge University Press, p. 775-802.

RODRIGUES, R.; FERREIRA, P.; PRADA, R.; PAULINO, P.; VEIGA SIMÃO, A.M. (2019). "Festarola: a Game for Improving Problem Solving Strategies". In: *Proceedings of VS-GAMES'2019* – The 11th International Conference on Virtual Worlds and Games for Serious Applications, IEEE, p. 1-8.

SMILANSKY, S. (1968). *The effects of sociodramatic play on disadvantaged preschool children.* Nova York: Wiley.

SMITH, E. (2001). Evidence for the reliability of measures and validity of measure interpretation: A Rasch measure perspective. *Journal of Applied Measurement*, vol. 2, n. 3, p. 281-311.

TAUB, M.; MUDRICK, N.; AZEVEDO, R.; MILLAR, G.; ROWE, J. & LESTER, J. (2017). Using multi-channel data with multi-level modeling to assess in-game performance during gameplay with Crystal Island. *Computers in Human Behavior*, vol. 76, p. 641-655.

VEIGA SIMÃO, A.M.; LOPES da SILVA, A.; MARQUES, J.; COSTA FERREIRA, P. & PAULINO, P. (2015). *Projeto resolução dos problemas* – Relatório final. Lisboa: Universidade de Lisboa, Faculdade de Psicologia.

VERSCHAFFEL, L.; GREER, B. & De CORTE, E. (2000). *Making sense of word problems.* Lisse: Swets & Zeitlinger.

ZIMMERMAN, B.J. (2013). From cognitive modeling to self-regulation: a social cognitive career path. *Educational Psychologist*, vol. 48, n. 3, p. 135-147.

_____ (2008). Investigating Self-Regulation and Motivation: Historical Background, Methodological Developments, and Future Prospects. *American Educational Research Journal*, vol. 45, p. 166-183.

_____ (2000). "Attainment of self-regulation: A social cognitive perspective". In: BOEKAERTS, M.; PINTRICH, P. & ZEIDNER, M. (orgs.). *Handbook of self-regulation, research, and applications.* Orlando: Academic Press, p. 13-39.

ZSOLDOS-MARCHIS, I. (2016). Influence of cooperative problem solving on students' control and help-seeking strategies during mathematical problem solving. *Review of Science, Mathematics and ICT Education*, vol. 10, n. 1, p. 5-22.

10
Autorregulação no processo de construção de materiais didáticos para a educação básica

Kátia Regina Xavier da Silva

Introdução

Novos tempos, novas demandas, novos desafios. Frente a uma realidade que conta com inúmeros distratores – emocionais, físicos e sociais –, que ameaçam as condições necessárias ao aprender, a escola vem sendo desafiada a se reinventar para cumprir o seu papel. A superação não se dá de forma mecânica nem imediata, exigindo diferentes tipos de investimentos: em gestão, em estrutura, em aspectos didático-pedagógicos e, sobretudo, ligados à formação e valorização da profissão docente. Conforme argumenta Frison (2017, p. 81), a sala de aula "local privilegiado para implementação de práticas e estratégias para potencializar a aprendizagem dos estudantes, ainda anda a passos lentos".

A autorregulação é uma capacidade humana da qual todos somos dotados (BANDURA; AZZI & POLYDORO, 2008). É considerada um processo voluntário e intencional, que envolve o controle parcial de pensamentos, sentimentos, motivações e comportamentos, com vistas a atingir objetivos previamente estabelecidos, nas diferentes áreas da vida (ZIMMERMAN, 2013). Esse processo pode ser objeto de ensino, sobretudo dentro do ambiente escolar.

São muitos os estudos que defendem a eficácia do uso intencional de processos autorregulatórios em contextos educacionais (PAJARES, 2006; USHER & PAJARES, 2008; MOREIRA & SILVA, 2018; GOUVÊA & SILVA, 2019). Frison (2017) apresenta dois estudos realizados em instituições de ensino, desenvolvidos a partir de propostas de intervenção que visavam o ensino de conhecimentos e habilidades do currículo ancoradas na autorregulação da aprendizagem. O primeiro, com foco no desenvolvimento da compreensão leitora, foi realizado junto a estudantes do 8º ano do Ensino Fundamental. O estudo fez uso de "guias de interrogação cognitiva para que o aluno tomasse as decisões sobre a escolha das estratégias de compreensão leitora, de acordo com o momento da leitura e com a especificidade dos textos" (FRISON, 2017, p. 82).

O segundo foi realizado no Ensino Superior e teve como objeto conceitos científicos em física. A proposta de intervenção do segundo estudo envolveu o uso de estratégias de resolução de problemas, com base em etapas previamente demarcadas pelos pesquisadores. Em ambas as experiências, Frison (2017) enfatiza a importância da sistematização das atividades docentes a fim de obter resultados de aprendizagem eficazes, por meio da regulação do ensino e do *feedback* das atividades. Segundo a referida autora, a atuação autorreguladora do professor possibilita o desenvolvimento de posturas autorregulatórias por parte de seus alunos: "a atuação regulada contribui para a organização da aula, o fortalecimento das relações, as parcerias, a ajuda colaborativa, a troca de ideias, de forma que o estudante autorregule seu aprender" (FRISON, 2017, p. 83).

Em outro estudo, Ávila, Pranke e Frison (2018) apresentam resultados de duas pesquisas realizadas no contexto da formação inicial de professores e que buscam revelar estratégias autorregulatórias da aprendizagem em intervenções didáticas na educação básica e no Ensino Superior. A primeira foi realizada no contexto da Educação de Jovens e Adultos (EJA) por alunos do curso de Matemática ligados ao Programa Institucional de Bolsa de Iniciação à Docência (Pibid), e a segunda foi realizada no contexto do estágio supervisionado em curso de licenciatura em Educação Física.

Ávila, Pranke e Frison (2018) destacam a importância da reflexividade dos professores durante a ação docente; enfatizam o papel dos currículos no desenvolvimento de competências e habilidades ligadas à docência; ressaltam que os docentes devem ser capazes de analisar as próprias práticas e selecionar adequadamente estratégias para solucionar os problemas enfrentados no dia a dia. Também evidenciam a importância da tomada de consciência, capacidade associada ao processo de planejamento e desenvolvimento das ações docentes. Dentre os resultados encontrados, as autoras observaram diferenças entre os participantes do estudo no que se refere ao uso de estratégias de aprendizagem para autorregular o aprender e de estratégias pedagógicas para gerenciar o processo de ensino. Essas diferenças são atribuídas às demandas do campo de atuação. Contudo, elas afirmam que "ao planejar, antecipar resultados e refletir para/sobre a ação na sala de aula, as bolsistas e os estagiários foram capazes de tomar consciência sobre a demanda da tarefa que tinham a executar" (ÁVILA; PRANKE & FRISON, 2018, p. 1.276). Esses resultados corroboram a ideia de que o investimento no desenvolvimento de estratégias autorregulatórias na formação de professores pode repercutir positivamente na qualidade do ensino e na ampliação das possibilidades de aprendizagem dos estudantes.

Este capítulo resulta da articulação de oito dissertações cujos problemas de pesquisa partem da prática de professores da educação básica e cujas soluções foram propostas com base em construtos da Teoria Social Cognitiva (TSC), em especial, na perspectiva da autorregulação. A TSC e a perspectiva da autorregulação possibilitam compreender a prática educativa dentro de uma conjuntura que abarca sujeito, comportamento e ambiente (BANDURA; AZZI & POLYDORO, 2008; POLYDORO & AZZI, 2009; BORUCHOVITCH & GOMES, 2019). Conforme destacam Silva e Moreira (2016, p. 9), a TSC nos direciona a refletir a partir da relevância "de o professor não só *saber* [o conteúdo] e *saber ensinar*; mas, sobretudo, de *saber aprender*". Para tanto, o capítulo tem como objetivos: (1) apresentar a estrutura de uma proposta de produção de materiais didáticos, fundamentada na perspectiva da autorregulação; e (2) problematizar relações entre ensino, pesquisa, produção de materiais didáticos e formação continuada, presentes em pesquisas de mestrado profissional (MP) da área do ensino, defendidas nos últimos 5 anos, no Estado do Rio de Janeiro, a partir de levantamento realizado no *Catálogo de dissertações e teses da Coordenação de Aperfeiçoamento de Pessoal de Nível Superior* (Capes).

O estudo parte de dois pressupostos: a pesquisa é um caminho privilegiado para o exercício da autorregulação; e a adoção de estratégias autorregulatórias para o desenvolvimento de materiais didáticos para a educação básica pode favorecer a aproximação entre teorias e práticas na formação continuada dos professores. O capítulo está estruturado em quatro seções. A primeira descreve o método utilizado para selecionar e analisar as dissertações em tela. Em seguida, é apresentada a estrutura da proposta de formação continuada de professores na qual foram produzidos materiais didáticos ancorados na autorregulação. Depois, as evidências de pesquisa que corroboram essa estrutura são apresentadas e discutidas, à luz da Classificação Hierárquica Descendente (CHD), uma das possibilidades de análise realizadas pelo software *Interface de R pour les Analyses Multidimensionnelles de Textes et de Questionnaires* (Iramuteq). A última seção é destinada às considerações finais sobre as implicações desse tipo de proposta para futuras pesquisas no campo da formação de professores.

Método

Trata-se de um estudo de revisão narrativa crítica (ROTHER, 2007) realizado em dissertações de MP defendidas entre 2015 e 2019, que têm como temática central a autorregulação da aprendizagem na perspectiva da TSC e cujos programas estão inseridos na área de concentração do ensino, conforme a Capes. Os trabalhos foram selecionados a partir de um levantamento realizado no *Catálogo de teses e dissertações da Capes*, em pesquisas defendidas nos últimos 5 anos, no Estado do Rio de Janeiro.

Foi utilizado o descritor "autorregulação", o que resultou em 496 trabalhos. Em seguida, foram utilizados os filtros "mestrado profissional", para o tipo de pesquisa, "2015 a 2019" para o período, e "ensino", para a área de concentração, resultando em 8 dissertações. Dessas, foram selecionadas 7 para análise e 1 foi descartada por não utilizar o referencial da TSC. A essas 7 dissertações encontradas, todas oriundas do Grupo de Estudos e Pesquisas em Ensino, Aprendizagem Interdisciplinaridade e Inovação em Educação (Gepeaiinedu), vinculado ao Mestrado Profissional em Práticas de Educação Básica do Colégio Pedro II (MPPEB/CPII), foi acrescida mais uma, oriunda do mesmo grupo de pesquisa, defendida em agosto de 2019, que também atende ao critério proposto, mas ainda não foi disponibilizada no sítio da Capes. Cabe justificar que a escolha por realizar esse levantamento em pesquisas de MP se deve ao significativo potencial desse tipo de produção para fomentar debates sobre as possibilidades de superar a dicotomia entre a produção acadêmica e o processo de ensino. Além disso, por ocasião da intrínseca articulação entre o processo de pesquisa e a prática profissional que demandam as pesquisas de MP, argumenta-se que estas podem gerar pistas relevantes para a formação de professores-pesquisadores.

Com o intuito de explorar os dados vindos das dissertações e responder aos objetivos da pesquisa, os textos das dissertações foram processados no software livre Iramuteq que era restrito, originalmente, para pesquisas em língua francesa, mas que desde 2013 possibilita a realização de análises em vários idiomas, inclusive o português. O Iramuteq utiliza o software *R* para processamento de dados estatísticos a partir da análise do *corpus* qualitativo. Segundo Souza et al. (2018, p. 2), o Iramuteq e o R constituem ferramentas de processamento de informações e não métodos de pesquisa, "o que torna seus resultados instrumentos de exploração, busca e associação em material de pesquisa".

Após o processamento dos dados pelo software, as Unidades de Contexto Inicial (UCI) são agrupadas em classes, conforme a semelhança entre os vocabulários, selecionados por meio da técnica de lematização. Na presente pesquisa foi utilizada a Classificação Hierárquica Descendente (CHD), uma das possibilidades de análise oferecidas pelo Iramuteq. Na CHD o texto é organizado de acordo com a frequência das formas reduzidas (palavras já lematizadas). O software gera um dendograma, que apresenta as classes de palavras e as relações entre elas, considerando a semelhança entre os vocabulários (CAMARGO & JUSTO, 2013). No total, foram selecionados 16 textos, sendo 8 referentes à análise de dados e 8 referentes às considerações finais das dissertações.

Uma proposta de formação continuada de professores ancorada na autorregulação com foco na produção de materiais didáticos

Silva e Diniz (2016) descreveram a estrutura de uma proposta de formação continuada implementada em um curso de formação de professores em nível de mestrado, que visa à produção de materiais didáticos fundamentados na autorregulação. As autoras elencam nove aspectos que se articulam nessa proposta: as dimensões pessoal, acadêmica e profissional; as etapas autorregulatórias de planejamento, execução e avaliação – pautadas no modelo de Rosário (2004); e os processos de reflexão sobre a prática, desconstrução e ressignificação e retorno à sala de aula. Essas dimensões, etapas e processos "se entrecruzam de forma multidimensional na construção da identidade do professor-pesquisador" (SILVA & DINIZ, 2016, p. 42). O quadro 1 sintetiza esse processo, destacando seus objetivos e principais estratégias.

Um aspecto importante a ser destacado no quadro 1 diz respeito ao caráter transversal das dimensões pessoal, acadêmica e profissional durante o processo autorregulatório voltado para a produção dos materiais didáticos. Uma das ferramentas utilizadas pelos mestrandos para registrar e sistematizar o percurso da pesquisa foi o portfólio autorregulatório. Conforme caracterizou Gouvêa (2017), o portfólio autorregulatório é uma adaptação do portfólio reflexivo (PIZARRO & FRISON, 2012; FRISON & VEIGA SIMÃO, 2011; BORUCHOVITCH, 2014). É uma narrativa que se destina ao registro detalhado e sistemático do professor-pesquisador durante o planejamento (P), a execução (E) e a avaliação (A) do processo de pesquisa na e sobre a prática pedagógica. A estrutura do portfólio autorregulatório se baseia no modelo proposto por Zimmerman (2013), denominado por Rosário (2004) de Plea. Nesse instrumento de geração de dados, que é elaborado em primeira pessoa, o professor-pesquisador detalha a sequência das atividades

Quadro 1 – Estrutura de uma proposta de formação continuada de professores ancorada na autorregulação, com foco na produção de materiais didáticos

Fase de planejamento	Fase de execução	Fase de avaliação
• **Processo**: reflexão sobre a prática para a escolha do objeto de estudo e para a definição do produto educacional. • **Objetivo**: preparação para a ação de ensino, pesquisa ou extensão. • **Estratégias**: identificação de conhecimentos prévios sobre as experiências de ensino e pesquisa a serem implementadas; levantamento de demandas para a prática; mapeamento das crenças de autoeficácia para a realização das atividades e das expectativas de resultados; estabelecimento de metas e objetivos; seleção/construção de estratégias de ação e recursos para a avaliação das experiências.	• **Processo**: desconstrução e ressignificação dos conhecimentos, por meio do questionamento reconstrutivo; da elaboração do projeto de pesquisa e da sistematização do produto educacional nos moldes acadêmicos. • **Objetivo**: avaliação/implementação da ação de ensino, pesquisa ou extensão. • **Estratégias**: estudo/aprofundamento dos construtos da TSC que sustentarão as experiências de ensino e pesquisa; organização das informações provenientes do estudo em diferentes formatos (mapas mentais, quadros, diagramas, apresentações em Power Point, vídeos, entre outros); compartilhamento dos resultados do estudo dentro do próprio grupo, para outros grupos de pesquisa e para a comunidade escolar, por meio de atividades extensionistas; promoção e registro de *feedbacks* para a realização de ajustes no planejamento inicial.	• **Processo**: retorno à sala de aula para avaliação/experimentação do produto educacional e para o estabelecimento de diálogos com os pares e com os estudantes. • **Objetivo**: avaliação da ação de ensino, pesquisa ou extensão. • **Estratégias**: reflexão individual e coletiva acerca dos resultados obtidos, dos sentimentos envolvidos e considerações a respeito dos conhecimentos e habilidades que devem ser acrescidas ou aprofundadas e das estratégias que devem ser mantidas, abandonadas ou modificadas.

Dimensão pessoal

• *Objetivo*: desenvolver a autoeficácia para a pesquisa na e sobre a prática pedagógica.

• *Estratégias*: compartilhamento de experiências entre mestrandos iniciantes e mestrandos mais experientes, por meio de reuniões presenciais, reuniões virtuais por Skype ou Plataforma RNP/Rede Nacional de Pesquisa e via grupo de WhatsApp.

Dimensão acadêmica

• *Objetivo*: construir conhecimentos e desenvolver habilidades relacionadas à pesquisa acadêmica.

• *Estratégias*: identificação das experiências de domínio dos professores nas suas respectivas áreas de atuação; desenvolvimento de experiências de domínio na área específica da pesquisa, por meio da produção de resumos, fichamentos, narrativas sobre a prática; estudo colaborativo sobre aspectos ligados à TSC, sobre formação de professores e sobre metodologia de pesquisa; estudos colaborativos envolvendo a participação de outros grupos de pesquisa.

Dimensão profissional

• *Objetivo*: construir conhecimentos e desenvolver habilidades relacionadas ao ensino (aplicação de metodologias, concepção e produção de materiais didáticos).

• *Estratégias*: elaboração de planejamentos de ensino; organização de roteiros de intervenções didáticas; produção de materiais físicos e digitais; mediação de atividades de ensino e extensão, presenciais e a distância.

Fonte: Elaborado pela autora com base em Silva e Diniz (2016).

desenvolvidas, desde seu planejamento, descreve e reflete sobre as próprias reações e as dos participantes, analisa e avalia suas impressões acerca das estratégias adotadas e soluções implementadas, bem como sobre os sentimentos envolvidos durante todo processo.

Diniz (2019, p. 31) argumenta que o portfólio autorregulatório é "um instrumento de finalidade dupla em pesquisas feitas por professores: o gerenciamento autorregulado do processo de pesquisa e o registro sistemático desse processo, por meio de narrativas que ilustram diálogos entre teorias e práticas". Durante a análise dos dados, os professores-pesquisadores refletem sobre as evidências de pesquisa contidas nas narrativas do portfólio autorregulatório cujos registros refletem o movimento dos pensamentos, sentimentos, motivações e comportamentos que os levaram à construção do material didático. O quadro 2 apresenta autoria/ano, foco da discussão sobre autorregulação (AR) e o público-alvo do material didático que resultou das pesquisas.

Quadro 2 – Autores, foco da discussão sobre AR, material didático e público-alvo

Referência	Foco da discussão sobre AR	Material didático	Público-alvo
SANTOS, 2015	Autorregulação da aprendizagem em Matemática	Maria não vai mais à feira: resolução de problemas e estratégias de autorregulação da aprendizagem nas séries iniciais do Ensino Fundamental (Caderno de atividades).	5º ano do Ensino Fundamental
MOREIRA, 2016	Autorregulação da aprendizagem para a compreensão leitora	Um papo sobre estudar: Superdicas para você aprender a aprender melhor (livro) e Caderno de atividades para estudar com os amigos (material de apoio).	5º ano do Ensino Fundamental
GOUVÊA, 2017	Autorregulação dos comportamentos de saúde	As escolhas de Augustinho: uma história-ferramenta sobre autorregulação para a saúde (kit: *Website* e Caderno de atividades com orientações ao professor).	Ensino Médio
JESUS, 2017	Autorregulação do comportamento moral	Práticas educativas no combate à violência contra a mulher – kit multimodal (*Website*).	Ensino Médio
QUINTANS, 2017	Autorregulação da aprendizagem de francês	E aí, Chloé? (história-ferramenta) e Caderno de atividades com orientações para professores.	6º ano do Ensino Fundamental

PINTO, 2018	Autorregulação da aprendizagem para a compreensão leitora	Ler para aprender – estratégias de autorregulação da aprendizagem para o aperfeiçoamento da compreensão leitora (Caderno de oficinas).	5° ano do Ensino Fundamental
ROCHA, 2018	Autorregulação dos comportamentos de saúde	E agora, Francisco? (história-ferramenta) e Caderno de oficinas: estratégias de autorregulação da saúde e de atividade física na EJA.	Educação de Jovens e Adultos
DINIZ, 2019	Autorregulação da aprendizagem em Matemática	História-ferramenta: Nossa turma tem um problema.	5° ano do Ensino Fundamental

Fonte: a autora (2019).

Evidências de pesquisa: o processo de construção de materiais didáticos fundamentados na autorregulação

As pesquisas analisadas neste estudo são predominantemente quali-quantitativas. As abordagens quantitativas foram utilizadas pelos pesquisadores com o intuito de ampliar o olhar frente aos dados gerados e aprofundar questões que não seriam observáveis apenas sob o ponto de vista qualitativo (IVENICKI & CANEN, 2016).

Santos (2015) realizou uma pesquisa-ação que tinha como objetivo geral "construir e validar um caderno de atividades didáticas com o foco no desenvolvimento de estratégias de autorregulação da aprendizagem aplicadas à resolução de problemas, no contexto do ensino da Matemática no segundo ciclo das séries iniciais do Ensino Fundamental" (p. 28). Participaram da pesquisa 14 professores de Matemática, que deram suas contribuições para o aprimoramento do material através de um questionário de avaliação aplicado via ferramenta surveymonkey.com

A partir dos resultados da pesquisa realizada por Santos (2015), considerou-se a necessidade de instrumentalizar os professores avaliadores dos materiais didáticos com o referencial da Teoria Social Cognitiva (TSC). Desse modo, as pesquisas realizadas por Moreira (2016), Gouvêa (2017), Quintans (2017) e Jesus, (2017) também caracterizadas como pesquisa-ação, incluíram, em seus desenhos, a realização de um curso de extensão de 30 horas, de caráter semipresencial. O curso foi ministrado pelos mestrandos e pela orientadora das dissertações. Na parte presencial foram apresentadas as bases conceituais da TSC e os construtos que fundamentavam os produtos educacionais. Na parte a distância, a Plataforma *Moodle* foi utilizada como ferramenta de interação por meio de fóruns, para a realização de exercícios e para o compartilhamento de materiais.

O curso contou com dois tipos de materiais para orientar os cursistas em relação ao conteúdo teórico: cinco videoaulas, produzidas pelos mestrandos, e que compõem a série *Aprender a Aprender Contribuições da TSC para a Prática Pedagógica* (disponível na Plataforma da Rede Nacional de Pesquisa – RNP) e uma apostila que resultou, posteriormente, no livro intitulado *Teoria Social Cognitiva e a formação do professor-pesquisador: reflexões, pesquisas e práticas* (SILVA & MOREIRA, 2016). O quadro 3 sintetiza os objetivos dos respectivos estudos e os participantes.

Quadro 3 – Características das dissertações analisadas

Referência	Objetivo	Participantes
MOREIRA, 2016	Colaborar para o aprimoramento do processo de aprendizagem de estudantes do 5º ano do Ensino Fundamental, pela elaboração e avaliação/validação de um material didático suplementar voltado para o desenvolvimento de estratégias de autorregulação com foco nas habilidades de compreensão textual.	55 professores e profissionais de educação.
GOUVÊA, 2017	Construir, experimentar e aprimorar um material didático e instrucional que subsidie a ação de professores no processo de inserção de estratégias autorregulatórias durante a aprendizagem de conteúdos conceituais relacionados ao tema transversal saúde, no currículo de Educação Física do Ensino Médio.	23 professores e profissionais da educação e da saúde.
QUINTANS, 2017	Construir e aprimorar um material didático que subsidie a ação de professores no processo de inserção de estratégias autorregulatórias durante a aprendizagem de francês como Língua Estrangeira, no 6º ano do Ensino Fundamental.	10 professores da educação básica/Licenciandos com formação em Letras Português-Francês ou formação em Letras.
JESUS, 2017	Construir, experimentar e aprimorar um material educacional em Língua Espanhola e Portuguesa que subsidie a ação de professores de Espanhol/Língua Adicional do Ensino Médio para potencializar processos de autorregulação moral dos alunos a partir da reflexão sobre o desengajamento moral relacionado ao tema da violência contra a mulher.	5 professoras com formação em Letras Português-Espanhol, com formação em Letras e conhecimentos básicos de espanhol.

Fonte: a autora (2019).

As pesquisas realizadas por Rocha (2017), Pinto (2017) e Diniz (2019) foram caracterizadas como estudos de caso, descritivos, exploratórios e de abordagem qualitativa e quantitativa. Rocha (2017, p. 23) objetivou "analisar como o ensino das estratégias autorregulatórias de estabelecimento de metas e de apoio social podem contribuir para a apreensão de conhecimentos sobre a prática de atividades físicas na Educação de Jovens e Adultos (EJA)". Para tal, tomou como ponto de partida a pesquisa de Gouvêa (2016), construiu a história-ferramenta intitulada *E agora, Francisco?* e o *Caderno de oficinas*: estratégias de autorregulação da saúde e de atividade física na EJA. O pesquisador utilizou esses recursos pedagógicos para realizar uma proposta de intervenção junto a 13 estudantes da EJA de uma instituição pública de ensino no município de Mesquita, no Rio de Janeiro.

Pinto (2017) partiu do estudo realizado por Moreira (2016) e desenvolveu uma intervenção didática com 20 alunos do 5º ano do Ensino Fundamental de uma escola privada situada no município de São Gonçalo, Rio de Janeiro. A ferramenta utilizada para desenvolver a intervenção foi o livro *Um papo sobre estudar: Superdicas para você aprender a aprender melhor* (MOREIRA, 2016) e o objetivo da pesquisa foi "analisar em que medida o ensino de estratégias autorregulatórias da aprendizagem pode contribuir para o aperfeiçoamento da compreensão leitora de estudantes do 5º ano do Ensino Fundamental" (PINTO, 2017, p. 28).

A pesquisa de Diniz (2019) também se caracterizou como um estudo de caso que teve como objetivo "Descrever o processo de construção de uma história-ferramenta, fundamentada na teoria da autorregulação, que auxilie a ação de professores no ensino de resolução de problemas em Matemática, em turmas do 5º ano do Ensino Fundamental" (p. 18). Foram realizados dois estudos. O primeiro envolveu 120 estudantes de 4º e 5º anos do Ensino Fundamental e visou à construção de uma Escala de autorregulação para resolução de problemas em Matemática. O segundo estudo envolveu 66 estudantes de 5º ano do Ensino Fundamental e visou ao aprimoramento da história-ferramenta *Nossa turma tem um problema*, a partir de sugestões dos participantes que tiveram acesso à história, em intervenções didáticas sobre resolução de problemas em Matemática.

Resultados e discussão

O *corpus* geral da análise realizada neste estudo de revisão foi constituído por 16 textos, separados em 959 segmentos de texto (ST) com aproveitamento de 863 ST (89.99%). Emergiram 34.308 ocorrências (palavras, formas ou vocábulos), sendo 4.668 palavras distintas e 2.352 com uma única ocorrência. O conteúdo analisado foi categorizado em 4 classes: classe 1 com 250 ST (28.97%); classe 2 com 236 ST (27.35%); classe 3 com 194 ST (22.48%); e classe 4 com 183 ST (21.21%). Vale ressaltar que essas quatro classes se encontram divididas em três ramificações (A, B e C) do *corpus* total de análise.

O subcorpus A "Material didático" é composto pela classe 4 ("Etapa de execução") e se refere à implementação da pesquisa, incluindo principalmente a avaliação/experimentação do material em contexto real de ensino e as demandas relativas à organização pessoal do professor-pesquisador para atingir os objetivos propostos. O subcorpus B "Construção do material" se refere ao conjunto de ações e reflexões necessárias ao desenvolvimento do produto educacional, incluindo principalmente as etapas ligadas à concepção da pesquisa e do produto, ambas mediadas pelas teorias em diálogo com as práticas. O subcorpus B é composto pela classe 3 ("Etapa de avaliação"), que se refere à análise das fontes de informação que indicam os pontos fortes e as limitações do material didático, e pelo subcorpus C "Estratégias de autorregulação", composto pela classe 1 ("Etapa de planejamento) e pela classe 2 ("Reflexão sobre a prática"). A classe 1 congrega conteúdos que expressam os objetivos e as expectativas de resultados das pesquisas, e a classe 2 põe em evidência relações entre teorias, pesquisas e prática docente (cf. figura 1).

Figura 1 – Dendograma com a estrutura da proposta de formação continuada extraído da análise no software Iramuteq

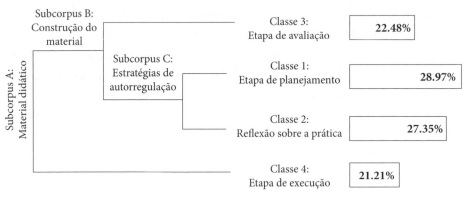

Fonte: a autora (2019).

Para atingir uma visualização mais objetiva das classes foi elaborado um organograma com uma lista de palavras por classe, gerada a partir do teste do qui-quadrado. Esse teste aponta o vocabulário que se assemelha entre si em cada classe e indica as diferenças de vocabulário entre classes. A figura 2 descreve, operacionaliza e exemplifica as palavras que emergiram da Classificação Hierárquica Descendente (CHD).

Figura 2 – Organograma das classes que compõem a estrutura do processo de construção de materiais didáticos ancorados na autorregulação

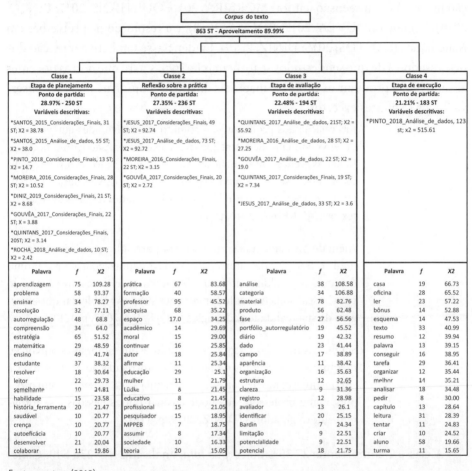

Fonte: a autora (2019).

A classe 1 compreende 28.97% do *corpus total* analisado (f = 250 ST). Constituída por palavras e radicais no intervalo entre χ^2 > 3.85 (social) e χ^2 = 109.28 (aprendizagem). Essa classe é composta por palavras como aprendizagem (χ^2 = 109.28), problema (χ^2 = 93.37), ensinar (χ^2 = 78.27), autorregulação (χ^2 = 68.8), estratégia (χ^2 = 51.52), ensino (χ^2 = 41.74), estudante (χ^2 = 38.32), autoeficácia (χ^2 = 20.77) e colaborar (χ^2 = 19.86). Predominaram as evocações presentes nas considerações finais de Santos (2015), Moreira (2016), Gouvêa (2017), Quintans (2017) e Diniz (2019) e as evocações presentes na análise de dados de Santos (2015) e Rocha (2018).

Na análise realizada, verificou-se que estão elencados, nessa classe, os objetivos das pesquisas que dizem respeito ao ensino de estratégias de autorregulação ligadas à compreensão leitora (MOREIRA, 2016; QUINTANS, 2017; PINTO, 2018), à saúde (GOUVÊA, 2017; ROCHA, 2018), e à resolução de problemas em Matemática (SANTOS, 2015; DINIZ, 2019). Evidencia-se também a intenção dos pesquisadores de que seus estudos se tornem referências para que outros docentes se motivem a produzir os próprios materiais didáticos, conforme pode ser observado nos seguintes excertos:

> Em relação aos professores, o contato com atividades que visem ao desenvolvimento de estratégias para a compreensão leitora pode reforçar as crenças de autoeficácia dos docentes e motivá-los na medida em que esses podem enxergar caminhos possíveis para o enfrentamento dos problemas relativos às dificuldades de compreensão de textos (MOREIRA, 2016, p. 93).

> Além de instrumentalizar o professor para aplicar modelos de ensino de estratégias de autorregulação da aprendizagem, com o intuito de equipar os alunos com tais ferramentas, é necessário formá-lo para buscar soluções, autonomamente, para os problemas que emergem da sua realidade pedagógica (GOUVÊA, 2017, p. 138).

> Sendo assim, a professora-pesquisadora que aqui se desenvolveu mergulhou nos estudos da teoria da autorregulação, primeiro para se constituir como pessoa que autorregula a sua aprendizagem e, depois, como professora que pode ensinar outras pessoas a se tornarem autorreguladoras (DINIZ, 2019, p. 115).

A classe 2 compreende 27.35% do *corpus total* analisado (f = 236 ST). Constituída por palavras e radicais no intervalo entre χ^2 > 3.92 (contribuição) e χ^2 = 83.68 (prática). Essa classe é composta por palavras como prática (χ^2 = 83.68), formação (χ^2 = 58.57), professor (χ^2 = 45.52), pesquisa (χ^2 = 35.22), Lüdke (χ^2 = 21.45). Predominaram as evocações presentes nas considerações finais de Jesus (2017), Moreira (2016), Gouvêa (2017) e as evocações presentes na análise de dados de Jesus (2017).

Observou-se, nessa classe, destaques dados pelos pesquisadores e pesquisadoras à importância do espaço de formação continuada para a qualidade das práticas pedagógicas. Evidencia-se o papel das teorias como ferramentas de mediação entre o pensar e o fazer pedagógico; destaca-se o papel precípuo do professor na construção de teorias que emerjam do cotidiano escolar; e se traz para o centro do debate o potencial da pesquisa como elemento de (des)construção de conhecimentos, saberes e práticas ligados à docência e, sobretudo, o debate crítico acerca da crença de que a pesquisa feita pelo professor tem menor valor. Os exemplos a seguir ilustram conteúdos representativos dessa classe:

> A pesquisa no presente trabalho também foi entendida como um espaço de formação continuada e de reflexão sobre a minha prática pedagógica (GOUVÊA, 2017, p. 137).

> [...] uma prática contextualizada com a teoria buscando respaldo acadêmico sobre as reflexões do professor; a prática não só atrelada à formação acadêmica, mas também com a construção da cidadania (DINIZ, 2019, p. 115).

> [...] na prática, a teoria não precisa ser outra; elas podem caminhar juntas. Como vimos, ainda se faz necessária a desconstrução da visão errônea de que existe uma hierarquia entre pesquisas, de que a pesquisa que tem seu eixo na prática é algo inferior (JESUS, 2017, p. 149).

A classe 3 compreende 22.48% do *corpus total* analisado ($f = 194$ ST). Constituída por palavras e radicais no intervalo entre $\chi^2 > 3.89$ (apresentar) e $\chi^2 = 108.58$ (análise). Essa classe é composta por palavras como análise ($\chi^2 = 108.58$), material ($\chi^2 = 82.76$), produto ($\chi^2 = 62.48$), portfólio autorregulatório ($\chi^2 = 45.52$), limitação ($\chi^2 = 22.51$), potencialidade ($\chi^2 = 22.51$) e Bardin ($\chi^2 = 24.34$). Predominaram as evocações presentes na análise de dados de Moreira (2016), Gouvêa (2017), Quintans (2017) e Jesus (2017) e as evocações presentes nas considerações finais de Quintans (2017).

Nessa classe encontram-se listados conteúdos referentes à análise do potencial de aplicabilidade do material didático no contexto do ensino. Evidencia-se o portfólio autorregulatório como instrumento de registro e monitoramento do processo de pesquisa e a técnica de análise de conteúdo de Bardin (2011) como estratégia para aumentar a confiabilidade dos resultados provenientes da análise dos dados gerados pelas pesquisas. Os exemplos a seguir ilustram conteúdos representativos dessa classe:

> Considero que a análise do diário de campo forneceu dados importantes sobre as impressões dos sujeitos em relação ao material – nas

suas diferentes etapas de construção – e nos forneceu também indícios sobre a recepção e aceitação do livro pelo grupo (MOREIRA, 2016, p. 89).

A organização do portfólio autorregulatório foi elaborada em ordem cronológica desde o início da elaboração do produto educacional até a realização da instância de avaliação sobre a aplicabilidade do material didático (GOUVÊA, 2017, p. 98).

O objetivo desta análise foi identificar, em minhas narrativas, elementos que indicassem possíveis diálogos entre o processo de elaboração do material didático e meu processo autorregulatório como pesquisadora, além de buscar indícios que apontassem de que maneira eu poderia aprimorar o material didático em questão (QUINTANS, 2017, p. 63).

Finalmente, a classe 4 compreende 22.21% do *corpus total* analisado (f = 183 ST). Constituída por palavras e radicais no intervalo entre $\chi^2 > 3.99$ (interessante) e $\chi^2 = 66.73$ (casa). Essa classe é composta por palavras como oficina ($\chi^2 = 65.52$), ler ($\chi^2 = 57.22$), esquema ($\chi^2 = 47.53$), resumo ($\chi^2 = 39.94$), organizar ($\chi^2 = 35.44$), capítulo ($\chi^2 = 28.64$) e aluno ($\chi^2 = 19.66$) e turma ($\chi^2 = 15.65$). Embora tenham sido encontradas evocações de Gouvêa (2017), Quintans (2017) e Diniz (2019), predominaram as evocações presentes na análise de dados de Pinto (2018).

Foram encontrados, nessa classe, conteúdos referentes à aplicação do material, oriundos da análise dos pares ou por meio de observações provenientes das intervenções didáticas em contexto real de ensino. Evidencia-se a importância da mediação do professor para o ensino de estratégias autorregulatórias e a necessidade de realizar adequações no processo de intervenção e no material didático, dadas as diferenças existentes entre os indivíduos, as turmas e as instituições. Os exemplos a seguir ilustram conteúdos representativos dessa classe:

> Como pode ser observado pelos trechos selecionados, a extensão da história foi encarada como um fator preocupante pelos participantes das experimentações. Alguns entendiam que seria difícil apresentar uma narrativa muito longa a alunos da rede estadual, enquanto outros perceberam na extensão algo positivo, no sentido de propor um desafio aos alunos a realizar leituras mais complexas. Ao longo do meu portfólio, relatei minhas inquietações sobre como resolver essa questão desde o primeiro evento em que experimentei o protótipo da história (GOUVÊA, 2017, p. 100-101).

As produções, no geral, atingiram os objetivos de maneira bastante satisfatória, com clareza das ideias e coerência. Percebi alguns alunos com mais dificuldade para resumir, mas como estavam em dupla e eu estava mediando o processo o tempo todo, eles conseguiram concluir (PINTO, 2018, p. 116).

Uma possibilidade de construção de saberes é a produção de materiais didáticos. A cada ano letivo que se inicia, novas propostas surgem para se pensar num planejamento para aquela turma, naquele novo ano. O que foi produzido anteriormente costuma ser aproveitado, claro, mas sempre há um novo desafio pela frente. O perfil das turmas muda, o mundo muda junto e não há como reproduzir sempre a mesma atividade (DINIZ, 2019, p. 39).

A partir dos resultados apresentados, algumas constatações podem ser feitas. A primeira diz respeito à concentração das produções que relacionam autorregulação e produção de materiais didáticos em dissertações de Mestrados Profissionais na área do ensino em apenas um grupo de pesquisa, situado no Rio de Janeiro. A escassez de estudos específicos nessa área deixa evidente que a discussão é um campo a ser explorado.

A proposta de formação apresentada neste capítulo compartilha da ideia de que para ensinar processos autorregulatórios é necessário apropriar-se deles. De acordo com Veiga Simão e Frison (2013, p. 5), "o aprendiz avança primeiro por processos controlados pelo meio (regulação), passando depois à autorregulação ao planejar, executar e avaliar a sua ação". Ao considerarmos as relações entre ensino, pesquisa, produção de materiais didáticos e formação continuada, cabe destacar que o estudo do referencial teórico, em diálogo com as experiências prévias da prática docente, foi o primeiro e fundamental passo para a regulação dos professores pesquisadores em direção à construção dos materiais didáticos. As trocas entre os pares e a sistematização da pesquisa por meio de registros no portfólio autorregulatório proporcionou a consciência do processo autorregulatório desses professores. Vale destacar que "o conhecimento experienciado das componentes cognitivas/metacognitiva, motivacional/volitiva, em interação com o contexto, constitui uma ferramenta única para os profissionais desenharem e desenvolverem experiências de aprendizagem com os seus alunos" (VEIGA SIMÃO & FRISON, 2013, p. 15).

Os resultados também parecem indicar a existência de um percurso autorregulatório concretamente estruturado na construção dos materiais didáticos oriundos das oito dissertações analisadas. Esse percurso tem como ponto de partida o estudo das teorias em articulação com as práticas (classes 1 e 2), envolve processos avaliativos que possibilitam o gerenciamento e o monitoramento dos resultados dessa construção (classe 3) e sinaliza para a necessidade de realizar adaptações e reconstruções em função dos contextos nos quais esses materiais serão utilizados (classe 4). Nesse sentido, com base na estrutura apresentada, cabe destacar que a autorregulação no processo de construção de materiais didáticos para a educação básica não finda na concretização dos produtos, pois sua utilização demandará novos processos autorregulatórios para que os objetivos sejam alcançados.

Considerações finais

Dois pressupostos orientaram a elaboração deste capítulo. O primeiro destaca a pesquisa como estratégia autorregulatória. O segundo defende que o uso de estratégias autorregulatórias, por meio da pesquisa, na formação continuada de professores, pode favorecer a (des)construção de saberes e a aproximação de teorias e práticas. Para discutir esses pressupostos foi apresentada a estrutura de uma proposta de formação continuada de professores, em nível de mestrado profissional (MP), que faz uso do referencial da autorregulação para construir materiais didáticos para a educação básica. A análise ocorreu a partir da articulação entre oito dissertações, por meio da CHD.

Cabe aqui ser ressaltado que as oito dissertações analisadas trazem como categorias primárias desta pesquisa pontos que articulam a ideia de que para ensinar processos autorregulatórios é necessário apropriar-se deles, ideia que vem sendo defendida por outros estudiosos (BORUCHOVITCH, 2014; VEIGA SIMÃO & FRISON, 2013; COSTA FERREIRA & VEIGA SIMÃO, 2012; POLYDORO & AZZI, 2009). Vale destacar que as pesquisas analisadas apontam para a aplicabilidade dos produtos didáticos em diferentes contextos de ensino e aprendizagem. Devido a isso, o processo de autorregulação durante a produção do material didático alcança patamares para além da teoria pela teoria, confirmando a importância da ação do professor-pesquisador e da conexão dos produtos oriundos desses estudos com os problemas da prática. Nessa perspectiva de que "o ser humano é capaz de se autodirecionar para aprender" (AZZI, 2014; 2010) se compreende, portanto, que o professor deve buscar aprender, apreender a ensinar e aprender a aprender (SILVA & MOREIRA, 2016).

Os dados apresentados e analisados neste capítulo demonstram, de forma enfática, a importância de investir na formação do professor para a docência e para a pesquisa sobre a docência, tendo em vista que professores-pesquisadores podem se tornar referências importantes para outros professores motivando-os a produzir os próprios materiais didáticos. O papel dos MP na produção de materiais didáticos, nesse sentido, é fundamental para que o que foi estudado na academia chegue à escola, aproximando esses dois campos de forma mais significativa.

Considerando que os resultados sugerem uma insipiência de pesquisas sobre TSC na escola, na região pesquisada, pois apenas oito dissertações foram encontradas de um único grupo de pesquisa, isso implica na lacuna que se refere ao estudo da autorregulação no ambiente acadêmico dos MP e na necessidade de ampliar a discussão desse tema tão caro à educação, já que une teoria à prática. Assim, ter-se como referência trabalhos que falem ao professor e demonstrem a sua capacidade criativa no seu dia a dia de sala de aula pode ser uma forma de dinamizar e produzir novos movimentos na direção da autorregulação do ensino. Afirma-se tal olhar a partir do fato de que as teorias têm um lugar privilegiado nesse processo, seja como fonte de regulação (indicando caminhos válidos), seja como motivo de rompimento da zona de conforto (ao desconstruir saberes e práticas tidas como inquestionáveis). A descoberta de novos problemas para a pesquisa pode ter como ponto de partida essa desconstrução. O movimento de desconstrução é vital no processo de autorregulação, já que envolve exatamente o movimento criativo dentro de qualquer processo de ensino-aprendizagem. Descobre-se o novo quando, diante de uma questão, não se sabe como responder à demanda com as estruturas cognitivas e afetivas que foram estruturadas ao longo da vida cotidiana. A autorregulação, conforme abordado ao longo deste capítulo, é exatamente essa capacidade de gerenciar e gerar novas respostas diante de uma proposta ainda não pensada, desafiando o sujeito que aprende e o sujeito que ensina a assumir a condição de criador e criatura a partir da desconstrução de maneiras já pensadas de atuar durante as situações de ensino e de aprendizagem. Acredita-se, desse modo, que as questões trazidas neste capítulo podem ser ampliadas e aprofundadas em outros estudos, tendo em vista que não esgotam o vasto campo que a temática autorregulação proporciona. É importante que o professor se aproprie de conhecimentos sobre a autorregulação da aprendizagem a fim de ensinar habilidades autorregulatórias aos estudantes. Contudo, é imprescindível destacar o papel dos programas de pós-graduação e, sobretudo, dos sistemas de ensino na criação de condições para que esse processo ocorra de formas mais eficazes.

Referências

AZZI, R.G. (2014). *Introdução à Teoria Social Cognitiva*. São Paulo: Casa do Psicólogo.

_____ (2010). Contribuições da Teoria Social Cognitiva para o enfrentamento de questões do cotidiano: o caso da mídia. *Psicol. Am. Lat.* [Disponível em http://pepsic. bvsalud.org/scielo.php?script=sci_arttext&pid=S1870-350X2010000200005 – Acesso em 18/04/2016].

BANDURA, A.; AZZI, R.G. & POLYDORO, S. (2008). *Teoria Social Cognitiva*: conceitos básicos. Porto Alegre: Artmed.

BARDIN, L. (2011). *Análise de conteúdo*. São Paulo: Edições 70.

BORUCHOVITCH, E. & GOMES, M.A.M. (orgs.) (2019). *Aprendizagem autorregulada*: como promovê-la no contexto educativo? Petrópolis: Vozes.

BORUCHOVITCH, E. (2014). Autorregulação da aprendizagem: contribuições da psicologia educacional para a formação de professores. *Revista Quadrimestral da Associação Brasileira de Psicologia Escolar e Educacional*, vol. 18, n. 3 [Disponível em http://www. scielo.br/pdf/pee/v18n3/1413-8557-pee-18-03-0401.pdf – Acesso em 31/08/2016].

CAMARGO, B.V. & JUSTO, A.M. (2013). Iramuteq: um software gratuito para análise de dados textuais. *Temas psicol.*, vol. 21, n. 2, p. 513-518 [Disponível em http://pepsic. bvsalud.org/scielo.php?script=sci_arttext&pid=S1413-389X2013000200016&lng =pt&nrm=iso – Acesso em 08/12/2019].

COSTA FERREIRA, P.C. & VEIGA SIMÃO, A.M. (2012). Teacher practices that foster self-regulated learning: a case study. *Educational Research e Journal*, vol. 1, n. 1.

DINIZ, M.E.B.M. (2019). *Nossa Turma tem um problema*: o processo de construção de uma história-ferramenta sobre resolução de problemas fundamentada na teoria da autorregulação. Rio de Janeiro: Colégio Pedro II [Dissertação de mestrado].

FRISON, L.M.B. & VEIGA SIMÃO, A.M. (2011). Abordagem (auto)biográfica – Narrativas de formação e de autorregulação da aprendizagem reveladas em portfólios reflexivos. *Educação*, vol. 34, p. 198-206.

GOUVÊA, B.S. (2017). *Ensinar conceitos de saúde na escola*: o processo de construção de uma história-ferramenta fundamentada na autorregulação. Rio de Janeiro: Colégio Pedro II [Dissertação de mestrado].

GOUVÊA, B.S. & SILVA, K.R.X. (2019). Proposta de ensino de conceitos de saúde nas aulas de Educação Física pela abordagem da Teoria Social Cognitiva. *Motrivivência*, vol. 31, n. 60, p. 1-21.

JESUS, S.E. (2017). *Refletir sobre o desengajamento moral em relação à mulher*: o processo de construção de um material didático para as aulas de Espanhol/Língua Adicional. Rio de Janeiro: Colégio Pedro II [Dissertação de mestrado].

MOREIRA, M.R. (2016). *Aprender a aprender* – Estratégias de autorregulação da aprendizagem para a melhoria da compreensão leitora. Rio de Janeiro: Colégio Pedro II [Dissertação de mestrado].

MOREIRA, M.R. & Da SILVA, K.R.X.P. (2018). Autorregulação da aprendizagem e compreensão leitora no Ensino Fundamental/Self-regulated learning and reading comprehension in Elementary School. *Revista de Educação PUC-Campinas*, vol. 23, n. 3, p. 365-384.

PAJARES, F. (2006). "Self-efficacy during childhood and adolescence: implications for teachers and parents". In: PAJARES, F. & URDAN, T. (orgs.). *Self-efficacy beliefs of adolescents*. Greenwich: Information Age.

PINTO, M.L. (2018). *O uso de estratégias de autorregulação da aprendizagem para o aperfeiçoamento da compreensão leitora em crianças do 5º do Ensino Fundamental*. Rio de Janeiro: Colégio Pedro II [Dissertação de mestrado].

PIZARRO, A.P.D. & FRISON, L.B. (2012). Estratégias autorregulatórias descritas em portfólios reflexivos. *Pesquiseduca*, vol. 4 [Disponível em http://periodicos.unisantos.br/index.php/pesquiseduca/article/view/218 – Acesso em 31/08/2016].

POLYDORO, S.A.J. & AZZI, R.G. (2009). Autorregulação da aprendizagem na perspectiva da teoria sociocognitiva: introduzindo modelos de investigação e intervenção. *Psicologia da Educação*, 29, 2º sem., p. 75-94 [Disponível em http://teoriasocialcognitiva.net.br/wp-content/uploads/2014/09/n29a05.pdf – Acesso em 29/02/2016].

QUINTANS, V.P.A. (2017). *Ensinar a aprender francês na escola*: o processo de construção de uma estória-ferramenta para o 6º ano fundamentada na autorregulação da aprendizagem. Rio de Janeiro: Colégio Pedro II [Dissertação de mestrado].

ROCHA, I.S. (2018). *Autorregulação da saúde na Educação Física escolar*: uma proposta de ensino na Educação de Jovens e Adultos. Rio de Janeiro: Colégio Pedro II [Dissertação de mestrado].

ROTHER, E.T. (2007). Revisão sistemática X revisão narrativa. *Acta paul. enferm.*, vol. 20, n. 2, p. v-vi [Disponível em http://www.scielo.br/scielo.php?script=sci_arttext&pid=S0103-21002007000200001&lng=en&nrm=iso – Accesso em 08/12/2019].

SANTOS, C.M. (2015). *Maria não vai mais à feira*: Resolução de problemas e estratégias de autorregulação de aprendizagem nas séries iniciais do Ensino Fundamental. Rio de Janeiro: Colégio Pedro II [Dissertação de mestrado].

SILVA, K.R.X. & DINIZ, M.E.B.M. (2016). "Aprender a aprender: uma proposta de formação continuada de professores no contexto do Mestrado Profissional em Práticas de Educação Básica do Colégio Pedro II (MPPEB)". In: SILVA, K.R.X. & MOREIRA, M.R. *Teoria Social Cognitiva e a formação do professor pesquisador*: reflexões, pesquisas e práticas. Curitiba: CRV, p. 29-47 [Desafios, possibilidades e práticas na educação básica, vol. 2].

SILVA, K.R.X. & MOREIRA, M.R. (2016). *Teoria Social Cognitiva e a formação do professor-pesquisador*: reflexões, pesquisas e práticas. Série desafios, possibilidades e práticas na educação básica. Curitiba: CRV.

SOUZA, M.A.R. et al. (2018). O uso do software Iramuteq na análise de dados em pesquisas qualitativas. *Rev. esc. enferm. USP*, vol. 52 [Disponível em http://www.scielo.br/scielo.php?script=sci_arttext&pid=S0080-62342018000100444&lng=pt&nrm=iso – Acessos: 08/12/2019; epub: 04/10/2018].

USHER, E.L. & PAJARES, F. (2008). Sources of self-efficacy in school: Critical review of the literature and future directions. *Review of educational research*, vol. 78, n. 4, p. 751-796.

VEIGA SIMÃO, A.M. & FRISON, L.M.B. (2013). Autorregulação da aprendizagem: abordagens teóricas e desafios para as práticas em contextos educativos. *Cadernos de Educação*, n. 45, p. 2-20.

ZIMMERMAN, B.J. (2013). From cognitive modeling to self-regulation: a social cognitive career path. *Educational Psychologist*, vol. 48, n. 3, p. 135-147.

Parte III

Autorregulação da aprendizagem em diferentes contextos e modalidades de ensino

11
As dimensões da autorregulação da aprendizagem no contexto do Ensino Superior
Análise da produção dos estudantes em uma atividade on-line

Soely Aparecida Jorge Polydoro
Adriane Martins Soares Pelissoni

A autorregulação da aprendizagem é um processo ativo e construtivo por meio do qual os estudantes estabelecem objetivos, definem estratégias de ação que vão dirigir e balizar as suas aprendizagens, monitoram o processo de aprender e avaliam os resultados, sempre considerando as características da tarefa e os fatores contextuais (PINTRICH, 2000; ZIMMERMAN, 2001; WOLTERS; PINTRICH & KARABENICK, 2003; ZIMMERMAN & SCHUNK, 2011; SCHUNK, 2013; USHER & SCHUNK, 2018). O estudante é o protagonista do processo de aprendizagem. No entanto, essa ativação dos processos autorregulatórios de monitorar, regular e controlar sua cognição, motivação e comportamento não está isolada das condições sociais e ambientais, que são fundamentais para que o processo de aprendizagem ocorra.

É essencial que os professores se envolvam na compreensão e em iniciativas de promoção da autorregulação da aprendizagem dos estudantes, inclusive os do Ensino Superior (SIMÃO & FRISON, 2013; ROSÁRIO et al., 2014; POLYDORO et al., 2015; PELISSONI & POLYDORO, 2017; GANDA & BORUCHOVITCH, 2018; SIMÃO, 2004). Este capítulo pretende colaborar com essa reflexão ao analisar uma atividade sobre as dimensões psicológicas da autorregulação no estudar, desenvolvida em uma disciplina eletiva de promoção da autorregulação da aprendizagem dirigida a todos os cursos de graduação de uma instituição pública de Ensino Superior.

A investigação sobre as dimensões da autorregulação da aprendizagem explicita os principais processos e estratégias utilizadas pelos estudantes ao aprenderem ou realizarem uma tarefa. Zimmerman (2000) mostrou que autorregulação da aprendizagem não é um fenômeno simples, ao contrário, é um fenômeno que inclui múltiplas dimensões, a saber: motivo, método, tempo, comportamento, ambiente físico e social. Não é uma habilidade mental ou uma habilidade acadêmica em si, mas um processo autodirecionado que envolve diferentes processos mentais, comportamentais e motivacionais pelos quais os estudantes transformam e aplicam intencionalmente o que percebem que são capazes de fazer no contexto acadêmico (ZIMMERMAN, 2002). Nesse processo estão presentes duas condições fundamentais para que a autorregulação ocorra: a escolha e o controle. O estudante pode escolher e controlar uma ou mais dimensões ao se engajar em seu processo de autorregulação da aprendizagem. Como destacam Schunk e Usher (2013), se todas as dimensões são reguladas por outros, as atividades são reguladas externamente, ou seja, não são respostas intencionais, planejadas e proativas do sujeito, são estabelecidas como reações às condições de ensino. Assim, para a promoção da autorregulação da aprendizagem no contexto acadêmico é, portanto, urgente que o ensino possa ser permeado gradativamente de escolha e controle, de acordo com as especificidades de cada nível de desenvolvimento (ROSÁRIO, 2004; DIGNATH et al., 2008, ZIMMERMAN, 2008; DENT & KOENKA, 2016; HOYLE & DENT, 2018). Para isso, é necessário que o estudante desenvolva um amplo conhecimento (declarativo, procedimental e condicional) de estratégias de aprendizagem, além de formas de monitoramento, envolvendo aspectos cognitivos, a motivação e regulação dos afetos a serviço do processo de aprendizagem autônoma.

Enfim, a autorregulação da aprendizagem é um processo complexo, cíclico e multidimensional que envolve, de modo geral, as dimensões cognitiva/metacognitiva, motivacional, emocional/afetiva e social (GANDA & BORUCHOVITCH, 2018). A fim de possibilitar um aprofundamento reflexivo sobre a tarefa de estudo foi proposto aos estudantes participantes da disciplina a análise das dimensões da autorregulação conforme organização adotada por Zimmerman e Martinez-Pons (1986), a saber: motivação, método, tempo, realização, ambiente e social. Ressalta-se que os autores descreveram inicialmente as dimensões a partir de pesquisa com estudantes do Ensino Médio para identificar quais eram as estratégias autorreguladas utilizadas durante as aulas e no estudo. Os trabalhos realizados na década de 1980 descreviam principalmente a dimensão método, já nos estudos desenvolvidos na década de 1990 (ZIMMERMAN, 1994; 1998; 2000) houve maior aprofundamento das dimensões motivo, ambiente físico e social (ZIMMERMAN, 2000; SCHUNK & USHER, 2013; SIMÃO & FRISON, 2013).

A dimensão **motivo** procura responder por que uma pessoa se engaja na autorregulação da aprendizagem. As pessoas usam os processos autorregulatórios se acreditarem que esse processo as auxiliará na aprendizagem e no alcance de melhores resultados (ZIMMERMAN, 1998). Essa crença pode ajudar no engajamento inicial na tarefa e também a sustentar a motivação (ZIMMERMAN, 2000). Fazem parte desse processo o estabelecimento de metas, valores, atribuições e a autoeficácia (ZIMMERMAN, 2011).

Dois tipos de orientação de metas têm sido distinguidos na literatura específica: meta-*performance* e meta-aprendizagem. De forma muito sintética, o propósito da meta-*performance* é ganhar um julgamento positivo do nível atual de competência pessoal (aproximação) e evitar julgamentos negativos (evitação). A proposta da meta-aprendizagem é conseguir um autojulgamento positivo pelo aumento de uma competência pessoal. A meta-aprendizagem também é chamada de domínio ou orientada à tarefa e tem sido encontrada como mais vantajosa para a aprendizagem e mais presente entre os alunos com maiores níveis de autorregulação (PINTRICH, 2000). Uma vasta literatura pode ser encontrada sobre essa temática (PINTRICH, 1994; PINTRICH & SCHUNK, 1996; WOLTERS; YU & PINTRICH, 1996; ZIMMERMAN & KITSANTAS, 1997).

A autoeficácia refere-se à crença pessoal na capacidade para organizar e realizar certas ações e ocupa um lugar de destaque na Teoria Social Cognitiva (BANDURA, 1997; AZZI & POLYDORO, 2006). Para Bandura (1991), nenhum construto é mais central do que as crenças de autoeficácia no exercício do controle e da regulação. Estudantes que são confiantes em suas capacidades preveem antecipadamente o tipo de esforço necessário para a realização das tarefas e persistem mais do que os estudantes que duvidam das suas capacidades. Pajares (2008) identificou que crenças de autoeficácia acadêmicas influenciam em diferentes aspectos da autorregulação da aprendizagem. Os estudantes com maior autoeficácia usam mais estratégias cognitivas e metacognitivas, trabalham fortemente e persistem por mais tempo face às adversidades do que aqueles que têm dúvidas sobre a própria capacidade no domínio acadêmico. Esses resultados são confirmados em estudos internacionais e nacionais (POLYDORO & GUERREIRO-CASANOVA, 2010; GUERREIRO-CASANOVA & POLYDORO, 2011; GUTIÉRREZ & TOMÁS, 2019; SOUSA; BARDAGI & NUNES, 2013; TEIXEIRA & COSTA, 2018; MARTINS & SANTOS, 2019; SANTOS; ZANON & ILHA, 2019; TALSMA; SCHÜZ & NORRIS, 2019; USHER & SCHUNK, 2018).

A dimensão **método** refere-se ao modo como a autorregulação da aprendizagem acontece, ou seja, como é operacionalizada por meio de diferentes estratégias.

Ao autorregularem a aprendizagem os estudantes selecionam estratégias e procedimentos para aprender determinado conteúdo ou realizar uma atividade. Aprendizes com maior repertório de estratégias de aprendizagem têm maior possibilidade de escolher a melhor estratégia para cada tipo de tarefa (ROSÁRIO, 2004; 2007). Essa temática esteve presente na obra de Zimmerman (ZIMMERMAN & MARTINEZ-PONS, 1986; 1990) e permitiu a identificação de 14 tipos de estratégias de autorregulação da aprendizagem (ZIMMERMAN, 1998; 2000). O trabalho sobre estratégias de aprendizagem foi centrado inicialmente no contexto de sala de aula (ZIMMERMAN & MARTINEZ-PONS, 1986) e posteriormente, considerando outros contextos de aprendizagem (p. ex.: ao completar tarefas fora da sala de aula, ao completar avaliações fora da sala de aula, durante a preparação para provas, e quando tinham baixa motivação), os resultados indicaram que várias estratégias eram utilizadas, como: autoavaliação, organização, estabelecimento de metas, procura de informação, monitoramento, estrutura do ambiente, busca de ajuda, releitura (de textos, provas e anotações) e reescrita. Apesar de variadas, é possível identificar aspectos comuns nas estratégias de aprendizagem, a saber: constituem ações deliberadas para alcançar objetivos específicos; envolvem inovação e criatividade nas respostas a uma determinada tarefa ou problema; são aplicadas seletivamente e com flexibilidade em função da tarefa; necessitam de exercício em tarefas diferenciadas, em natureza e grau de dificuldade, a fim de facilitar a sua transferência (ROSÁRIO & POLYDORO, 2015).

Por isso, as estratégias cognitivas – um conjunto de processos e comportamentos que possibilitam o manejo e armazenamento mais eficiente das informações – e as metacognitivas – procedimentos que envolvem o planejamento, monitoramento e gerenciamento do próprio pensamento – são tão importantes no processo de autorregulação da aprendizagem (DEMBO, 1994; WEINSTEIN et al., 2011). Esses são procedimentos que podem ser escolhidos e podem ser diretamente ensinados aos estudantes. Sabe-se que o conhecimento condicional de vários tipos de estratégias pode levar os estudantes a desenvolverem rotinas de aprendizagem e serem mais estratégicos nas diferentes tarefas (ZIMMERMAN & MARTINEZ-PONS, 1986; 1990; ROSÁRIO, 2004). No entanto, o uso adequado e condicional depende de outras variáveis que estão sobre o processo autodiretivo como: o valor, a instrumentalidade e utilidade percebida de cada estratégia. Isto é, a escolha de cada estratégia de aprendizagem é algo maior do que o conhecimento declarativo do procedimento a ser adotado; está fortemente relacionada a fatores motivacionais e contextuais. Nesse sentido, chamamos a atenção para a recorrente adoção, pelos estudantes, de estratégias que podem dificultar a aprendizagem.

Essas são identificadas na literatura como estratégias autoprejudiciais e envolvem pensamentos ou comportamentos que atrapalham ou impedem a realização da atividade, como a procrastinação, por exemplo (CHEN & BEMBENUTTY, 2018; GANDA & BORUCHOVITCH, 2018; URDAN & MIDGLEY, 2001; USHER & SCHUNK, 2018). A procrastinação está inversamente relacionada à autorregulação da aprendizagem e autoeficácia acadêmica, levando a dificuldade de engajamento no estudo diário e aumento da ansiedade (SAMPAIO; POLYDORO & ROSÁRIO, 2012).

A dimensão **tempo** refere-se à escolha de quando os estudantes vão se engajar em uma tarefa de aprendizagem, permanência na mesma e os diferentes aspectos envolvidos no gerenciamento do tempo. Aprendizes autorregulados planejam e monitoram o tempo que eles usam de maneira eficiente. Eles estabelecem o tempo de acordo com a natureza de cada tarefa e, enquanto trabalham, sustentam a motivação e se protegem dos diferentes distratores. A estratégia gerenciamento do tempo auxilia o estudante a administrar as atividades que precisam ser realizadas em contraposição ao tempo disponível para realizá-las. Para esse recurso se tornar uma estratégia autorregulatória é necessário que o aluno não apenas execute a lista de tarefas sob controle do tempo, mas também que a avalie constantemente, adequando-a às suas necessidades e às suas possibilidades (ROSÁRIO, 2004; BURKA & YUEN, 1991). Como dito, a procrastinação, isto é, a não administração do tempo de estudos de maneira apropriada pode ser fonte de estresse e de baixo desempenho acadêmico (MACAN et al., 1990; SAMPAIO; POLYDORO & ROSÁRIO, 2012).

Na dimensão **realização** estão descritos os comportamentos que os estudantes têm quando desejam realizar uma tarefa de aprendizagem ou desenvolver determinado nível de competência em um domínio/assunto. Envolve o controle sobre a realização por meio do automonitoramento, autojulgamento, controle da ação, da volição e do afeto. Nesse sentido, os estudantes utilizam as subfunções de autorregulação identificadas por Bandura (1991), pois para realizar uma tarefa observam o seu desempenho, julgam seu progresso por meio de objetivos, e podem reagir, seja com a decisão de continuar na tarefa, mudar os métodos (estratégias) utilizados, ou até mesmo desistir da tarefa. Essa dimensão está fortemente ligada ao domínio comportamental, dado que implica escolher as ações diretas para realizar uma tarefa. Mas não é possível excluir o processo metacognitivo e o motivacional que também estão presentes no processo de autorregulação de aprendizagem.

A dimensão do **ambiente** refere-se às características do local, condições físicas e recursos disponíveis ao estudante para o aprender. Estudantes autorregulados fazem uma análise do ambiente em que irão aprender e lançam mão de muitos recursos, criam ambientes de aprendizagem produtivos e costumam minimizar os distratores (barulho, p. ex.) que podem atrapalhar o processo de aprendizagem. Escolhem estrategicamente elementos para modificar o ambiente, e, se isso não é possível, encontram outros locais para aprenderem ou lançam mão de uma estratégia remediativa (p. ex.: o uso de fones de ouvido para minimizar os ruídos). Outra maneira na qual os estudantes podem exercitar a autorregulação acontece na escolha do local que irão ocupar em uma sala de aula. Eles podem levar em consideração determinadas características como: acuidade auditiva e visual, presença ou não de elementos de distração, como sons e colegas. De outro modo, os estudantes podem não identificar esses elementos como distratores.

De fato, não existe uma regra universal quanto à melhor forma de organizar o local de estudo uma vez que esse espaço deverá, acima de tudo, estar adequado às necessidades e aos gostos pessoais de cada estudante, fazendo-o sentir-se bem e tornando a própria atmosfera do local de trabalho como incentivo ao estudo (FREITAS, 2013; TRIGO, 2012). Porém, existem alguns aspectos consensuais sobre a organização do ambiente. O espaço de trabalho deverá: (1) ser tranquilo, sem ruídos nem interrupções de forma a promover a concentração nas tarefas; (2) ter boa iluminação, temperatura agradável e boa ventilação; (3) mobiliário adequado, e deverá em regra ser o mesmo, uma vez que a mudança de local de trabalho implica novos estímulos geradores de distração, bem como novas adaptações (CARITA et al., 1998).

A dimensão **social** compreende o controle do ambiente social, as pessoas com as quais os estudantes se relacionam para o aprender, como a seleção de modelos e a busca de ajuda. Aqueles que têm maiores níveis de autorregulação escolhem com maior eficácia professores e colegas com quem aprenderão; escolhem com quem querem trabalhar de acordo com o objetivo da tarefa. Um importante elemento dessa dimensão é a procura de ajuda seletiva, visto que ser autorregulado não significa fazer a tarefa de maneira isolada; mas, ao contrário, saber escolher quando é necessária ajuda e quem é a melhor pessoa para recorrer em determinada situação. Quando os estudantes fazem escolhas que não estão amparadas por seu ambiente social de maneira efetiva, a aprendizagem e autoeficácia sofrem repercussões e, por consequência, o rendimento acadêmico também (ZIMMERMAN, 2011). Karabenick (2011) apresenta uma síntese das pesquisas sobre busca de ajuda e ressalta que esse processo envolve diferentes decisões e ações. De acordo com o autor um estudante busca ajuda se ele: (1) detectar um problema e este tem possibilidade de remediação; (2) entender que a ajuda é necessária; (3) decidir pedir ajuda; (4) estabelecer uma proposta ou objetivo para ajuda; (5) decidir para quem pedir ajuda; (6) solicitar ajuda e por fim (7) obter a ajuda necessária. Essas situações não são necessariamente sequenciais, mas a pesquisa sobre as potenciais fontes de assistência (colegas de classe, professores assistentes, professores) pode preceder a decisão de pedir ajuda. Isto é, as fontes de ajudas disponíveis podem influenciar a busca e o tipo de ajuda (KARABENICK, 2011). Por isso, solicitar ajuda é uma estratégia influenciada por aspectos motivacionais e de percepção pessoal. O papel dos pares, a aprendizagem colaborativa e a construção coletiva do conhecimento que ocorre nas interações que envolvem professores e estudantes, são destaques de Simão e Frison (2013) ao tratar dos desafios para as práticas voltadas à autorregulação em contextos educativos. As autoras chamam a atenção para a importância da corregulação na modelação e desenvolvimento dos processos de autorregulação.

Nessa breve descrição é possível perceber como as diferentes dimensões da autorregulação da aprendizagem estão presentes em todo o processo de aprendizagem acadêmica, que existem muitas interferências nesse processo e que o sujeito que autorregula sua aprendizagem lança mão de diferentes estratégias e condições para atingir o seu objetivo. Diante dessas evidências e da realização de uma disciplina para promoção da autorregulação da aprendizagem no Ensino Superior procurou-se compreender se os estudantes, ao meio do processo de intervenção, tinham domínio das várias dimensões de autorregulação da aprendizagem, quais já aplicam, quais ainda não e quais seriam suas metas futuras a esse respeito.

De onde partimos e o que analisamos

A disciplina eletiva multidisciplinar é oferecida desde 2013 e integra uma das ações do setor de orientação educacional do Serviço de Apoio ao Estudante da Unicamp desenvolvida por meio da parceria com o grupo de pesquisa da Faculdade de Educação, Psicologia e Educação Superior. É organizada em 15 encontros semanais de 2 horas em atividade presencial e 2 horas em atividades on-line assíncronas em um ambiente virtual (Moodle). Foi escolhido como fio condutor da intervenção o programa "Cartas do Gervásio ao seu umbigo" (ROSÁRIO et al., 2012; 2017), livro composto por 14 cartas redigidas por um estudante que saiu da casa de seus pais para morar em local próximo à universidade que frequenta. Em suas cartas, o Gervásio descreve experiências negativas e positivas acerca de suas vivências pessoais, interpessoais, institucionais e de estudo. O umbigo tem a função de dialogar com Gervásio – metáfora da metacognição/autorreflexão – seja para apontar outras possibilidades de pensamento e/ou comportamentos, seja para ser provocado por reflexões, questionamentos e orientações (ROSÁRIO et al., 2012; 2017).

A disciplina conta com o envolvimento de um docente da Faculdade de Educação, dois pedagogos, um psicólogo e estagiários do Setor de Orientação Educacional, bem como com a participação de doutorandos participantes do Programa de Estágio Docente. Cada encontro semanal mantém uma estrutura similar, incluindo: atividade de aquecimento, leitura de uma carta, discussão de temática com uso de dinâmica de grupo e síntese do tema tratado. Durante a disciplina são discutidos os temas: integração ao Ensino Superior; estabelecimento de objetivos; estratégias de aprendizagem; gerenciamento do tempo, memória; processo de autorregulação da aprendizagem; resolução de problemas; estudo diário e estudo para avaliação; ansiedade frente às provas; e autoavaliação.

As atividades on-line (Moodle) visam à aplicação de cada uma das temáticas discutidas nos encontros presenciais no cotidiano acadêmico dos estudantes. A proposta é que possam transferir, generalizar, aplicar, (re)criar o que aprenderam nos encontros presenciais para situações acadêmicas do curso. Em cada entrega, os estudantes recebem *feedbacks* individuais e personalizados em que são indicados pontos de reflexão e sugestões de estratégias para o seu processo de estudar. O ambiente virtual também oferece possibilidade da troca de mensagens com os outros alunos e com a equipe responsável pela intervenção; acesso a materiais complementares (textos, vídeos); e participação em fóruns.

Desde 2013 até o 1º semestre de 2019 foram 2.940 pedidos de matrículas de estudantes de diferentes cursos (Ciências Exatas, Tecnológicas e da Terra; Ciências Humanas; curso de Formação Interdisciplinar Superior; Ciências Biológicas e da Saúde e de Artes). Nesse período participaram integralmente da disciplina 1.149 estudantes. As avaliações qualitativas feitas pelos estudantes sobre a disciplina indicam que as atividades realizadas foram pertinentes e importantes para a autorreflexão sobre o próprio estudar, a compreensão sobre o aprender e para a prática das estratégias discutidas (POLYDORO et al., 2015; PELISSONI, 2016; POLYDORO et al., 2017, PELISSONI et al., 2019). Os estudantes relatam que as atividades propostas auxiliaram a refletir e conhecer melhor as próprias dificuldades, expressar os seus sentimentos e pensamentos sobre cada temática discutida, fixar conceitos e rever o conteúdo tratado, bem como possibilitaram sua aplicação em outras disciplinas e a modificação da forma de estudar.

Apesar dos resultados globais alcançados os pesquisadores envolvidos continuaram a refletir em especificidades desse processo formativo e seu efeito na vida acadêmica e pessoal dos estudantes. Como a intervenção ocorre na modalidade justaposição, um aspecto relevante é compreender como as experiências voltadas para a promoção de autorregulação são aplicadas no contexto específico de estudo pelos alunos nos diferentes cursos. Para realizar essa nova análise foi escolhida a nona tarefa do ambiente virtual das turmas do segundo semestre de 2019. Ressalta-se que todas as tarefas têm uma conexão temática. No oitavo encontro, os estudantes tinham que escolher uma disciplina que estavam cursando para acompanhar e monitorar seu estudo ao longo de uma semana. Para isso, deveriam usar o diário de estudos autorregulatório desenvolvido por Raposo (2010) e adaptado para o contexto do Ensino Superior. Na nona tarefa, os estudantes eram provocados a refletir sobre o que foi registrado no diário de estudo, por meio de um quadro de dupla entrada que foi denominado de grelha autorregulatória. Na grelha tinham que localizar o que aconteceu em cada uma das fases do processo de autorregulação da aprendizagem (linhas: antes, durante e depois do estudo) e fazer uma avaliação sobre como ocorreu (colunas: que bom que, que pena que e que tal se). Ao final faziam uma reflexão sobre como foi realizar a atividade e quais contribuições teriam percebido.

Foram analisadas as tarefas enviadas por 146 discentes, distribuídos em cinco turmas da disciplina. Do total, 68,5% eram do sexo feminino, 69,9% estavam no segundo semestre do curso, 64,4% estavam em cursos de período integral e 47,9% eram de cursos da área do conhecimento de Ciências Exatas e Tecnológicas. Para a análise das respostas considerou-se a abordagem multidimensional da autorregulação da aprendizagem (SCHUNK & USHER, 2013; ZIMMERMAN & RISEMBERG, 1997) em que se pretendeu responder seis questões referentes às dimensões da aprendizagem: Por quê? (motivação) Como? (método) Quando? (tempo) O quê? (realização) Onde? (ambiente) Com quem? (social).

1 Por quê?

Os estudantes referem ter estabelecido objetivos para a tarefa/estudo, mas esses são de natureza variada. Há a menção à meta de compreensão da matéria, de interesse pelo conteúdo, o que são objetivos autorregulados intrinsecamente. E também há objetivos em que a tomada de decisão pelo estudo se deu em função da proximidade da prova/avaliação e visava a aumentar a nota.

Os motivos indicados para o início do estudo foram variados e muitas vezes apresentados de modo combinado, são eles: percepção de necessidade, que para melhorar precisava de dedicação; dúvida ou dificuldade no conteúdo; fazer revisão; preparar-se para conteúdo novo; matéria acumulada/atraso nos estudos ou para não acumular/atrasar os estudos; horário vago, sem planejamento anterior; curiosidade/apreciação/interesse pessoal no conteúdo ou matéria; importância/valor da disciplina ou da matéria para o curso ou para a carreira profissional; livrar-se da tarefa; exigência da disciplina ou do professor; proximidade da prova/avaliação.

Apesar de identificarmos relato sobre estudo diário, houve predominância de estudo para prova ou realização de trabalhos avaliativos, com meta de *performance* evitação (não reprovar, aprovar sem exame) ou aproximação (boa nota), associada ou não com a meta aprender. Vale ressaltar que a realização da tarefa em análise coincide com o período de realização de provas, o que pode ter intensificado essa modalidade de estudo.

Os estudantes demonstraram que haviam aprendido a importância das características de um objetivo (tema central da segunda aula da disciplina) ao perceber que em suas respostas sobre o que tiveram (que bom que), que faltou (que pena que) ou que esperam fazer no futuro (que tal se), indicavam o cuidado de traçar objetivos CRAva (concreto, realizável e avaliável) (ROSÁRIO et al., 2012; 2017).

Começar a estudar ou realizar uma atividade não foi percebido como um processo muito fácil, exigindo uma ativação bastante intensa por parte dos estudantes que, em alguns (poucos) casos, era apoiada pela estratégia de aula ou atitude do professor. Os relatos dos estudantes indicavam baixa crença de autoeficácia, desânimo, cansaço, falta de iniciativa, falta de interesse, desmotivação, percepção de exigência de muito esforço, crença de despreparo e desorientação de como começar. Aspectos que eram associados a elementos do contexto como: excesso de material para estudar, concorrência de tarefas a cumprir, complexidade da tarefa, sobrecarga de disciplinas e pouco tempo para estudar.

Apesar desse quadro de dificuldades em ativar e iniciar o processo, o estabelecimento de objetivos sofre interferência positiva à medida que o estudante percebe que será recompensado extrinsecamente, seja com nota, por não ter que fazer exame, ou com possibilidade de tempo livre, especialmente destaque para o final de semana. Esse enfrentamento também é muito facilitado quando o estudante percebe que está aprendendo, que é capaz de aprender (autoeficácia), que o conteúdo passa a ser mais interessante (valor), que a tarefa não é tão difícil quanto pensada, e outros elementos intrinsecamente motivados.

As metas futuras (que tal que) que os estudantes estabelecem relacionadas à dimensão da motivação estão associadas à expectativa de passar a perceber o valor do estudar, dar mais valor aos estudos, definir recompensas para si mesmo, colocar as tarefas acadêmicas como prioridade, estabelecer metas mais realistas e evitar frustrações.

2 Como?

Na análise dos estudantes sobre seu estudo que demonstrou a preocupação e o cuidado com o planejamento autorregulado, citaram diferentes estratégias que foram avaliadas como satisfatoriamente implementadas e outras que deveriam ser aperfeiçoadas ou implantadas. As estratégias adotadas e avaliadas positivamente incluíam: compreender a tarefa; fazer síntese, resumo (colorido; com esquemas, gráficos, figuras), fichamento (teoria, pontos trazidos pelo professor, anotações de aulas, da monitoria, no estudo); sublinhar (colorido); uso de formulação de perguntas; fazer estudo dirigido, lista de exercícios (novas, refazer antigas, organizar listas por meio de busca na internet ou provas antigas), provas anteriores; falar em voz alta; buscar e analisar modelos e exemplos (livros, internet); assistir videoaulas, ouvir Podcast, ler os textos (indicados, complementares); fazer associação entre pontos da matéria e conexões com conteúdo já aprendido; identificar dificuldades e rever conteúdo correspondente; rever teoria antes de iniciar exercícios ou ler texto novo; procurar significado das palavras desconhecidas presentes nos textos; explicar aos amigos; revisar o próprio trabalho; tirar dúvidas; prestar mais atenção às aulas (teoria e resolução dos exercícios). Essas estratégias podiam ser aplicadas antes da aula (especialmente quando havia a aplicação em aula de teste referente ao conteúdo estudado) ou após as aulas, incluindo: revisar conteúdo da aula e completar *slides* e anotações. Como apoio, referiram o uso de ferramentas ou mídias como Google Agenda, Google Tarefas, Youtube e Podcast.

O planejamento observado incluiu a escolha do método, mas também a análise e organização dos conteúdos em tópicos de estudo (importância para aprovação, para formação profissional); exercício de concentração, meditação ou relaxamento e o controle volitivo. Entre as estratégias para concentração e volição, foram citadas: comer, ouvir música. O processo de autorreflexão e autoavaliação sobre o método e estratégias escolhidas também esteve presente. Os estudantes relatavam análise do resultado e fatores que o determinaram, mesmo no caso em que o desempenho foi satisfatório. Nesse âmbito, e provocado pela tarefa, os estudantes levantaram elementos que não foram bem-sucedidos no processo de estudo analisado. Essa situação relacionava-se a: negligenciar as orientações do professor; anotação não compreensiva e incompleta (passo a passo da resolução do exercício); resumo sem indicação de referência (número de página) para facilitar busca para revisão ou aprofundamento; desconsiderar a natureza do conteúdo exigida nos exercícios realizados preocupando-se apenas com a quantidade de exercícios; descuido dos distratores ao usar internet ou celular para estudar; dificuldade de realizar registro (dança); falha na seleção do conteúdo de estudo em relação ao que foi pedido na prova; adotar método para avaliar seu domínio do conteúdo; rever informações antigas. Apontaram ainda que precisavam de ter tido maior dedicação, concentração e que a programação realizada deveria ter sido feita em relação a toda a disciplina e não de um conteúdo isolado, além disso, que deveriam ter adotado essas estratégias antes.

O reconhecimento da importância dessa dimensão esteve muito presente nas indicações para metas a serem concretizadas em próximo momento, incluindo desde elementos mais básicos como ir às aulas, fazer anotações de aula e usar o livro, como a manutenção ou aprimoramento dos recursos utilizados. São exemplos dessa última condição: elaborar, antes mesmo do início do estudo, plano alternativo para o caso de o primeiro não funcionar; estabelecer prioridades; manter rotina de estudo e cronograma em dia; dividir atividades complexas em tarefas menores; usar ferramentas de estudo complementares (Responde Aí; APP de audiodescrição); mesclar atividades e matérias no mesmo dia; estudar com mais calma, atenção e profundidade; ficar atento ao ambiente virtual de aprendizagem (Moodle); reservar tempo no final do período de estudo para analisar as dificuldades, fazer *checklist* de conteúdo a ser revisado ou abordado com profundidade; antes de tudo, organizar local, horário e tempo de estudo; aplicar estratégias em outras disciplinas.

As estratégias citadas como perspectiva a ser implantada foram: analisar de forma mais crítica, buscando relações e aplicações; revisar o conteúdo da aula anterior antes da próxima aula, rever exercícios feitos; não acumular dúvidas; fazer mais exercícios; aprofundar sobre o conteúdo dos textos; fazer provas anteriores para testar conhecimento e compreender o mecanismo de avaliação da disciplina; melhorar anotações de aula; ampliar fontes de estudo; fazer esquemas e de estratégias mnemônicas; usar estratégias de resolução de problemas.

Os estudantes destacaram, ainda, a relevância do controle emocional para estudo e provas, aceitar que o aprender é um processo com várias etapas e que exige esforço, sendo necessário o autojulgamento prévio de pontos fortes e fracos e tomada de decisão pelo enfrentamento da situação. Conforme a fala de um dos estudantes: "dar o primeiro passo, esse sempre mais difícil". Para reduzir o estresse e melhorar a concentração no estudo e na realização de exercícios sugeriram:

estudar com música (não qualquer música e não para todo conteúdo); intervalo para se hidratar, andar e relaxar. Completaram ainda com a perspectiva de descansar antes da prova e fazer a prova com mais atenção.

É fato que em alguns casos o estudante constatou que não houve a adoção esperada de estratégias autorregulatórias (não fez revisão, não fez busca por palavras desconhecidas), mas, de forma predominante, de acordo com os pontos elencados, é possível inferir que os estudantes já realizam as fases da autorregulação da aprendizagem, usam estratégias condicionais ao conteúdo, à tarefa e ao tempo. No entanto, não se percebem plenamente satisfeitos e referem que pretendem buscar o aprimoramento qualitativo dessa prática, bem como ampliá-la para outros conteúdos e disciplinas.

3 Quando?

Os estudantes demonstraram que tentaram cuidar do gerenciamento do tempo, mesmo diante da queixa de pouco tempo disponível ao estudo. No entanto, essa foi uma grande dificuldade encontrada. As estratégias que perceberam como apropriadamente implementadas foram: estabelecer cronograma (caderno de horários) com blocos de tempo de estudo e intervalos de descanso, incluindo todos os compromissos (curricular, não obrigatório, externos); respeitar o momento que apresenta maior concentração (relógio biológico); pausar em momentos de bloqueio; manter contato constante com a meta estabelecida e expectativa de recompensa (voltei a estudar porque queria descansar no final de semana); monitorar horário (enxergava o relógio) e evolução do estudo (não tinha completado o estudo/atividade); perceber e controlar a procrastinação e distratores; estudar com antecedência.

Entre as insatisfações quanto à dimensão tempo houve menos problema com o planejamento do tempo e maior dificuldade em, de fato, fazer a sua gestão, atrelado aos distratores, cansaço e estresse referidos. As dificuldades anunciadas quanto ao planejamento foram: falha ao calcular o tempo para realização na atividade devido a erro na análise da complexidade da tarefa (subestimei a tarefa) ou por não ter estimado imprevistos; erro na distribuição do tempo entre diferentes estratégias de realização da tarefa (assistir videoaulas e fazer exercícios); organização da agenda decorrente dos dias que faltavam para a prova e não de acordo com o que o conteúdo a ser estudado exigia; não programar pausas; acúmulo de matéria; não ter aplicado o que aprendeu sobre gestão do tempo ou ter iniciado tarde sua adoção. Citaram ainda, como barreira, a falta de comprometimento/ engajamento com o planejamento realizado.

Quanto ao gerenciamento do tempo, levantaram problemas como: horário disponível não compatível com o período pessoal de maior concentração (relógio biológico); dificuldade para iniciar atividade e retomar após intervalos; necessidade de cuidar da realização de diferentes atividades concorrentes; e presença ou falta de controle de distratores de diferente natureza (vídeos do Youtube, notificação do celular, família, amigos, animal de estimação, não entender matéria/dúvidas, natureza do conteúdo – maçante, sono, preocupações).

4 O quê?

Os aspectos pertinentes a essa dimensão da realização foram bastante mencionados pelos estudantes nas três propostas em análise da atividade de estudo: que bom que, que pena que e que tal que. O bom desempenho anterior e sucesso no processo de estudo, como compreensão do conteúdo ou superação de dificuldades, foram vistos como elementos importantes no autocontrole, especialmente os de natureza motivacional e emocional. Desse autojulgamento decorre expressões como sentimento de dever cumprido, consciência tranquila, realizada, entendimento do conteúdo, satisfação, tranquilidade. Nota-se a importância, nas palavras dos estudantes, de perceber que é possível melhorar, reconhecer que a calma é produtiva, estar mais confiante quanto ao domínio do conteúdo (autoeficácia). Para isso, indicaram os seguintes processos de análise: monitoramento do progresso do conteúdo estudado, monitoramento e controle da motivação; autoconhecimento quanto ao processo de estudar; percepção que a matéria mais difícil é aquela que requer maior tempo de estudo; compreensão de que emoção afeta os estudos; consciência das fortalezas e fraquezas pessoais no processo de aprendizagem; adoção de estratégias que aumentam a confiança e facilitam a compreensão.

Apesar desse processo de autoconhecimento, monitoramento e controle da ação, da volição e emoção abordados, os estudantes identificaram adversidades, como: foco exagerado nos pontos de dificuldade; decepção ao encontrar mais dificuldade do que o esperado ou se deparar com exigência de maior tempo que o estimado; não inclusão de matéria nos estudos; muitos conteúdos acumulados; despreparo, déficit em conteúdo ou falta de domínio prévio na área (tudo era novo), dificuldade em compreender a tarefa; não perceber o distrator; baixo e resultado não esperado em prova anterior; falta de avaliação no final do processo de estudo. Destacaram também dor de cabeça e no corpo, cansaço, sono, medo, ansiedade para fazer a prova, estresse ao resolver exercícios, sentimento de tédio e exaustão, falta de motivação para estudar e autossabotagem.

Alguns estudantes confessaram se perceber "intimidados pela complexidade do conteúdo" e das exigências acadêmicas ou que viam o estudo como uma "atividade torturante", demonstrando o intenso sofrimento envolvido nas demandas acadêmicas. Mesmo diante desses obstáculos, de maneira geral, a mensagem que trazem ao pensarem o que pretendem fazer (que tal se) é de empenho e engajamento nos processos autorregulatórios: manter confiança, respeitar as características e os limites pessoais no planejamento dos estudos, não deixar acumular conteúdo, dar prioridade para a disciplina que não estudou, intensificar o monitoramento, começar a estudar, não se desesperar porque não saiu como o esperado, não se sentir mal por causa de nota, manter a calma, não exagerar na autocobrança, lidar com o perfeccionismo, fazer ajustes e autorreação adaptativa.

Nesse conjunto, destacam-se as medidas de cuidado com a saúde mental e controle de ansiedade, como fazer terapia para lidar com medo por aprender, ouvir música, tomar chá, fazer meditação ou relaxamento para acalmar, manter rotina de exercícios físicos, usar remédio para ansiedade, café ou energético para não dormir. Esses últimos indicam que existe a necessidade de promoção de mais oportunidade de reflexão junto aos estudantes.

Em linhas gerais, apesar das adversidades, os estudantes dizem para si mesmos que são capazes de enfrentar os estudos (autoeficácia para a autorregulação), e para isso devem manter a calma, redimensionar as metas, definir estratégias e começar sem medo; depois, reconhecer cada uma das melhoras e comemorar.

5 Onde?

O ambiente foi percebido como um elemento de muito impacto no estudar e envolveu questões do ambiente físico e dos recursos materiais necessários para a atividade. De maneira geral, os estudantes buscavam lugares calmos, mas, em alguns casos, perceberam que ainda não eram suficientemente tranquilos e que precisariam usar uma estratégia de controle (fone de ouvido com som de chuva ou floresta) ou buscar local mais adequado, mais silencioso, longe de distrações e com menos pessoas circulando. Em outros relatos houve a intenção de estar em um ambiente adequado (reservar sala de dança), o que não se concretizou.

Ter as informações que precisava e materiais da disciplina disponíveis (*slides*, exemplos, listas de exercícios, anotações, livro) foi considerado como bastante positivo para os estudos. Nem sempre isso ocorreu, seja por falta do próprio aluno (não tinha o livro para estudar) ou por condições da disciplina (matéria apresentada em sala não estava organizada; não saber a nota da prova antes da avaliação seguinte).

Em termos de perspectivas futuras quanto aos recursos materiais, os estudantes estimaram: organizar melhor o material da disciplina; ampliar e diversificar fontes disponíveis para estudo; deixar os materiais em locais mais acessíveis para consulta. Os estudantes, pensando no conforto, mas também no controle dos distratores, levantaram a perspectiva de trazer água e lanche para o local de estudo.

6 Com quem?

De todas as dimensões citadas, a social foi a referida com menor frequência pelos estudantes e, de maneira geral, era encontrada como uma intencionalidade futura. Quando indicada, a ênfase se deu sobre dar ou pedir ajuda a colegas. Importante destacar que houve citação de oferecer explicação aos amigos como uma positiva estratégia de estudo; em outro caso, a ajuda oferecida foi entendida como interrupção dos estudos. Citaram ainda presença na monitoria e uma referência sobre grupo de estudo. Na relação com o docente foi mencionada ajuda do professor no processo de aprender e o fato de o professor ter dado direção sobre o que foi solicitado como atividade. Essas observações reafirmam a necessária atuação do docente na estimulação, modelação e desenvolvimento dos processos autorregulatórios dos estudantes (SIMÃO & FRISON, 2013).

Não ter procurado ajuda e não ter tirado dúvidas durante as aulas aparecem como pontos de avaliação negativa (que pena que), sendo proposto para o futuro próximo (que tal se): estudar com amigos, buscar ajuda de pares, monitores e professores, não adiar a busca de ajuda, conversar com o professor sobre como será a prova. Para isso, o ambiente deve se mostrar acolhedor, favorecendo a percepção de apoio social. Também houve constatação da necessidade de apoio nas demandas não acadêmicas, como ajuda para cuidar do filho ou delegar tarefas do funcionamento da casa. A reflexão mobilizada pela atividade oportunizou que um estudante percebesse que havia ignorado que a estratégia de buscar ajuda também faz parte do processo de autorregulação.

Em síntese, foi possível apreender que os estudantes percebiam a importância e se dedicavam ao estabelecimento de objetivos concretos, realizáveis e avaliáveis. Estes, por sua vez, podiam ser metas definidas intrínseca, extrinsecamente ou uma combinação de ambas. Os motivos para o início do estudo ou tarefa, que normalmente exigia muito esforço de ativação dada a presença de dificuldades pessoais e contextuais, mostram-se variados e múltiplos, com ênfase na proximidade de uma avaliação. A experiência direta de sucesso e percepção de domínio do conteúdo ampliava o valor da tarefa, a autoeficácia acadêmica, retroalimentando o processo de autorregulação da aprendizagem. Nesse processo, buscavam selecionar e aplicar estratégias cognitivas e metacognitivas de aprendizagem e percebiam o impacto positivo do planejamento autorregulado no processo de estudo, reconhecendo, no entanto, o ainda necessário incremento dos recursos utilizados. Destacaram a necessidade de investimento em torno das estratégias de controle da ansiedade e da concentração, associada a ações do contexto de promoção do bem-estar emocional dos estudantes. Outro ponto de dedicação identificado pelos estudantes refere-se à execução do gerenciamento do tempo e controle dos distratores, incluindo o enfrentamento de dificuldades de natureza pessoal, mas também contextuais. Apesar do cuidado com a organização dos recursos materiais e físicos, os estudantes ainda não se percebiam satisfeitos com os resultados obtidos, mantendo uma postura de autorreflexão sobre o efeito das estratégias escolhidas. De modo geral, todas as dimensões da autorregulação da aprendizagem estavam sendo cuidadas, com exceção da dimensão social, que ainda não se mostrava como uma estratégia relevante e presente no processo de estudo.

Os estudantes avaliavam que ainda não estavam com total domínio do processo de autorregulação da aprendizagem, que ativá-lo no cotidiano do curso não se mostrava uma tarefa fácil, exigindo maior esforço, experiências em contexto e apoio por meio de práticas guiadas.

Apontamentos finais

A análise, pelo próprio estudante, de seus processos de autorregulação possibilitou verificar que ao meio da intervenção, de modo geral, os estudantes dominavam o conteúdo trabalhado, estabeleciam objetivos, exerciam escolhas condicionais ao planejar e executar as estratégias e avaliavam o processo realizado mediante considerações pessoais e do ambiente. Por outro lado, percebiam maior dificuldade no controle do próprio comportamento, pensamento e sentimento, assim como dos aspectos ambientais e sociais.

Estudar exige, na perspectiva dos estudantes, muito esforço de ativação cognitiva e especialmente afetiva e motivacional. Os gatilhos eram variados e envolviam metas aprender e *performance*. Apesar de reconhecerem o papel do interesse, do valor do estudo, a prova ou o final do prazo ainda aparecem como principais determinantes para o envolvimento no estudar. A boa notícia é que os estudantes possuem um bom plano para o enfrentamento de suas dificuldades e oferecem indícios de um fortalecimento da autoeficácia para a autorregulação. Como dito por um estudante:

> Agora percebo que este é um processo que não é tão difícil de ser feito e que talvez pudesse realizá-lo assim como realizei meu diário, escrevendo o que pretendo, como vou fazer, quando, até quando e depois realizando um *feedback* do que fiz. Levantar esses pontos pode esclarecer melhor como posso executar as fases da autorregulação e o quão importante ela é para nossa vida acadêmica e pessoal.

A prática guiada da autorreflexão por meio da tarefa de preenchimento da grelha mostrou-se muito relevante para o processo de fortalecimento da autorregulação dos estudantes, como no depoimento que segue.

> Consegui pôr a matéria em dia, resultado bem diferente de antes no qual eu estudava sempre na véspera, sinto que estou progredindo (me) mudando para melhor porque estou mais produtiva. Senti-me orgulhosa de mim mesma porque sabendo que sou capaz de fazer as coisas, bastando apenas de foco e objetivo inicial, consigo alcançar tudo que almejo. Levo bastante em consideração esse modelo de tabela que foi utilizado nessa tarefa, pois acredito que poderá me ajudar muito futuramente para separar e esclarecer os pontos bons e ruins e melhorar a partir disso.

Os estudantes puderam perceber a instrumentalidade do uso do roteiro e da grelha na realização dos estudos. Nas palavras dos alunos: "O estudo foi bem mais proveitoso do que os que fiz anteriormente e pretendo seguir com o planejamento que usei durante as últimas semanas"; "Acho que já fazia isso de avaliar o estudo inconscientemente mas tinha sempre uma desculpinha na manga para quando não conseguia concluir e nunca pensava no que poderia mudar da próxima vez".

A análise das respostas dos estudantes permitiu conhecê-los mais profundamente, configurando-se como um instrumento qualitativo de avaliação da autorregulação da aprendizagem (ZIMMERMAN, 2008). Esse detalhamento também permite afinar e aprimorar a proposta intervenção em andamento mediante a identificação de novos pontos de partida e estratégias para o fortalecimento da autorregulação da aprendizagem e sua aplicação no cotidiano da universidade.

Mas não só, as respostas dadas à tarefa também oferecem material informativo sobre as demandas do Ensino Superior e como os estudantes buscam enfrentá-las. Permite-nos olhar a vida acadêmica pelos olhos dos estudantes. As respostas constituem-se modelos de enfrentamento que originam importantes informações a respeito dos processos autorregulatórios. Esse conhecimento deve ser compartilhado com os colegas, mas também com os professores e profissionais que atuam em serviços de apoio ao estudante do Ensino Superior.

Notamos o esforço do estudante em assumir o papel de agente ao estudar e aprender. Paralelo a esse empenho, é fundamental que o professor possa organizar os objetivos, as condições de ensino e aprendizagem e os processos avaliativos alinhados com o fortalecimento da autorregulação da aprendizagem. Não considerar o papel conjunto e recíproco das variáveis pessoais e contextuais seria suprir parte relevante e essencial desse processo, descaracterizando sua complexidade e multidimensionalidade. Interpretações simplistas normalmente estão relacionadas à responsabilização parcial e indevida de uma das partes como explicação do sucesso ou fracasso acadêmico. Dessa forma, é definidor que os estudantes tenham progressivamente a oportunidade de exercitar a escolha e o controle das diferentes dimensões da autorregulação da aprendizagem acompanhados de um ambiente rico de intencionalidade para sua promoção.

Os estudos sobre o sucesso no Ensino Superior revelam a multiplicidade de fatores que o caracterizam, e dentre eles os indicadores experienciais ou processuais como a satisfação e o engajamento (ARAÚJO, 2017; KUH, 2009; SILVA; FERREIRA & FERREIRA, 2014). Esse engajamento, que envolve elementos comportamentais (envolvimento com a aprendizagem e atividades acadêmicas, investimento de tempo e esforço), cognitivo (uso de estratégias de aprendizagem profundas, autoeficácia) e emocional (sentimento de bem-estar e de pertencimento, prazer, interesse), é mediador do rendimento acadêmico dos estudantes e de sua intenção de permanência (ARAÚJO, 2017; TINTO, 2017).

A adoção do estudante como centro do seu processo de formação implica mudanças de natureza curricular na formação do docente do Ensino Superior, políticas e práticas institucionais, serviços e programas de apoio disponibilizados aos estudantes, bem como a assunção de estratégias e condições efetivamente promotoras de aprendizagem, relacionamento colaborativo entre pares e com professores e uma perspectiva de desenvolvimento integral.

A experiência relatada neste capítulo permite constatar que eleger a promoção da autorregulação da aprendizagem é uma escolha alinhada com o necessário compromisso da instituição em oferecer oportunidades para o desenvolvimento integral do estudante. Vimos que, além do fortalecimento dos processos autorregulatórios, três percepções dos estudantes que, conforme Tinto (2017), implicam na motivação, também foram desenvolvidas na intervenção, a saber: autoeficácia, senso de pertencimento e percepção de valor do currículo.

Referências

ARAÚJO, A.M. (2017). Sucesso no Ensino Superior: uma revisão e conceptualização. *Revista de Estudios e Investigación en Psicología y Educación*, vol. 4, n. 2, p. 132-141.

AZZI, R.G. & POLYDORO, S.A.J. (orgs.) (2006). *Autoeficácia em diferentes contextos.* Campinas: Alínea.

CHEN, P.P. & BEMBENUTTY, H. (2018). "Calibration of Performance and Academic Delay of Gratification – Individual and Group Differences". In: SCHUNK, D.H. & GREENE, J.A. (orgs.). *Handbook of Self-Regulation of Learning and Performance.* 2. ed. Nova York: Routledge, p. 407-420.

DEMBO, M.H. (1994). *Applying educational psychology.* Nova York: Longman.

DENT, A.L. & KOENKA, A.C. (2016). The relation between self-regulated learning and academic achievement across childhood and adolescence: a meta-analysis. *Educational Psychology Review*, vol. 28, n. 3, p. 425-474.

GANDA, D.R. & BORUCHOVITCH, E. (2018). Promoting self-regulated learning of Brazilian Preservice student Teachers: results of an intervention Program. *Frontiers in Education*, vol. 3, n. 5, p. 1-12.

GUERREIRO-CASANOVA, D.C. & POLYDORO, S.A.J. (2011). Autoeficácia na formação superior: percepções durante o primeiro ano de graduação. *Psicologia, Ciência e Profissão*, vol. 31, n. 1, p. 50-65.

GUTIÉRREZ, M. & TOMÁS, J.M. (2019). The role of perceived autonomy support in predicting university students' academic success mediated by academic self-efficacy and school engagement. *Journal Educational Psychology – An International Journal of Experimental Educational Psychology*, vol. 39, n. 6, p. 729-748.

HOYLE, R.H. & DENT, A.L. (2018). "Developmental Trajectories of Skills and Abilities Relevant for Self-Regulation of Learning and Performance". In: SCHUNK, D.H. & GREENE, J.A. (orgs.). *Handbook of Self-Regulation of Learning and Performance.* 2. ed. Nova York: Routledge, p. 49-64.

KUH, G.D. (2009). What Student Affairs Professionals Need to Know About Student Engagement. *Journal of College Student Development*, vol. 50, n. 6, p. 683-706.

PELISSONI, A.M.S. & POLYDORO, S.A.J. (2017). "Programas de promoção da autorregulação da aprendizagem". In: POLYDORO, S.A.J. (org.). *Promoção da autorregulação da aprendizagem*: Contribuições da Teoria Social Cognitiva. Porto Alegre: Letra 1, p. 33-44.

POLYDORO, S.A.J. & GUERREIRO-CASANOVA, D.C. (2010). Escala de autoeficácia na formação superior: construção e estudo de validação. *Avaliação Psicológica*, vol. 9, n. 2, p. 267-278.

POLYDORO, S.A.J. et al. (2015). Promoção da autorregulação da aprendizagem na universidade: percepção do impacto de uma disciplina eletiva. *Revista de Educação PUC--Campinas*, vol. 20, n. 3, p. 201-213.

RAPOSO, S.M.R. (2010). *Promoção de competências de auto-regulação da aprendizagem no 1º ciclo*: um estudo com diários no 4º ano de escolaridade. Braga: Universidade do Minho [Tese de doutorado].

SAMPAIO, R.K.N.; POLYDORO, S.A.J. & ROSÁRIO, P.S.L.F. (2012). Autorregulação da aprendizagem e a procrastinação acadêmica em estudantes universitários. *Cadernos de Educação*, n. 42, mai.-ago., p. 119-142.

SANTOS, A.A.A.; ZANON, C. & ILHA, V.D. (2019). Autoeficácia na formação superior: seu papel preditivo na satisfação com a experiência acadêmica. *Estudos de Psicologia*, vol. 36, [Disponível em http://www.scielo.br/scielo.php?script=sci_arttext&pid=S0103-166X2019000100201&lng=en&nrm=iso – Acesso em 16/12/2019].

SCHUNK, D.H. & GREENE, J.A. (2018). "Historical, contemporary, and future perspectives on self-regulated learning and performance". In: SCHUNK, D.H. & GREENE, J.A. (orgs.). *Handbook of Self-Regulation of Learning and Performance*. 2. ed. Nova York: Routledge, p. 1-18.

SCHUNK, D.H. & GREENE, J.A. (orgs.) (2018). *Handbook of Self-Regulation of Learning and Performance*. 2. ed. Nova York: Routledge.

SILVA, S.L.R.; FERREIRA, J.A.G. & FERREIRA, A.G. (2014). Vivências no Ensino Superior e percepções de desenvolvimento: dados de um estudo com estudantes do Ensino Superior Politécnico. *Revista Eletrónica de Psicologia, Educação e Saúde*, ano 4, vol. 1, p. 5 27.

SOARES, A.M.; PINHEIRO, M.R.; CANAVARRO, J.M.P. (2015). Transição e adaptação ao Ensino Superior e a demanda pelo sucesso nas instituições portuguesas. *Psychologica*, vol. 58, n. 2, p. 97-116.

SOUSA, H.; BARDAGI, M.P. & NUNES, C.H.S.S. (2013). Autoeficácia na formação superior e vivências de universitários cotistas e não cotistas. *Avaliação Psicológica*, vol. 12, n. 2, p. 253-261 [Disponível em http://pepsic.bvsalud.org/scielo.php?script=sci_arttext&pid=S1677-04712013000200016&lng=pt&nrm=iso – Acesso em 16/12/2019].

TALSMA, K.; SCHÜZ, B. & NORRIS, K. (2019). Miscalibration of self-efficacy and academic performance: Self-efficacy ≠ self-fulfilling prophecy. *Learning and Individual Differences*, v. 69, p. 182-195.

TEIXEIRA, M.O. & COSTA, C.J. (2018). Fontes de autoeficácia em estudantes do Ensino Superior. *Rev. bras. orientac. prof.*, vol. 19, n. 2, jul./dez. p. 143-155 [Disponível em http://pepsic.

bvsalud.org/scielo.php?script=sci_arttext&pid=S1679-33902018000200003&lng=
pt&nrm=iso – Acesso em 16/12/2019].

TINTO, V. (2017). Reflections on Student Persistence. *Student Success*, vol. 8, n. 2, jul., p. 1-8.

TRIGO, M.L.M.T.R. (2012). *Preparação académica, estatuto sociocultural, abordagens à aprendizagem e envolvimento académico*: fatores de um modelo explicativo do rendimento académico no primeiro ano da universidade. Braga: Universidade do Minho [Tese de doutorado] [Disponível em http://hdl.handle.net/1822/23086 – Acesso em 11/12/2019].

URDAN, T. & MIDGLEY, C. (2001). Academic Self-Handicapping: What We Know, What More There is to Learn. *Educational Psychology Review*, vol. 13, n. 2, p. 115-138.

USHER, E.L. & SCHUNK, D.H. (2018). "Social Cognitive Theoretical Perspective of Self--Regulation". In: SCHUNK, D.H. & GREENE, J.A. (orgs.). *Handbook of Self-Regulation of Learning and Performance*. 2. ed. Nova York: Routledge, p. 19-35.

VEIGA SIMÃO, A.M. (2004). "O conhecimento estratégico e a auto-regulação da aprendizagem – implicações em contexto escolar". In: LOPES da SILVA, A.; DUARTE, A.M.; SÁ, I. & VEIGA SIMÃO, A.M. *Aprendizagem auto-regulada pelo estudante*: perspectivas psicológicas e educacionais. Porto: Porto Editora, p. 77-94.

WEINSTEIN, C.E.; ACEE, T.W. & JUNG, J. (2011). Self-regulation and learning strategies. *New Directions for Teaching and Learning*, 126, p. 45-53.

ZIMMERMAN, B.J. (2001). "Theories of self-regulated learning and academic achievement: an overview and analysis". In: ZIMMERMAN, B.J. & SCHUNK, D.H. (orgs.). Self-Regulated Learning and Academic Achievement: theoretical perspectives. Mahwah: Lawrence Erlbaum Associates, p. 1-37.

ZIMMERMAN, B.J. & RISEMBERG, R. (1997). "Self-regulatory dimensions of academic learning and motivation". In: PHYE, G.D. (org.). *The educational psychology series. Handbook of academic learning*: Construction of knowledge. Nova York: Academic Press, p. 105-125.

12
Autorregulação da aprendizagem
Oficinas realizadas no Ensino Superior

Célia Artemisa Gomes Rodrigues Miranda
Lourdes Maria Bragagnolo Frison

1 Introdução

Nos últimos anos tem sido destacada a grande necessidade de investimento na educação formal que intenciona promover o desenvolvimento de competências e de estratégias de autorregulação da aprendizagem. Essas competências são consideradas fundamentais não só para os alunos guiarem a própria progressão na trajetória educativa, mas também para assegurarem a continuidade de sua formação ao atuarem profissionalmente, mesmo após terem saído do sistema educativo (ALMEIDA & SOARES, 2004; ARAÚJO, 2017; POLYDORO, 2015; 2017). No entanto, os múltiplos desafios e dificuldades no enfrentamento das exigências com as quais os estudantes se deparam quando ingressam na universidade acabam inviabilizando o desenvolvimento de competências que poderiam levá-los a melhores resultados de aprendizagem e, consequentemente, melhor desempenho acadêmico (CUNHA & CARRILHO, 2005; DIGNATII, 2017; SÁEZ et al., 2018).

O ingresso no Ensino Superior atualmente é bastante crítico, vinculado a um processo de transição e incorporação de um novo mundo social e educacional que exige dos estudantes maiores responsabilidades (SÁEZ et al., 2018), o que gera grande instabilidade, principalmente causada pelas mudanças da passagem do Ensino Médio para o Ensino Superior. Essas mudanças de contexto quase sempre carregam grandes desafios, sejam elas positivas ou negativas. No Ensino Médio, o estudante estava acostumado a um ambiente mais acolhedor, onde a relação com os colegas e professores era mais próxima, além de um acompanhamento bem mais sistemático. No Ensino Superior há uma condução norteada por uma cultura de aprendizagem mais autônoma na qual o estudante precisa fazer suas próprias escolhas e tomar decisões. No processo de transição e adaptação do estudante ao Ensino Superior exige-se uma maior autonomia e independência em vários domínios, quer pessoal, social, vocacional e acadêmico (DINIZ & ALMEIDA, 2006; ALMEIDA & SOARES, 2004; CUNHA & CARRILHO, 2005). Estar ciente dos processos que envolvem e interferem no próprio processo de aprendizagem é fundamental para o estudante que busca sucesso acadêmico.

Além dos fatores psicológicos, quer positivos ou negativos, como angústia, incerteza, orgulho, frustração, raiva, ansiedade, tédio relacionados a situações de vida e desempenho acadêmico, existem também outros fatores contextuais que interferem na aprendizagem dos estudantes como problemas financeiros, distanciamento do grupo familiar e amigos, mudança de estrutura, local de origem, costumes, alimentação e clima, muitas vezes, totalmente diversos dos que estavam acostumados (DINIZ & ALMEIDA, 2006; ALMEIDA; ARAÚJO & MARTINS, 2016). Por tudo isso, as dificuldades da própria organização dos estudos se instalam e podem atrapalhar o desempenho acadêmico dos estudantes. Muitos chegam à universidade sem conhecer bem os mecanismos que favoreçem o seu aprendizado, gerando diversas frustrações ao longo dos semestres.

Os professores também podem auxiliar nesse processo de transição, pois a literatura tem referido que os estudantes podem ser ajudados pelos professores de uma forma sistemática ao ensinarem o uso de estratégias de autorregulação da aprendizagem para diferentes propostas de trabalhos. Dessa forma, esses estudantes conseguem mais facilmente exercer com controle e autonomia a utilização das estratégias apreendidas (DIGNATH, 2017; ZIMMERMAN & SCHUNK, 1998; ZIMMERMAN, 2013).

Assim, devido à natureza complexa e multidimensional do processo de transição e adaptação ao ambiente universitário, medidas que acolham as demandas dos estudantes e visem a aprendizagem e o desenvolvimento psicossocial na universidade devem ser traçadas de forma a minimizar os impactos da transição e adaptação (ALMEIDA & SOARES, 2004; SÁEZ, 2018). Propostas de intervenção contendo oficinas sobre a autorregulação da aprendizagem, que promovam o desenvolvimento de competências e a melhoria da aprendizagem, têm sido bem aceitas pelos estudantes e são realizadas em muitas universidades (MIRANDA; NONTICURI & FRISON, 2016; POLYDORO, 2017).

Este capítulo apresenta o desenvolvimento de oficinas pedagógicas que intencionaram potencializar nos estudantes do Ensino Superior, na modalidade de ensino presencial, competências para estudar e aprender. Essas oficinas foram desenvolvidas na Universidade Federal de Pelotas, ofertadas aos professores via edital e implementadas em sala de aula no horário em que o professor ministra sua disciplina.

2 Autorregulação da aprendizagem

As pesquisas em torno da autorregulação da aprendizagem têm revelado que estar ciente dos processos envolvidos no aprendizado são essenciais para um melhor desempenho, principalmente o acadêmico (ZIMMERMAN, 2011; 2013, 2015; VEIGA SIMÃO & FRISON, 2013; VEIGA SIMÃO, 2013), pois a autorregulação da aprendizagem envolve consciência e o controle dos processos cognitivos, metacognitivos, motivacionais, comportamentais e emocionais que estimulam o alcance dos objetivos traçados.

Entende-se que a autorregulação da aprendizagem é um processo ativo e consciente pelo qual o estudante gerencia pensamentos, sentimentos e ações para alcançar os objetivos de aprendizagem. Zimmerman (2013, p. 137) define autorregulação como "o nível em que os estudantes são metacognitiva, motivacional e comportamentalmente participantes ativos no seu próprio processo de aprendizagem", e considera que os sujeitos organizam seus processos para aprender em três fases consideradas cíclicas: antecipação, execução e autorreflexão. Assim, de modo consciente e intencional, os estudantes podem planejar, selecionar as estratégias adequadas para a sua aprendizagem, monitorando seu desempenho durante a aprendizagem e avaliando a eficácia das estratégias planejadas para alcançar os seus objetivos (ZIMMERMAN, 2013).

Cada fase tem características próprias mesmo sendo elas cíclicas. Na fase de antecipação os indivíduos analisam a tarefa a ser realizada, estabelecem os objetivos que pretendem atingir e escolhem as estratégias mais adequadas para aquele objetivo, destacando que as crenças motivacionais positivas são necessárias desde o início do processo. Na fase de execução o autocontrole e auto-observação ajudam monitorar a realização da tarefa. Na fase de autorreflexão o estudante busca avaliar os resultados obtidos, verificando se os objetivos foram alcançados e se as estratégias foram adequadas, permitindo, se necessário, reformular o planejamento anterior. As três fases do modelo cíclico proposto por Zimmerman (2000; 2011; 2013) não precisam necessariamente seguir uma lógica linear, podem interpor-se a qualquer momento quando for oportuno para a realização da ação. Enquanto o estudante planeja, pode avaliar se o planejamento realizado foi satisfatório, antecipando ou antevendo possíveis resultados; ou ainda, enquanto monitora a fase de execução, pode prever e planejar novos passos, trocar umas estratégias por outras e assim por diante. Nesse percurso, o contexto em que o estudante está envolvido pode contribuir potencializando ou inibindo a intencionalidade da ação, bem como o desejo de aprender (ZIMMERMAN, 2013; VEIGA SIMÃO & FRISON, 2013).

Por sua vez, os processos autorregulatórios implícitos na aprendizagem são dinâmicos e complexos, exigem intencionalidade, planejamento e gestão do tempo em uma demanda contínua (LOPES da SILVA et al., 2004). Veiga Simão e Frison (2013) pontuam que a autorregulação exige uma ação *dinâmica* por envolver diferentes fases, as quais podem direcionar para diferentes direções. É *complexa*, por abarcar variáveis cognitivas, metacognitivas, motivacionais e socioemocionais que podem mediar ou moderar, positiva ou negativamente, a implementação de uma ação. É *intencional*, porque para cada ação tem um objetivo próprio a ser atingido ou evitado, podendo ser definido com maior ou menor precisão. Tem uma ação *planejada*, porque apela para algo mais sistemático e estratégico, envolvendo os processos citados (cognitivos, metacognitivos e motivacionais). É *temporal*, uma vez que acontece ao longo de um período estabelecido pelo próprio estudante ou pelas exigências da proposta para a obtenção de determinado objetivo.

O estudante, ao gerenciar sua aprendizagem, diferentemente de utilizar técnicas de estudo, que comumente são escolhidas de modo mecânico e automático, precisa investir em estratégias de aprendizagem, as quais são definidas como procedimentos conscientes e intencionais dirigidas a atingir objetivos de aprendizagem para seu desenvolvimento pessoal (VEIGA SIMÃO, 2013). As estratégias exigem concentração, organização de todo material, anotações e codificações sobre o que foi trabalhado, revisão do conteúdo e do material a ser recordado no contexto de sala de aula. Exigem também que os estudantes tenham crenças positivas acerca das suas capacidades e do valor que elas assumem em sua aprendizagem, principalmente quando eles conseguem prever e antecipar resultados sobre suas decisões para a realização de práticas escolares e, também, quando conseguem perceber suas experiências de êxito, tendo satisfação por suas conquistas, da mesma forma que, ao não terem o sucesso desejado, possam rever seus esforços replanejando uma nova ação. Tal como pontuou Zimmerman (2013; 2015), deve-se investir na transformação de suas aptidões mentais em competências acadêmicas.

3 Contexto: como surgiram as oficinas?

As estratégias de autorregulação têm sido utilizadas em pesquisas e intervenções realizadas pelo Grupo de Estudos e Pesquisa da Aprendizagem Autorregulada (Gepaar) [mais informações sobre o projeto podem ser acessadas em https://wp.ufpel.edu.br/gepaar] da Universidade Federal de Pelotas (UFPel) em contextos de aprendizagem nos mais variados domínios do conhecimento como na Educação Física, Matemática, Física, Arquitetura, Letras, Pedagogia, Direito, com vistas a entender e se dedicar à melhoria do processo de aprendizagem dos estudantes, utilizando diferentes metodologias como: pesquisa-ação, estimulação da recordação, entrevista com tarefa, escrita de narrativas, análise de incidentes críticos, entre outras. Além disso, o Gepaar tem investido também no emprego de narrativas autobiográficas onde são realizados ateliês (auto)formativos, inspirados em Delory-Momberger (2006; 2008) com os quais se tem a intenção de construir espaços de reflexão, empreendidos por estudantes, em diálogo consigo e com os demais participantes, a fim de reconstruir e ressignificar os sentidos de estar no Ensino Superior. Dessa forma, vislumbra-se desenvolver possibilidades formativas para que o estudante se coloque em exercício reflexivo para pensar sua trajetória enquanto estudante de graduação, na produção dos sentidos de sua caminhada.

Pensando em ações que possam auxiliar os estudantes nesse processo de transição, o Grupo de Estudos e Pesquisas da Aprendizagem Autorregulada (Gepaar) vem trabalhando desde 2016 em processos que envolvem a autorregulação da aprendizagem por meio do projeto de ensino e de pesquisa "Modos de aprender no ambiente universitário: da autorregulação às narrativas e projeto de vida". Esse projeto se encontra na sua quarta edição, ampliando suas possibilidades de ação. Em 2016 foram realizadas apenas algumas oficinas pontuais sobre as estratégias de autorregulação da aprendizagem e em 2017, 2018 e 2019 o projeto foi ampliado com o programa Circuito APRENDIZagem: autorregulação para aprender. Ao enfatizar no nome do programa com a palavra "APRENDIZ", agregou-se a palavra "agem", pois entende-se que todo estudante pode ser protagonista da sua aprendizagem, pode e deve agir para aprender tendo os suportes necessários. Portanto, a colaboração e parceria do coletivo torna-se necessária para que a mobilização dos esforços para aprender seja eficaz e promova efetivamente a aprendizagem. Conforme a fundamentação teórica do programa Circuito APRENDIZagem, o termo "*circuito*" remete à ideia de que o aprendiz invista e aprenda a potencializar as dimensões cognitiva, metacognitiva, afetiva, comportamental e contextual da aprendizagem que o envolve e, para isso, participe, frequente e se envolva com as diferentes oficinas ofertadas no projeto no qual podem criar um bom repertório de ação.

Dessa forma, o Circuito APRENDIZagem: autorregulação para aprender é uma proposta interventiva em formato de múltiplas oficinas e ateliês, com atividades de curta duração, pelo qual é possível trabalhar com temas do processo de autorregulação da aprendizagem dos estudantes de forma mais rápida e objetiva. Tem-se como intuito oportunizar aos estudantes a construção de um espaço de reflexão, trocas de saberes e experiências sobre as dificuldades enfrentadas no contexto universitário. Busca-se desenvolver atividades que possibilitem aos discentes compartilhar, aprender e aprimorar seus conhecimentos sobre as dificuldades que permeiam a vida acadêmica, oferecidas em duas modalidades: uma em que os estudantes, por escolha livre, se inscreveram nas oficinas desejadas e outra em que os professores inscreveram suas turmas para que uma das oficinas acontecesse durante o período da sua aula.

Outra questão muito importante que se levou em conta foi o alto número de estudantes inscritos nas oficinas de livre-escolha, porém em todas elas houve baixo comparecimento (em 2017, 250 inscritos; destes 55 compareceram; em 2018, 179 inscritos, destes 45 compareceram). Por esse motivo tomou-se a decisão de ofertar, em 2017, oficinas a serem realizadas na sala de aula com a presença dos professores que as solicitavam. Via página da UFPel divulgou-se um edital com o seguinte enunciado: "Professor inscreva sua turma na Oficina de Estratégias de Autorregulação da Aprendizagem, Procrastinação, Atenção e Concentração", que tinha como objetivo promover o conhecimento dos diferentes processos que envolvem a autorregulação da aprendizagem de modo que os professores, em conjunto com os alunos, pudessem se inteirar da proposta desenvolvida pelo grupo Gepaar, compreendendo como estimular os estudantes a autorregularem seu aprender, aprimorando diferentes estratégias para ensinar e aprender. Com essa experiência percebeu-se que o número atingido de estudantes foi muito superior aos registrados nas oficinas de livre-escolha.

4 Metodologia

Participantes

A oficina "Estratégias de Autorregulação da Aprendizagem: Atenção, Procrastinação e Concentração", realizada em sala de aula, no horário em que o professor tinha aula, teve muito sucesso. Elas foram desenvolvidas ao longo de 2017/2, 6 oficinas, em 6 turmas, com média de presença de 35 estudantes por turma. Em 2018/2, foram realizadas 11 oficinas, em 11 turmas, totalizando 199 estudantes, conforme a ficha de presença assinada durante as oficinas. O projeto, nesse período, teve a abrangência de 17 turmas de diferentes semestres e 408 estudantes envolvidos. Entende-se que em 2017, pela novidade da proposta, e devido ao limitado número de vagas ofertadas aos professores, uma vez que não se tinha condições de atender a um grande número de turmas, alguns professores juntaram suas turmas, colocando os alunos no mesmo horário para que a oficina pudesse abranger boa parte ou a maioria dos alunos matriculados em sua disciplina. Por isso, a média de alunos em cada turma em 2017 foi maior do que em 2018. No final do projeto foram emitidos certificados com as horas de participação dos estudantes evolvidos. As turmas atendidas pertenciam aos cursos de Direito, Turismo, Tecnologia de Alimentos, Tecnologia de Transportes Terrestres, Medicina, Ciências Biológicas, Matemática, Letras, Geografia, Enfermagem, Psicologia, uma turma mista (com estudantes de vários cursos) e uma turma do curso de Pós-graduação da Agronomia. Em alguns cursos a oficina foi realizada em mais de uma turma e também teve cursos que se inscreveram nos três anos consecutivos em que as oficinas foram ofertadas; no entanto, os dados de 2019 ainda não foram computados.

Instrumentos

Para avaliar o desenvolvimento das oficinas, os dados foram gerados mediante o preenchimento da ficha de inscrição no Google docs, presente no edital publicado na página de divulgação da UFPel, em que os professores poderiam inscrever as suas turmas. No ato da inscrição, os professores manifestavam o interesse pela oficina, descreviam as características da turma e o número de estudantes matriculados e frequentes na disciplina. Também registravam a média da percentagem de reprovações que existia na disciplina e as dificuldades que os estudantes apresentavam para aprender e estudar. O mais importante era que o professor deveria, ao inscrever sua turma, registrar as razões pelas quais ele queria que a oficina fosse nela realizada. Após a confirmação da inscrição realizava-se uma rápida conversa, considerada como uma entrevista inicial com os professores para entender e conhecer o perfil da sua turma. Esses registros foram importantes para delinear a oficina e escolher que estratégias precisavam ser trabalhadas a partir das necessidades pontuadas pelos professores das respectivas turmas.

Após a realização das oficinas, uma nova conversa, considerada entrevista final, foi realizada. Ao final do semestre, para avaliar os efeitos da oficina, retomava-se o contato com o professor coletando suas impressões sobre o trabalho desenvolvido com a turma e registravam-se seus depoimentos em um caderno próprio das oficinas. No final de cada encontro também se coletou a avaliação dos estudantes sobre a oficina realizada.

Procedimentos

As atividades foram desenvolvidas com o propósito de abordar as dificuldades que os estudantes enfrentam, anteriormente pontuadas pelos professores, propondo alternativas para superá-las. Ao longo da oficina perpassava-se diversas temáticas da autorregulação da aprendizagem tendo como foco a concentração, atenção, métodos de estudos e organização do tempo. Cada oficina tinha duração de 4 horas, sendo realizada no mesmo período da aula, e em alguns casos, se a disciplina era de dois períodos, a oficina era dividida em dois encontros respeitando o horário da aula do professor.

O desenvolvimento da oficina ocorria em cinco momentos. Iniciava-se trabalhando com o levantamento das dificuldades e entraves que os estudantes percebiam em relação ao Ensino Superior. Esse primeiro momento era dividido em três etapas: reflexão individual, reflexão coletiva e apresentação das impressões do grupo para toda a turma. Na reflexão individual, os estudantes deveriam refletir sobre as dificuldades acadêmicas, sociais e pessoais enfrentadas no contexto da universidade, destacando o que mais os angustiavam e que estratégias poderiam utilizar para superá-las. Também expressavam os sentimentos gerados em função do que estavam vivendo no percurso universitário. Após a reflexão individual, se reuniam em grupo e verbalizavam o que sentiam. Juntos elencavam as cinco dificuldades mais comuns, pontuadas pelo grupo, e procuravam soluções para elas, além de discutir, analisar e trocar ideias sobre os sentimentos gerados. Por fim, cada grupo apresentava em um cartaz o resumo do que tinham discutido, chegando à conclusão de quais dificuldades e sentimentos eram mais comuns àquele grupo. Com essa atividade intencionava-se que os estudantes percebessem que existe comunalidade nas dificuldades enfrentadas e que não estavam sozinhos, além de perceberem que é possível pensar em soluções para as dificuldades enfrentadas. Intencionava-se também que entendessem o quanto o grupo poderia ajudar um ao outro, fortalecendo alguns sentimentos que pareciam ser apenas de um deles, bem como que percebessem que se fortaleciam com essa conversa inicial e que aprendiam novas formas de enfrentar os problemas que eram comuns a todos.

No segundo momento da oficina foram abordados vários temas. Entre eles, a relação das dificuldades que sentiam, articuladas com possíveis estratégias de aprendizagem e suas emoções, ancoradas na teoria da autorregulação da aprendizagem. Foi explicado nessa oficina as fases e as dimensões da autorregulação, de modo que os estudantes perceberam que existe um campo de pesquisa preocupado em ajudá-los a aprender a utilizar estratégias para que conseguissem estudar com mais determinação. Esse segundo momento é finalizado com uma dinâmica que procura resumir e refletir sobre o que foi apresentado sobre a teoria.

O terceiro momento envolve a apresentação de estratégias de aprendizagem para a gestão do tempo e procrastinação com apresentação de vídeos e *slides* e aplicação prática de exercícios.

Na sequência, no quarto momento, o estudante é convidado a pensar e escrever sobre os graus de liberdade que ele tem para fazer suas escolhas em relação às dimensões da aprendizagem (ZIMMERMAN & RISEMBERG, 1997), tentando responder as questões: O que de fato deseja fazer? Por que fazer? Como fazer? Quanto tempo vai precisar para fazer? Onde pretende fazer? E com quem escolhe fazer? Essas questões exigem do estudante a definição de escolha e tomada de decisão e, ao serem por ele respondidas, compõem o mapa dos objetivos e metas a serem atingidas a partir daquele momento até o final do semestre. Esse mapa, feito por todos os estudantes, foi denominado de Quadrante dos Objetivos e incluía as dimensões compostas por quatro perguntas gerais: Quais os meus objetivos para este semestre? O que eu preciso fazer? O que me atrapalha? O que eu preciso mudar?

Por fim, no quinto momento, os estudantes realizavam a atividade da Rotina Semanal, retomando o Quadrante dos Objetivos. Nessa atividade os estudantes deveriam pensar e definir os horários para cada ação traçada, com a intenção de atingir seus objetivos. O intuito da atividade era que percebessem a necessidade de estabelecer um tempo demarcado em sua rotina para a realização de cada atividade planejada com a intenção de alcançar todos os objetivos previstos e conseguir separar, constatando que é preciso ter um tempo produtivo para as atividades acadêmicas e um tempo pessoal para descanso e atividades pessoais.

Ao final da oficina solicitava-se que os estudantes discorressem sobre as contribuições da oficina para seu processo de aprendizagem, oferecendo sugestões para a melhoria da proposta. Entre os depoimentos os estudantes descreviam que colocavam em prática o que aprendiam, mas a intenção tinha o foco em provocar reflexões que pudessem suscitar a tomada de consciência sobre o processo de aprendizagem e inquietá-los para mudanças relacionadas ao comportamento e à prática das ações que realizavam em prol das suas aprendizagens.

Cabe destacar que as oficinas ofertadas não tiveram a pretensão de que os estudantes saíssem delas totalmente autorregulados, o que seria muito ingênuo pensar que apenas uma oficina poderia fazer total diferença na vida dos estudantes; no entanto, pode-se perceber que a oficina provocou mudanças na vida deles, como pode ser constatado nos excertos elencados ao longo dos dados analisados. Para inserir os depoimentos que seguem, em respeito às normas éticas, foi solicitado aos professores e alunos o consentimento livre e esclarecido. Para a análise dos depoimentos foi utilizada a análise de conteúdo de Bardin (2011).

5 Resultados e discussão

Analisando o desenvolvimento da implementação da oficina ofertada em sala de aula, alguns aspectos destacados para a contribuição da oficina foi a possibilidade de atender os alunos matriculados naquela disciplina, além da presença do professor, o que não acontece na modalidade de oficinas de escolha livre.

A **presença do professor durante as oficinas** fez toda diferença porque ele mesmo registrava muitas das atividades que eram feitas e verbalizava que continuaria a fazê-las ao longo do semestre. Percebia-se que a organização proposta aos estudantes era considerada também pelo professor, pois verbalizava que gostaria de manter ou de implementar em suas aulas.

Depois da realização das oficinas, na segunda entrevista, os professores envolvidos destacaram que percebiam mudanças no comprometimento e envolvimento dos alunos nas aulas, maior nível de concentração e investimento na capacidade de organização, gerenciamento do tempo e das tarefas a serem realizadas. Alguns professores também verbalizaram que, ao participarem das oficinas, compreenderam o quanto é possível e necessário trabalhar o uso de estratégias junto aos estudantes em suas aulas, proporcionando diferentes práticas para que eles consigam trabalhar e praticar as estratégias com mais autonomia, desmistificando assim a ideia de que eles só fazem o "que" e "se" o professor solicitar. Dessa forma, no processo da autorregulação da aprendizagem, o professor desempenha um papel primordial, pois pode proporcionar situações para que os estudantes exerçam a sua capacidade autorregulatória, além de aumentar as suas crenças de autoeficácia (DIGNATH, 2017; ZIMMERMAN & SCHUNK, 1998; ZIMMERMAN, 2013).

Os resultados das reações dos estudantes registradas nas fichas de avaliação e pelo que verbalizaram ao final de cada oficina mostraram aspectos positivos em relação à aprendizagem. Percebe-se que entenderam a importância da reflexão sobre a vida acadêmica, os objetivos de vida, possibilidades de mudança, criação de novas técnicas, estratégias e dicas para melhorarem a aprendizagem, organizando suas práticas de estudo. Foi possível mapear também que conseguiram certo alívio em relação às angústias ocasionadas pelo acúmulo de tarefas. Esse alívio foi oportunizado pela autoavaliação feita e a redefinição de estratégias a serem implementadas a partir dos conteúdos trabalhados na oficina.

Uma categoria importante que apareceu na autoavaliação dos estudantes vai ao encontro do que foi trabalhado ao longo da oficina à **reflexão sobre a vida acadêmica**, o que permitiu identificar as dificuldades que poderiam estar atrapalhando o percurso das aprendizagens, delineando possíveis mudanças para alcançar os objetivos almejados no percurso acadêmico. Algumas reflexões dos estudantes chamaram atenção, como é o caso destes depoimentos: [a oficina] "foi ótima para uma reflexão pessoal, ajudou-me a verificar os obstáculos que estão à nossa frente e nos impedem de prosseguir (estudante de Letras); "serviu muito para refletir e pensar nos pequenos erros que estamos cometendo" (estudante de Geografia). "Foi muito interessante e importante, pois contribuiu para me fazer pensar sobre o que preciso melhorar e como melhorar, definir metas e objetivos e sair da comodidade em que se está (estudante de Turismo).

Esses depoimentos mostram que a autorreflexão é fundamental para estabelecer um novo planejamento e reorganizar o processo de aprendizagem. Entretanto, a autorreflexão impulsiona a se ter atitudes reativas e adaptativas frente às dificuldades, procurando as estratégias que melhor se adaptam ao contexto de aprendizagem vivenciado. Os estudantes perceberam que a autorreflexão faz parte das fases cíclicas do modelo de autorregulação da aprendizagem de Zimmerman (2013), destacando que isso tudo era ainda desconhecido para eles.

A atividade do Quadrante dos Objetivos tinha a intenção de provocar a autorreflexão e **atitudes de mudanças** para prosseguir em busca dos objetivos. Percebe-se que a atividade conseguiu provocar nos estudantes mudanças, como um ponto de virada, pois perceberam que é preciso tomar consciência, ter controle da situação e pensar em mudar o que não está bem. Verbalizavam que tinham que mudar o comportamento em relação ao modo como vinham conduzindo sua aprendizagem. Conforme esses estudantes: [a oficina] "me ajudou na autorreflexão e me fez perceber que uma hora tenho que me atinar, não posso continuar assim para sempre, empurrando tudo com a barriga (estudante de Matemática); "é interessante também pensar no objetivo principal e tentar ver as metas que quero chegar (obter) no final do semestre" (estudante de Direito).

Essas reflexões pontuam também mudanças em relação à escolha de novas estratégias que foram agregadas durante as oficinas: "vou colocar em prática aquilo que aprendi aqui e tenho certeza que meu desempenho vai melhorar bastante" (estudante de Ciências Biológicas); "nunca tinha pensado que poderia fazer este plano escrito, agora sei bem como me organizar" (estudante de Enfermagem).

A **aprendizagem de novas estratégias de estudo** inquietou os estudantes, principalmente pela possibilidade de fazer escolhas de estratégias que podem ajudar a enfrentar as "dificuldades de organização dos horários, dividir tarefas e executá-las corretamente" (estudante de Tecnologia de Alimentos), que para muitos são as maiores dificuldades enfrentadas no ambiente acadêmico. Pensar em organizar o estudo e gerenciar o tempo foi algo pontuado por alguns estudantes. Disseram que não mais os professores e pais organizam o que tem que ser feito e quando deve ser feito, mas eles próprios passaram a assumir com autonomia o seu modo de aprender. De acordo com essa questão, os estudantes pontuaram: "às vezes sabemos o que precisamos fazer para melhorar, porém estamos tão acomodados que nem vontade para mudar temos mais. Por isso, a importância da oficina nos faz pensar e analisar o que está na nossa frente e apenas nós mesmos podemos consertar o que não está bem" (estudante de Turismo).

Autores como Zimmerman e Risemberg (1997), Veiga Simão (2013), Veiga Simão e Frison (2013), Boruchovitch (1999), Boruchovitch e Santos (2015) pontuam que, embora o repertório das estratégias trabalhadas seja importante para o aprendizado, não é suficiente para garantir a sua efetividade. É preciso que o estudante esteja ciente de quando, como e por que usar as estratégias que melhor lhe favoreçam e, para isso, é preciso implementá-las sistematicamente. Assim, é relevante que o tema da autorregulação da aprendizagem seja trabalhado não apenas nas oficinas, mas também no cotidiano, no contexto das demais disciplinas.

Outro aspecto que merece destaque refere-se à **identificação das dificuldades** dos estudantes comparando-as com a de seus colegas. É evidente que a cultura do individualismo que se verifica no Ensino Superior parece que atrapalha muito os estudantes ao perceberem que suas dificuldades não são singulares e que a maioria dos colegas enfrenta situações similares e que podem recorrer à ajuda de seus pares ou outro apoio social quando necessário. Perceberam nos trabalhos em grupo, realizados na primeira atividade da oficina, que se conversassem mais com os amigos reconheceriam nos colegas as mesmas dificuldades que os inquietam. Conforme o depoimento de um estudante: "achei a atividade bastante interessante e importante, pois, como pude ver, pelo menos a grande maioria da turma possui as mesmas dificuldades, precisando de ajuda e que normalmente não sabemos como ou onde encontrar essa ajuda. Nessa "aula tivemos muitos esclarecimentos e ajuda" (estudante de Enfermagem). Outro destacou que "saber que os colegas possuem os mesmos sentimentos e que estamos na mesma situação me deixa mais fortalecido (estudante de Turismo)".

Além disso, com a partilha em grupo, os estudantes relatam que puderam enxergar novas possibilidades de resolução das dificuldades que não tinham parado para pensar e que foram acrescentadas pela partilha das estratégias dos outros estudantes. Portanto, além da relevância para a saúde dos estudantes nos momentos de estresse e adaptação ao contexto universitário, o apoio social pode exercer função mediadora na resolução das dificuldades enfrentadas (ALMEIDA; ARAÚJO & MARTINS, 2016). De acordo com Frison e Miranda (2019), as atividades desenvolvidas em grupo durante as oficinas podem promover a regulação colaborativa ao possibilitar que o aprendiz aprenda enquanto partilha com o grupo as suas experiências e conhecimentos.

De modo geral, os estudantes mostraram-se satisfeitos com a proposta das oficinas, conforme o relato de alguns: "adorei o que passaram, me motivou a começar a mudança que eu tanto quero e luto para conseguir" (estudante de Turismo); "a oficina foi de modo bem explícita sobre a minha mudança de hábitos, pois me imaginei fazendo muitas das dicas e autorreflexões sobre mim e meu dia (estudante de Matemática).

No que concerne às expectativas dos estudantes, manifestaram a possibilidade de conhecer novas estratégias para melhorar o aprendizado, ter novas experiências além do auxílio para solucionar as dificuldades enfrentadas durante o curso. Como sugestões, a recomendação é de que a oficina seja ofertada nos primeiros semestres dos diferentes cursos para que possam ter mais oportunidades para aproveitarem o que aprenderam.

Considerações finais

Por meio da participação dos estudantes nas oficinas, pode-se constatar que as atividades propostas não só tiveram repercussões positivas aos estudantes, como solicitaram que se intensificasse o trabalho desenvolvido. Os professores participaram com os alunos verificando quais as melhores estratégias de autorregulação a utilizar em situações concretas de sala de aula, possibilitando que, ao compreendê-las, pudessem fazer transferência para outros contextos e tarefas acadêmicas. Perceberam também o quanto os estudantes foram ajudados a responderem mais eficazmente aos seus objetivos e estilos de aprendizagem.

Constatou-se que as estratégias de autorregulação da aprendizagem não só podem como precisam ser ensinadas com eficácia ao longo de toda a escolaridade. Cabe destacar que as estratégias de autorregulação da aprendizagem, além de terem influência direta na motivação, fazem com que o estudante passe a acreditar mais na sua capacidade para utilizá-las eficazmente; no entanto, isso dependerá também de como ele mobilizará os fatores pessoais e contextuais. Todos gostam e querem sentir-se mais competentes na realização das tarefas, e a autorreflexão possibilita que o estudante acesse os progressos de sua aprendizagem, estimulando-lhes, se necessário, que alterem suas práticas ligadas à forma de estudar, ajustando aspectos pessoais, comportamentais, ambientais e sociais de modo a ter uma aprendizagem de qualidade.

Na análise dos dados coletados, ainda em fase de aprofundamento, pode-se afirmar que estudantes e professores estão implicados a, positivamente, transformarem suas propostas de ação de forma a acreditarem que cada um é responsável pelo seu processo de aprendizagem. Assim o aluno se sentirá mais capacitado a operar com estratégias que lhes permitam desenvolver processos de autorreflexão, potencializando o ciclo autorregulatório e realizando aprendizagens significativas. É preciso lembrar que a compreensão e a discussão dos estudantes sobre as diferentes fases do ciclo da aprendizagem autorregulada é muito importante. Esse conhecimento serve de base para fazer escolhas e mobilizar aprendizagens.

Acerca dos encontros das oficinas foi possível concluir que as intervenções têm atingido um grande número de estudantes da universidade, independente da área de atuação que os acadêmicos demonstram estar interessados em participar e aprender cada vez mais; que solicitam suporte para lidar com as dificuldades encontradas em sua rotina acadêmica; e sugerem que as oficinas aconteçam com maior frequência.

Agradecimentos

A primeira autora agradece à Capes e a segunda ao CNPq.

Referências

ARAÚJO, A.M. (2017). Sucesso no Ensino Superior: uma revisão e conceptualização. *Revista de Estudios e Investigación en Psicología y Educación*, vol. 4, n. 2, p. 132-141.

ALMEIDA, L.S.; ARAÚJO, A.M. & MARTINS, C. (2016). "Transição e adaptação dos alunos do 1º ano: variáveis intervenientes e medidas de atuação". In: ALMEIDA, L.S. & CASTRO, R.V. (orgs.). *Ser estudantes no Ensino Superior*: o caso dos estudantes do 1º ano. Lisboa: Universidade do Minho, p. 146-164.

ALMEIDA, L.S. & SOARES, A.P. (2004). "Os estudantes universitários: sucesso escolar e desenvolvimento psicossocial". In: MERCURI, E. & POLYDORO, S.A.J. (orgs.). *Estudante universitário*: características e experiências de formação. Taubaté: Cabral Universitária, p. 15-40.

BARDIN, L. (2011). *Análise de conteúdo*. São Paulo: Edições 70.

BORUCHOVITCH, E. (1999). Estratégias de aprendizagem e desempenho escolar: considerações para a prática educacional. *Psicologia: Reflexão e Crítica*, vol. 12 n. 2, p. 1-11.

BORUCHOVITCH, E. & SANTOS, A.A. (2015). Psychometric Studies of Learning Strategies Scale for College Students. *Paideia*, vol. 25, p. 19-27.

CUNHA, S.M. & CARRILHO, D.M. (2005). O processo de adaptação ao Ensino Superior e o rendimento acadêmico. *Psicologia Escolar e Educacional*, vol. 9, n. 2, p. 215-224.

DELORY-MOMBERGER, C. (2008). *Biografia e educação:* figuras do indivíduo-projeto. Natal/São Paulo: EDUFRN/Paulus.

_____ (2006). Formação e socialização: os ateliês biográficos de Projeto. *Educação e Pesquisa*, vol. 32, n. 2, mai./ago, p. 359-371.

DIGNATH, C. (2017). What determines whether teachers enhance self-regulated learning? Predicting teachers' reported promotion of self-regulated learning by teacher beliefs, knowledge, and self-efficacy. *Frontline Learning Research*, vol. 4, n. 5, 18/jan., p. 83-105.

DINIZ, A.M. & ALMEIDA, L.S. (2006). Adaptação à universidade em estudantes do primeiro ano: estudo diacrónico da interacção entre o relacionamento com pares, o bem-estar pessoal e o equilíbrio emocional. *Análise Psicológica*, vol. 24, n. 1, p. 29-38.

LOPES da SILVA, A. (2004). "A auto-regulação na aprendizagem: a demarcação de um campo de estudos e de intervenção". In: LOPES da SILVA, A.; DUARTE, A.M.; SÁ, I. & VEIGA SIMÃO, A.M. *Aprendizagem auto-regulada pelo estudante*: perspectivas psicológicas e educacionais. Porto: Porto Editora, p. 17-39.

MIRANDA, C.A.G.R.; NONTICURI, A.R. & FRISON, L.M.B. (2016). "Interesse de estudantes universitários pela oficina de Estratégias de aprendizagem". In: *Anais do II Congresso de Ensino e Graduação*. Pelotas, vol. 2, p. 1-4.

PANADERO, E.A. (2017). Review of Self-regulated Learning: six models and four directions for research. *Frontiers in Psychology*, vol. 8, p. 1-28.

POLYDORO, SA.J. (2017). *Promoção da autorregulação da aprendizagem*: Contribuições da teoria social cognitiva. Porto Alegre: Letra 1.

POLYDORO, S.A.J. et al. (2015). Promoção da autorregulação da aprendizagem na universidade: percepção do impacto de uma disciplina eletiva. *Revista de Educação PUC-Campinas*, vol. 20, n. 3, dez., p. 201-213.

SÁEZ, F.M.; DÍAZ, A.E.; PANADERO, E. & BRUNA, D.V. (2018). Revisión sistemática sobre competencias de autorregulación del aprendizaje en estudiantes universitarios y programas intracurriculares para su promoción. *Form. Univ.*, vol. 11, n. 6, p. 83-98.

SCHUNK, D. (2001). "Social cognitive theory and self-regulated learning". In: ZIMMER-MAN, B. & SCHUNK, D. (orgs.). *Self-regulated learning and academic achievement:* Theoretical perspectives. Mawah: Erlbaum, p. 125-152.

VEIGA SIMÃO, A.M. (2013). "Ensinar para a aprendizagem escolar". In: VEIGA, F. (org.) *Psicologia da educação:* teoria, investigação e aplicação. Lisboa: Climepsi, cap. 12, p. 495-541.

VEIGA SIMÃO, A.M. & FRISON, L.M. (2013). Autorregulação da aprendizagem: abordagens teóricas e desafios para as práticas em contextos educativos. *Cadernos de Educação*, vol. 45, p. 2-20.

ZIMMERMAN, B.J. (2015). "Self-regulated Learning: Theories, measures, and Outcomes". In: *International Encyclopedia of the Social & Behavioral Sciences.* Vol. XXI. 2. ed. Nova York: Elsevier, p. 541-546.

_____ (2013). From cognitive modeling to self-regulation: a social cognitive career path. *Educational Psychologist*, vol. 48, n. 3, p. 135-147.

_____ (2011). "Motivational Sources and Outcomes of Self-Regulated Learning and Performance". In: ZIMMERMAN, B. & SCHUNK, D. *Handbook of Self-Regulation of Learning and Performance.* Nova York: Routledge, p. 49-64.

_____ (2000). "Attaining self-regulation: A social-cognitive perspective". In: BOEKAERTS, M.; PINTRICH, P. & ZEIDNER, M. (orgs.). *Handbook of self-regulation.* Orlando: Academic Press, p. 13-39.

ZIMMERMAN, B.J. & RISEMBERG, R. (1997). "Self-regulatory Dimensions of Academic Learning and Motivation". In: PHYDE, G. (org.). *Handbook of academic learning.* Londres: Academic Press, cap. 4, p. 105-125.

ZIMMERMAN, B.J. & SCHUNK, D.H. (2011). "Self-regulated and Performance: An introduction and an overview". In: ZIMMERMAN, B.J. & SCHUNK, D.H. *Handbook of self-regulation of learning band performance.* Nova York/Londres: Routledge/Taylor/Francis Group, p. 1-12.

13
A autorregulação é condição imperativa para o sucesso da aprendizagem de estudantes no contexto de Educação a Distância?

Paula Mariza Zedu Alliprandini
Sueli Édi Rufini

O objetivo do presente capítulo é levantar, com base na literatura nacional e estrangeira, algumas das dificuldades e desafios enfrentados por estudantes e professores na modalidade de ensino a distância e analisá-los à luz do construto da autorregulação da aprendizagem. Optou-se pela perspectiva proposta por Zimmerman (2000; 2008), que considera a aprendizagem autorregulada relacionada ao nível da cognição, motivação e comportamento ativos do aluno no processo de aprendizagem. Para tanto, na primeira seção está apresentada uma contextualização da Educação a Distância (EaD), no segundo tópico, os desafios para estudantes e professores nesse contexto, e no terceiro tópico, estudos recentes acerca da autorregulação da aprendizagem no ambiente on-line.

O contexto da Educação a Distância

A mudança de paradigmas relacionada à informatização e ao processo de globalização das telecomunicações no século XXI tem facilitado extremamente o acesso à informação, pois um simples clique permite que os indivíduos se conectem e se informem sobre tudo o que acontece em seu país e no mundo (GADOTTI, 2010). De acordo com Belloni (2009), esse novo cenário mundial modificou e vem modificando, de forma intensa, vários campos; entre eles destacam-se: o econômico, o financeiro, o empregatício e também o da educação. Assim, cada vez mais a demanda do mercado de trabalho tem exigido indivíduos competentes, flexíveis, críticos e criativos.

O Decreto 2.494/98 regulamentou o art. 80 da LDB 9.394/96, e definiu a EaD como uma forma de ensino que possibilita a autoaprendizagem, com a mediação de recursos didáticos sistematicamente organizados, apresentados em diferentes suportes de informação, utilizados isoladamente ou combinados e veiculados pelos diversos meios de comunicação (BRASIL, 1998). Moran (2009) considerou esse o fator mais importante para o crescimento da EaD, assim como a existência de demanda reprimida de estudantes não atendidos nas formas tradicionais de ensino, especialmente por dificuldades financeiras.

Atualmente, a Educação a Distância tem sido utilizada nos diferentes níveis de ensino (fundamental, médio, superior e pós-graduação) por estudantes de diferentes faixas etárias, incluindo os cursos de formação continuada, treinamentos e qualificação profissional (BENÍCIO, 2010). Para Moran (2009), a EaD é mais adequada para a educação de adultos, por supor que estes tenham consolidado suas formas de aprendizagem, visto que nessa modalidade o aluno é considerado gestor do seu próprio conhecimento. Broadbent e Poon (2015) afirmam que a facilidade de acesso à internet aumentou de modo acelerado o número de estudantes que decidiram pelo Ensino Superior a distância, em vez de seguirem com as configurações presenciais tradicionais, atraídos pelas vantagens dessa modalidade, como: a flexibilidade e acessibilidade, acesso adicional aos recursos de aprendizado, maiores oportunidades de colaboração e, sobretudo, a aprendizagem assíncrona na qual espaço e tempo não são barreiras.

De acordo com o Censo EaD apresentado pela Associação Brasileira de Educação a Distância (ABED, 2018), ao analisar o número de matrículas, incluindo cursos totalmente a distância e semipresenciais, é possível constatar um aumento no período de 2009 a 2017, que passou de 528.320 para 1.320.025, havendo uma oscilação para menos no período de 2012 a 2013. Em relação a cursos semipresenciais, em 2017 havia 1.119.031 estudantes matriculados. Esses dados revelam uma ascensão rápida do número de estudantes em cursos dessa modalidade entre 2009 e 2012, período em que foi criada a maioria das instituições formadoras em EaD. Entre os anos de 2013 e 2015 houve um declínio no número de estudantes matriculados, e uma nova ascensão, extremamente rápida, em 2017 pôde ser constatada, provavelmente devido a uma maior flexibilização legal da oferta, com os cursos de bacharelado e licenciatura apresentando o maior número de matrículas.

As taxas de evasão são sempre uma preocupação em qualquer nível, área ou modalidade de ensino, e a EaD não é uma exceção. De acordo com Mattar (2018), surpreende que menos de 50% das instituições conheçam os motivos dessa evasão. Separando-se por categoria administrativa, apenas 45 e 48% das instituições privadas e públicas federais conhecem os motivos da evasão. Já entre as instituições do Sistema Nacional de Aprendizagem (SNA), somente 35% das instituições conhecem esses motivos, contra 27% das instituições públicas estaduais. Apesar da dificuldade para consultar os estudantes que desistiram, parece relevante conhecer o perfil do aluno que evade, assim como os motivos da evasão, pois Mattar (2018) considera que a evasão é um dos principais problemas enfrentados pela EaD, embora haja pouca discussão e pesquisa a respeito.

Como argumentam Broadbent e Poon (2015), bons resultados de aprendizagem apoiam-se, em grande parte, no envolvimento autônomo e ativo do estudante no processo, o que significa ser independente, exercer o autocontrole, gerenciar e planejar suas ações de aprendizado. Aqueles capazes de autorregular sua aprendizagem apresentam maior probabilidade de gerenciar com sucesso a riqueza de informações on-line. A literatura ainda é escassa no tema autorregulação da aprendizagem no contexto da EaD, mas há evidências de que o conhecimento e as habilidades de autorregulação dos estudantes (SRL & ZIMMERMAN, 2000) são preditores importantes do sucesso na aprendizagem, também no ambiente on-line. Assim, mesmo com a ausência de informações acerca dos motivos da evasão de estudantes em cursos na modalidade EaD, a falta da autorregulação da aprendizagem pode ser considerada um fator importante na decisão de abandonarem seus cursos. Para Greene et al. (2015) e Cerezo (2019) no contexto de grande difusão de cursos na modalidade a distância e do incremento de informações on-line, em contraposição, é baixa a capacidade dos estudantes para aprender usufruindo dos recursos tecnológicos. Apesar de serem, em sua maioria, comunicadores on-line nativos, os estudantes nem sempre possuem o conhecimento e as habilidades necessárias para navegar, encontrar e integrar as informações, de modo coerente e organizado.

Ampliando a análise das possíveis condições que favorecem a evasão, Almeida et al. (2013) afirmam que professores e estudantes, quando iniciam atuação na EaD, necessitam passar por uma mudança cultural para que possam atender a todas as demandas que essa modalidade exige, principalmente a de agir e pensar independentemente. Sanches et al. (2016) afirmam a necessidade de o aluno ser ativo e dinâmico na aprendizagem que ocorre em ambientes virtuais; o professor de ser capaz de facilitar, promover e se adaptar ao processo de aprendizagem autorregulada; e as plataformas de disponibilizar os conteúdos e permitir a navegação, além de fornecer *feedback* em tempo real do processo de EaD. Nessa mesma linha, Garbelini e Gonçalves (2015, p. 84) consideram que o espaço educacional se amplia de modo indeterminado com a inclusão de diferentes recursos tecnológicos às modalidades de ensino, presencial ou a distância. No entanto, "entre a sala de aula presencial e a sala de aula virtual interpõe-se uma vasta e indefinível fronteira entre o conteúdo e a aprendizagem, entre o professor e o aluno, entre a teoria e a prática, entre o real e o virtual".

Para Mugnol (2009), para facilitar o envolvimento e aprendizagem dos estudantes a metodologia utilizada no ensino a distância precisa focalizar a promoção da autonomia e independência do aluno frente a sua aprendizagem. E, para isso, exige-se que a atenção das instituições que ofertam essa modalidade seja voltada para a promoção de oportunidades de aprendizagem, com modelos atraentes que motivem os estudantes, considerando sua responsabilidade no processo; disponibilizando orientação e apoio dos professores; respeitando as diferenças individuais e o ritmo da aprendizagem de cada estudante.

Ensino e aprendizagem on-line: desafios para professores e estudantes

É característica dos processos mentais das pessoas organizar a aprendizagem de forma não linear, repleta de hiperlinks, semelhantes aos presentes nas páginas da web que, quando clicados, abrem-se para novas páginas ou lugares diferentes. Adicionalmente, os estudantes, em sua maioria, são especialistas no ambiente on-line, navegam na internet acessando muitas informações e comunicam-se diariamente em redes sociais. Com base nessas duas informações, parece ser relativamente fácil o ensino e a aprendizagem ocorrerem no contexto de EaD; no entanto, muitos estudantes apresentam dificuldades para concluir as tarefas acadêmicas utilizando os recursos disponíveis no ambiente virtual (GARBELINI & GONÇALVES, 2015). Para que a aprendizagem aconteça na modalidade da EaD, com a presencialidade modificada e com a incorporação de tecnologias digitais, o aluno deve investir no desenvolvimento de características e comportamentos, como: organização, motivação, determinação, autonomia, disciplina e responsabilidade, além da capacidade de agir e pensar independentemente, fazer escolhas acertadas, ser capaz de pensar em sua própria aprendizagem e saber controlá-la frente uma nova informação (LESSA, 2011).

As dificuldades no processo de ensino e aprendizagem no ambiente EaD são atribuídas por Garbelini e Gonçalves (2015) ao fato de que parte das instituições que ofertam os cursos e dos professores que orientam ou ministram as disciplinas (mesmo contando com avançados recursos digitais) organizam-se e atuam como se não houvesse diferenças entre a modalidade presencial e a distância. O ensino permanece tradicional, diferenciando-se apenas na presença ou ausência física do professor, face a face com seus estudantes. Isso se deve parcialmente à história da EaD, que se iniciou com o envio de material impresso pelo correio, com a crença de que seria possível ensinar a distância com as mesmas metodologias empregadas no ensino presencial.

Um desafio importante a ser superado pelos estudantes vincula-se ao fato de que as informações apresentadas na internet são praticamente ilimitadas e variam em qualidade, veracidade e pertinência para as atividades específicas de aprendizagem acadêmicas. Portanto, para fazer bom uso delas, os estudantes precisam manter seus objetivos em mente e avaliar se as informações obtidas são suficientes para resolver o problema. Além disso, mesmo que um curso projetado para EaD seja bem planejado e executado, os materiais de aprendizagem são disponibilizados em formato não linear, no qual os estudantes precisam autorregular a navegação (YEN et al., 2018). Assim, o professor teria um papel fundamental para manter os estudantes interessados e autorregulados no ambiente virtual, um desafio fundamental a ser enfrentado. De acordo com Góes e Alliprandini (2013), para que o interesse e a autorregulação sejam desenvolvidos e o aluno se torne cada vez mais independente e responsável por sua aprendizagem, o professor/tutor necessita estimular e acompanhar os estudantes, tornando-os autoconfiantes em suas capacidades, para que possam desenvolver uma atitude autônoma frente às diversas atividades exigidas no decorrer do curso, de modo a que possam atingir uma das principais tarefas da educação formal: a de possibilitar o aprender a aprender de seus estudantes.

Garbelini e Gonçalves (2015) também enfatizam a importância da atuação do professor com a justificativa de que, estando os conteúdos disponíveis em qualquer lugar, os estudantes procuram na instituição que oferta cursos na modalidade EaD o apoio para a sua aprendizagem. Consideram, ainda, a gestão do conhecimento como uma das principais competências necessárias para o aluno aprender. Nesse sentido, é mais pertinente do que disponibilizar informações, que o professor auxilie o estudante para que desenvolva a capacidade de encontrar, analisar, avaliar e aplicar o conteúdo. No ensino a distância a tecnologia está sempre presente e exige uma nova postura dos estudantes, professores e tutores, principalmente no que diz respeito à disciplina e à responsabilidade (BENÍCIO, 2010). Nesse tipo de ensino, o estudante tem que se movimentar para construir a própria aprendizagem, não podendo mais supor que a aprendizagem só aconteça a partir de uma aula dada. O ensino presencial tradicional fortaleceu a crença de que só é possível aprender se um professor se dispuser a ensinar, isto é, explicar e desenvolver em sala de aula (ou mesmo fora dela) os conteúdos a serem aprendidos (LIMA, 2003). A EaD possibilita a democratização do ensino, mas, por outro lado, essa modalidade exige maior responsabilidade e comprometimento do aluno, que necessita ter autonomia sobre seu processo de aprendizagem, podendo controlar seu ritmo e personalizar uma série de aspectos, bem como realizar escolhas que podem auxiliar o desenvolvimento de sua estrutura cognitiva (TESTA & LUCIANO, 2010).

Poucos estudos têm buscado elaborar, propor ou investigar métodos eficazes para o ensino on-line, cuja aplicação pudesse contribuir para a atuação e desempenho de professores e estudantes. De modo geral, os pesquisadores apontam que a maior dificuldade tem sido incentivar a participação do aprendiz, ou seja, ajudar os estudantes a se envolverem em um curso a distância (TSAI, 2013). Mas é possível afirmar, com base na literatura, que o sucesso acadêmico em cursos na modalidade EaD pode ser potencializado na medida em que os estudantes conheçam as ferramentas que serão utilizadas, o formato, a carga horária e o tempo a ser dedicado para a realização das atividades propostas. Além disso, pode-se inferir que as características do indivíduo têm potencial para afetar a aprendizagem a distância e, nesse sentido, pesquisadores consideram como elemento-chave para o sucesso na EaD a utilização de estratégias de aprendizagem, principalmente aquelas que indicam aprendizagem autorregulada (BARNARD-BRAK; LAN & PATON, 2010; BERGAMIN et al., 2012; DIAS & LEITE, 2010; PICCOLI; AHMAD & IVES, 2001). Segundo Góes e Alliprandini (2014), devido ao fato de o aluno de EaD receber tantas exigências relacionadas às peculiaridades dessa modalidade de ensino, o uso das estratégias de aprendizagem pelos mesmos torna-se de fundamental importância para seu êxito na conclusão de qualquer curso a distância.

Para Cerezo (2016), a autorregulação da aprendizagem tem importância particular para cursos na modalidade EaD, principalmente pela natureza das tarefas que são destinadas aos estudantes. Com frequência, a conclusão das atividades deve ocorrer em prazos determinados, com pouco ou nenhum apoio. Adicionalmente, fica para os estudantes as decisões a respeito do que, quando, como e quanto tempo será destinado a aprender, exigindo, pois, que eles sejam altamente autorregulados. No entanto, conforme revela a literatura, independentemente do nível de ensino, os estudantes não sabem ou não foram educados para serem independentes, ativos e autorregulados, mesmo para universitários. Da mesma forma, como revela Azevedo e Feyzi-Behnagh (2011), há evidência empírica que aponta para dificuldades de autorregulação entre aqueles matriculados em cursos na modalidade a distância.

Autorregulação da aprendizagem para a Educação a Distância

A autorregulação da aprendizagem, ou *Self-regulation Learning*, é um tema que tem despertado o interesse de vários autores de diferentes abordagens da psicologia, sempre com o intuito de tentar compreender e explicar esse importante construto da aprendizagem humana. Apesar de alguns pontos de discordância entre os diversos autores, há um consenso de que a autorregulação da aprendizagem se refere ao grau em que os estudantes ativam metacognitiva, motivacional e comportamentalmente seu próprio processo de aprendizagem (SIMÃO & FRISON, 2013; ZIMMERMAN, 1989; ZIMMERMAN & SCHUNK, 2011). Simão e Frison (2013) destacam ainda que as variáveis que mais aparecem nos estudos teóricos e empíricos sobre o tema são as percepções de autoeficácia, a elaboração de metas e de objetivos de aprendizagem, o uso consciente e deliberado de estratégias cognitivas e motivacionais e o compromisso na obtenção dos objetivos e da sua concretização.

Segundo Zimmerman (2000), o ser humano tem como uma de suas principais características a capacidade inata de se autorregular, e isso acontece de maneira consciente e voluntária e define a autorregulação como o controle exercido pelo indivíduo sobre seus pensamentos, sentimentos e ações que são planejadas e ciclicamente adaptadas para a obtenção de metas e de objetivos pessoais. Expressado de outra forma, de acordo com Simão e Frison (2013), a autorregulação é considerada um processo cíclico e multidimensional, inerente a todos os seres humanos, no qual o estudante desempenha um papel ativo, num processo diferenciado, de acordo com as exigências de cada situação. Essa temática dá fundamento para que se compreendam as diferenças individuais na aprendizagem, não apenas por destacar o papel ativo do aluno; mas, também, por envolver o papel determinante do meio em que ele está inserido.

Flavell (1979) considera que a autorregulação acontece quando o estudante é questionado sobre o motivo da escolha de determinada resposta ou maneira de realizar algo, quando está envolvido em situações novas nas quais deposita expectativas de sucesso ou fracasso ou, ainda, quando passa por experiências subjetivas mais urgentes, como é o caso das dores físicas e emocionais, ressaltando-se a capacidade de estimular a formação de reações metacognitivas. Segundo esse autor, quando o resultado esperado é importante, há uma tendência de o indivíduo monitorar mais cuidadosamente os seus julgamentos e decisões, tornando-se consciente de seu processo de aprendizagem.

Embasado no modelo de Bandura (1986), o pesquisador Zimmerman (2000) propôs variáveis relacionadas à aprendizagem, considerando o que ocorre antes, durante e depois da tarefa a ser realizada. O modelo de Zimmerman prevê três fases: fase prévia ou antecipação, a fase de realização ou controle e a fase de autorreflexão. A fase prévia inclui as estratégias que antecedem a execução da tarefa, ou seja, é quando o indivíduo decide o que vai fazer e como vai fazer. É formada pelo estabelecimento de objetivos, planejamento de estratégias para sua realização, envolvendo a análise de crenças motivacionais e de autoeficácia, expectativas de resultados e meta de realização (POLYDORO & AZZI, 2009). A fase de realização é o momento de ação, na qual a tarefa é realizada, sendo subdividida em processos de autocontrole e auto-observação. O autocontrole está relacionado com a capacidade de o indivíduo manter a atenção e o esforço, utilizando todos os recursos disponíveis para atingir a sua meta. A auto-observação refere-se à atenção dada aos aspectos específicos da própria realização, incluindo autorregistros e autoexperimentação (SIMÃO & FRISON, 2013). A terceira fase, a da autorreflexão, é a fase em que o aluno emite um julgamento pessoal, se autoavalia, analisando sua atuação; atribui os resultados a fatores internos ou externos, estáveis ou instáveis, controláveis ou incontroláveis, as chamadas atribuições causais (WEINER, 2001); reações ou autorreações, realizadas por meio dos subprocessos de satisfação/insatisfação, reações adaptativas e defensivas. Assim, a fase de autorreflexão influenciará na próxima fase prévia, enriquecendo e proporcionando a efetividade da aprendizagem.

Na perspectiva cognitiva social de Zimmerman (1989; 2000; 2008), a aprendizagem autorregulada está presente quando o estudante é ativo em sua própria aprendizagem, de modo metacognitivo, motivacional e comportamental. Os processos metacognitivos se referem ao planejamento, estabelecimento de metas, organização, monitoramento e avaliação do próprio progresso durante a execução de uma tarefa. A motivação comporta a automotivação, as percepções de autoeficácia, os atributos pessoais e o interesse intrínseco à tarefa. O comportamento, por sua vez, inclui estratégias, persistência e escolha na busca de informações e ajuda, além da criação de ambiente de aprendizado adequado para o estudo eficaz. Ressalta-se que a aprendizagem autorregulada depende da motivação e dos desafios específicos para cada situação de realização. Com base nesses argumentos, Geduld (2016) defende que a capacidade de autorregulação da aprendizagem é um pré-requisito fundamental para o sucesso dos estudantes de EaD, sendo imperativo que tomem consciência dos processos de autorregulação devido à natureza das atividades dessa modalidade de ensino, a saber, estudo isolado e sem o apoio imediato de aulas ou palestras que os auxiliem a organizar as informações encontradas.

Estudantes autorregulados, segundo Greene e Gonçalves (2015), lidam de modo diferenciado com as tarefas acadêmicas como, por exemplo: analisam-nas com precisão, estabelecem objetivos claros de aprendizagem, buscam informações, utilizam estratégias eficazes, automonitoram sua compreensão e a pertinência das informações encontradas, além de avaliarem seu progresso com base nos objetivos propostos. Mais do que uma característica ou conjunto de habilidades aprendidas, a autorregulação da aprendizagem incorpora autoconsciência, conhecimento e comportamentos voltados para o alcance dos objetivos selecionados. Os inúmeros modelos de aprendizagem autorregulada, desenvolvidos nos últimos anos, compartilham a proposição de um conjunto de processos adaptativos, distribuídos antes, durante e após o aprendizado. Além disso, ressalta-se que a aplicação desses modelos é positiva tanto para o ensino presencial e, principalmente, para a aprendizagem virtual.

Na mesma perspectiva, Bol et al. (2011) e Uzun et al. (2013) destacam a estrutura favorável à autonomia, planejamento e automonitoramento, presentes na aprendizagem autorregulada, como mediadores críticos para a interação do estudante com os conteúdos apresentados de modo virtual, considerando a autorregulação mais importante para a aprendizagem no ambiente de EaD do que para o ensino presencial. Estudantes que não são autorregulados, diante da infinidade de opções disponibilizadas na hipermídia, podem se distrair e dispersar com facilidade, mostrando que a presença de informações relevantes em múltiplas representações pode ser para eles mais um obstáculo do que uma vantagem para a aprendizagem.

Segundo Bol et al. (2011), caso o estudante não seja autorregulado, navegar de modo excessivo entre vários links ou locais de informação no ambiente virtual associa-se com baixos resultados de aprendizagem e desempenho. Assim, os estudantes deveriam conhecer e utilizar estratégias de leitura (sendo mais importante para navegação on-line do que para a leitura de texto tradicional), além de serem capazes de restringir o acesso aos links, buscando as informações de modo pertinente com objetivo geral daquele episódio de aprendizagem. Para isso, a função executiva de controle de impulso, da atenção e da memória permitiria o afastamento de estímulos perturbadores, intrínsecos e extrínsecos ao material de aprendizagem. O uso de estratégias de autorregulação normalmente é associado com altos níveis de aprendizagem no ambiente de ensino presencial, havendo ainda pouca pesquisa comparativa com o aprendizado on-line.

Estratégias de aprendizagem autorregulada

De acordo com a psicologia cognitiva/teoria do processamento da informação, as estratégias de aprendizagem, também conhecidas como métodos de aprendizagem, podem ser utilizadas pelo indivíduo para diferentes e variados propósitos, englobando todos os procedimentos utilizados para a realização de tarefas, fazendo referência, portanto, às técnicas ou atitudes para melhorar o processo, sendo sua utilização benéfica para a promoção da aprendizagem autorregulada (BORUCHOVITCH, 2010; BORUCHOVITCH & SANTOS, 2006). Oliveira, Boruchovitch e Santos (2009, p. 531) ainda afirmam que "as estratégias de aprendizagem funcionam como reforçadores da aprendizagem, visto que instrumentalizam o aluno a diversificar as formas de estudo, promovendo atitudes de autoavaliação e melhora do desempenho escolar".

As estratégias de aprendizagem configuram-se como importantes recursos que auxiliam no processo de ensino e aprendizagem, não havendo, porém, consenso entre os estudiosos da área acerca de suas definições e classificações, conforme descrito por Monereo (1999), Pozo (1996), Weinstein e Mayer (1983), da Silva e Sá (1997), Pianca e Alliprandini (2016), dentre outros. Embora não existam discordâncias significativas entre os pesquisadores quanto à definição de estratégias de aprendizagem, alguns autores as consideram como competências ou processos que facilitam a aquisição, o armazenamento e a recuperação da informação (POZO, 1990; NISBET & SHUCKSMITH, 1986); outros afirmam sua utilidade para manejar, dirigir e controlar a própria aprendizagem em diferentes contextos (WEINSTEIN; GOETZ & ALEXANDER, 1988); e outros, como Mayor, Suengas e González (1993), entendem que as estratégias são sequências de procedimentos que se utilizam para aprender.

No caso em que se pretenda formar indivíduos mais competentes, capazes de pensar sobre sua própria cognição, e autônomos em relação ao que e como aprendem, o ensino e o incentivo para o uso de estratégias de aprendizagem tornam-se fundamentais tanto no ensino regular como também em outros espaços formais de educação como nos da EaD (ABBAD; CORRÊA & MENESES, 2010).

Uma classificação geral das estratégias de aprendizagem divide-as em estratégias cognitivas e metacognitivas (DEMBO, 1994; GARNER & ALEXANDER, 1989). As estratégias cognitivas são as utilizadas, especialmente, para ajudar o aprendiz a assimilar as informações, conduzindo-o a um objeto cognitivo. Já as estratégias metacognitivas estão relacionadas com a regulação dos processos cognitivos, propõem avaliar a eficácia das estratégias cognitivas, uma vez que os aprendizes regulam o que está relacionado ao conhecimento e decidem quando e onde utilizar esta ou aquela estratégia (PORTILHO & DREHER, 2012). Há um consenso em afirmar que os estudantes bem-sucedidos conhecem um amplo repertório de estratégias e sabem escolher a mais adequada para o cumprimento de cada tarefa, e que esses estudantes possuem como características avaliar a tarefa de forma crítica e definir metas para o seu cumprimento. De acordo com Ribeiro (2003), os bons estudantes utilizam estratégias tanto cognitivas quanto metacognitivas, e estão mais aptos a utilizá-las para adquirir, organizar e aplicar o seu conhecimento como regulador do seu progresso cognitivo.

As estratégias cognitivas são assim chamadas porque referem-se a ações mentais específicas, e podem ser divididas de acordo com o padrão de processamento da informação, superficial ou profundo. As estratégias cognitivas simples ou superficiais abrangem procedimentos como repetir, recitar e destacar, já as profundas compreendem fazer paráfrase ou resumo, criar analogias e fazer anotações criteriosas (CRAIK & TULVING, 1975; CRAIK & LOCKART, 1975; POZO, 1996). Já para Simsek (2006), as estratégias cognitivas podem ser classificadas com base em sua finalidade, podendo ser estratégias de ensaio, elaboração e organização. Estratégias de ensaio envolvem as atividades de identificação e repetição de segmentos importantes do material dado, que podem ser realizadas de forma oral ou escrita. Como exemplos citam-se memorizar, ler, listar de conceitos, destacar, grifar, sublinhar e fazer notas pessoais. Esse tipo de estratégia é útil em atividades de aprendizagem simples, bem como para despertar a atenção e percepção seletiva do aluno no primeiro contato com um novo conteúdo (FILCHER & MILLER, 2000). Um aluno familiarizado com as estratégias de aprendizagem, principalmente no que se refere às estratégias metacognitivas, costuma elaborar um plano de ação com objetivos e orientações para as atividades de estudo, o que proporciona controle sobre todo o processo de aprendizagem, tornando o aluno o principal responsável pelo seu acontecimento (RIBEIRO, 2003).

Não obstante, a metacognição possui papel de suma importância no contexto escolar, visto que compreende procedimentos que direcionam os aprendizes ao tão almejado aprender a aprender. Por meio da metacognição, constroem-se conhecimentos e habilidades, autonomia nos estudos, com a capacidade de controle e regulação da aprendizagem, auxiliando o aprendiz na construção de sua autoimagem, possibilitando ao mesmo o aumento da autoestima e de sua motivação para aprender (DAVIS; NUNES & NUNES, 2005). Considerando que muitos estudantes não fazem uso adequado das estratégias de aprendizagem e, portanto, não se orientam adequadamente para o alcance dos objetivos educacionais previstos nos programas de educação, em especial no contexto da EaD, tal condição pode levar ao fracasso, ao abandono do curso diante de situações de aprendizagem em que os acadêmicos dependem da orientação do professor, da ajuda presencial para dissipar as dúvidas ou realimentar suas disposições (SÁNCHEZ, 2011).

Estudos recentes acerca da autorregulação da aprendizagem no ambiente on-line

Apesar de ser ainda incipiente, a pesquisa acerca da autorregulação da aprendizagem em contexto de EaD permite vislumbrar algumas alternativas para favorecer o aprendizado. Como exemplo, na sequência, serão apresentados alguns estudos realizados nos últimos anos, organizados de acordo com a temática selecionada.

Lynch e Dembo (2004) analisaram a autorregulação como fator preditivo de sucesso na EaD, e encontraram que o senso de autoeficácia esteve relacionado com o desempenho, a capacidade de gestão do tempo e do ambiente de estudos, confirmando a suposição inicial de que a capacidade de autorregulação influencia positivamente o aproveitamento dos estudantes. Nesse mesmo sentido, Terry e Doolittle (2006) descobriram evidências de associação positiva entre a capacidade de gestão do tempo, atitude proativa, concentração, seleção de ideias principais e auxiliares de estudo e o desempenho global do aluno, sendo a correlação mais forte entre a gestão do tempo e o desempenho do aluno.

Sabourin, Mott e Lester (2012) também demonstraram que comportamentos de aprendizagem autorregulados, como estabelecimento de metas e automonitoramento, são essenciais para o sucesso dos estudantes em ambientes de aprendizagem on-line. Ao utilizar o *Online Self-Regulated Learning Questionnaire* (OLSQ), com estudantes de graduação em EaD, Barnard-Brak, Lan e Paton (2010) indicaram a presença de três perfis distintos de aprendizagem autorregulada, compostos por estudantes com baixos escores de autorregulação, com autorregulação moderada e os com perfil alto de autorregulação. Os autores também indicaram relações significativas entre o perfil de autorregulação e o desempenho acadêmico, sendo melhor sucedidos aqueles estudantes com perfil alto em autorregulação. Fernandes (2017), ao aplicar a OSLQ em estudantes de Pedagogia on-line, encontrou um perfil alto em autorregulação nos fatores estabelecimento de metas e estruturação do ambiente, e moderado nos fatores estratégias para as tarefas, gerenciamento do tempo, procura por ajuda e autoavaliação.

A pesquisa de Cavanaugh, Lamkin e Hu (2012) foi realizada com dois grupos de estudantes em EaD, sendo um considerado controle e outro experimental, o qual foi submetido a uma intervenção cujo objetivo era melhorar o automonitoramento do tempo. Foi encontrada diferença estatisticamente significativa entre os estudantes que receberam a orientação de aprendizagem autorregulada e os estudantes do grupo de controle, sendo que o grupo experimental melhorou sua pontualidade de submissão de trabalhos, confirmando dessa forma que estratégias de autorregulação podem ser ensinadas, tornando-se efetivas para a promoção da aprendizagem autorregulada.

Cho (2004) investigou os efeitos da elaboração de estratégias para a promoção de habilidades de autorregulação da aprendizagem em estudantes de EaD. Os resultados permitiram concluir que as habilidades de aprendizagem autorregulada não podem ser melhoradas em curtos períodos e que apenas a exposição dos estudantes à prática dessas habilidades não se mostrou suficiente para promover a aprendizagem autorregulada, o que contrapõe os resultados do estudo quase experimental conduzido por Cavanaugh, Lamkin e Hu (2012). De acordo com o Cho (2004), é necessária a promoção da autonomia e da responsabilidade dos estudantes para que estes autorregulem sua própria aprendizagem enquanto realizam atividades práticas de maneira contínua em todo seu percurso acadêmico. Corroboram a afirmação Vovides et al. (2007), apontando em seu estudo que o processo de ensino realizado em AVAs deve objetivar a autorregulação da aprendizagem, proporcionando ao aluno condições para desenvolver estratégias cognitivas e metacognitivas por meio de planejamentos didáticos que contemplem as especificidades da EaD.

O estudo de Aguiar, Silva e Silva (2015) teve como objetivo analisar a associação existente entre o desenvolvimento de atitudes autorreguladas e o ensino na modalidade EaD em um curso de Contabilidade de Custos, baseando-se em Zimmerman (2000), que identificou catorze estratégias presentes em estudantes autorregulados. Os resultados sugeriram que os estudantes pesquisados se apropriaram de 9 entre as 10 estratégias autorreguladas identificadas, com exceção de autorrecompensas para um sucesso alcançado.

Ao buscar evidências sobre as características relacionadas à autorregulação da aprendizagem de estudantes no Ensino Superior na modalidade a distância, Castro (2016) verificou que esses estudantes desenvolveram ao longo do curso habilidades e atitudes típicas da autorregulação, como a utilização de estratégias cognitivas e metacognitivas, além da presente autonomia dos mesmos com relação aos estudos. Diante desse levantamento, é possível evidenciar o quão importante é compreender o papel da autorregulação da aprendizagem na EaD. Nesse sentido, Fernandes, Bianchini e Alliprandini (2020), ao investigarem a autorregulação de estudantes de um curso de Pedagogia, ofertado a distância, encontraram um perfil alto de autorregulação nos fatores estabelecimento de metas e estruturação do ambiente, um perfil moderado nos fatores estratégias para as tarefas, gerenciamento do tempo, procura por ajuda e autoavaliação. Verificaram ainda que, quanto maior a faixa etária, mais autorregulado se apresentou o estudante.

Whipp e Chiarelli (2004) observaram em seu estudo que estratégias de aprendizagem autorregulada utilizadas no ensino presencial eram facilmente aplicáveis em ambientes de aprendizagem a distância, porém com a necessidade de adaptação ao contexto, tendo em vista a utilização das tecnologias. Nessa mesma linha, Soares, Valentino e Rech (2011) realizaram um estudo empírico, no qual confirmaram a hipótese de que os ambientes virtuais de aprendizagem podem levar à autorregulação. Essa autorregulação, segundo os autores, é conseguida por meio da possibilidade de gestão e de intervenção pedagógica do professor nos ambientes de aprendizagem virtuais. Vale ressaltar o argumento de Broadbent e Poon (2015) que consideram necessária a análise da estrutura, materiais e metodologias de ensino, voltadas para a promoção de aprendizagem autorregulada no ambiente EaD. Segundo os autores, a experiência de estudos on-line por si mesma não promove o desenvolvimento pelos estudantes das estratégias de autorregulação. Destacam ainda que a simples transição de projeto e materiais tradicionais elaborados para o ensino presencial não garante os mesmos resultados de aprendizagem no ambiente virtual.

Broadbent e Poon (2015) realizaram uma metanálise dos resultados de 12 pesquisas realizadas no período entre 2005 a 2015, cuja temática tivesse buscado a associação entre estratégias de aprendizagem autorregulada e o desempenho acadêmico de estudantes em cursos de Ensino Superior, ministrados totalmente on-line. Nesses estudos, nove estratégias de autorregulação foram investigadas: metacognição, gerenciamento de tempo, regulação de esforços, aprendizagem por pares, elaboração, ensaio, organização, pensamento crítico e busca de ajuda, sendo esta última objeto de apenas um estudo e, portanto, ficou fora da análise. Os resultados da metanálise indicaram que somente quatro, das oito estratégias focalizadas nas pesquisas, associaram-se de modo significativo com o desempenho acadêmico: metacognição, gerenciamento de tempo, regulação do esforço e pensamento crítico. Os dados permitiram supor que os estudantes da modalidade EaD, investigados nos estudos analisados, fizeram bom uso do tempo, foram conscientes dos seus comportamentos de aprendizagem, críticos na avaliação da pertinência dos conteúdos e persistentes na compreensão do material disponibilizado para a aprendizagem. Ainda, as estratégias de ensaio, elaboração e organização não foram relacionadas com os resultados de desempenho, sendo os efeitos das estratégias de autorregulação mais fracos para o ambiente on-line, comparados com o desempenho de estudantes no contexto de EaD. Os autores ressaltaram que, devido à escassez de estudos acerca da autorregulação da aprendizagem no ambiente virtual, são desconhecidos muitos fatores presentes na modalidade a distância, inclusive acerca das causas de evasão, revelando que as pesquisas têm se respaldado nas mesmas referências utilizadas para o ensino presencial, o que pode não ser suficiente para a compreensão da temática, enfatizando os autores a necessidade de aprofundamento.

Em síntese, aparentemente o ensino e a aprendizagem no ambiente EaD têm características que favorecem a autorregulação da aprendizagem. No entanto, as evidências empíricas não são ainda suficientes para embasar a afirmação. Além disso, a simples transferência do modelo tradicional de ensino presencial para o ambiente virtual não é suficiente para facilitar a autorregulação da aprendizagem, sendo destacada a importância de serem planejados os ambientes virtuais voltados para sua promoção, visto que esta não aparece de modo espontâneo na relação do estudante com os conteúdos de aprendizagem. Ressalta-se também que oferecer aos estudantes o conhecimento e a prática no uso de estratégias de aprendizagem autorregulada, em cursos ou em eventos de curta duração, parece auxiliar, mas não ser o suficiente, para que as utilizem no processo de aprendizagem. Buscar situações que estimulem e exijam o seu uso durante todo o curso talvez seja a melhor condução. O que foi comum a todas as investigações aqui relatadas é que estudantes com perfil de autorregulação e que se utilizaram de estratégias de autorregulação apresentaram melhores resultados, comparados com aqueles com déficit nessas características. Os autores, em sua maioria, enfatizaram a necessidade de aprofundamento no tema autorregulação da aprendizagem em ambiente de EaD.

Considerações finais

Retornando ao título do presente capítulo, é possível afirmar que a aprendizagem autorregulada é um imperativo para o sucesso dos estudantes na modalidade Ead? Conforme dados apresentados, é notória a ampla expansão de cursos ofertados a distância, bem como o número crescente de estudantes matriculados nos cursos ofertados on-line. Nesse contexto, uma alternativa para favorecer a permanência dos estudantes em seus respectivos cursos é o desenvolvimento do processo autorregulatório, de forma a promover uma maior autonomia, elevação do senso de autoeficácia e nível motivacional dos mesmos. O contexto da EaD exige que o professor assuma uma nova forma de ensinar, diferenciando-se do modelo tradicional. Por parte do estudante é imprescindível o desenvolvimento de características e comportamentos que o tornem cada vez mais independente e protagonista da própria aprendizagem. Na EaD, para que essas capacidades sejam adquiridas e o aluno se torne cada vez mais independente quanto a sua aprendizagem, o papel do professor/tutor precisa ser o de estimular os estudantes, tornando-o autoconfiante em suas capacidades, para que ele possa desenvolver uma atitude autônoma frente às diversas atividades exigidas no decorrer do curso, de modo a que possa atingir uma das principais tarefas da educação formal: a de possibilitar o aprender a aprender de seus alunos.

Na literatura, embora ainda incipiente, há evidências que indicam relações entre o nível de autorregulação e o desempenho dos estudantes no ambiente Ead. Além disso, a gestão do tempo e do ambiente (LYNCH & DEMBO, 2004; TERRY & DOOLITTLE, 2006), o uso da metacognição, a regulação do esforço e o pensamento crítico (BROADBENT & POON (2015) têm se apresentado como variáveis relacionadas com o sucesso na aprendizagem no contexto EaD. Isso posto, é possível concluir sobre a relevância dos estudos e programas de intervenção voltados para o processo de autorregulação da aprendizagem no contexto da EaD, que incentivem o uso de estratégias de aprendizagem, em especial aquelas voltadas para a gestão do tempo e ambiente de estudo e uso da metacognição, de forma a promover o aprender a aprender de professores e estudantes.

Referências

ABBAD, G.S.; CORREA, V.P. & MENESES, P.P.M. (2010). Avaliação de treinamentos a distância: relações entre estratégias de aprendizagem e satisfação com o treinamento. *Revista de Administração Mackenzie*, vol. 11, n. 2, abr., p. 43-67.

ABED (2019). *Censo EAD 2018* [Disponível em_http://abed.org.br/arquivos/CENSO_DIGITAL_EAD_2018_PORTUGUES.pdf/ – Acesso em 05/12/2019].

AGUIAR, J.H.S.; SILVA, A.C.R. & SILVA, T.B. (2015). "Aprendizagem autorregulada (SRL) no ensino a distância de contabilidade de custos". In: *Anais do Congresso Brasileiro de Custos-ABC*, 22 (Foz do Iguaçu).

ALMEIDA, O.C.S.; ABBAD, G.; MENESES, P.P.M. & ZERBINI,T. (2013). Evasão em cursos a distância: fatores influenciadores. *Revista Brasileira de Orientação Profissional*, vol. 14, n. 1, p. 19-33 [Disponível em http://pepsic.bvsalud.org/scielo.php?script=sci_arttext&pid=S1679-33902013000100004 – Acesso em 03/12/2019].

AZEVEDO, R. & FEYZI-BEHNAGH, R. (2011). Dysregulated learning with advanced learning technologies. *Journal of e-Learning and Knowledge Society*, vol. 7, n. 2, p. 9-18.

BANDURA, A. (1986). *Social foundations of thought and action*: a social cognitive theory. Englewood Cliffs: Prentice-Hall.

BARNARD-BRAK, L.; LAN, W.Y. & PATON, V.O. (2010). Profiles in self-regulated learning in the online learning environment. *International Review of Research in Open and Distance Learning*, Alberta, vol. 11, n. 1, p. 149-56.

BENÍCIO, E.R. (2010). A *EaD na formação de professores*: uma tendência contemporânea [Disponível em http://www.partes.com.br/educacao/eadformacao.asp – Acesso em 10/04/2017].

BERGAMIN, P.B. et al. (2012). The relationship between flexible and self-regulated learning in open and distance universities. *The International Review of Research in Open and Distance Learning*, vol. 13, n. 2, p. 101-123.

BOL, L. & GARNER, J.K. (2011). Challenges in supporting self-regulation in distance education environments. *J Comput High Educ*, vol. 23, p. 104-123.

BORUCHOVITCH, E. (2010). "A autorregulação da aprendizagem e a escolarização inicial". In: BORUCHOVITCH, E. & BZUNECK, J.A. (orgs.). *Aprendizagem*: processos psicológicos e o contexto social na escola. 2. ed. Petrópolis: Vozes, p. 55-88.

BORUCHOVITCH, E. & SANTOS, A.A.A. (2006). "Estratégias de aprendizagem: conceituação e avaliação". In: NORONHA, A.P.P. & SISTO, F.F. (orgs.). *Facetas do fazer em avaliação psicológica*. São Paulo: Vetor, p. 10-20.

BRASIL (1998). Decreto n. 2.494 de 10 de fevereiro de 1998. Regulamenta o art. 80 da Lei n. 9.394, de 20 de dezembro de 1996, e dá outras providências. *Diário Oficial da República Federativa do Brasil*, 10/fev.

BROADBENT, J. & POON, W.L. (2015). Self-regulated learning strategies & academic achievement in online higher education learning environments: A systematic review. *Internet and Higher Education*, vol. 27, p. 1-13.

CASTRO, R.F. (2016). Autorregulação da aprendizagem no Ensino Superior a distância: o que dizem os estudantes? *Revista Brasileira de Ensino Superior*, vol. 2, n. 2, p. 15-26.

CAVANAUGH, T.; LAMKIN, M.L. & HU, H. (2012). Using a generalized checklist to improve student assignment submission times in an online course. *Journal of Asynchronous Learning Networks*, vol. 16, n. 4, p. 39-44.

CEREZO, R.; BOGARIN, A.; ESTEBAN, M. & ROMERO, C. (2019). Process mining for self-regulated learning assessment in e-learning. *Journal of Computing in Higher Education*.

CEREZO, R.; SÁNCHEZ-SANTILLÁN, M.; PAULE-RUIZ, M.P. & NÚÑEZ, J.C. Students' LMS interaction patterns and their relationship with achievement: A case study in higher education. *Computers & Education*, vol. 96, p. 42-54.

CHO, M. (2004). The effects of design strategies for promoting students self-regulated learning skills on student's self-regulation and achievements in online learning environments. *Association for Educational Communications and Technology*, Bloomington, vol. 27, p. 174-179.

CRAIK, F. & LOCKART, R. Levels of processing: a framework for memory research. *Journal of Verbal Learning and Verbal Behavior*, vol. 11, p. 671-684.

CRAICK, F. & TULVING, E. (1975). Depth of processing and the retention of words in episodic memory. *Journal of Experimental Psychology*: General, n. 104, p. 268-294.

Da SILVA, A.L. & DE SÁ, E. (1997). *Saber estudar e estudar para saber*. 2. ed. Porto: Porto Editora.

DAVIS, C.; NUNES, M.M.R. & NUNES, C.A.A. (2005). Metacognição e sucesso escolar: articulando teoria e prática. *Cadernos de Pesquisa*, vol. 35, n. 125, p. 205-230.

DEMBO, M.H. (1994). *Applying educational psychology*. 5 ed. Nova York: Longman.

DIAS, R.A. & LEITE, L.S. (2010). *Educação a Distância*: da legislação ao pedagógico. 2. ed. Petrópolis: Vozes.

FERNANDES, J.G. (2017). *Autorregulação da aprendizagem de alunos matriculados no curso de Pedagogia ofertado a distância*. Londrina: Universidade Norte do Paraná [Dissertação de mestrado].

FILCHER, C. & MILLER, G. (2000). Learning strategies for distance education students. Iowa State University. *Journal of Agricultural Education, Raleigh*, vol. 41, n. 1, p. 60-68.

FLAVELL, J.H. (1979). Metacognition and cognitive monitoring – A new area of cognitive-developmental inquiry. *American Psychologist*, vol. 34, n. 10, p. 906-911.

GADOTTI, M. (2010). *Desafios para a era do conhecimento* [Disponível em http://www.adurrj.org.br/5com/pop-up/desafios_era_conhecimento.htm – Acesso em 09/03/2013].

GARBELINI, V.M.P. & GONÇALVEZ, E. (2015). Educação a Distância: Características e Direcionamentos Pedagógicos na Era Digital. *EaD em Foco: Revista Científica em Educação a Distância*, vol. 5, n. 2, p. 84-101.

GARNER, R. & ALEXANDER, P.A. (1989). Metacognition: Answered and unanswered questions. *Educational Psychologist*, 24, p. 143-158.

GEDULD, B. (2016). Exploring differences between self-regulated learning strategies of high and low achievers in open distance learning, *Africa Education Review*, vol. 13, n. 1, p. 164-181.

GÓES, N.M. & ALLIPRANDINI, P.M.Z. (2014). "Análise das estratégias de aprendizagem cognitivas, metacognitivas, autorregulatórias e comportamentais utilizadas por alunos de um curso de pedagogia ofertado a distância". In: *ANPED SUL*, 10, Anais, p. 1-20.

_____ (2013). "O uso de estratégias de aprendizagem e o papel do tutor: análise da produção científica disponível nos sites Scielo, Eric e Ried no período de 2003 a 2013". In: *Anais do XI Congresso Nacional de Educação Educere*. Curitiba: Champagnat, p. 4.861-4.877.

GOMES-FERNANDES, J.; BATISTELLA BIANCHINI, L.G. & ZEDU ALLIPRANDINI, P.M. (2020). Análise do perfil da autorregulação da aprendizagem de alunos de pedagogia EaD. *Ried – Revista Iberoamericana de Educación a Distancia*, 23 (1), p. 269-286.

GREENE, J.A.; BOLICK, C.M.; CAPRINO, A.M.; DEEKENS, V.M.; McVEA, M.; YU, S. & JACKSON, W.P. (2015). Fostering High-School Students' Self-Regulated Learning Online and Across Academic Domains. *The High School Journal*, vol. 99, n. 1, p. 88-106.

LESSA, S.C.F. (2011). Os reflexos da legislação de Educação a Distância no Brasil. *Revista Brasileira de Aprendizagem Aberta e a Distância*, vol. 10, p. 17-28.

LIMA, M.G.S. (2003). Educação a Distância: conceituação e historicidade. *Revista Trilhas*, ano 4, n. 1, set., p. 61-77.

LYNCH, R. & DEMBO, M. (2004). The relationship between self-regulation and online learning in a blended learning contexto. *International Review of Research in Open and Distance Learning*, vol. 5, n. 2, p. 1-16.

MATTAR, J. (2018). Pesquisa em Educação a Distância. *Revista Educaonline*, vol. 12, p. 2-18.

MAYOR, J.; SUENGAS, A. & GONZÁLEZ MARQUÉS, J. (1993). *Estrategias metacognitivas*. Madri: Síntesis.

MONEREO, C. (1999). *Estrategias de enseñanza y aprendizaje*: formación del profesorado y aplicación en la escuela. 6. ed. Barcelona: Graó.

MORAN, J.M. (2009). "Questões controversas na legislação atual da Educação a Distância". In: OLIVEIRA, F.B.O. (org.). *Desafios da educação*: contribuições estratégicas para o Ensino Superior. Rio de Janeiro: FGV, p. 141-148.

MUGNOL, M. (2009). A educação a Distância no Brasil: conceitos e fundamentos. *Revista Diálogo Educacional*, vol. 9, n. 27, mai./ago., p. 335-349.

NISBET, J. & SCHUCKSMITH, J. (1986). *Estrategias de aprendizaje*. Madri: Santillana.

OLIVEIRA, K.L.; BORUCHOVITCH, E. & SANTOS, A.A.A. (2009). Estratégias de aprendizagem e desempenho acadêmico: evidências de validade. *Psicologia Teoria e Pesquisa*, vol. 25, n. 4, out./dez., p. 531-536.

PIANCA, H.J.C. & ALLIPRANDINI, P.M.Z. (2016). "Estratégias de aprendizagem: definições e classificações". In: MÉLLO, D.E. & PIRES FRANCO, S.A. (orgs.). *Educação Superior*: cenários e perspectivas. Londrina: UEL, p. 258-273.

PICCOLI, G.; AHMAD, R. & IVES, B. (2001). Web-based virtual learning environments: a research framework and a preliminary assessment of effectiveness in basic it skills training. *MIS Quarterly*, vol. 25, n. 4, p. 401-26.

POLYDORO, S.A.J. & AZZI, R.G. (2009). Autorregulação da aprendizagem na perspectiva da teoria sociocognitiva: introduzindo modelos de investigação e intervenção. *Psicologia da Educação*, n. 29, p. 75-94.

PORTILHO, E.M.L. & DREHER, S.A.S. (2012). Categorias metacognitivas como subsídio à prática educativa. *Educação e Pesquisa*, vol. 38, n. 1, p. 181-196 [Disponível em http://www.scielo.br/pdf/ep/v38n1/aop0215.pdf – Acesso em 03/12/2019].

POZO, J.I. (1996). "Estratégias de aprendizagem". In: COLL, C.; PALACIOS, J. & MARCHESI, A. (orgs.). *Desenvolvimento psicológico e educação*. Porto Alegre: Artes Médicas, p. 176-197.

_____ (1990). "Estrategias de aprendizaje". In: COLL, C.; PALACIOS, J. & MARCHESI, A. (orgs.). *Desarrollo psicológico y educación*. Vol. II. Madri: Alianza, p. 199-221.

RIBEIRO, C. (2003). Metacognição: um apoio ao processo de aprendizagem. *Psicologia: Reflexão e Crítica*, vol. 16, n. 1, p. 109-116.

SÁNCHEZ, N.F. (2011). Promoción del cambio de estilos de aprendizaje y motivaciones en estudiantes de educación superior mediante actividades de trabajo colaborativo en blended learning. *Ried – Revista Iberoamericana de Educación a Distancia*, vol. 14, n. 2, p. 189-208.

SÁNCHEZ-SANTILLAN, P.; RUIZ, M.P.; CEREZO, R. & ALVAREZ-GARCIA, V. (2016). MeL: Modelo de adaptación dinámica del proceso de aprendizaje en eLearning. *Anales de Psicología*, vol. 32, n. 1, p. 106-114.

SIMÃO, A.M.V. & FRISON, L.M.B. (2013). Autorregulação da aprendizagem: abordagens teóricas e desafios para as práticas em contextos educativos. *Cadernos de Educação*, n. 45, p. 2-20.

TERRY, K.P. & DOOLITTLE, P. (2006). Fostering self-regulation in distributed learning. *College Quarterly*, North York, vol. 9, n. 1, p. 1-8.

TESTA, M.G. & LUCIANO, E.M. (2010). A influência da autorregulação dos recursos de aprendizagem na efetividade dos cursos desenvolvidos em ambientes virtuais de aprendizagem na internet. *Revista Eletrônica de Administração*, vol. 16, n. 2, mai./ago.

TSAI, C.-W. (2013). How to Involve Students in an Online Course: A Redesigned Online Pedagogy of Collaborative Learning and Self-Regulated Learning. *International Journal of Distance Education Technologies*, vol. 11, n. 3, p. 47-57.

UZUN, A.M. & YAMAC, A. (2013). Service teacher's academic achievements in online distance education: The Roles of Online Self-Regulation and Attitudes. *Turkish Online Journal of Distance Education-TOJDE*, vol. 14, n. 2, p. 131-140.

VOVIDES, Y. et al. (2007). The use of e-learning course management system to support learning strategies and to improve self-regulated learning. *Educational Research Review, Antwerpen*, vol. 2, n. 1, p. 64-74.

WEINER, B. (2001). "Intrapersonal and Interpersonal Theories of Motivation from an Attribution Perspective". In: SALILI, F.; CHIU, C.-Y. & HONG, Y.Y. (orgs.). *Student Motivation*. Boston: Springer, p. 17-30 [Plenum Series on Human Exceptionality].

WEINSTEIN, C.E.; GOETZ, E.T. & ALEXANDER, P.A. (1988). *Learning and study strategies*: Issues in assessment, instruction and evaluation. Nova York: Academic Press.

WEINSTEIN, C.E. & MAYER, R.E. (1983). The teaching of learning strategies. *Innovation Abstracts*, vol. 5, n. 32, nov.

WHIPP, J.L. & CHIARELLI, S. (2004). Self-regulation in a web-based course: a case study. *Educational Technology Research and Development*, vol. 52, n. 4, p. 5-22.

YEN, M.-H; CHEN, S.; WANG, C.-Y.; CHEN, H.-L.; HSU, Y.-S. & LIU, T.-G. (2018). A framework for self-regulated digital learning (SRDL). *Journal of Computer Assisted Learning*, p. 1-10.

ZIMMERMAN, B.J. (2008). Investigating Self-Regulation and Motivation: Historical Background, Methodological Developments, and Future Prospects. *American Educational Research Journal*, vol. 45, p. 166-183.

_____ (2000). "Attaining self-regulation: A social-cognitive perspective". In: BOEKAERTS, M.; PINTRICH, P. & ZEIDNER, M. (orgs.). *Handbook of self-regulation*. Orlando: Academic Press, p. 13-39.

_____ (1989). A social cognitive view of self-regulated academic learning. *Journal of Educational Psychology*, vol. 81, n. 3, p. 329-339.

ZIMMERMAN, B.J. & SCHUNK, D.H. (2011). "Self-regulated and Performance: An introduction and an overview". In: ZIMMERMAN, B.J. & SCHUNK, D.H. *Handbook of self-regulation of learning band performance*. Nova York/Londres: Routledge/Taylor/Francis Group, p. 1-12.

14
Contextos de ensino em escolas de educação integral em tempo integral e parcial
Um estudo sobre autorregulação e abordagem à aprendizagem

Jussara Cristina Barboza Tortella
Carla Regina Gonçalves de Souza

Introdução

Pensar os contextos de ensino de escolas de Ensino Fundamental tem sido uma tarefa constante de pesquisadores e equipes de profissionais da educação brasileira. A organização do processo de ensino e aprendizagem, tanto nas escolas de tempo integral como nas escolas de tempo parcial, parte da busca de uma educação integral para os estudantes.

A defesa da escola de educação integral em tempo integral está presente na obra de Anísio Teixeira (1962). Para esse educador, a escola integral representava a escola comum, que deveria alcançar a todos em condições de igualdade, tendo um sentido socializador abrangente e democratizador da vida brasileira; e somente poderia se realizar pela educação em tempo integral.

Nos diversos municípios brasileiros as escolas de tempo integral ainda são minoria, quando comparadas com as de tempo parcial. A defesa do tempo integral está aliada à forma como são estruturadas as aprendizagens dos alunos. Cavaliere (2007, p. 1.002) afirma que é necessária uma escola com tempo estendido, na qual envolva as crianças e adolescentes, "[...] onde ocorram vivências reflexivas, no sentido deweyano do termo". Teixeira (1975) relata que, na visão de Dewey, as crianças vão à escola para aprender, e que a aprendizagem só tem sentido do lugar real que tem na vida do aluno. Charlot (2013) destaca que somente se aprende quando ocorre uma atividade intelectual e que, para isso, o aprendiz tem de encontrar um sentido.

Notadamente, essa perspectiva demonstra a necessidade de se reorganizar o ensino que proporcione ao aluno possibilidades de enriquecimento de seu universo de referências, ao aprofundar conhecimentos, vivenciar novas experiências, esclarecer dúvidas – tempo e espaço para pensar na sua própria aprendizagem. Compreende-se que a escola de educação integral em tempo integral pode ser percebida como uma nova possibilidade de reorganização dos tempos e espaços para aprender, desmistificando o conceito de ampliação apenas do tempo. Nesse contexto, a defesa do tempo integral está aliada à forma como são estruturadas as aprendizagens dos alunos. O construto da autorregulação pode auxiliar docentes e discentes a atender essas exigências com foco no aprender a aprender.

Zimmerman (1989) define a aprendizagem autorregulada como o nível em que os estudantes se apresentam motivacional, comportamental e metacognitivamente ativos e participantes em seus próprios processos de aprendizagem. Esse teórico defende a possibilidade de se intervir nesse processo, iniciando por uma aprendizagem observacional até que se obtenha uma aprendizagem autorregulada (ZIMMERMAN, 2013). O modelo de Barry Zimmerman estabelece quatro etapas para se atingir a autorregulação. Os dois primeiros níveis dependem basicamente da observação e da estimulação externa, que podem ser descritos como predominantemente sociais. As duas últimas etapas se referem à autodireção, ao autocontrole e, finalmente, à autorregulação (ZIMMERMAN, 2000).

A literatura revela que os alunos autorregulados têm melhor aproveitamento da aprendizagem no ambiente escolar e, por isso, podem apresentar maior desempenho acadêmico e motivação diante dos estudos (ZIMMERMAN & SCHUNK, 1989; ROSÁRIO, 2004; ZIMMERMAN, 2000). O percurso do estudante do primeiro ao quarto nível implica a necessidade de intervenção e orientação intensiva inicialmente; e progressivamente esse apoio se reduz na medida em que se desenvolve a autorregulação (GOMES & BORUCHOVITCH, 2019). Especificamente no quarto nível o estudante poderá pedir ajuda se assim perceber a necessidade; no entanto, já estabelecem metas, planejam, monitoram e dirigem suas ações, assim como fazem o uso das estratégias de aprendizagem para a realização das tarefas com êxito. Bzuneck (2009) afirma que esses estudantes dispõem de um repertório de estratégias cognitivas e metacognitivas de aprendizagem, sendo capazes de escolher para uso e pôr em ação ou modificar caso necessário, ação que revela a abordagem utilizada pelo aluno.

Prosser, Trigwell e Taylor (1994) indicam uma relação entre a abordagem de ensino e as abordagens utilizadas pelos alunos – superficial, estratégica, profunda –, sendo que os que adotam preferencialmente a abordagem profunda assumem uma concepção de aprendizagem com um enfoque qualitativo sobre o ato de aprender, que conduzem a aprendizagem de estratégias e, em consequência, a autorregulação da aprendizagem. Salienta-se aqui a importância do ensino de estratégias de aprendizagem e a compreensão das abordagens de ensino no contexto escolar.

Este capítulo inicia com a discussão do ensino das estratégias de aprendizagem e, em seguida, apresenta estudos que indicam uma relação entre a abordagem de ensino e as abordagens utilizadas pelos alunos. Por fim, apresenta a pesquisa que relacionou os resultados das observações referentes às abordagens de ensino dos professores de duas escolas públicas e o estudo fenomenográfico apresentado por Prosser, Trigwell e Taylor (1994) buscando compreender qual a concepção de ensino que os professores adotavam em sala de aula. Tem como fundamento os estudos fenomenográficos e os da autorregulação da aprendizagem.

O ensino de estratégias de aprendizagem

Autores salientam que o ensino de estratégias favorece o processo de autorregulação de aprendizagem (ZIMMERMAN, 2000; VEIGA SIMÃO, 2001; ROSÁRIO, 2004; GONÇALVES, 2009; ROSÁRIO et al., 2010). Assim, propõem a discussão do ensino e da utilização de estratégias de aprendizagem que contribuam para a melhoria do engajamento e desempenho escolar.

A literatura apresenta diferentes taxionomias para conceituar e classificar as estratégias de aprendizagem. Alguns teóricos e estudiosos do tema classificam-nas em: estratégias cognitivas e metacognitivas (FLAVELL, 1999; VALLE ÁRIAS et al., 1998; SANTOS & BORUCHOVITCH, 2011; GALVÃO et al., 2012). Nesse sentido, as estratégias de aprendizagem podem ser consideradas como variáveis relevantes no processo do ensino e influenciam na qualidade da aprendizagem. É possível compreender que a palavra estratégia diz respeito a procedimentos (estratégia cognitiva) e planejamento (estratégia metacognitiva) para alcançar a aprendizagem (GALVÃO et al., 2012; VALLE ÁRIAS et al., 1998).

Adota-se a definição de estratégias de aprendizagem como técnica ou método que os alunos usam para adquirir a informação (DEMBO, 1994). Para Nisbett, Schucksmith e Dansereau (1987, apud POZO, 1996), as estratégias de aprendizagem são sequências de procedimentos ou atividades que se escolhem com o propósito de facilitar a aquisição, o armazenamento e a utilização da informação. Pode-se conceituar as estratégias de aprendizagem mais especificamente como qualquer procedimento adotado para a realização de uma determinada tarefa (SILVA & SÁ, 1993). Para Gonçalves (2009, p. 10), o uso de uma estratégia implica "a tomada de decisão mediante a reflexão ativa e consciente sobre o quando e o porquê, da adequação de um determinado procedimento a uma determinada técnica, ou sobre as exigências colocadas quer pelos conteúdos quer pela situação de ensino na altura de realizar a tarefa".

Zimmerman e Martinez-Pons (1986) identificaram um modelo que compreende 14 categorias de estratégias de aprendizagem autorregulada. Essas estratégias foram encontradas em suas investigações com alunos do Ensino Médio, que as usavam durante as aulas e para os estudos. As estratégias são: autoavaliação, organização e transformação, estabelecimento de metas e planejamento, busca de informação, registro de informação, manter registros e monitoramento, organização do ambiente, autoconsequência, busca de ajuda dos pares, busca de ajuda dos professores, busca de ajuda dos adultos, repetição e memorização, revisão de anotações, revisão de provas, revisão do livro.

Rosário et al. (2010) consideram que a relação da motivação e a escolha de estratégias é o nexo organizador do processo de enfoque da aprendizagem. É o mesmo que dizer que os alunos aprendem aquilo que desejam aprender. Dessa forma, os autores indicam que se faz necessário promover nos alunos competências metacognitivas, ou seja, propor atividades que lhes permitam refletir sobre os motivos pelos quais se esforçam para cumprir suas tarefas e, assim, poder fortalecer seu papel de agente de sua própria aprendizagem.

Boruchovitch (2001) menciona que a utilização de estratégias de aprendizagem contribui para a melhor aquisição, armazenamento, recuperação e utilização da informação, bem como para regular o pensamento e ajudar na manutenção de um estado afetivo e motivacional. A autora destaca que não basta conhecer as estratégias para melhorar o rendimento escolar dos alunos; faz-se necessário que eles compreendam como e quando devem usá-las. Mas como promover alunos autorreguladores da aprendizagem que priorizem a utilização de uma abordagem de aprendizagem profunda?

Vários autores destacaram a importância em conhecer e usar as estratégias de aprendizagem, mas evidenciaram a necessidade de que os alunos tenham disposição para usá-las, saibam avaliar sua eficácia e consigam modificá-las em função dos seus objetivos (ZIMMERMAN & SCHUNK, 1989; BORUCHOVITCH, 1999; 2001; SANTOS & BORUCHOVITCH, 2011; SILVA & SÁ, 1993).

Nesse sentido, o ensino de estratégias de aprendizagem se faz necessário e a intervenção intencional do professor é fundamental. Silva e Sá (1993) evidenciaram que a aprendizagem eficaz depende da escolha de estratégias de aprendizagem e de orientações motivacionais que permitam ao aluno conhecer os objetivos educacionais, os processos e as ferramentas facilitadoras de aprendizagem, além de poder tomar decisões adequadas sobre que/quais estratégias utilizar em determinada atividade e, ainda, poder modificá-las, caso não apresentem os resultados esperados.

Desse modo, Silva e Sá (1993) defendem que a intervenção ao nível da motivação implica atuar simultaneamente no domínio das competências pessoais, ensinando a utilização das estratégias de aprendizagem; e, ao nível do autocontrole dos alunos, favorecendo as percepções de controle pessoal com o objetivo de adquirir comportamentos que lhes permitam obter o domínio das tarefas escolares. E, se houver necessidade, é importante alterar as percepções negativas que os alunos têm de si próprios (crenças inadequadas) para ajudar o aluno a modificar seu comportamento de insucessos frente às tarefas.

Aproximações do conceito: abordagens ao ensino

Desde a década de 1970, Marton e Säljö (1976a; 1976b) desenvolveram pesquisas a respeito da relação entre a aprendizagem do estudante e a abordagem que adotavam para os estudos, denominadas abordagem profunda e abordagem superficial. De acordo com esses pesquisadores, uma abordagem profunda se caracteriza pela intenção de o estudante compreender o significado do conteúdo e, por sua vez, a abordagem superficial se refere a uma motivação extrínseca para o aprender (BIGGS, 1978; ENTWISTLE & RAMSDEN, 1983).

A partir da década de 1990, Prosser, Trigwell e colaboradores (PROSSER & TRIGWELL, 1991; 2000; TRIGWELL & PROSSER, 1991; PROSSER et al., 1994) iniciaram pesquisas com o objetivo de analisar a abordagem dos professores para ensinar. Esses pesquisadores mostraram que diferentes modos de ensinar dos professores estavam associados a diferentes modos de aprender dos estudantes e, ainda, que a percepção que os estudantes tinham sobre a qualidade do ensino interferia na abordagem que eles adotavam para estudar (PROSSER & TRIGWELL, 1997; 1998).

A revisão da literatura se apresenta unânime ao considerar que as abordagens adotadas pelos professores influenciam linearmente as opções das abordagens utilizadas nas aprendizagens dos alunos. E, de acordo com Paiva e Lourenço (2017), essa constatação é ainda mais evidente quando nos debruçamos especificamente no racional teórico *Student Approaches to Learning* – SAL (BIGGS, 1987; CHALETA, 2002; DUARTE, 2002; 2004; MARTON & SÄLJÖ, 1976a; PROSSER &

TRIGWELL, 2000; ROSÁRIO, 2004; ROSÁRIO et al., 2003; 2010; TRIGWELL & PROSSER, 2004).

A linha teórica *Student Approaches to Learning* (SAL) tem mostrado a importância de incentivar os professores a refletirem sobre suas práticas e sobre a forma como conduzem o ensino que viabilizem a aprendizagem dos alunos. Biggs e Moore (1993) relataram que se os professores pretendem estimular os seus alunos para a prática metacognitiva da sua aprendizagem, devem, acima de tudo, praticar a metacognição no seu ensino. De acordo com esses teóricos, a metacognição faz com que o professor reflita sobre como e o que ensinar, considerando que suas atitudes podem revelar dois aspectos: o que é evidente para si próprio e o que é evidente para os seus alunos. Rosário (1999) aponta em seu estudo a relação entre os métodos de ensino – o tipo de testes de avaliação que aplicam, o tipo e frequência dos trabalhos de casa que elaboram, os tipos de aulas lecionadas, entre outros – e o impacto desses métodos na escolha de distintas abordagens às atividades acadêmicas dos alunos.

Trigwell, Prosser e Taylor (1994) afirmaram que para se incrementar a qualidade do ensino é imprescindível combinar as intenções docentes às estratégias utilizadas. Além do mais, o modelo 3P (Presságio, Processo, Produto) proposto por Biggs (1993) fornece a compreensão das relações entre as percepções dos alunos frente ao contexto de ensino e de aprendizagem. Um estudo de Ginns, Martin e Papworth (2014) sobre as relações entre variáveis de presságio, de processo e de produto, com uma amostra de 5.198 alunos, revelou que a percepção da autoeficácia acadêmica e o entendimento que o aluno tem sobre o apoio dado pelo professor (variáveis do presságio) têm forte e direta influência sobre as variáveis de resultado.

Em um estudo fenomenográfico de Prosser, Trigwell e Taylor (1994) identificou-se cinco abordagens qualitativamente diferentes para o ensino. Esses investigadores entrevistaram 24 professores da licenciatura de Ciências sobre as suas experiências de ensino numa das suas turmas do primeiro ano. Ressalta-se que esta linha de investigação, centrada nas abordagens ao ensino, replica nos professores a investigação desenvolvida por Marton (MARTON & SÄLJÖ, 1997) sobre a aprendizagem dos alunos, a qual caracteriza a abordagem à aprendizagem como o motivo e a estratégia que um aluno adota quando aborda uma atividade acadêmica.

O resultado final dessa investigação indicou quatro tipos de intenções (transmissão de informação, aquisição de conceitos, desenvolvimento conceitual e mudança conceitual) e três de estratégias (centrada no professor, focada na interação professor/aluno e centrada no aluno), que associadas deram origem a cinco abordagens ao ensino qualitativamente distintas (A, B, C, D e E) (TRIGWELL & PROSSER, 2004), que foram apresentadas a seguir:

Abordagem A: Uma estratégia centrada no professor com a intenção de transmitir informação aos alunos.

Abordagem B: Uma estratégia centrada no professor com a intenção de que os alunos adquiram os conceitos da disciplina.

Abordagem C: Uma estratégia de interação entre professor e aluno com a intenção de que os alunos adquiram os conceitos da disciplina.

Abordagem D: Uma estratégia centrada no aluno com a intenção de que os alunos desenvolvam concepções.

Abordagem E: Uma estratégia focada no aluno com a intenção de que os estudantes modifiquem suas concepções.

Os dados encontrados dos 24 professores participantes desse estudo, treze foram categorizados como tendo escolhido a abordagem A, seis a abordagem B, três a abordagem C, e um em cada uma das abordagens D e E (PROSSER et al., 1994). Evidencia-se que estudos corroboraram com esses resultados, mostrando que a maioria dos professores adota abordagens exteriorizando a intenção de transferir aos alunos informação ou conceitos, usando, principalmente, estratégias centradas neles próprios. Por sua vez, uma minoria de professores adota abordagens com a intenção de auxiliar os alunos a desenvolver ou a modificar a sua compreensão dos conceitos, utilizando estratégias focadas nos alunos (MARTIN et al., 2000; PAIVA & LOURENÇO, 2017; TRIGWELL; PROSSER & WATERHOUSE, 1999).

Em outro estudo, Trigwell, Prosser e Waterhouse (1999) indicaram que nas aulas em que os professores descreveram suas abordagens de ensino como sendo a do tipo A, os alunos foram mais propensos a relatarem que adotaram uma abordagem superficial para o aprendizado. Por outro lado, nas aulas em que os alunos disseram que adotaram abordagens mais profundas, a equipe de professores relatou que adotaram abordagens de ensino mais voltadas para os alunos e que tinham a preocupação de mudar as concepções dos alunos, caracterizando-se como uma abordagem do tipo E (TRIGWELL; PROSSER & TAYLOR, 1994).

Como se pôde perceber, as abordagens ao ensino dos professores apresentaram correspondência às abordagens de aprendizagem dos alunos. Mesmo não havendo uma relação causal entre si, de acordo com Paiva e Lourenço (2017), as abordagens ao ensino A e B parecem revelar características comuns com a abordagem superficial à aprendizagem dos alunos. Na abordagem superficial não ocorre um engajamento pessoal do aluno no ato de sua aprendizagem e sua motivação para aprender é percebida como uma obrigação extrínseca (ROSÁRIO, 1999; RO-SÁRIO et al., 2004). Alude a uma aprendizagem quantitativa e mecânica. Por sua vez, as abordagens ao ensino D e E parecem manifestar características comuns com a abordagem profunda à aprendizagem dos alunos (PAIVA, 2007).

Retomando as investigações de Rosário (1999), Biggs (1979; 2001) e Entwistle (1991), esses teóricos indicaram que alunos que adotaram preferencialmente a abordagem profunda assumem uma concepção de aprendizagem com um enfoque qualitativo sobre o ato de aprender e, por isso, optam pelo enfoque profundo diante de um trabalho escolar, apresentando motivações intrínsecas (ROSÁRIO, 1999; ROSÁRIO et al., 2004). Nesse sentido, esses alunos buscaram relacionar o aprendido com seus conhecimentos prévios, bem como utilizaram de estratégias de aprendizagens mais adequadas, apresentando autorregulação de sua aprendizagem (ROSÁRIO et al., 2010). Em contrapartida, quando um aluno é exposto a um ensino pouco instrutivo, mais centrado na transmissão dos conteúdos e no professor, é menos plausível que adote e mantenha uma abordagem profunda (BIGGS, 2012; BIGGS et al., 2001).

Entwistle (1987) concluiu em seu estudo que as abordagens à aprendizagem adotadas pelos alunos dependem da motivação intrínseca frente ao material a aprender e do modo de avaliação que se espera. Assim, se ao avaliar os professores focam em aspectos superficiais de um determinado conteúdo, parece incutir como resposta uma abordagem superficial dos alunos. No entanto, cabe destacar que existem limites para essa influência na medida em que muitos alunos adotam uma abordagem superficial, apesar de vivenciarem um ensino de qualidade. Assim, como afirma Paiva e Lourenço (2017, p. 10),

> a responsabilidade da opção por certa abordagem à aprendizagem não pode ser atribuída apenas ao ambiente educativo, embora, dada a natureza responsiva das abordagens à aprendizagem, a forma como os alunos percebem o processo de avaliação, e em geral o ambiente de aprendizagem.

Notadamente, a proposta de ensino impacta na forma como o aluno utiliza ou não as estratégias de aprendizagem. Os alunos autorreguladores têm mais propensão em adotar a abordagem profunda na maioria do tempo de estudo, enquanto alunos menos autorreguladores a abordagem superficial. Ao considerar a importância destacada para o ensino de estratégias de aprendizagem para fomentar a autorregulação da aprendizagem, percebe-se a necessidade da compreensão das relações entre autorregulação e abordagens de ensino.

Nesse sentido, este capítulo apresenta a contribuição de uma investigação que buscou relacionar os resultados das observações referentes às abordagens de ensino dos professores de duas escolas públicas (uma de tempo parcial e outra de tempo integral) e o estudo fenomenográfico apresentado por Prosser, Trigwell e Taylor (1994), de forma a compreender qual a concepção de ensino que os professores adotaram prioritariamente em sala de aula nas diferentes propostas de escolas. Procurou-se, ainda, verificar indícios de um entrelaçamento entre o processo de autorregulação da aprendizagem e a abordagem que os alunos e professores utilizam no processo educacional, tomando o ensino de estratégias de aprendizagem como uma possível variável de aproximação das duas perspectivas teóricas.

Os participantes

A pesquisa foi realizada em salas do 3º ciclo do Ensino Fundamental (6º e 7º anos) de duas escolas da rede municipal de ensino de Campinas. Optou-se por manter o sigilo das escolas e dos professores; nesse sentido denominou-se a escola de educação integral em tempo integral por EI e a escola em período parcial por EP.

As observações dos alunos foram realizadas nas aulas de seis professores, que autorizaram a pesquisa, sendo as aulas de três professores da EI: aulas de Língua Portuguesa, de Geografia e de Ciências; e as aulas de três professores da EP: aulas de História, de Matemática e de Geografia.

A metodologia

Trata-se de uma pesquisa de cunho qualitativo e de caráter comparativo. Os estudos comparativos permitiram analisar as diferenças e as semelhanças das escolas estudadas, reconhecendo a importância da contextualização e das especificidades de cada ambiente de aprendizagem (SCHNEIDER & SCHIMITT, 1998). Reconhece-se que comparar fenômenos educativos é um grande desafio, construir indicadores para medir desempenho é complexo. Entretanto, quando se consegue superar essas dificuldades, é notório que os resultados obtidos são significativos e de grande valia para os educadores (SILVA, 2016).

Como técnica da produção do material empírico utilizou-se as observações agendadas previamente com direção e professores participantes e realizadas durante as aulas. A duração de cada observação foi de 50 minutos. As observações aconteceram em oito turmas, sendo quatro turmas em cada escola. A rotina dos alunos não foi modificada por causa das observações. O propósito foi observar como se desenvolviam as aulas e, por isso, não houve alterações dos conteúdos planejados pelos professores com a presença da pesquisadora.

O total de horas de observação foram 34 aulas, sendo 17 aulas em cada escola participante. As 17 aulas foram divididas nas quatro turmas do 3º ciclo do Ensino Fundamental das duas escolas.

Para as observações das aulas seguiu-se um roteiro basicamente dividido em dois focos de observações: i) Quanto às atividades propostas pelo professor, e ii) Quanto à postura e conduta do professor. No primeiro foco foram observados aspectos como: a forma como a aula foi apresentada pelo professor, se a aula foi elaborada com planejamento, o tipo de atividade proposta, os recursos e tempo utilizados. No outro foco debruçou-se sobre como o professor se relaciona com a turma, o grau de entusiasmo do professor e a forma como apresenta a proposta da aula. Assim, buscou-se observar aspectos como: se o professor atribuiu elogios, se o professor proporcionou momentos para os alunos se expressarem, se considerou a ideia de todos, se estabeleceu um clima de confiança, se circulou entre os alunos. As observações foram registradas em um formulário que continha todos os itens.

Análise dos dados

Para a análise dos dados foi utilizada a análise de conteúdo de Bardin (2011). Elegeu-se o tema como unidade de registro. O tema para Bardin (2011, p. 105) "[...] é a unidade de significação que se liberta naturalmente de um texto analisado, segundo certos critérios relativos à teoria que serve de guia à leitura". A leitura das unidades de registros foi lida e relida, buscando encontrar similaridades e diferenças entre elas, além das incidências de ocorrências. As observações foram separadas de forma a dar significado às unidades de análise e dialogar com o quadro teórico. Assim, definiu-se por duas categorias: Abordagem Superficial de Ensino e Abordagem Profunda de Ensino.

A categoria Abordagem Superficial de Ensino constituiu-se por temas que mais se aproximaram de estratégias centradas no professor com a intenção de transmitir informação aos alunos e com a intenção de que os alunos adquiram os conceitos da disciplina, referentes às abordagens do tipo A e B (TRIGWELL; PROSSER & TAYLOR, 1994). Por sua vez, na categoria Abordagem Profunda de Ensino foram categorizados os temas que mais se aproximaram de estratégias centradas na interação entre professor e aluno, com a intenção de que os alunos adquiram os conceitos da disciplina, e de estratégias centradas no aluno com a intenção de que os alunos desenvolvam concepções e/ou as modifiquem, referentes à abordagens do tipo C, D e E (TRIGWELL; PROSSER & TAYLOR, 1994). De acordo com Rosário et al. (2003), no primeiro grupo de abordagens, o professor se preocupa em veicular aos alunos informações sobre a disciplina que leciona, centrando na aquisição dos fatos e das competências, de forma a assumir centralidade do processo de ensino e aprendizagem. No segundo grupo de concepções, o professor adota uma estratégia centrada no aluno a fim de promover mudanças conceituais, possibilitando que o aluno aprenda e tome consciência de estratégias de aprendizagem.

Os resultados e as discussões

Foi possível constatar na maioria das observações realizadas nas duas escolas que os professores adotaram metodologias similares e que os alunos infimamente participaram da construção das aulas, nas quais o professor foi o centro do processo de ensino e aprendizagem. Assim, foi possível notar que houve mais aproximações dos resultados encontrados em relação ao controle da aula, à postura do professor e à postura do aluno em sala de aula. Predominou a exposição da aula pelo professor, a passividade do aluno em ouvir e o controle do tempo, da disciplina e do conteúdo que foi ensinado pelo professor. Os quadros 1 e 2 trazem dados quantitativos das observações.

Quadro 1 – Incidências na abordagem superficial

CATEGORIAS	EI	EP	TOTAL
1) Controle pelo professor	66 (53%)	59 (47%)	125
2) Fixação do conteúdo	27 (64%)	15 (36%)	42
TOTAL	93 (56%)	74 (44%)	167

Fonte: elaborado pelas autoras (2019).

Quadro 2 – Incidências na abordagem profunda

CATEGORIAS	EI	EP	TOTAL
3) Sistematização da aprendizagem	27 (82%)	6 (18%)	33
4) Diálogo e interação	106 (60%)	72 (40%)	178
TOTAL	133 (63%)	78 (37%)	211

Fonte: elaborado pelas autoras (2019).

A metodologia predominante foi explicação-exercício-correção nas duas escolas. O formato de questionário também foi bastante utilizado como ferramenta para a verificação da aprendizagem. A participação do aluno nas aulas, na maioria das observações, se deu com a anuência do professor (PROSSER & TRIGWELL, 1997; 2000).

Nesse sentido, pôde-se inferir que a maioria dos professores adotou preferencialmente as abordagens dos tipos A e B dos estudos de Trigwell, Prosser e Taylor (1994). Os professores que manifestaram essa abordagem optam por uma estratégia de ensino focada neles próprios, com a intenção de transmitir informações acerca da disciplina que lecionam. A maior preocupação desses professores é oferecer aos seus alunos muitos apontamentos para que alcancem bons resultados em avaliações (MARTIN et al., 2000; TRIGWELL; PROSSER & WATERHOUSE, 1999). Além disso, esses professores creem que os seus alunos podem aprender os conceitos se estes forem transmitidos claramente na aula, não concedendo, entretanto, um papel dinâmico aos alunos no processo de ensino e de aprendizagem (MARTIN et al., 2000; PROSSER et al., 1994; TRIGWELL et al., 1999). O ensino de estratégias de aprendizagem se dá de forma mecânica; por exemplo, realizar um resumo sem a intenção da compreensão ou memorizar um conteúdo específico pode ser encarado como ato meramente mecânico e superficial (DARROZ; TREVISAN & ROSA, 2018).

Destacam-se algumas observações em relação à atitude do professor na condução da aula:

> A professora chega na sala e apresenta proposta da aula toda. Faz de maneira enfática e expositiva, com explicações na lousa, sem a participação dos alunos (EI).

> A professora inicia escrevendo na lousa e pede para todos os alunos copiarem no caderno a proposta da aula (EP).

Em relação ao tipo de atividade proposta e a participação do aluno:

> A professora entrega uma folha avulsa com atividades sobre Movimento de Rotação e diz: *"Respondam as atividades e me devolvam quando terminarem, para eu corrigir* (EP).

> O professor pede para que um aluno leia um trecho do livro didático (EI).

> A professora indica como fazer a atividade proposta: *"Para responder a folhinha olhem o caderno e o livro"* (EP).

O distanciamento das escolas se deu mais pelo tipo de estratégias utilizadas pelos professores do que pelo tipo de ensino adotado. Assim, foi possível identificar que o professor da EP precisou dinamizar seu conteúdo em um tempo mais estreito do que o professor da EI. Exemplificando, o professor da EP aproveitou uma atividade respondida pelo aluno e o avaliou, de modo a compor um dos instrumentos avaliativos da disciplina. Por sua vez, o tempo ampliado permitiu ao professor que elaborasse questões, além daquelas que estavam no livro didático; permitiu que explicasse os exercícios minuciosamente, além de emitir pistas para que os alunos conseguissem responder as questões no próprio tempo da aula. No entanto, para o professor da EP, ações como passar na lousa os exercícios foram substituídas por realizar os exercícios que já constavam no livro didático.

No entanto, em algumas observações, foi possível perceber a abordagem do tipo C nas duas propostas de escolas. Foi observado, na interação entre professor e aluno, a preocupação de alguns professores em saber se o aluno estava acompanhando a construção dos conceitos expostos por eles; além do mais, alguns professores evidenciaram as ideias e participações dos alunos na aula, bem como buscaram relacionar o conteúdo ensinado com as experiências de vida dos alunos. De acordo com os estudos citados nesta abordagem (MARTIN et al., 2000; PROSSER et al., 1994; TRIGWELL et al., 1999), os professores adotam uma estratégia centrada na interação professor e aluno com a finalidade de auxiliar os alunos a adquirirem os conceitos fundamentais da disciplina, bem como a relação entre esses conceitos. Referenciando Paiva e Lourenço (2017), os professores se esforçam por explicar os conteúdos que devem ser aprendidos, tendo como principal objetivo transferir a informação aos alunos e têm a preocupação se estão apreendendo esses conteúdos. Ressalta-se algumas observações:

> A professora, enquanto realiza explicações, faz perguntas aos alunos, de modo que eles participem; *"O que é água-doce?" "Onde encontramos água-doce?" "E a salgada?"* E, assim, os alunos vão respondendo (EP).

> A professora, após explicações, pede para que os alunos resolvam algumas atividades no livro didático. Circula entre as carteiras e os questionam sobre aquilo que estão respondendo: *"Por que você respondeu assim?"* (EI).

A professora elogia as boas observações feitas pelos alunos e compartilha com toda a turma (EI).

A professora interrompe a leitura para destacar partes importantes; faz explicações, trazendo elementos da vida cotidiana: *"Quando vocês comem uma planta, jogam uma folha de caderno, isso está indiretamente consumindo água"* (EP).

Assim, foram verificadas estratégias como: passar entre as carteiras para ver o que os alunos estavam produzindo, fazer perguntas para verificar se entenderam o que foi explicado, desafiar os alunos a responderem, indicar tópicos importantes e pedir fichamentos e resumos; bem como apresentar a aula de forma motivante, chamando a atenção às explicações. Essas ações foram observadas nas duas escolas e com incidências semelhantes.

Por sua vez, foi possível destacar maiores incidências na EI do que na EP as seguintes observações: o professor resolveu com os alunos uma atividade para melhor compreensão, o professor repetiu a explicação mais de uma vez do conteúdo ensinado, o professor anotou na lousa o que os alunos respondiam e, no início da aula, o professor sanou dúvidas da aula anterior.

A partir dessas observações foi possível inferir que a extensão do tempo escolar pôde permitir mais tempo para que o professor verificasse se o aluno aprendeu o que foi ensinado, bem como foi possível perceber que o professor pôde elaborar aulas que requeriam mais tempo para o desenvolvimento de um determinado conteúdo, utilizando-se de estratégias para o aprofundamento desse conteúdo.

A análise dos dados revelou indícios de um entrelaçamento entre o processo de autorregulação da aprendizagem e a abordagem que os alunos e professores utilizam no processo educacional. A ausência de possibilidades de escolher e controlar as próprias estratégias de aprendizagem resultou em ações dos alunos mais mecânicas e repetitivas em sala de aula.

Para encerrar a discussão sobre as abordagens do tipo D e E, na maioria das observações foi possível afirmar que não foram encontradas. Ainda que na EI o professor tivesse a possibilidade de desenvolver o programa, com um número de aulas mais favorável e adequado ao ritmo de aprendizagem do aluno, não se pôde afirmar que houve o desenvolvimento de propostas de ensino com a centralidade no aluno. Partindo da compreensão de que as abordagens D e E requerem uma abordagem conceitual de mudança com foco nas crenças, intenções e produções dos alunos e que, nesse contexto, para o professor adotar essas abordagens importa mais o que o aluno está fazendo e aprendendo do que aquilo propriamente que o professor está ensinando (SHUELL, 1986).

Nas abordagens de ensino do tipo D e E o professor deve ser aquele que incentiva a aprendizagem autorregulada e que faz com que o tempo de ensino sirva para que os alunos interajam, discutam, proponham e problematizem os conteúdos (ROSÁRIO et al., 2003). Com o mesmo exemplo dado anteriormente, o aluno pode realizar um resumo para identificar os principais aspectos do conteúdo ou utilizar a memorização conjugada com o ato de querer compreender, precedendo o ato estratégico da memorização (RENDEIRO & DUARTE, 2007). A utilização de tais procedimentos requer que o docente propicie um ambiente solicitador para a utilização de estratégias que conduzam a realização da tarefa prevalecendo a abordagem profunda.

Nessa concepção de ensino, o professor provoca o debate levantando as questões desenvolvidas pelos alunos. Corroborando com os estudos de Martin et al. (2000), Prosser et al. (1994) e Trigwell et al. (1999), os professores que adotam essa concepção de ensino usam de estratégias centradas nos alunos com a intenção de ajudá-los a mudar as suas maneiras de ver o mundo ou as suas concepções acerca dos fenômenos que estão estudando. Compreendem que "[...] não podem transferir a sua visão do mundo para os alunos. Estes é que têm de a construir, reorganizando os seus próprios conhecimentos e, dessa forma, a sua visão da realidade" (PAIVA & LOURENÇO, 2017, p. 7).

Considerações finais

De acordo com os dados encontrados nessa investigação, poder-se-á dizer que, para fomentar um ensino no qual a estratégia é centrada no aluno – do tipo D ou E –, com a intenção de que desenvolvam suas concepções e até mesmo as modifiquem, é essencial que os professores tenham conhecimento e consciência das suas próprias concepções de aprendizagem e de ensino, e, sobretudo, conheçam a sua maneira de abordar o ensino, utilizando de forma intencional o ensino de estratégias de aprendizagem. Ademais, devem conhecer as concepções de aprendizagem e estratégias utilizadas pelos seus alunos. Para que o professor possa observar e acompanhar a forma de aprender dos alunos, o conhecimento sobre o construto da autorregulação da aprendizagem e as abordagens de ensino são fundamentais. Será possível, pois, empreender esforços para desenvolver contextos de ensino e de aprendizagem em que os alunos vivenciem abordagens de ensino e de aprendizagem mais profundas. Isso implica necessariamente a opção por uma abordagem centrada no aluno (PROSSER & TRIGWELL, 2000).

Para Prosser e Trigwell (2000), os professores tendem a optar por abordagens ao ensino centradas nos alunos quando acreditam que a quantidade de trabalho não é exagerada, e têm um certo controle sobre o que ensinam e como ensinam. Por outro lado, quando o docente tem a percepção de que o conteúdo que ensina não é importante para os alunos e que tem pouco controle sobre os conteúdos ensinados, é mais provável que adote uma abordagem centrada nos conteúdos ou no professor.

Além do mais, tanto os professores como os alunos avançam para contextos de ensino e aprendizagem com um repertório de experiências anteriores. Nesse sentido, ambos elegem determinadas abordagens respondendo a essas situações já em algum momento experienciadas. Assim, pôde-se concluir que as abordagens dos alunos à aprendizagem estão relacionadas com as abordagens dos professores ao ensino; no entanto, estas estão também relacionadas com as abordagens dos alunos à aprendizagem, indicando um processo inter-relacional e interdependente (PROSSER & TRIGWELL, 2000).

Em consonância com as conclusões das investigações relatadas, propõe-se que, se os docentes desejam melhorar a qualidade da aprendizagem dos seus alunos e torná-los autorreguladores de sua própria aprendizagem, deveriam partir do conhecimento sobre a percepção dos alunos em relação ao contexto de aprendizagem e à tomada de consciência da utilização das estratégias de aprendizagem. A abordagem que o professor utiliza pode ou não contribuir para o processo de autorregulação da aprendizagem.

Consensuando também com Paiva e Lourenço (2017), sugere-se que o professor tenha a noção da sua maneira de conceituar a aprendizagem e o ensino, em relação aos conteúdos ou à disciplina que leciona; conheça o contexto em que se está ensinando na medida em que este influencia o modo como se aborda o ensino; procure ser consciente e compreender o modo como os seus alunos concebem o contexto de ensino e como abordam a aprendizagem; e faça uma revisão da forma que costuma ensinar, revisitando os métodos e os recursos utilizados, adequando-os à evidência dessa consciência.

Nesse sentido, tem-se o entendimento que só se consegue melhorar, de forma significativa, a qualidade de ensino se os professores modificarem as suas próprias concepções de ensino, de forma a optarem por abordagens mais focalizadas no aluno, preferindo as abordagens do tipo D e E (TRIGWELL; PROSSER & TAYLOR,

1994), aquelas que propiciam de forma planejada a aprendizagem de estratégias de aprendizagem.

Por fim, pode dizer-se que não existe uma só forma correta de ensinar nem uma só forma correta de aprender (PAIVA & LOURENÇO, 2017). Entretanto, sabe-se que a forma como o ensino é realizado impacta mais na aprendizagem do aluno do que o que se ensina. Assim, de acordo com Paiva e Lourenço (2017) e Prosser e Trigwell (2000), para que exista ensino e aprendizagem de qualidade tem de haver entusiasmo e consciência de todos os envolvidos nesse processo. Considerando Biggs et al. (2001), o professor deve se preocupar ao planejar as aulas, ao escolher atividades, ao optar por métodos de ensino e de avaliações que façam com que os alunos se envolvam em sua aprendizagem. Para esses autores, o problema está prioritariamente nas condições de ensino e de avaliação em que eles estão envolvidos, e não somente no estilo em que o aluno adota para sua aprendizagem.

Ademais, sugere-se aos professores o desenvolvimento da prática reflexiva como fator essencial e como exigência profissional, compreendendo que saber sempre mais sobre os seus alunos (se estão aprendendo e como melhor aprendem) é, sem dúvida, aspecto fundamental para planejar o que se ensina e como se ensina, a fim de fomentar um processo de ensino e de aprendizagem autorregulado.

Referências

BARDIN, L. (2011). *Análise de conteúdo*. São Paulo: Edições 70.

BIGGS, J.B. (2012). What the students does: teaching for enhanced learning. *Higher Education Research & Development*, vol. 31, n. 1, p. 39-55.

_____ (2001). The reflective institution: assuring and enhancing the quality of teaching and learning. *Higher Education*, vol. 42, p. 221-237.

_____ (1993). What do inventories of students' learning processes really measure? A theoretical review and clarification. *British Journal of Educational Psychology*, vol. 63, n. 1, p. 3-19.

_____ (1987). *Student Approaches to Learning and Studying*. Hawthorn: Australian Council for Educational Research.

_____ (1979). Individual differences in study processes and the quality of learning outcomes. *Higher Education*, vol.8, jul., p. 381-394.

_____ (1978). Individual and group differences in study processes. *British Journal of Educational Psychology*, vol. 48, p. 266-279.

BIGGS, J. & MOORE, P. (1993). *The process of learning*. 3. ed. Nova York: Prentice Hall.

BIGGS, J.B.; KEMBER, D. & LEUNG, D.Y.P. (2001). The revised two factor study process questionnaire: R-SPQ-2F. *British Journal of Educational Psychology*, vol. 71, n. 1, p. 133-149.

BORUCHOVITCH, E. (2001). Algumas estratégias de compreensão em leitura de alunos do Ensino Fundamental. *Psicol. Esc. Educ*, vol. 5, n. 1, jun., p. 19-25.

_____ (1999). Estratégias de aprendizagem e desempenho escolar: considerações para a prática educacional. *Psicol. Reflex. Crit.* vol. 12, n. 2 [Disponível em http://www.scielo.br/scielo.php? Script=sci_arttext&pid=S0102-79721999000200008 – Acesso em 19/05/2017].

BZUNECK, J.A. (2009). "As crenças de autoeficácia e o seu papel na motivação do aluno". In: BORUCHOVITCH, E. & BZUNECK, J.A. (orgs.). *A motivação do aluno*: contribuições da psicologia contemporânea. 4. ed. Petrópolis: Vozes, p. 116-133.

CAVALIERE, A.M. (2007). Tempo de escola e qualidade na educação pública. *Educação e Sociedade*. Campinas, vol. 28, n. 100, out., p. 1.015-1.035.

CHALETA, M.E.R. (2002). *Abordagens ao estudo e estratégias de aprendizagem no Ensino Superior*. Évora: Universidade de Évora [Tese de doutorado].

CHARLOT, B. (2013). *Da relação com o saber às práticas educativas*. São Paulo: Cortez [Docência em formação: saberes pedagógicos].

DEMBO, M.H. (1994). *Applying educational psychology*. 5 ed. Nova York: Longman.

DUARTE, A. (2004). "Auto-regulação e abordagens à aprendizagem". In: LOPES da SILVA, A.; DUARTE, A.M.; SÁ, I. & VEIGA SIMÃO, A.M. (orgs.). *Aprendizagem auto-regulada pelo estudante*: perspectivas psicológicas e educacionais. Porto: Porto Editora, p. 43-53.

_____ (2002). *Aprendizagem, ensino e aconselhamento educacional* – uma perspectiva cognitivo-motivacional. Porto: Porto Editora

ENTWISTLE, N.J. (1991). Approaches to learning and perceptions of the learning environment Introduction to the Special Issue. *Higher Education*, vol. 22, p. 201-204.

_____ (1987). "A model of the teaching-learning process". In: RICHARDSON, J.T.E.; EYSENCK, M.W. & WARREN PIPER, D. (orgs.). *Student Learning*: Research in Education and Cognitive Psychology. Londres: S.R.H.E./Open University Press, p. 13-28.

ENTWISTLE, N.J. & RAMSDEN, P. (1983). *Understanding Student Learning*. Londres: Croom Helm.

FLAVELL, J.H. (1999). Cognitive development: children's knowledge about the mind. *Annual Review of Psychology*, vol. 50, p. 21-45.

GALVÃO, A.; CÂMARA, J. & JORDÃO, M. (2012). Estratégias de aprendizagem: reflexões sobre universitários. *Revista Brasileira Estudos Pedagógicos*, vol. 93, n. 235, dez., p. 627-644.

GINNS, P.; MARTIN, A.J. & PAPWORTH, B. (2014). Student Learning Theory goes (back) to (high) school. *Instructional Science*, vol. 42, n. 4, p. 485-504.

GOMES, M.A.M. & BORUCHOVITCH, E. (2019). "O modelo de aprendizagem autorregulada de Barry Zimmerman". In: BORUCHOVITCH, E. & GOMES, M.A.M. (orgs.). *Aprendizagem autorregulada*: como promovê-la no contexto educativo? Petrópolis: Vozes, p. 19-38.

GONÇALVES, P.F.D. (2009). *Estratégias de aprendizagem em contexto educativo e formativo*: contributo para a aprendizagem ao longo da vida. Porto: Universidade Fernando Pessoa [Dissertação de mestrado].

MARTIN, E.; PROSSER, M.; TRIGWELL, K.; RAMSDEN, P. & BENJAMIN, J. (2000). What university teachers teach and how they teach it. *Instructional Science*, vol. 28, p. 387-412.

MARTON, F. & SÄLJÖ, R. (1997). "Approaches to learning". In: MARTON, F.; HOUNSELL, D. & ENTWISTLE, N. (orgs.). *The Experience of Learning*. Edinburgh: Scottish Academic Press Limited, p. 39-58.

_____ (1976a). On qualitative differences in learning I – Outcome and process. *British Journal of Educational Psychology*, vol. 46, p. 4-11.

_____ (1976b). On qualitative differences in learning II – Outcome as a function of the learner's conception of the task. *British Journal of Educational Psychology*, vol. 46, p. 115-127.

PAIVA, M.O.A. (2007). *Abordagens à aprendizagem e abordagens ao ensino*: uma aproximação à dinâmica do aprender no secundário. Braga: Universidade do Minho [Tese de doutorado].

PAIVA, M.O.A. & LOURENÇO, A.A. (2017). Abordagens ao ensino: implicações no processo de aprendizagem dos alunos. *Estudos e Pesquisas em Psicologia*, vol. 17, n. 3, p. 1.022-1.041.

POZO, J.I. (1996). "Estratégias de aprendizagem". In: COLL, C.; PALÁCIOS, J. & MARCHESI, A. (orgs.). *Desenvolvimento psicológico da educação*. Trad. Angélica Mello Alves. Porto Alegre, Artes Médicas, p. 176-197.

PROSSER, M. & TRIGWELL, K. (2000). *Understanding Learning and Teaching* – The Experience in Higher Education. Buckingham: Open University Press.

_____ (1998). *Teaching for learning in higher education*. Buckingham: Open University Press.

_____ (1997). Relations between perceptions of the teaching environment and approaches to teaching. *British Journal of Educational Psychology*, vol. 67, p. 25-35.

_____ (1991). Student evaluations of teaching and courses: student learning approaches and outcomes as criteria of validity. *Contemporary Educational Psychology*, vol. 16, p. 293-301.

PROSSER, M.; TRIGWELL, K. & TAYLOR, P. (1994). A phenomenographic study of academics' conceptions of science learning and teaching. *Learning and Instruction*, vol. 4, p. 217-231.

RENDEIRO, A.I.C. & DUARTE, A.M. (2007). "Concepções de aprendizagem face à avaliação em estudantes do ensino secundário". In: VEIGA SIMÃO, A.M.; SILVA, A.L. & SÁ, I. (orgs.). *Auto-regulação da aprendizagem*: das concepções às práticas. Lisboa: Educa Unida de I & D de Ciências da Educação/Centro de Psicometria e Psicologia da Educação – Universidade de Lisboa, p. 63-92.

ROSÁRIO, P.S.L. (2004). *Estudar o estudar*: (des) aventuras do Testas. Porto: Porto Editora.

_____ (1999). As abordagens dos alunos ao estudo: diferentes modelos e suas inter-relações. *Psicologia:* teoria, investigação e prática, p. 43-61.

ROSÁRIO, P.S.L.; ALMEIDA, L.; NÚÑEZ, J.C. & GONZÁLEZ-PIENDA, J.A. (2004). Abordagem dos alunos à aprendizagem: análise do construto. *Psico-USF*, vol. 9, p. 117-127.

ROSÁRIO, P.S.L.; FERREIRA, I. & CUNHA, A. (2003). Ensinar e aprender: leituras centradas no professor. *Psicologia, Educação e Cultura*, vol. VII, n. 1, p. 157-175.

ROSÁRIO, P.S.L.; GONZÁLEZ-PIENDA, J.A.; CEREZO, R.; PINTO, R.; FERREIRA, P.; LOURENÇO, A. & PAIVA, O. (2010). Eficacia del programa "(Des)venturas de Testas" para la promoción de un enfoque profundo de estudio – Universidad de Minho y Universidad de Oviedo. *Psicothema*, vol. 22, n. 4, p. 828-834.

SANTOS, O.J.X. & BORUCHOVITCH, E. (2011). Estratégias de aprendizagem e aprender a aprender: concepções e conhecimento de professores. *Psicologia Ciência e Profissão*, vol. 31, n. 2 [Disponível em http://www.scielo.br/scielo.php?script=sci_arttext& pid=S1414-98932011000200007 – Acesso em 19/10/2017].

SCHNEIDER, S. & SCHIMITT, C.J. (1998). O uso do método comparativo nas Ciências Sociais. *Cadernos de Sociologia*, vol. 9, p. 49-87.

SHUELL, T.J. (1986). Cognitive conceptions of learning. *Review of Educational Research*, vol. 56, n. 4, p. 411-436.

SILVA, A.L. & SÁ, I. (1993). *Saber estudar e estudar para saber*. Porto: Porto Editora.

SILVA, F.C.T. (2016). Estudos comparados como método de pesquisa: a escrita de uma história curricular por documentos curriculares. *Revista Brasileira de Educação*, vol. 21, n. 64, jan./mar.

TEIXEIRA, A. (1975). "A pedagogia de Dewey: esboço da teoria de educação de John Dewey". In: DEWEY, J. *Vida e educação*. 9. ed. Trad. Anísio Teixeira. São Paulo: Melhoramentos, p. 13-41.

_____ (1962). Uma experiência de educação primária integral no Brasil. *Revista Brasileira de Estudos Pedagógicos*, vol. 38, n. 87, jul./set., p. 21-33 [Disponível em http://www.bvanisioteixeira.ufba.br/artigos/uma.html – Acesso em 12/07/2017].

TRIGWELL, K. & PROSSER, M. (2004). Development and use of the approaches to teaching inventory. *Educational Psychology Review*, vol. 16, p. 409-424.

_____ (1991). Relating learning approaches, perceptions of context and learning outcomes. *Higher Education* – Special Edition on Student Learning, vol. 22, p. 251-266.

TRIGWELL, K.; PROSSER, M. & TAYLOR, P. (1994). Qualitative differences in approaches to teaching first year university science. *Higher Education*, vol. 27, p. 75-84.

TRIGWELL, K.; PROSSER, M. & WATERHOUSE, F. (1999). Relations between teachers' approaches to teaching and students' approaches to learning. *Higher Education*, vol. 37, p. 37-57.

VALLE ÁRIAS, A.; CABANACH, R.G.; CUEVAS GONZÁLEZ, L.M..; SUÁREZ, F. & FERNÁNDEZ SUÁREZ, A.P. (1998). Las estrategias de aprendizaje: características básicas y su relevancia en el contexto escolar. *Revista de Psicodidáctica*, n. 6, p. 53-68.

VEIGA SIMÃO, A.M. (2001). *Integrar os princípios da aprendizagem estratégica no processo formativo dos professores*. Universidade de Lisboa, Faculdade de Psicologia e de Ciências da Educação. Seminário de modelos e práticas de formação inicial de professores [Disponível em http://www.educ.fc.ul.pt/recentes/mpfip/pdfs/amvsimao.pdf – Acesso em 22/05/2017].

ZIMMERMAN, B.J. (2013). From cognitive modeling to self-regulation: a social cognitive career path. *Educational Psychologist*, vol. 48, n. 3, p. 135-147.

_____ (2000). Self-efficacy: an essential motive to learn. *Contemporary Educational Psychology*, vol. 25, p. 82-19.

_____ (1989). A social cognitive view of self-regulated academic learning. *Journal of Educational Psychology*, n. 81, p. 329-339.

ZIMMERMAN, B.J. & MARTINEZ-PONS, M. (1986). Development of a structured interview for assessing student use of self-regulated learning strategies. *American Educational Research Journal*, vol. 23, n. 4, p. 614-628.

ZIMMERMAN, B.J. & SCHUNK, D.H. (orgs.) (1989). *Self-regulated learning and academic achievement*: Theory, research and practice. Nova York: Springer.

Sobre as organizadoras

Lourdes Maria Bragagnolo Frison é pedagoga pela Pontifícia Universidade Católica do Rio Grande do Sul, professora-associada do Departamento de Fundamentos da Faculdade de Educação da Universidade Federal de Pelotas (UFPel). Líder do Grupo de Estudos e Pesquisa da Aprendizagem Autorregulada (Gepaar), credenciado no Cnpq. Participante do Programa de Pesquisa da Aprendizagem Autorregulada (Peaar), Universidade de Lisboa. Bolsista de Produtividade CNPq/Pq2.

Evely Boruchovitch é psicóloga pela Universidade do Estado do Rio de Janeiro, Ph.D. em Educação pela University of Southern California, Los Angeles, professora titular do Departamento de Psicologia Educacional da Faculdade de Educação da Universidade Estadual de Campinas (Unicamp), membro do Grupo de Estudos e Pesquisas em Psicopedagogia (Gepesp), FE/Unicamp. Coordenadora da Linha Psicologia e Educação do Programa de Pós-graduação em Educação, FE/Unicamp. Bolsista de Produtividade 1B do CNPq.

Sobre os autores

Alzira Matias

Professora de Ciências Naturais, Biologia e Geologia no ensino básico e secundário em Lisboa; doutoranda no Programa de Doutoramento Interuniversitário em Psicologia, especialidade de Psicologia da Educação (Coimbra-Lisboa): o seu projeto enfatiza a promoção da aprendizagem autorregulada por uma metodologia inovadora. Colabora no grupo Pro-Adapt do Centro de Investigação em Ciência Psicológica da Faculdade de Psicologia (Cicpsi) e no Programa de Estudos da Aprendizagem Autorregulada (Peaar).

Ana Margarida Veiga Simão

Ph.D. em Psicologia da Educação pela Faculdade de Psicologia da Universidade de Lisboa; professora catedrática na mesma instituição; coordenadora da seção de Psicologia da Educação e Orientação e do Doutoramento Interuniversitário em Psicologia, especialidade de Psicologia da Educação (Faculdade de Psicologia e Ciências da Educação, Coimbra, e Faculdade de Psicologia, Lisboa); membro integrado do grupo Pro-Adapt do Cicpsi e coordenadora do Peaar.

Adriane Martins Soares Pelissoni

Doutora na área de Psicologia Educacional e mestra na área de Ensino, Avaliação e Formação de Professores e Pedagoga pela Faculdade de Educação da Unicamp. Atualmente é supervisora da área acadêmica e orientadora educacional do Serviço de Apoio ao Estudante (SAE) da Unicamp, desenvolve projetos relacionados de autorregulação da aprendizagem, orientação de carreira.

Carla Regina Gonçalves de Souza

Doutora em Educação no Programa de Pós-graduação em Educação da PUC--Campinas; mestra em Educação pela Unimep – Piracicaba (2000); graduada em

Letras Português/Espanhol pelo Centro Universitário de Araras Dr. Edmundo Ulson (2007); em Educação Física pela Faculdade de Educação Física de Santo André (1990); em Pedagogia pela Faculdade de Filosofia, Ciências e Letras de Botucatu (1993). Foi supervisora educacional da Prefeitura Municipal de Campinas. E-mail: carlaprofessora05@gmail.com

Célia Artemisa Gomes Rodrigues Miranda
Doutoranda em Educação pelo Programa de Pós-graduação em Educação da Universidade Federal de Pelotas (UFPel); mestra em educação e graduada em Ciências Biológicas/licenciatura na mesma universidade. Participa do Grupo de Estudos e Pesquisas em Aprendizagem Autorregulada, FaE/UFPel, com ênfase em processos e estratégias de autorregulação da aprendizagem de estudantes universitários. Áreas de pesquisa: autorregulação da aprendizagem, teoria histórico-cultural da atividade, aprendizagem e desenvolvimento no Ensino Superior, processos de ensino-aprendizagem.

Janete Silva Moreira
Investigadora em Psicologia da Educação (bolsa de doutoramento pela Fundação para a Ciência e Tecnologia, Portugal, referência SFRH/BD/137715/2018). Doutoranda no Programa de Doutoramento Interuniversitário em Psicologia (Coimbra-Lisboa). Membro colaborador do grupo Pro-Adapt do Centro de Investigação em Ciência Psicológica da Faculdade de Psicologia, Universidade de Lisboa (Cicpsi) e investigadora no Programa de Estudos da Aprendizagem Autorregulada (Peaar).

José Aloyseo Bzuneck
Possui graduação em Filosofia pela Pontifícia Universidade Católica do Rio Grande do Sul (1970), mestre e doutor em Psicologia Escolar e do Desenvolvimento Humano pela USP (1975 e 1980, respectivamente), com pós-doutorado em Educação pela Unicamp (2012). Professor sênior da Universidade Estadual de Londrina – Programa de Pós-graduação em Educação. Pesquisa, publica e orienta pesquisas na área de motivação no contexto escolar e sobre processos de autorregulação.

Jussara Cristina Barboza Tortella
Professora pesquisadora titular do Programa de Pós-graduação em Educação da Pontifícia Universidade Católica de Campinas; coordena o Grupo de Estudos Co-

laborativos de Professores do Ensino Fundamental (Gecopef). Atuou como redatora da Base Nacional Comum Curricular – Etapa da Educação Infantil. É doutora em Educação pela Unicamp. Tem experiência na área de Educação e Psicologia Educacional.

Kátia Regina Xavier da Silva

Licenciada em Educação Física, pedagoga e doutora em Educação pela Universidade Federal do Rio de Janeiro (UFRJ); com pós-doutorado em Medicina pela Faculdade de Ciências Médicas da Universidade do Estado do Rio de Janeiro (FCM/Uerj). É professora titular do Departamento de Educação Física do Colégio Pedro II (CPII/RJ), docente e pesquisadora do Mestrado Profissional em Práticas de Educação Básica do CPII/RJ.

Leandro da Silva Almeida

Psicólogo pela Universidade do Porto, Ph.D. em Psicologia da Educação pela Universidade do Porto, professor catedrático do Departamento de Psicologia da Educação e Educação Especial do Instituto de Educação da Universidade do Minho, Portugal. Membro efetivo do Centro de Investigação em Educação (CIEd – UMinho) e coordenador da área de especialização em Psicologia da Educação no Doutoramento em Ciências da Educação na Universidade do Minho. Investiga sobre estudantes do Ensino Superior.

Lúcia Cerqueira de Miranda

É psicóloga e mestra pela Universidade de Coimbra, doutorada e pós-doutorada pela Universidade do Minho na área de especialização Psicologia da Educação. Psicóloga Especialista pela Ordem dos Psicólogos Portugueses em Psicologia da Educação e em Psicologia Social e das Organizações. Presentemente é professora auxiliar convidada na Universidade da Madeira, Departamento de Psicologia. Colabora como investigadora com o Centro de Investigação em Educação (CIEd) na Universidade do Minho.

Maria Aparecida Mezzalira Gomes

Pesquisadora e colaboradora voluntária no Gepesp – FE/Unicamp. Professora universitária aposentada. Psicopedagoga com mestrado e doutorado no Departamento de Psicologia da Educação pela Unicamp (2008) e com pós-doutorado júnior junto à FE/Unicamp com bolsa do CNPQ (PDJ – 2011-2013). Consultora *ad hoc* de diversas revistas científicas; membro da Adipsieduc. Pesquisa temas relacionados à aprendizagem autorregulada, estratégias de aprendizagem, compreensão leitora e motivação para a leitura.

Natália Moraes Góes

Pedagoga e mestre em Educação pela Universidade Estadual de Londrina (UEL) e Doutora em Educação pela FE/Unicamp. Participa do Grupo de Estudos e Pesquisas em Psicopedagogia (Gepesp – FE/Unicamp). Atualmente leciona no curso de Pedagogia da Universidade Estadual de Londrina em disciplinas da área de Psicologia da Educação.

Paula Costa Ferreira

Ph.D. em Psicologia da Educação pela Faculdade de Psicologia da Universidade de Lisboa e pelo Instituto de Psicologia da Universidade Técnica de Darmstadt, Alemanha. Professora convidada na Faculdade de Psicologia, Lisboa, e investigadora no pós-doutorado em Psicologia da Educação (bolsa de doutoramento da Fundação para a Ciência e Tecnologia, Portugal, referência SFRH/BPD/110695/2015). Membro integrado do grupo Pro-Adapt do Cicpsi e coordenadora do Programa de Estudos de Cyberbullying.

Paula Mariza Zedu Alliprandini

Psicóloga pela Universidade Estadual de Londrina (UEL); mestra e doutora em Psicobiologia pela FFCLRP/USP; com pós-doutorado em Psicologia pela "Cornell University", Ithaca, nos Estados Unidos. Professora-associada do Departamento de Educação da UEL; docente junto ao Programa de Pós-graduação em Educação (UEL), na linha de pesquisa Aprendizagem e Desenvolvimento Humano em contextos escolares; líder do grupo de pesquisa "Cognitivismo e Educação".

Paula Paulino

Ph.D. em Psicologia da Educação pela Faculdade de Psicologia da Universidade de Lisboa. Professora na Escola de Psicologia e Ciências da Vida da Universidade Lusófona de Humanidades e Tecnologias de Lisboa. Membro integrado do grupo Pro-Adapt do Cicpsi e investigadora no Peaar.

Roberta Gurgel Azzi

Psicóloga, mestra em Psicologia Experimental (USP, 1986); doutora em Educação (Unicamp, 1993); com pós-doutorado em Psicologia UFSCar (mar.-nov./2009) e PUC-SP (Psicologia Experimental – jul./2012-jun./2013). Bolsista Fapesp estágio pesquisa (UPorto – mar-jul./2011). Livre-docente em Psicologia Educacional (Unicamp, 2013). Bolsista Capes-Fulbright, pesquisadora visitante na Stanford University (jan.-abr./2014). Bolsista produtividade CNPq nível 2 (2017-2020). Livre-docente, aposentada, da Faculdade de Educação da Unicamp. Foi coordenadora do Neapsi – FE-Unicamp (2006-2016). Diretora da TSC – Centro de Estudos e Pesquisas.

Simone Alves Pedersen

Escritora, mestra em Educação (PUC-Campinas, 2017); doutora em Educação (Unesp – Rio Claro), com pós-graduação em Teoria Social Cognitiva (Unicamp-2016) e Formação de Mediadores Digitais para EaD (Unesp e UAB de Portugal – 2019). Membro do Núcleo de Estudos em Teoria Social Cognitiva e Práticas Educativas (TSCPE) da Unesp – Rio Claro, e pesquisadora associada do Grupo de Estudos em Teoria Social Cognitiva no TSC – Centro de Estudos e Pesquisas. Docente do curso de extensão em Direitos Humanos da UFABC (2008-).

Soely Aparecida Jorge Polydoro

Graduada em licenciatura e bacharelado em Psicologia (PUC-Campinas), mestra em Psicologia Escolar, Pontifícia Universidade Católica de Campinas e doutora em Educação (Unicamp). Professora da Universidade Estadual de Campinas, Departamento de Psicologia Educacional, líder do Grupo de Pesquisa Psicologia e Educação Superior – Unicamp. Coordenadora Geral do Espaço de Apoio ao Ensino e à Aprendizagem – PRG da Universidade Estadual de Campinas.

Sueli Édi Rufini

Graduada em Psicologia pela Universidade Estadual de Maringá (1987), mestra em Educação pela Universidade Estadual de Londrina (1997), doutora em Educação pela Universidade Estadual de Campinas (2003). Professora aposentada do Programa de pós-graduação em Educação da Universidade Estadual de Londrina. Linha de pesquisa "Motivação no Contexto escolar" na área de Psicologia da Educação.

CULTURAL
Administração
Antropologia
Biografias
Comunicação
Dinâmicas e Jogos
Ecologia e Meio Ambiente
Educação e Pedagogia
Filosofia
História
Letras e Literatura
Obras de referência
Política
Psicologia
Saúde e Nutrição
Serviço Social e Trabalho
Sociologia

CATEQUÉTICO PASTORAL
Catequese
  Geral
  Crisma
  Primeira Eucaristia

Pastoral
  Geral
  Sacramental
  Familiar
  Social
  Ensino Religioso Escolar

TEOLÓGICO ESPIRITUAL
Biografias
Devocionários
Espiritualidade e Mística
Espiritualidade Mariana
Franciscanismo
Autoconhecimento
Liturgia
Obras de referência
Sagrada Escritura e Livros Apócrifos

Teologia
  Bíblica
  Histórica
  Prática
  Sistemática

REVISTAS
Concilium
Estudos Bíblicos
Grande Sinal
REB (Revista Eclesiástica Brasileira)

VOZES NOBILIS
Uma linha editorial especial, com importantes autores, alto valor agregado e qualidade superior.

VOZES DE BOLSO
Obras clássicas de Ciências Humanas em formato de bolso.

PRODUTOS SAZONAIS
Folhinha do Sagrado Coração de Jesus
Calendário de mesa do Sagrado Coração de Jesus
Agenda do Sagrado Coração de Jesus
Almanaque Santo Antônio
Agendinha
Diário Vozes
Meditações para o dia a dia
Encontro diário com Deus
Guia Litúrgico

CADASTRE-SE
www.vozes.com.br

EDITORA VOZES LTDA.
Rua Frei Luís, 100 – Centro – Cep 25689-900 – Petrópolis, RJ
Tel.: (24) 2233-9000 – Fax: (24) 2231-4676 – E-mail: vendas@vozes.com.br

UNIDADES NO BRASIL: Belo Horizonte, MG – Brasília, DF – Campinas, SP – Cuiabá, MT
Curitiba, PR – Fortaleza, CE – Goiânia, GO – Juiz de Fora, MG
Manaus, AM – Petrópolis, RJ – Porto Alegre, RS – Recife, PE – Rio de Janeiro, RJ
Salvador, BA – São Paulo, SP